Deborah Tannen
Ich mein's doch nur gut

Deborah Tannen

Ich mein's doch nur gut

············

*Wie Menschen in Familien
aneinander vorbeireden*

Aus dem Amerikanischen von
Maren Klostermann

Ullstein

Die Originalausgabe erschien 2001 unter dem Titel
I Only Say This Because I Love You bei Random House, New York
Copyright © 2001 by Deborah Tannen
Der Ullstein Verlag ist ein Unternehmen
der Econ Ullstein List Verlag GmbH & Co. KG
Copyright der deutschsprachigen Ausgabe © 2002 by
Econ Ullstein List Verlag GmbH & Co. KG, München
Umschlaggestaltung: Atelier 59, München
Alle Rechte vorbehalten
Satz: hanseatenSatz-bremen, Bremen
Druck und Bindung: Pustet Grafischer Großbetrieb, Regensburg
ISBN 3-550-07526-X

Inhalt

Prolog   9

Anmerkung der Autorin
»Woher haben Sie Ihre Beispiele?«   21

1 *»Ich darf den Mund wohl überhaupt
nicht mehr aufmachen«*
Wie man bei Gesprächen in der Familie zwischen
Mitteilungen und Metamitteilungen unterscheidet   25

2 *»Wen hast du am meisten lieb?«*
Familiengeheimnisse,
Familienklatsch: Partei ergreifen   56

Zwischenspiel I
»Behandle mich ruhig weiter wie eine Fremde«   98

3 Um Liebe streiten
Bindung und Kontrolle bei Familienzwistigkeiten   101

4 *»Tut mir Leid, aber ich entschuldige mich nicht«*
Warum Frauen sich öfter entschuldigen
als Männer und warum das wichtig ist   135

5 Er sagt, sie sagt
*Geschlechtsspezifische Muster
bei Familiengesprächen*   169

6 *»Ihr Gruftis lebt doch in der Vergangenheit«*
Talk mit Teens   212

Zwischenspiel II
»Nenne mich bei meinem richtigen Namen«   259

7 *»Ich bin immer noch deine Mutter«*
Mütter und erwachsene Kinder   265

8 *»Hilf mir – lass mich in Ruhe!«*
Geschwister auf Lebenszeit   304

9 Fremde in der Familie
In Babylon wird neu gebaut   336

Epilog
Familien im Gespräch   358

Danksagung   365
Anmerkungen   368
Literaturhinweise   378

Für meine Eltern
Dorothy und Eli Tannen
für deren liebevolle Präsenz in meinem Leben
ich jeden Tag dankbar bin

Prolog

Wenn wir schlechte Nachrichten erhalten oder vom heulenden Elend gepackt werden, greifen wir zum Telefon und rufen unsere Schwester, unsere Mutter, unseren Bruder oder unseren Vater an. Wir suchen Trost – und häufig finden wir ihn. Doch manchmal endet das Ganze auch damit, dass wir noch frustrierter sind als vorher, wenn nicht gar wütend oder eingeschnappt.

Warum hat man bei Gesprächen in der Familie so häufig das Gefühl, dass man sich ständig im Kreis bewegt und nicht von der Stelle kommt?

Gespräche sind der Grundstoff unserer Beziehungen. Worte geben uns Zuspruch. Worte verletzen uns. Ich habe es mir zur Aufgabe gemacht, Beziehungen zu verstehen – wie sie funktionieren, wie sie besser funktionieren könnten –, indem ich herauszufinden versuche, welche Mechanismen in ganz normalen Gesprächen ablaufen. Und es gibt kaum Gespräche, die einerseits so viel Positives bewirken und andererseits so tief verletzen können wie Unterredungen zwischen Familienmitgliedern. In diesem Buch richte ich meine Aufmerksamkeit auf Unterhaltungen, die in der Familie stattfinden – insbesondere zwischen erwachsenen Familienmitgliedern: zwischen Eheleuten und Eltern; Eltern und erwachsenen Kindern; erwachsenen Schwestern und Brüdern.

Die Familie ist wie ein Dampfkochtopf, in dem Beziehungen brodeln: Dieselben Prozesse, die alle Dialoge antreiben, bestimmen auch die Gespräche in der Familie. Doch die Auswirkungen sind größer, die Reaktionen heftiger, weil so viel auf dem Spiel steht – nämlich unser Gefühl, dass wir, so wie wir sind, richtig sind, und ob unsere Welt, so wie sie ist, auch von anderen akzeptiert wird. Ich untersuche, was im Innern dieses Dampfkochtopfes vor sich geht: Wie Sprechweisen dazu beitragen, dass wir uns durch die Familie ganz besonders geborgen, aber auch ganz besonders irritiert fühlen können. Wenn man einmal weiß, was im Topf drin ist und wie sich Dampf und Druck auf den Inhalt auswirken, kann man die Zutaten umrühren und auf neue und andere Weise mischen.

In meinem Buch *Das hab ich nicht gesagt!* stelle ich mein Konzept des *Gesprächsstils* vor und zeige auf, wie das Wissen um die Mechanismen, die in Konversationen am Werk sind, zur Aufklärung von Beziehungen beitragen und zum Ausgangspunkt für ihre Verbesserung werden kann. In *Du kannst mich einfach nicht verstehen* konzentriere ich mich auf den Gesprächsstil von Männern und Frauen – auf die Gemeinsamkeiten und die Unterschiede, auf die Probleme, die durch die Differenzen entstehen können, und auf die Frage, wie man derartige Probleme durch ein besseres Verständnis der Unterschiede lösen kann. In *Job-Talk* untersuche ich, auf welche Art und Weise der geschlechtsspezifische Gesprächsstil Auswirkungen zeigt, wer beispielsweise Aufmerksamkeit bekommt, Anerkennung erhält und die Arbeit erledigt. In *Lass uns richtig streiten* beschäftige ich mich schließlich mit dem Reden in der Öffentlichkeit, mit Diskussionen in den Medien, in der Politik und im Bildungswesen sowie mit unserer Neigung, alles als eine metaphorische Schlacht zu betrachten.

Jetzt kehre ich zu meiner ersten Liebe zurück – zur Sprache der Alltagsunterhaltungen und wie sie funktioniert (oder nicht funktioniert), um familiäre Beziehungen zu schaffen, zu verstärken, zu komplizieren oder zu verbessern.

Heutzutage wird viel über Familie geredet. Es gibt kaum einen Politiker, der nicht in seinen Reden die »Werte der Familie« hervorhebt. Wenn jemand, der eine Stellung oder ein öffentliches Amt aufgibt, erklärt:»Ich möchte mehr Zeit für meine Familie haben«, stellt niemand diese Motivation infrage. Wir entschuldigen ein Verhalten, das wir andernfalls nicht dulden würden, mit einem alles verzeihenden:»Die Familie geht vor«.

Warum hat das Wort so viel Gewicht?

Familie steht für ein Gefühl von Zugehörigkeit – sie ist die Grundlage für das, was wir sind oder tun. Wenn wir das Gefühl haben, in unsere Familie zu passen, passen wir sozusagen in die Welt. Und wenn unsere Familie uns so sehen kann, wie wir wirklich sind, können wir nicht nur in unserer Familie, sondern auch in der Welt so sein, wie wir sind. Doch das Ganze hat auch eine Kehrseite. Wenn die Mitglieder unserer Familie (also die Menschen, die uns angeblich am besten kennen und es besonders gut mit uns meinen) Kritik an uns üben und uns unzulänglich finden, kann uns dann überhaupt irgendjemand lieben?

Je unpersönlicher, komplexer und überwältigender die Welt wird, desto mehr wenden wir uns unserer Familie zu, wenn wir Trost und Geborgenheit suchen. Auch wenn es möglich – und manchmal notwendig – ist, die Familie vollständig abzulehnen, wollen wir in den meisten Fällen den Kontakt aufrechterhalten und uns weiter umeinander kümmern. Doch gelegentlich erweist sich eben dieser angestrebte Kontakt als außerordentlich frustrierend.

Statt der erhofften Anerkennung und Akzeptanz, die auf dem Boden der familiären Liebe wachsen sollten, ernten wir nur (oder jedenfalls genauso viel) Kritik und Vorurteile. Wenn wir mit Familienmitgliedern reden, suchen wir nach Zeichen der Liebe, gewöhnen uns aber an Zeichen der Missbilligung.

Eine Frau, deren Tochter häufig anrief, aber jedes Mal wütend auf ihre Mutter wurde, protestierte: »*Du* hast mich angerufen! Warum rufst du mich an, wenn dir nicht gefällt, was ich sage?!«

Wir alle rufen immer wieder an, suchen immer wieder das Gespräch – ob per Telefon, E-Mail oder in unseren Herzen –, weil wir uns nach der Verbundenheit sehnen, die Familie bietet. Deshalb müssen wir Methoden entwickeln, die sicherstellen, dass diese Gespräche häufiger die ersehnte Ermutigung bringen und seltener in Frustration enden.

Jede Beziehung ist ambivalent, pflegte eine befreundete Psychologin zu sagen. Jeder Mensch in unserem Leben, einschließlich jeder Person in unserer Familie hat Seiten, die wir schätzen, und Seiten, die uns ärgern. Manchmal wachsen sich diese Irritationen zu Zerwürfnissen aus – und breiten sich immer weiter aus wie ein wuchernder Schlingknöterich. Wenn wir Gespräche in Familien besser verstehen wollen, müssen wir lernen, die Ursachen solcher Verwicklungen zu erkennen. Mit diesem Wissen haben wir eine bessere Chance, mit unseren Problemen fertig zu werden, ohne uns gegenseitig fertig zu machen.

.... Was steht Ihnen bevor?

In diesem Buch betrachte ich die Familie als kleine Sprachgemeinschaft, als organische Einheit, die ihre ganz eigenen Redeweisen und Gesprächsformen entwickelt und aufrechterhält. Im

Folgenden möchte ich einige der Schlüsselkonzepte vorstellen, die ich entwickelt habe, um aufzudecken, wie Gespräche eine Familie formen.

In allem, was wir zueinander sagen, schwingen Bedeutungen mit, die wir aus unseren früheren Erfahrungen abgeleitet haben – aus der Geschichte unserer Gespräche mit der Person, die gerade vor uns steht, ebenso wie aus der Geschichte unserer Gespräche mit vielen anderen Menschen. Das gilt ganz besonders für die Familie – die Geschichte unserer Familiengespräche ist wie ein Prisma, durch das alle anderen Unterredungen (und Beziehungen) gebrochen werden.

Wir reagieren nicht nur auf die gesprochenen Worte – die *Mitteilung* –, sondern auch darauf, was diese Worte unserer Meinung nach über die Beziehung aussagen – auf die *Metamitteilung*. Metamitteilungen sind unausgesprochene Absichten und Bedeutungen, die wir aus der Sprechweise einer Person – ihrem Tonfall, bestimmten Formulierungen – und aus eigenen Assoziationen ableiten. Man könnte sagen, dass die Mitteilung die wörtliche Bedeutung übermittelt, während die Metamitteilung die innere oder emotionale Ebene transportiert. Um die Blockade in frustrierenden Gesprächen zu durchbrechen, ist es deshalb sehr wichtig, dass wir genau lernen, zwischen Mitteilungen und Metamitteilungen zu unterscheiden.

Das vielleicht häufigste und schmerzlichste Beispiel für Mitteilungen und Metamitteilungen in der Familie ist die Art, in der Fürsorge und Kritik miteinander verwoben sind. Wie eine Frau namens Esther erklärte, als sie den Titel dieses Buches hörte: »Wenn meine Mutter sagt: ›Ich meine es doch nur gut mit dir‹, weiß ich genau, sie wird mir gleich sagen, dass ich zu dick bin.« Die Mitteilung besteht aus einer einfachen Feststellung über Esthers Gewicht. Doch sowohl Esther als auch ihre Mutter sind mit den Metamitteilungen beschäftigt: Was sagt diese Äußerung der Mutter über die Beziehung der beiden aus? Die Mutter konzentriert sich auf eine Metamitteilung, die lautet: Ich möchte dir helfen, etwas zu verändern, weil ich das Beste für dich will. Esther konzentriert sich auf eine andere Metamitteilung, nämlich: Du übst Kritik an mir. Und die Bemerkung löst bei ihr das Gefühl aus, dass sie von derjenigen Person, deren Anerkennung ihr am allerwichtigsten ist, keine Zuneigung erhält.

Die Gesamtbedeutung der ausgesendeten Metamitteilungen kann man als *Rahmen* bezeichnen. So wie der Anthropologe Gregory Bateson und der Soziologe Erving Goffman den Begriff benutzen, wirkt der Rahmen wie eine Gebrauchsanweisung, die uns sagt, wie wir die gehörten Worte interpretieren sollen.[1] (Wenn ein Elternteil zum Beispiel fragt: »Hast du daran gedacht ...?«, entspricht das häufig dem Rahmen »Ratschläge geben«. Wenn ältere Schwestern oder Brüder gute Ratschläge erteilen, stellen sie sich damit häufig in den Rahmen von Eltern oder elternähnlichen Geschwistern.)

Eines der wirkungsvollsten Mittel, die uns zur Verfügung stehen, um Gespräche – und Beziehungen – zum Positiven zu verändern, besteht darin, die Situation in einen neuen Rahmen zu stellen. Eine solche *Neurahmung* – in der Soziologie spricht man auch von *Reframing* – kann man zum Beispiel durchführen, indem man eine andere Art des Redens wählt und dadurch die Bedeutung einer ganzen Interaktion verändert: Man kann sich zum Beispiel entscheiden, keine Ratschläge mehr zu geben und stattdessen Verständnis anzubieten. Doch man kann den Rahmen auch ganz einfach dadurch ändern, dass man das Gesagte auf andere Weise interpretiert: Man kann beschließen, den Ratschlag der Schwester als Vorschlag einer Gleichgesinnten aufzufassen, anstatt ihn mit einem grollenden »Du bist nicht meine Mutter« abzuschmettern. Das ganze Buch hindurch zeige ich anhand zahlreicher Beispiele auf, wie man Gespräche neu rahmen kann, weil dies ein Schlüssel zum Verständnis – und zur Verbesserung – von Beziehungen ist.

Mit den Begriffen *Bindung* und *Kontrolle* beschreibe ich die Kräfte, die alle unsere Gespräche antreiben: Ich erkläre, wie wir Sprache benutzen, um einander näher zu kommen oder auf Distanz zu gehen, und wie wir durch unsere Wortwahl Überlegenheit demonstrieren oder Respekt zeigen. All das nimmt eine zusätzliche Bedeutung an, wenn die Menschen, mit denen wir reden, zu unserer Familie gehören, weil die Institution Familie sowohl der Inbegriff der Hierarchie als auch der Inbegriff der Verbundenheit ist. Eltern haben absolute Macht über ein Kind, ebenso wie ältere Geschwister über jüngere. Gleichzeitig gehört das Band zwischen Eltern und Kind, zwischen Brüdern und Schwestern zu dem engsten, das man sich vorstellen kann. Und diese Elemente der Verbundenheit und der Kontrolle greifen ineinander und spielen ständig zusammen.

Wenn wir mit Familienmitgliedern sprechen, sind wir bemüht, den richtigen Standort *(Footing)* auf einem Kontinuum zwischen Nähe und Distanz zu finden. Wir wollen nahe genug sein, um uns beschützt und sicher zu fühlen, aber nicht so nahe, dass wir uns erstickt und eingeengt fühlen. Ich bezeichne das als *Bindungskontinuum*. Gleichzeitig versuchen wir den richtigen Standort auf einem Kontinuum zwischen Hierarchie und Gleichheit zu finden. Gleichheit ist in gewisser Weise ein Ideal. Alle Beziehungen sind mehr oder weniger hierarchisch, denn eine Person hat immer den höheren Rang – oder die stärkere Persönlichkeit –, um Forderungen zu stellen und deren Erfüllung durchzusetzen. Die Wünsche oder Bedürfnisse der einen Person beeinflussen die Handlungen der anderen, beschneiden deren Freiheit und Unabhängigkeit. Deshalb nenne ich dies das *Kontrollkontinuum*.

Nach Auffassung vieler Menschen ist es etwas prinzipiell Schlechtes, wenn eine Person Macht oder Kontrolle über eine andere hat, und etwas prinzipiell Gutes, wenn Menschen gleichgestellt und einander nahe sind. Doch hierarchische Beziehungen oder Machtverhältnisse können durchaus Trost und Nähe bieten – man denke nur an die Geborgenheit, die ein Kind empfindet, weil es von seinen Eltern beschützt wird. Andererseits können Nähe oder Verbundenheit erstickend und als Bedrohung der Individualität empfunden werden – auch das zeigt sich am deutlichsten in der Beziehung zwischen Eltern und Kind, vor allem wenn die Kinder in die Pubertät kommen.

Wir müssen einen schwierigen Balanceakt bewältigen, weil Worte auf beiden Kontinua Bedeutung haben. Was wie ein Kontrollmanöver wirkt, kann genauso gut ein Bindungsmanöver sein – oder beides gleichzeitig. Ein wichtiger Schritt zum Verständnis von Gesprächen (und damit zur Verbesserung von Beziehungen) in der Familie besteht darin, dass wir erkennen, welchen Standpunkt man durch eine bestimmte Sprechweise auf dem einen und dem anderen Kontinuum bezieht. Wenn Sie eine Äußerung als aufdringlich oder als Kontrollversuch empfinden, überlegen Sie einmal, ob es sich nicht auch um ein Bindungsmanöver handelt. (Zum Beispiel eine Bemerkung wie: »Warte doch bitte. Ich möchte dich auf dem Spa-

ziergang begleiten, aber ich brauche noch eine halbe Stunde.«)
Wenn Sie glauben, im Geist der Verbundenheit zu sprechen (»Weil
ich es gut mir dir meine«), sollten Sie daran denken, dass man es
auch als Kontrollmanöver auffassen kann, als Versuch, Macht auszuüben. (Denken Sie daran, wie die Bitte aus der Warte der Person
klingt, die darauf brennt, einen Spaziergang zu machen.)

.... Kapitel für Kapitel

In Kapitel 1 beschreibe ich Kontroll- und Bindungsmanöver in
Verbindung mit Mitteilungen und Metamitteilungen. Kapitel 2 befasst sich mit einer weiteren wichtigen Dynamik in Familiengesprächen, nämlich mit der Ausrichtung oder gemeinsamen Aufstellung der Sprechenden *(Alignment):* Dabei geht es um die
wechselnden Allianzen und die Konflikte, durch die eine Familie
wie ein geschlossener Kreis wirken kann, in dem sich alle an der
Hand halten, oder wie ein Kreis von Tänzern, in den man nicht hi-
neinkommt, weil man die Schrittfolgen nicht kennt und den Takt
nicht begreift. Das Konzept der Allianzen erklärt, weshalb wir uns
manchmal in unserer eigenen Familie fremd und ausgeschlossen
fühlen – und was wir ändern müssen, damit wir wieder in den
Kreis hineinkommen.

Wenn Konflikte auftreten – was unter Familienmitgliedern un-
ausweichlich ist –, wird das Gespräch mitunter hitzig, gewinnt an
Lautstärke und entwickelt sich zu einem Streit. Nichts ist entmuti-
gender, als sich immer wieder in demselben Streit wiederzufin-
den, so als säße man in einem Karussell, das sich immer weiter-
dreht, ohne jemals anzuhalten. In Kapitel 3 beschreibe ich
Familienstreitigkeiten, die tatsächlich stattgefunden haben. Ich
zeige die Sprechweisen auf, die den Streit auslösten und eskalieren ließen, und ich möchte deutlich machen, durch welche alternativen Sprechweisen die Beteiligten vielleicht bessere Ergebnisse erzielt hätten. In diesem Kapitel gehe ich auch ausführlich auf
das Konzept eines Kontrollkontinuums und eines Bindungskontinuums ein und untersuche, wie diese beiden Kräfte miteinander
verbunden sind und zusammenspielen.

Manchmal liegen die wirkungsvollsten Waffen direkt vor unserer Nase. Dazu gehört zum Beispiel der zu selten (manchmal allerdings auch zu oft) benutzte verbale Akt des Entschuldigens. Viele Streitigkeiten ergeben sich, wenn eine Frau (eine Ehefrau, Mutter, Schwester) verärgert ist, weil ein Mann (ihr Ehemann, Vater, Bruder) sich weigert, um Verzeihung zu bitten, wenn er etwas getan hat, das sie verletzt hat. Gleichzeitig kocht der Mann vor Wut, weil seine Frau, Tochter oder Schwester offenbar will, dass er sich demütigt, indem er sich entschuldigt, obwohl er seiner Ansicht nach überhaupt nichts falsch gemacht hat. In Kapitel 4 gehe ich ausführlich darauf ein, was Entschuldigungen für Frauen und Männer bedeuten, und zeige auf, wie man aus dieser Konfliktquelle ein Stärkungselixier für die Beziehung machen kann.

Vom Thema Entschuldigen kommt man automatisch zur allgemeineren Frage, wie die Beziehungen zwischen den Geschlechtern alle Geschehnisse in einer Familie beeinflussen. In Kapitel 5 betrachte ich geschlechtsspezifische Gesprächsmuster – woher sie kommen und wie sie sogar ein so simples Familienritual wie das Abendbrot beeinflussen können – zum Beispiel wenn eine Mutter zu ihrem Kind sagt: »Erzähl Papa, was du heute erlebt hast.« In *Du kannst mich einfach nicht verstehen* habe ich aufgezeigt, warum wir manchmal das Gefühl haben, mit einem Wesen von einem fremden Stern zu sprechen, wenn wir uns mit einem Angehörigen des anderen Geschlechts unterhalten. Das gilt genauso – und ist besonders beunruhigend –, wenn die Person, mit der wir sprechen, zu unserer Familie gehört. Es ist sehr wichtig, dass wir verstehen, wie geschlechtsspezifische Gesprächsmuster unsere familiären Beziehungen beeinflussen, damit wir eine gemeinsame Sprache finden und eine Brücke zwischen diesen Welten schlagen können.

Bei Gesprächen (oder Gesprächsversuchen) mit Jugendlichen zeigt sich oft in extremer Form, dass Mitglieder derselben Familie die Welt mit völlig unterschiedlichen Augen sehen können. Jugendliche fangen an, in die Welt hinauszugehen – und diese Welt unterscheidet sich von der, die ihre Eltern kennen. Wegen der widersprüchlichen Annahmen über das Leben und wie es funktioniert, können Gespräche zwischen Jugendlichen und Erwachsenen außer Kontrolle geraten und zu Konflikten eskalieren, die mitunter nie wieder beigelegt werden. In Kapitel 6 geht es um Gespräche mit Teenagern. In diesem Kapitel untersuche ich auch das

Konzept des Rahmens. Ich zeige auf, wie Streitigkeiten entstehen, weil unterschiedliche Rahmen aufeinander prallen, und wie Reframings zur Konfliktlösung beitragen können.

»Die Beziehung zu meiner Mutter verändert sich immer noch«, sagte ein Mann, dessen Mutter an Krebs starb, als er im jungen Erwachsenenalter war. In Kapitel 7 erforsche ich einige der Veränderungen (und einige der Beständigkeiten) in den Gesprächen mit unseren Müttern, mit denen wir unser Leben lang reden – auch wenn sie schon längst tot sind. Ich betrachte auch die besondere Herausforderung, vor der Mütter stehen, die mit ihren erwachsenen Kindern reden. Die meisten Menschen denken spontan an Mütter, wenn sie den Titel dieses Buches – *Ich mein's doch nur gut* – hören. Dies Verhältnis von Mutter und Kind als vielleicht machtvollste Beziehung innerhalb der Familie ist wie ein Kristall mit vielen Facetten. Jede davon spiegelt ein Element der Kommunikation wider, das auch grundlegend für alle anderen Familienbeziehungen gilt.

Es ist unmöglich über Mütter zu sprechen, ohne auch über Väter zu reden, weil die Rolle der Mütter in den Familien untrennbar mit der Funktion der Väter verbunden ist – zum Beispiel wenn die Mutter zur Kommunikationszentrale wird, die Informationen zwischen ihrem Mann und den Kindern weitergibt und zwischen beiden vermittelt. Deshalb mache ich die entsprechende Rolle des Vaters in Kapitel 7, ebenso wie in anderen Kapiteln des Buches, deutlich sichtbar.

Kapitel 8 befasst sich mit Geschwistern: mit den Brüdern und Schwestern, die unsere Kumpel und unsere Konkurrenten sind. Mein Hauptinteresse gilt den Beziehungen unter erwachsenen Geschwistern und damit einem familiären Kontakt, der uns ganz besondere Freude und ganz besonderen Ärger bereiten kann. Doch ich werfe auch einen Blick auf Gespräche zwischen heranwachsenden Schwestern und Brüdern, um die Ursachen und Themen aufzudecken, die in den Dialogen der Erwachsenen nachklingen.

Angesichts der unterschiedlichen Konversationsstile von Männern und Frauen und von Angehörigen unterschiedlicher Generationen ähnelt das Gespräch in der Familie der Kommunikation zwischen Angehörigen verschiedener Kulturen. Manchmal sind die Mitglieder einer Familie in verschiedenen Staaten oder verschiedenen Teilen des Landes aufgewachsen; manchmal kommen sie aus unterschiedlichen sozialen Schichten, leben in unterschiedlichen wirtschaftlichen Verhältnissen oder haben einen unterschiedlichen kulturellen Hintergrund. Wenn zwei Menschen sich zusammentun, bringen sie mitunter eine ganze Horde von Verwandten mit – aus vorherigen Ehen oder aus ihrer Herkunftsfamilie. Gespräche mit angeheirateten Verwandten, die auf Grund ihrer Herkunft einen anderen Dialogstil entwickelt haben, können sich außerordentlich schwierig gestalten: So haben die Gesprächspartner vielleicht ganz unterschiedliche Gewohnheiten im Hinblick auf Redseligkeit oder Schweigsamkeit, Direktheit oder Indirektheit; auch denken sie möglicherweise völlig anders darüber, ob man laut oder leise, schnell oder langsam sprechen sollte, ob man dem anderen ins Wort fallen darf oder nicht, ob man Fragen stellt, Witze erzählt und Ähnliches mehr. Das letzte Kapitel zeigt, wie der Unterhaltungsstil Familien beeinflusst, deren Mitglieder einen ganz anderen oder auch nur leicht abweichenden kulturellen Hintergrund haben. Von daher ist es auch eine Anleitung für Gespräche mit Schwiegereltern und anderen angeheirateten Verwandten.

Auch wenn dieses Buch hauptsächlich von erwachsenen Familienmitgliedern handelt, beginnen Familienbeziehungen in der Kindheit, und so gehe ich im Laufe des Buches auch immer wieder auf Gespräche zwischen Eltern und Kindern und zwischen heranwachsenden Geschwistern ein.

.... Alles ist Familie

Im familiären Zusammenleben kann es zu größeren Konflikten kommen, die durch Krankheit, Missbrauch, Untreue, Alkoholismus und tragische Ereignisse wie den Tod eines Elternteils oder Kindes verursacht werden. Mit solchen einschneidenden Ereignissen werde ich mich hier nicht beschäftigen; dafür sind spezielle Psychologen zuständig. Ich bin dazu ausgebildet, als Linguistin zu arbeiten und Gespräche zu analysieren. Ich beschränke mich auf mein Fachgebiet und richte meine Aufmerksamkeit auf die alltäglichen Belastungen und die verbalen Interaktionen, die unsere familiären Beziehungen begründen und zugleich komplizieren.

Es gibt die unterschiedlichsten Formen von Familie: Kinder können von einem allein erziehenden Elternteil, von Vater und Mutter, Adoptiveltern, Großeltern oder sogar Urgroßeltern aufgezogen werden. Onkel und Tanten oder Stiefeltern kommen vielleicht hinzu, ziehen wieder ihrer Wege oder bleiben auf Dauer. Zu den Familien zählen auch schwule und lesbische Paare mit Kindern. Eine Familie kann so klein sein, dass sie aus zwei Personen derselben Generation besteht, oder so groß, dass zehn Kinder und drei oder sogar vier Generationen unter einem Dach leben. Ich gehe nicht direkt auf diese vielfältigen Varianten ein, doch alles was ich zu sagen habe, gilt für alle Formen von Familie: Im Hin und Her des Gesprächs wird das Hin und Her der Beziehungen gespiegelt und umgesetzt.

In Familien treten all die ethnischen, sozialen und geschlechtsspezifischen Unterschiede auf, die auch bei Einzelpersonen vorkommen. Die Menschen, die meine Beispiele bevölkern, sind unterschiedlichster Herkunft. Dazu gehören Amerikaner asiatischer, afrikanischer, mexikanischer und europäischer Abstammung; sie stammen aus der Mittelschicht, der Arbeiterschicht und der oberen Mittelschicht; es sind lesbische, schwule und heterosexuelle Menschen. Wenn ich die Beispiele beschreibe, gehe ich nicht dezidiert auf diese Unterschiede ein. Vielleicht bringt mir diese Unterlassung den Vorwurf ein, Menschen zu übersehen, die nicht dem Mainstream angehören, aber ich sehe darin eher einen Beweis für die allgemeine und universelle Gültigkeit der Kräfte, die ich darstelle.

Jeder von uns lebt sein eigenes Leben und niemand – nicht einmal die Menschen, mit denen wir zusammenleben, oder die uns am nächsten stehen – weiß, wie sich die Welt aus unserer Perspektive darstellt. Der Ehemann, der tagsüber im Büro ist, weiß nicht wirklich, wie viele Aufgaben seine Frau gleichzeitig auf die Reihe bringen muss, um den Haushalt zu organisieren und die Familie zusammenzuhalten. Andererseits kann die Ehefrau, die wütend auf ihren Mann ist, weil er ihr am Freitagabend verkündet, dass er auch dieses Wochenende wieder arbeiten muss, nicht real erfassen, wie sehr es ihn belastet, dass er am Montag einen fertigen Bericht vorlegen muss, obwohl sich gerade herausgestellt hat, dass die Zahlen, die er für die endgültigen hielt, völlig falsch waren. Und beide haben im Grunde keine Ahnung, wie das Leben für ihre halbwüchsige Tochter oder ihren halbwüchsigen Sohn aussieht, deren Welt von den Normen, Erwartungen und Reaktionen der gleichaltrigen Freunde beherrscht wird.

Eben weil wir nicht genau erkennen können, wie sich die Welt aus der Warte eines anderen Menschen darstellt, ist es sehr wichtig, dass wir Mittel und Wege finden, um miteinander zu reden: Wir müssen einander unsere Standpunkte erklären und Lösungen – oder zumindest Kompromisse – erarbeiten. Sonst drehen wir uns mit unseren Argumenten leicht im Kreis und streiten darüber, wie man sich richtig zankt, oder kehren wichtige Themen unter den Teppich, um einen Streit zu vermeiden.

Ein Familiengespräch, das gut verläuft, gehört zu den schönsten Erlebnissen überhaupt. Man kann über alles miteinander reden, von den größten Sorgen bis hin zu den banalsten Alltagsbegebenheiten. Man hat das Gefühl, dass alles stimmt – Rhythmus, Timing und Offenheit. Man lacht über dieselben Witze und findet dieselben Themen interessant. Man kann ohne lange Erklärungen auf Ereignisse zu sprechen kommen, die stattfanden, als man Kind war, und über längst verstorbene Menschen reden, die man kannte. Man beherrscht eine nur in der eigenen Familie verständliche Geheimsprache – einen »Familekt«.

Wenn wir verstehen, wie Gespräche funktionieren, können wir dafür sorgen, dass immer mehr Familiengespräche befriedigend verlaufen und immer weniger enttäuschend enden. Es hat schon etwas Befreiendes, wenn einem bewusst wird, dass man nicht allein ist – dass andere Familien ähnliche Konflikte und vergleichbare Belastungen erleben. Wenn wir die Mechanismen des Gesprächsstils in der Familie kennen, haben wir eine Sprache, in der wir darüber reden können, was gerade geschieht – und die Mittel, um dafür zu sorgen, dass Unterredungen den Aufbau der Beziehungen, die von zentraler Bedeutung für unser Leben sind, nicht behindern, sondern fördern.

Anmerkung der Autorin

»Woher haben Sie Ihre Beispiele?«

Ich stelle in diesem Buch zahlreiche Beispiele für Unterhaltungen vor, um die Mechanismen von Sprache zu veranschaulichen. Die Frage »Woher kriegen Sie Ihre Beispiele?« möchte ich gern im Voraus beantworten.

Meine Beispiele stammen alle aus echten Unterhaltungen, die tatsächlich stattgefunden haben. In vielen Fällen wurden die Gespräche auf Tonband aufgezeichnet, und meine Analysen beruhen auf den Transkripten dieser Aufnahmen.

Einige der von mir wiedergegebenen Gespräche wurden von Familien aufgenommen, die an einer zweijährigen Studie teilgenommen haben. Ich leite diese wissenschaftliche Untersuchung, die von der Alfred P. Sloan Foundation unterstützt wird, gemeinsam mit Shari Kendall an der Georgetown University. Im Rahmen dieser Studie haben berufstätige Ehepaare, deren Kinder zu Hause leben und die beide berufstätig sind, eine Woche lang alle Gespräche aufgezeichnet, die sie einzeln oder gemeinsam führten. Assistenten von mir haben die Aufnahmen abgehört und mir dabei geholfen, diejenigen Teile ausfindig zu machen, die für das Thema dieses Buches relevant waren. Die größere Studie – die noch in ihrem Anfangsstadium steckte, als ich dieses Buch beendete – soll untersuchen, welche Rolle das Gespräch spielt, wenn Paare versuchen, Beruf und Familie unter einen Hut zu bekommen. Für das vorliegende Buch benutze ich also nur Transkripte von Unterhaltungen, die im Familienkreis stattfanden. Ich habe gelegentlich kleinere Details geändert, um die Anonymität der Beteiligten zu sichern. Außerdem habe ich einige Versprecher und stockende Anfänge gestrichen, um die Dialoge verständlicher zu machen. Doch davon abgesehen sind diese Gespräche genau so wiedergegeben, wie sie stattgefunden haben. Ich habe die zitierten Gesprächspassagen den Sprechern vorgelegt und ihre Zustimmung eingeholt.

Einige meiner Beispiele stammen auch aus Dokumentarfilmen über Familien, die man über längere Zeiträume in privaten Situationen gefilmt hat. Zwei dieser Sendungen wurden vom öffentlichen amerikanischen Fernsehen ausgestrahlt. Für die Serie *An American Love Story,* die in fünf zweistündigen Teilen im September 1999 gesendet wurde, begleitete die Regisseurin Jennifer Fox zwei Jahre lang, von 1992 bis 1994, die Familie von Karen Wilson, Bill Sims und ihren beiden Töchtern in Queens, New York. Für die Serie *An American Family,* die 1973 in zwölf wöchentlichen Fortsetzungen von je einer Stunde Länge gezeigt wurde, haben die Regisseure Alan und Susan Raymond die Familie von William und Pat Loud und ihre fünf Kinder im kalifornischen Santa Barbara sieben Monate lang filmisch beobachtet. Amerikaner, die diese Serie gesehen haben, werden sich daran erinnern, dass William und Pat sich während der Filmaufnahmen zur Scheidung entschlossen und dass ihr Sohn Lance sein Coming-out als Homosexueller hatte.

Eine dritte Fernsehdokumentation mit dem Titel *Sylvania Waters* wurde in Australien gedreht und zeigte sechs Monate im Leben der Neuseeländerin Noeline Baker, ihres australischen Freundes (den sie heiraten wollte) und ihres halbwüchsigen Sohnes aus einer früheren Ehe. Die zwölf Sendungen wurden 1992 vom australischen Fernsehen ausgestrahlt und 1993 von der BBC. Die Dialoge, die ich analysiere, erschienen in einem Aufsatz, den der australische Wissenschaftler David A. Lee von der University of Queensland veröffentlichte.

Da der Esstisch ein Ort ist, an dem Familienmitglieder zusammenkommen und miteinander reden, ist dieses Setting bei Wissenschaftlern sehr beliebt: Viele Forscher aus den Bereichen Linguistik, Soziologie und Anthropologie haben ihre Studien auf Tonbandaufzeichnungen von Unterhaltungen beim Abendessen gestützt. Ihre wissenschaftlichen Aufsätze sind eine weitere Quelle für die Beispiele, die ich heranziehe. In allen Fällen, in denen ich mir solche Beispiele ausborge, verweise ich auf die Autoren und ihre Veröffentlichungen. Ich versuche auch, deutlich zu machen, wann die dargebotene Analyse meine eigene Interpretation der Beispiele ist und wann ich mich auf die Ergebnisse der Autoren beziehe.

Ich gebe seit vielen Jahre Kurse in Gesprächsanalyse an der Georgetown University; in dieser Zeit haben meine Studenten eigene Gespräche bei sich zu Hause und in den Wohnungen von Freunden, die damit einverstanden waren, aufgezeichnet. Ich sollte betonen, dass die Tonbandaufzeichnungen immer mit Wissen und Zustimmung aller Beteiligten erfolgen. Obwohl die Gefahr besteht, dass das Verhalten der Sprechenden beeinflusst wird, wenn sie wissen, dass ein Tonband läuft, achten die Menschen, auch wenn sie auf der Hut sind, wenig auf diejenige Ebene der Sprache, die mich interessiert. (Die Selbstzensur ist normalerweise darauf ausgerichtet, keine kompromittierenden Informationen zu offenbaren). Meistens gewinnt die übliche Familieninteraktion die Oberhand, wenn das Tonband über einen längeren Zeitraum läuft. Leser können am Ende selbst beurteilen, ob die Gespräche, die sie auf diesen Seiten »mithören«, denjenigen gleichen, die sie in ihren eigenen Familien führen.

Weitere Gespräche, die in diesem Buch zu finden sind, wurden nicht auf Tonband aufgezeichnet, sondern mir von Verwandten, Freunden oder Bekannten berichtet – entweder weil ich sie direkt nach ihren Erfahrungen fragte oder weil sie zufällig darauf zu sprechen kamen. Wenn ich Interaktionen beschreibe, von denen man mir erzählt hat oder die ich persönlich erlebt oder mitangehört habe, gehe ich so ähnlich vor wie ein Romancier, der einen Dialog erfindet, indem er Gespräche aus übermittelten, erinnerten und mitgehörten Äußerungen zusammensetzt. In diesen Fällen ändere ich häufig Details, damit die Anonymität der beteiligten Personen gewahrt bleibt, obwohl ich mich sehr bemühe, die Formulierungen genauso wiederzugeben, wie man sie mir berichtet hat oder wie ich sie erinnere oder mitgehört habe.

Ich weise immer darauf hin, wenn meine Beispiele aus Transkripten stammen. Wenn solche speziellen Verweise fehlen, ist der Dialog meine eigene Schöpfung – aber jedes Gespräch, das ich auf diese Weise kreiere, basiert auf einer realen Interaktion.

1

»Ich darf den Mund wohl überhaupt nicht mehr aufmachen«

Wie man bei Gesprächen in der Familie zwischen Mitteilungen und Metamitteilungen unterscheidet

»Bist du ganz sicher, dass du noch ein Stück Kuchen haben willst?«, fragt Donna.

»Allerdings«, antwortet George mit jenem scharfen Unterton, der impliziert: »Vielleicht wurde ich eben noch vom Schatten eines Zweifels geplagt, aber jetzt bin ich mir da absolut sicher.«

Donna fühlt sich wie in einer Falle. Sie weiß, dass George später schrecklich jammern und sagen wird, er wünschte, er hätte dieses zweite Stück Kuchen nicht gegessen.

»Wieso kontrollierst du jeden Krümel, den ich esse?«, fragt George.

»Ich achte bloß auf deine Gesundheit«, entgegnet Donna. »Ich meine es doch nur gut mit dir.«

Elizabeth, eine Frau Ende zwanzig, freut sich auf das Thanksgiving-Dinner, zu dem sie ihre ganze weit verzweigte Familie eingeladen hat. Ihre Mutter, die gerade auf Besuch ist, hilft ihr in der Küche. Als Elizabeth die Füllung für den Truthahn vorbereitet, bemerkt ihre Mutter: »Oh, du nimmst Zwiebeln für die Füllung?«

Elizabeth fühlt sich plötzlich, als wäre sie wieder siebzehn Jahre alt, und sagt: »*Ich* mache die Füllung, Mutter. Warum musst du immer alles kritisieren, was ich tue?«

»Ich habe dich überhaupt nicht kritisiert«, empört sich die Mutter. »Ich habe lediglich eine Frage gestellt. Was ist denn in dich gefahren? Ich darf wohl überhaupt nichts mehr sagen.«

Die Anziehungskraft einer Familie (im Grunde die Anziehungskraft einer Liebe) liegt darin, jemanden zu haben, der uns so gut kennt, dass wir nicht ständig erklären müssen, wer wir sind. Es bedeutet die Aussicht auf einen Menschen, dem wir so wichtig sind, dass er uns vor einer Welt von Fremden beschützt, die keine Rücksicht auf uns nehmen. Doch durch eine merkwürdige und grausame

Wendung ist es häufig gerade die Familie, die uns Schmerz und Kummer bereitet. Diejenigen, die wir lieben, betrachten uns aus so großer Nähe, dass sie all unsere Makel wie durch ein Vergrößerungsglas wahrnehmen. Familienmitglieder haben unzählige Gelegenheiten, unsere Fehler zu entdecken, und meinen, sie hätten das Recht, uns darauf hinzuweisen. Häufig wollen sie uns helfen, uns zum Positiven zu verändern. Sie reden in bester Absicht mit uns und denken dabei wie Donna: »Ich meine es doch nur gut mit dir.«

Familienmitglieder haben auch eine lange gemeinsame Geschichte, deshalb schwingen in allen Gesprächen, die wir in der Gegenwart führen, Bedeutungen aus der Vergangenheit mit. Wenn Sie zum Beispiel zur Unpünktlichkeit neigen, sagt Ihr Vater, Ihre Schwester oder Ihr Partner vielleicht: »Wir müssen um acht Uhr los« – und fügt dann hinzu: »Es ist wirklich wichtig. Verspäte dich nicht. Geh bitte um sieben unter die Dusche, nicht erst um halb acht!« Diese zusätzlichen Anordnungen sind erniedrigend und anmaßend, aber sie basieren auf früheren Erfahrungen. Da wir für unseren Teil die Erfahrung gemacht haben, dass man uns früher schon negativ beurteilt hat, entwickeln wir eine Art sechsten Sinn und entdecken in beinahe jeder Bemerkung, die ein geliebter Mensch macht – sogar in einer harmlosen Frage wie der nach den Zutaten einer Truthahnfüllung – eine versteckte Kritik: Deshalb hat Elizabeths Mutter schließlich das Gefühl, dass sie überhaupt nichts mehr sagen darf – und Elisabeth hat das Gefühl, dass die Mutter sie ständig kritisiert.

Wenn wir Kinder sind, ist die Familie unsere ganze Welt. Wenn wir erwachsen sind, behalten die Familienangehörigen (nicht nur unser Partner, sondern auch unsere erwachsenen Kinder und erwachsenen Schwestern und Brüder) diese überlebensgroße Aura bei. Wir reagieren überempfindlich auf ihre Urteile, weil es uns vorkommt, als hätte der oberste Gerichtshof sie gefällt und damit gleichzeitig eine unanfechtbare Einschätzung unseres Wertes als Mensch abgegeben. Wir reagieren zornig, weil wir die Urteile ungerecht finden oder weil wir spüren, dass sie ein Körnchen Wahrheit enthalten, das wir lieber nicht betrachten möchten. Manchmal fürchten wir auch, dass wir wohl tatsächlich schuldig sein müssen, wenn jemand, der uns so gut kennt, ein hartes Urteil fällt, und haben Angst, nicht nur die Liebe dieser Person, sondern aller

Menschen zu verlieren. Wir leiden nicht nur unter all diesen versteckten Bedeutungen, sondern nehmen es insgeheim auch bitter übel, dass ein Mensch, den wir lieben, überhaupt über uns urteilt – und die Macht hat, uns zu verletzen.

»Ich streite mich immer noch mit meinem Vater«, berichtete mir ein sehr erfolgreicher Journalist. »Er ist seit einundzwanzig Jahren tot.« Ich bat ihn um ein Beispiel. »Er hat immer rumgemeckert, dass ich mein Haar kämmen soll und mich besser anziehen muss – dass ich später noch lernen würde, wie wichtig das Äußere ist.« Als er das sagte, fiel mir auf, dass sein Haar ungekämmt war und die Zipfel seines abgewetzten Hemdes aus dem Hosenbund herausguckten. »Ich habe ihm erklärt«, fuhr er fort, »dass mir Äußerlichkeiten immer völlig schnuppe sein werden. Und wenn ich heute zu einem wichtigen Ereignis gehe, schaue ich in den Spiegel und ... ich sage in Gedanken zu ihm: ›Siehst du? Ich *bin* erfolgreich und das Äußere hat keine Rolle gespielt.‹«

Bei dem »Streit«, den dieser Mann mit seinem Vater führt, geht es um Anerkennung. Ganz egal, wie alt wir sind, ganz gleich, ob unsere Eltern leben oder tot sind, ob wir ihnen nahe standen oder nicht – manchmal betrachten wir uns mit ihren Augen, messen uns an ihren Standards und fragen uns, ob wir ihren Anforderungen genügen. Die Kritik der Eltern ist von besonderem Gewicht, sogar wenn aus Kindern längst Erwachsene geworden sind.

.... Du bist mir wichtig, deshalb kritisiere ich dich

Manche Familienmitglieder denken, sie hätten nicht nur das Recht, sondern auch die Pflicht, uns zu sagen, wenn sie unser Handeln für falsch halten. Eine aus Thailand stammende Frau erinnert sich an die Zeit, als sie Anfang zwanzig war und ihre Mutter häufig mit ihr redete, um ihr den Kopf zurechtzusetzen: »Nach jedem dieser Vorträge«, erzählte die Frau, »sagte meine Mutter zu mir: ›Ich muss dir deine Fehler vorhalten, weil ich deine Mutter bin und dich liebe. Andere Leute werden nie so mit dir reden wie ich, denn den anderen bist du egal.‹«

Manchmal scheint es, dass Familienmitglieder nach dem Grundsatz »Du bist mir wichtig, deshalb kritisiere ich dich« verfahren.

Derjenige, dem man sagt, dass er sich anders verhalten soll, hört vor allem eines laut und deutlich: die Kritik. Doch derjenige, der Vorschläge macht und Urteile fällt, ist für gewöhnlich auf die Fürsorge konzentriert. Eine Mutter äußerte ihre Besorgnis über den Freund der Tochter: Er hatte keine vernünftige Arbeit und schien auch kein Interesse daran zu haben, eine zu finden, weshalb sie ihn für alles andere als einen geeigneten Heiratskandidaten hielt. Die Tochter protestierte, die Mutter habe an jedem ihrer Freunde etwas auszusetzen. »Wäre es dir lieber«, fragte die Mutter entrüstet, »wenn es mir egal wäre, mit wem du ausgehst?«

Als Familienmitglieder fragen wir uns einerseits, warum unsere Eltern, Kinder, Geschwister und Partner so viel an uns auszusetzen haben, und sind andererseits frustriert, wenn unsere eigenen fürsorglich gemeinten Äußerungen als Kritik aufgefasst werden.

Beide Empfindungen gründen in der Doppeldeutigkeit, die im Erteilen von Ratschlägen liegt: Es ist ein liebevolles Zeichen der Fürsorge *und* ein verletzendes Zeichen der Kritik. Man kann nicht sagen, dass die eine Bedeutung richtig und die andere falsch ist, denn beide sind vorhanden. Es ist schwierig, die ambivalenten Bedeutungen der Fürsorge und der Kritik voneinander zu unterscheiden, weil Sprache auf zwei Ebenen arbeitet: auf der Ebene der Mitteilungen und der Metamitteilungen. Diese Ebenen zu trennen – und sich beider bewusst zu sein – ist entscheidend, wenn man die Kommunikation in der Familie verbessern will.

Der intime Kritiker
.... **Wenn Metamitteilungen verletzen**

Da die Menschen, die uns am nächsten stehen, in der ersten Reihe sitzen und unsere Fehler besonders gut erkennen können, reagieren wir empfindlich, ja manchmal überempfindlich auf jede Andeutung von Kritik. Das Ergebnis kann sehr komisch sein, wie in Phyllis Richmans Roman *Who's Afraid of Virginia Ham?*. Eine Szene, in der es zu einem Gespräch zwischen der Erzählerin und ihrer erwachsenen Tochter Lily kommt, zeigt, wie Kritik zum Metronom werden kann, das den Takt für die Leitmelodie der Familie vorgibt.[2] Hier der Dialog:

LILY: *Findest du, dass ich andere Leute zu oft kritisiere?*
MUTTER: *Was für Leute? Mich?*
LILY: *Sei nicht so egozentrisch, Mama.*
MUTTER: *Kritisier mich nicht, Lily.*
LILY: *Ich wusste es. Du findest also doch, dass ich zu kritisch bin. Warum hast du immer irgendwas an mir auszusetzen, Mama?*

Die Mutter protestiert daraufhin, dass Lily schließlich diejenige gewesen sei, die gefragt habe, ob sie zu viel Kritik übe, und jetzt ihre Mutter dafür kritisiere, dass sie die Frage beantworte. Lily entgegnet: »Ich verstehe nicht, was du meinst. Manchmal ist es unglaublich schwierig, sich mit dir zu unterhalten.«

Es stellt sich heraus, dass Lily aufgebracht ist, weil ihr Freund Brian ihr vorgeworfen hat, sie habe zu viel an ihm auszusetzen. Sie hat sich große Mühe gegeben, ihn nicht mehr zu kritisieren, aber jetzt ist etwas passiert, durch das es ihr besonders schwer fällt, sich an ihren Entschluss zu halten. Brian hat ihr ein sexy Outfit zum Geburtstag geschenkt – teuer und wunderschön –, aber das großzügige Geschenk hat Lily erzürnt, weil sie es als Kritik an ihrer üblichen Aufmachung auffasst.

Mit diesem kurzen Austausch fängt Richman die verschiedenen Bedeutungsschichten ein, durch die jede noch so gut gemeinte Äußerung oder Handlung zum Auslöser eines Konflikts oder einer Kränkung zwischen Familienangehörigen werden kann. Lily findet es schwierig, der Unterhaltung zu folgen – und mit ihrer Mutter zu reden –, weil sie Mühe hat, Mitteilung und Metamitteilung auseinander zu halten.[3] Die *Mitteilung* liegt in der Bedeutung der gesprochenen Wörter und Sätze; sie ist das, was jeder mit Hilfe eines Wörterbuches und einer Grammatik herausfinden könnte. Zwei Menschen, die sich unterhalten, sind sich normalerweise einig über die Mitteilung. Die *Metamitteilung* liegt in der unausgesprochenen oder jedenfalls nicht ausdrücklich benannten Bedeutung, die wir aus dem Kontext ableiten – aus der Art und Weise, wie etwas gesagt wird, wer es sagt oder aus der Tatsache, dass es überhaupt gesagt wird.

Weil die Metamitteilungen nicht in den Wörtern selbst stecken, ist es schwierig, sie auf den Punkt zu bringen und damit umzugehen. Dennoch liegt es häufig an ihnen, ob wir uns getröstet oder verletzt fühlen. Die Mitteilung liegt (wie gesagt) in der Wortbedeutung, während die Metamitteilung die emotionale Intention enthält – die Absicht, auf die wir am stärksten reagieren, weil sie Gefühle auslöst.

Als Lily ihre Mutter fragt, ob sie anderen Menschen gegenüber zu kritisch sei, ist die Mitteilung eine Frage nach Lilys eigener Persönlichkeit. Doch die Mutter reagiert auf das, was sie für die Metamitteilung hält: Lily hat etwas an *ihr* auszusetzen. Diese Reaktion beruht vermutlich auf Erfahrungen: Die Tochter hat sie früher schon kritisiert. Wäre Lily ihrerseits nur auf die Mitteilung eingegangen, hätte sie geantwortet: »Nein, ich habe dabei nicht an dich, sondern an Brian gedacht.« Doch auch Lily reagiert auf eine Metamitteilung: Sie verübelt der Mutter, dass diese sich für den Hauptgegenstand einer Äußerung hält, die gar nichts mit ihr zu tun hat. Vielleicht ärgert Lily sich auch, weil die Mutter immer noch so viel Raum in ihrem Leben einnimmt.

Die Verwechslung von Mitteilung und Metamitteilung erklärt auch die gemischten Gefühle, mit denen Lily darauf reagiert, dass ihr Freund ihr etwas zum Anziehen schenkt, dass besonders sexy aussieht. Das Geschenk ist die Mitteilung. Doch was Lily wütend macht, ist ihre Interpretation des Geschenks: »Brian findet, dass ich mich nicht sexy genug kleide – er findet mich unattraktiv.« Diese Implikation ist die Metamitteilung, und sie führt dazu, dass Lily an dem Geschenk, an Brian und an sich selbst etwas auszusetzen hat. Metamitteilungen sprechen lauter als Mitteilungen, deshalb spricht Lily darauf am stärksten an.

Man kann unmöglich sagen, ob Brian diese Metamitteilung beabsichtigt hat. Es ist möglich, dass er sich wünscht, Lily möge sich anders kleiden. Möglich ist auch, dass er es völlig in Ordnung findet, wie sie sich anzieht und einfach nur gedacht hat, dass ihr dieses spezielle Outfit gut stehen würde. Das macht es so schwierig, die Metamitteilungen auf den Punkt zu bringen und darüber zu reden: Sie werden nicht offen ausgesprochen, sondern verbergen sich hinter den gesprochenen Worten.

Wenn wir über Mitteilungen sprechen, sprechen wir über die Bedeutung von Worten. Doch wenn wir über Metamitteilungen reden, reden wir über Beziehungen. Und wenn Familienmitglieder auf ihre gegenseitigen Äußerungen reagieren, reagieren sie normalerweise auf die Metamitteilungen. Richmans Dialog ist voller Ironie, weil er zeigt, wie wir alle Mitteilungen und Metamitteilungen verwechseln können, wenn wir mit Menschen reden, die uns nahe stehen. Doch wenn dies im Kontext einer Beziehung geschieht, die uns sehr am Herzen liegt, lösen solche Reaktionen häufig mehr Kummer als Gelächter aus.

Bei allen Gesprächen, die ich in diesem Kapitel ebenso wie im gesamten Buch vorstelle, ist die Fähigkeit, zwischen Mitteilung und Metamitteilung zu unterscheiden und deutlich zu machen, auf welche der beiden wir reagieren, ein wichtiger Schlüssel zur Verbesserung von Familienbeziehungen. Zu den Mitteln, die man zu diesem Zweck einsetzen kann, gehört die *Metakommunikation* – das Reden über das Reden.

»Gibt's an Baguette irgendwas auszusetzen?«
.... Versuchen Sie, zu metakommunizieren

Der Film *Scheidung auf Amerikanisch* beginnt damit, dass sich Debbie Reynolds und Dick Van Dyke auf den Besuch einiger Dinnergäste vorbereiten – und miteinander streiten. Sie wirft ihm vor, er könne nichts anderes tun, als sie kritisieren. Er weist den Vorwurf zurück. Sie sagt, sie könne jetzt nicht weiter darüber diskutieren, weil sie das Baguette aus dem Ofen holen müsse. Er fragt: »Baguette?«

Eine simple Frage, oder? Eigentlich nicht einmal eine Frage, eher eine schlichte Feststellung. Doch als Debbie Reynolds es hört, dreht sie sich um und stemmt die Hände kampfbereit in die Hüften. »Was gibt's an Baguette auszusetzen?«, fragt sie herausfordernd.

»Nichts«, antwortet er, die Unschuld in Person. »Ich esse nur so gern diese kleinen Brötchen, die du sonst immer machst.« Das ist wie die Glocke, die einen Boxkampf einläutet, der erst durch eine weitere Glocke beendet wird – die Türglocke, die ankündigt, dass die Gäste da sind.

Hat er sie kritisiert oder nicht? Betrachtet man die Mitteilungsebene, lautet die Antwort Nein. Er hat einfach eine Frage gestellt, um sich noch einmal bestätigen zu lassen, welche Art von Brot seine Frau vorbereitet. Doch auf der Ebene der Metamitteilungen lautet die Antwort Ja. Wenn er zufrieden mit ihrer Entscheidung gewesen wäre, hätte er die Wahl des Baguettes nicht kommentiert, außer vielleicht, um seine Anerkennung zum Ausdruck zu bringen. Trotzdem könnte man fragen: Was soll's? Er mag diese Brötchen eben lieber als Baguette. Na und? Muss man deswegen gleich so ein Theater machen? Das Theater erklärt sich aus dem ursprünglichen Vorwurf: Sie hat das Gefühl, dass er sie *immer* kritisiert – dass er ihr ständig sagt, sie solle anders handeln, als sie es tut.

In einem allgemeineren Sinn gehört dieses Theater zu den Widersprüchen innerhalb einer Familie: Wir vertrauen darauf, dass die Menschen, die uns am nächsten stehen, uns von unserer besten Seite sehen, und oft tun sie das auch. Man möchte, dass der Mensch, den man liebt, sich als intimer Verbündeter erweist, der uns versichert, dass wir alles richtig machen. Aber manchmal stößt man stattdessen auf einen intimen Kritiker, der immer wieder andeutet, dass wir alles falsch machen. Kleine harmlose Andeutungen häufen sich an und führen schließlich zu großen Problemen. Man wird die Probleme nie lösen, wenn man weiterhin über die Mitteilung redet (über Baguette oder Brötchen), anstatt über die Metamitteilung (die versteckte Andeutung, dass der Partner mit allem, was man tut, unzufrieden ist). (*Scheidung auf Amerikanisch* wurde 1967 gedreht. Dass dieser Dialog nichts von seiner Aktualität verloren hat, zeigt, wie verbreitet – und wie hartnäckig – solche Kommunikationsknoten sind.)

Eine Möglichkeit, diese Probleme in Angriff zu nehmen, ist die Metakommunikation, das heißt, man versucht, über das Reden zu reden. Der Mann könnte *sagen,* dass er das Gefühl habe, er dürfe den Mund überhaupt nicht mehr aufmachen, weil sie jeden Vorschlag oder Kommentar als Kritik auffasse. Die Frau könnte *sagen,* dass sie das Gefühl habe, er sei immer unzufrieden mit dem, was sie tue, anstatt ihn angriffslustig anzufauchen. Wenn beide diese Dynamik einmal verstehen, werden sie ihre eigenen Methoden entwickeln, um damit umzugehen. Vielleicht entscheidet er sich, seiner Frage von vornherein ein Dementi vorauszuschicken: »Ich habe nichts an Baguette auszusetzen.« Oder vielleicht möchte er tatsächlich eine – direkte – Forderung anbringen und bittet sie, die üblichen Brötchen zu backen, weil er die besonders lecker findet. Die beiden könnten auch übereinkommen, ein Limit zu setzen – er darf pro Tag nur so und so viele ihrer Handlungen infrage stellen. Das Entscheidende ist, dass die beiden über die Metamitteilung sprechen, auf welche die Frau reagiert: Wenn ihre Handlungsweise zu oft infrage gestellt wird, kommt es ihr vor, als habe sich ihr Lebenspartner in einen internen Aufsichtsbeamten verwandelt, der nur darauf wartet, dass sie etwas falsch macht.

.... Leben mit der Recycling-Polizei

»Das kann man noch recyceln«, ruft Helen triumphierend und wedelt mit einem kleinen grauen Zylinder, der einmal in einer Rolle Klopapier gesteckt hat. Mehr sagt sie nicht; das belastende Beweisstück erscheint ihr offenbar als ein ausreichendes Argument.

»Ich weiß, dass man das recyceln kann«, entgegnet Sam. »Das brauchst du mir nicht zu sagen.« Er ist ein Befürworter des Recycling und achtet normalerweise darauf, seinen Müll zu trennen, wenn auch nicht ganz so enthusiastisch (er nennt es »besessen«) wie Helen. Doch diesmal war er nachlässig. In der Eile hat er versehentlich die Papprrhöre des Klopapiers in den Abfalleimer geworfen. Jetzt hat Helen sie gefunden und will wissen, warum sie da drin liegt. »Du kannst doch nicht den Müll durchwühlen und kontrollieren, was ich wegwerfe«, empört sich Samuel. »Unsere Beziehung ist doch wohl wichtiger als die Überreste unseres Klopapiers.«

»Ich rede nicht über unsere Beziehung«, protestiert Helen. »Ich rede übers Recycling.«

Helen hat Recht. Sie redet übers Recycling. Doch Samuel hat auch Recht. Wenn man das Gefühl hat, mit der Recycling-Polizei zu leben – oder mit der Diät-Polizei oder der Sauberkeits-Polizei –, macht das Zusammenleben keinen Spaß mehr. Manchmal denkt man dann sogar (für einen flüchtigen Moment), wie schön es wäre, allein und in Frieden zu leben. In diesem Sinn hat Samuel über die Beziehung gesprochen.

Helen hat sich auf die Mitteilung konzentriert: auf die Vorteile des Recycling. Samuel hat sich auf die Metamitteilung konzentriert: auf die versteckte Bedeutung, dass Helen eigenmächtig bestimmte Regeln aufstellt und ihm dann vorwirft, dagegen zu verstoßen. Vielleicht reagiert er auch auf die Metamitteilung der moralischen Überlegenheit, die mitschwingt, wenn Helen sich als die eifrigere Mülltrennerin präsentiert. Weil Mitteilungen in Worten liegen, ist Helens Position leichter zu verteidigen. Doch die Metamitteilungen haben mehr Macht, weil sie Gefühle wecken, und Gefühle sind das A und O jeder Beziehung.

Um Samuels Reaktion zu verstehen, muss man auch daran denken, dass sich die Bedeutung von Helens Bemerkung nicht nur aus dem derzeitigen Gespräch ergibt, sondern auch aus dem Nachhall aller Unterhaltungen, die Helen und Sam im Laufe der Jahre bereits über dieses Thema geführt haben – ebenso wie aus den Gesprächen, die Samuel davor, vor allem als Kind in seiner Herkunftsfamilie, geführt hat. Außerdem macht Helen *immer wieder* Bemerkungen über die Dinge, die Sam recycelt oder nicht recycelt. Es ist diese ständige Wiederholung, die Sam das Gefühl gibt, mit einer Recycling-Polizistin verheiratet zu sein.

.... Gib mir Verbundenheit, gib mir Kontrolle

Es gibt eine weitere Dimension bei diesem Streit – einen weiteren Aspekt der Kommunikation, der alles, was wir zueinander sagen, kompliziert, der sich aber in Familien besonders stark auswirkt. Das sind unsere gleichzeitigen, aber widersprüchlichen Bedürfnisse nach Bindung und Kontrolle.

Aus ihrer Sicht lenkt Helen einfach die Aufmerksamkeit ihres Mannes auf eine kleine Nachlässigkeit in ihrem gemeinsamen Bestreben um ein moralisch einwandfreies Handeln – ein Ausdruck ihrer Verbundenheit. Die gemeinsamen Grundsätze, die sie und Sam bezüglich des Recycling haben, spiegeln die Grundsätze ihres Zusammenlebens wider: Sein Müll ist ihr Müll. Aber Samuel hat das Gefühl, dass sie sich zur Richterin seines Handelns aufschwingt und sich damit als die Überlegene aufspielt. Dagegen protestiert er, wenn er ihr vorwirft: »Du willst mich kontrollieren.«

Bindung und Kontrolle gehören beide zu den Grundelementen von *Familie*. Es gibt keine Beziehung, die so eng, und keine, die so hierarchisch ist, wie die Beziehung zwischen Eltern und Kind oder zwischen älteren und jüngeren Geschwistern. Um zu begreifen, was geschieht, wenn Familienmitglieder miteinander reden, muss man verstehen, dass die Kräfte von Bindung und Kontrolle sowohl die Nähe als auch die Hierarchie in einer Familie widerspiegeln.[4]

»Es ist, als ob er zur Familie gehört«, sagt meine Mutter, wenn ihr jemand sympathisch ist. Dieser Bemerkung liegt die Annahme zu Grunde, dass Familie auch die Vorstellung von Nähe und Verbundenheit in sich einschließt. Wir alle streben nach Verbundenheit, weil wir uns dadurch sicher und geliebt fühlen. Doch Nähe zu anderen Menschen bedeutet auch, dass es uns wichtig ist, was diese Menschen denken. Was immer man tut, wirkt sich auf diese Personen aus, also muss man Rücksicht auf ihre Wünsche und Vorlieben nehmen. Das gibt ihnen die Macht, unser Handeln zu kontrollieren, unsere Unabhängigkeit einzuschränken und uns ganz allgemein einzuengen.

Auf Grund ihres Alters und bestimmter Rollen in der Familie haben Eltern und ältere Geschwister Macht über Kinder und jüngere Geschwister. Doch auch *Sprechweisen schaffen Macht.* Kinder oder jüngere Geschwister können ihren Eltern oder älteren Geschwistern durch das, was sie sagen (oder nicht sagen), das Leben versüßen oder ziemlich sauer machen. Manche Familienmitglieder versuchen, ihre Macht zu vergrößern und ihren Willen durchzusetzen, indem sie kein Blatt vor den Mund nehmen oder besonders laut und mit größerem Nachdruck sprechen. Andere erhöhen ihren Einfluss, indem sie den Mund halten, sodass die anderen sich immer angestrengter bemühen, sie für sich zu gewinnen.

»Sag mir nicht, was ich zu tun habe. Versuch nicht, mich zu kontrollieren« sind häufige Proteste in Familien. Viele Menschen denken automatisch in Machtbegriffen und halten alle Eingriffe in ihre Freiheit für Kontrollmanöver. Die Wahrscheinlichkeit, dass man solche Einmischungen als Bindungsmanöver betrachtet, ist geringer, doch häufig sind sie sowohl das eine als auch das andere. In jedem Moment ringen wir nicht nur um Kontrolle, sondern auch um Liebe, Anerkennung und Teilhabe. Das Problem ist, dass *dieselben* Handlungen und Äußerungen entweder Kontrollversuche oder Bindungsmanöver sein können – oder, wie in den meisten Fällen, beides gleichzeitig sind.

.... Kontrollmanöver oder Bindungsmanöver?

»Fang noch nicht mit dem Essen an«, sagt Louis zu Claudia, als er aus der Küche geht. »Ich bin sofort wieder da.«

Claudia ist am Verhungern und beäugt die vor ihr stehende Pizza mit begehrlichen Blicken. Der Duft der Tomatensauce und des geschmolzenen Käses steigt ihr in die Nase und ist so verlockend, dass ihr das Wasser im Mund zusammenläuft. Doch Louis, der für alles immer etwas länger braucht, taucht nicht wieder auf, und die Pizza wird kalt. Claudia kommt sich ein bisschen vor wie ihre Hündin Muffin, als sie in der Hundeschule war: »Warte!«, befahl der Hundetrainer, während der arme Hund wie ein Bild des Jammers vor dem Futternapf saß. Nachdem der Trainer die Wartezeit so lange ausgedehnt hatte, bis er überzeugt war, dass der Hund ewig so sitzen bleiben würde, sagte er: »Okay!« Erst dann durfte Muffin sich über die Schüssel hermachen.

Ließ sich Louis absichtlich so viel Zeit, um zu beweisen, dass er Claudia warten lassen konnte, egal wie hungrig sie war? Oder wollte er nur unbedingt, dass sie gemeinsam zu Abend aßen? Anders ausgedrückt: War der Satz »Fang noch nicht mit dem Essen an« ein Kontrollmanöver, das sie dazu bringen sollte, sich seinem Tempo und Timing anzupassen, oder ein Bindungsmanöver, das darauf zielte, das Ritual des gemeinsamen Abendessen aufrechtzuerhalten? Die Antwort lautet: beides. Das gemeinsame Essen gehört zu den sinnträchtigsten Ritualen, die alle Mitglieder einer Familie zusammenbringen und verbinden. Gleichzeitig gab der Wunsch, gemeinsam zu essen, Louis die Macht, Claudia warten zu lassen. Das Bedürfnis nach Bindung umfasste also auch ein Element der Kontrolle, und gegenseitige Kontrolle ist schon wieder in sich eine Form von Verbundenheit.

Kontrolle und Bindung sind miteinander verknüpfte, häufig widersprüchliche Kräfte, die sich wie ein roter Faden durch alles ziehen, was in einer Familie gesagt wird. Durch diese beiden Kräfte ergibt sich die Doppelbedeutung von Fürsorge und Kritik. Tipps, Veranderungsvorschläge und aufmerksame Beobachtungen sind Zeichen der Fürsorge, wenn man sie durch die Brille der Bindung betrachtet. Doch wenn man sie durch die Brille der Kontrolle betrachtet, sind es Zeichen der Herabsetzung: Man mischt sich

in unser Leben und Handeln ein und bemäkelt unser selbstbestimmtes Verhalten. Deshalb sind Fürsorge und Kritik fest miteinander verknotet.

Der Drang nach Bindung und der Drang nach Kontrolle sind die
Kräfte, die unseren Reaktionen auf Metamitteilungen zu Grunde
liegen. Deshalb besteht der zweite Schritt zur Verbesserung der
Kommunikation in der Familie darin, die Doppelbedeutung von
Kontrolle und Bindung zu erkennen, nachdem man zwischen Mitteilung und Metamitteilung unterschieden hat. Wenn man diese verschiedenen Ebenen erkennt und objektiv betrachtet, kann man
durch das Sprechen über Sprechweisen – durch Metakommunkati-
on – Familienprobleme lösen, anstatt sie zu verschlimmern.

.... Kleiner Funke, große Explosion

Angesichts des kniffligen Wesens von Mitteilungen und Metamitteilungen und von Bindung und Kontrolle kann mitunter die
kleinste Andeutung oder Verbesserung eine Explosion auslösen.
Die Sprengkraft ist umso größer, je mehr Wut sich bereits auf
Grund früherer kritischer Äußerungen angestaut hat. Vivian zum
Beispiel wusch eines Tages Geschirr ab. Sie versuchte, den Abflussstöpsel so einzustellen, dass die Abfälle aufgefangen wurden
und das Wasser trotzdem abfließen konnte, aber der Stöpsel fiel
immer wieder in die geschlossene Position zurück. Mit einem inneren Achselzucken gab Vivian den Versuch schließlich auf. Sie
musste nur ein paar Teller abspülen, sodass sich nicht allzu viel
Wasser im Becken ansammeln würde. Doch einen Moment später
kam ihr Ehemann Mel zufällig vorbei und warf einen Blick auf
das Spülbecken. »Du solltest den Abfluss offen lassen«, meinte er,
»damit das Wasser abfließen kann.«

Das klingt völlig harmlos. Vivian hätte antworten können:
»Ich hab's versucht. Aber der Stöpsel ist immer wieder reinge-
flutscht. Da hab ich gedacht, so wichtig ist es auch wieder
nicht.« Oder sie hätte sagen können: »Es irritiert mich, wenn ich
das Gefühl habe, dass du mir ständig über die Schulter schaust
und mir sagst, was ich besser machen sollte.« Tatsächlich entsprach das genau dem, was sie empfand – und warum sie in Re-

aktion auf Mels Bemerkung innerlich einen kleinen Wutanfall bekam, den sie nur mit großer Anstrengung und Mühe unterdrücken konnte.

Vivian war selbst überrascht darüber, was sie dann tatsächlich sagte. Sie dachte sich eine Erklärung aus und sagte, dass sie dies mit Absicht getan hätte: »Ich hab mir überlegt, dass ich das Sieb nachher leichter sauber kriege, wenn ich alles auf einmal abfließen lasse.« Tatsächlich war ihr dieser Gedanke gekommen, als sie beschlossen hatte, nicht länger zu versuchen, den Abflussstöpsel in eine offene Position zu bekommen. Gleichwohl stimmte es nicht, dass sie von vornherein mit dieser Absicht gehandelt hatte. Doch als Vivian ihre Handlungsweise rechtfertigte, gab sie Mel Gelegenheit, für seine Methode zu plädieren – was er auch prompt tat.

»Das ganze Becken wird schmutzig, wenn du es voll Wasser laufen lässt«, erklärte Mel. Vivian beschloss, das Thema fallen zu lassen und antwortete nicht. Wenn sie etwas erwidert hätte, wäre das Ergebnis vermutlich ein handfester Krach gewesen.

Während dieses gesamten Austauschs waren Vivian und Mel auf die Mitteilung konzentriert: Sollte man den Abflussstöpsel offen lassen oder schließen, wenn man Teller spült? Schon wenn man das Problem auf diese Weise beschreibt, wird deutlich, wie lächerlich es ist, darüber zu streiten. Verglichen damit, dass Kriege geführt werden, dass Menschen sterben und dass auch Vivian und Mel jeden Moment von einer Krankheit oder einem Unfall betroffen werden könnten, ist es sogar absolut absurd. Die Stellung des Stöpsels in der Spüle ist kein wichtiger Faktor in ihrem Leben. Doch das Gespräch drehte sich nicht wirklich um die Mitteilung – um den Stöpsel –, jedenfalls nicht für Vivian.

Mel dachte vermutlich, er mache einfach einen Vorschlag hinsichtlich der Abflusstechnik, und im unmittelbaren Kontext tat er das auch. Doch Mitteilungen haben immer Metamitteilungen im Schlepptau: Im Kontext der Beziehungsgeschichte bezog sich Mels Kommentar nicht so sehr auf den Abfluss, sondern eher auf Vivians Fähigkeit, das Richtige zu tun, und auf Mels Rolle als Richter ihres Handelns.

Das war sonnenklar für Vivian. Deshalb kochte sie bei seinem Kommentar innerlich vor Wut. Doch Mel war sich dessen weniger bewusst. Unser Blickwinkel ist unterschiedlich, je nachdem ob wir eine andere Person kritisieren oder selbst kritisiert werden. Der Kritiker neigt dazu, sich auf die Mitteilung zu konzentrieren: »Ich habe nur einen Vorschlag gemacht. Sei doch nicht so empfindlich.« Aber die Person, die sich kritisiert fühlt, reagiert auf die Metamitteilung, die schwerer zu erklären ist. Wenn Vivian sich beschwert hätte: »Du sagst mir ständig, was ich tun und lassen soll«, hätte Mel vermutlich laut oder leise gedacht: »Ich darf den Mund wohl überhaupt nicht mehr aufmachen!«

Verbundenheit und Kontrolle spielen ebenfalls eine Rolle. Mel geht davon aus, dass er und Vivian ein Team bilden, und denkt sich deshalb nichts dabei, wenn er ihr hilfreiche Tipps gibt. Wenn Probleme mit dem Abfluss der Spüle entstehen, ist er zudem derjenige, der die Sache wieder reparieren muss. Was der eine tut, hat Auswirkungen auf den anderen und auf ihr gemeinsames Leben. Darin liegt die Verbundenheit. Doch wenn Vivian den Eindruck hat, sie könne nicht mal mehr einen Teller abspülen, ohne das Mel ihr sagt, wie sie es besser machen kann, dann hat sie das Gefühl, dass er sie zu kontrollieren versucht. Es ist, als ob sie in ihrer eigenen Küche Rechenschaft vor einem Vorgesetzten ablegen müsste.

Vivian könnte ihre Reaktion mit einem Hinweis auf die Metamitteilungen erklären. Wenn Mel ihre Sichtweise versteht und respektiert, entscheidet er sich vielleicht, etwas sparsamer mit seinen Verbesserungsvorschlägen umzugehen. Oder Vivian kommt vielleicht zu dem Schluss, dass sie die Metamitteilung überinterpretiert, und nimmt sich vor, künftig verstärkt auf die reine Mitteilung zu achten, einige von Mels Vorschlägen aufzugreifen und andere zu ignorieren. Wenn die beiden die Metamitteilungen, die sie aussenden und empfangen, erst einmal genauso gut verstehen wie die Mitteilungen, sind sie zur Metakommunikation in der Lage: Sie können darüber reden, *wie* sie miteinander reden und was sie daran ändern können, um einander nicht zu verletzen und zu kränken.

.... ***»Möchtest du nicht lieber Lachs?«***

Irene und David studieren die Speisekarte in einem Restaurant. David sagt, er wolle sich ein Steak bestellen. Irene sagt: »Hast du gesehen, dass sie hier auch Lachs haben?«

Diese Frage ärgert David. Er protestiert: »Würdest du bitte aufhören, an meinem Essen herumzukritisieren.«

Irene fühlt sich zu Unrecht beschuldigt. »Ich habe dich überhaupt nicht kritisiert. Ich habe dich nur auf ein Gericht aufmerksam gemacht, von dem ich dachte, dass du vielleicht Appetit darauf hättest.«

Die Frage: »Hast du gesehen, dass sie hier auch Lachs haben?«, ist – auf der Mitteilungsebene – keine Kritik. Es kann durchaus eine freundliche und hilfreiche Bemerkung sein, mit der Irene auf eine Speise aufmerksam machen möchte, die ihr Mann vielleicht nicht bemerkt hat. Doch auch hier gilt wiederum, dass Gespräche zwischen Eheleuten – oder zwischen allen Menschen, die eine gemeinsame Geschichte haben – immer Teil einer laufenden Beziehung sind. David weiß, dass Irene der Ansicht ist, er esse zu viel rotes Fleisch, zu viele süße Nachspeisen und eigentlich generell zu viel von allem.

Vor dem Hintergrund dieses Beziehungsaspektes wird David durch alles, was darauf schließen lässt, dass Irene auf sein Essen achtet, daran erinnert, dass sie seine Essgewohnheiten missbilligt. Deshalb klingt die Frage: »Möchtest du auch noch einen Nachtisch?«, für ihn genauso wie: »Du solltest auf den Nachtisch verzichten«. Und eine Bemerkung wie: »Das ist ein großes Stück Kuchen« wird in seinen Ohren sofort zu: »Das Stück Kuchen ist *zu groß für dich*«, ganz gleich wie die Worte eigentlich gemeint waren. Der Eindruck der Missbilligung resultiert nicht aus der Mitteilung – aus den gesprochenen Worten –, sondern aus der Metamitteilung, die sich aus der gemeinsamen Geschichte des Paares ergibt.

Es ist möglich, dass Irene wirklich keine Missbilligung im Sinn hatte, als sie David auf den Lachs hinwies, aber genauso gut ist möglich, dass sie es nur nicht zugeben wollte. Fragen sind ein bequemes Mittel, mit dem man seine Missbilligung ausdrücken kann, ohne sie offen zu zeigen. Doch in dem Maße, in dem die Missbilligung trotzdem durchklingt, können solche indirekten Mittel der Kommunikation heftige Auseinandersetzungen und verletzte Gefühle auf beiden Seiten auslösen. Irene findet, dass David auf ihre harmlose, sogar hilfreich gemeinte Bemerkung übertrieben reagiert, und er meint, dass sie ständig auf seinen Essgewohnheiten herumhackt und es dann abstreitet. Angenommen, er hätte verkündet, dass er den Lachs bestellen will. Hätte sie dann gesagt: »Hast du gesehen, dass sie hier auch Steak haben?« Nicht sehr wahrscheinlich. Von daher ist es, in dem gegebenen Kontext, nicht völlig abwegig, dass man jeden Alternativvorschlag zu der verkündeten Entscheidung als Unzufriedenheit mit dieser Entscheidung interpretiert.

Obwohl der Streit zwischen Irene und David viel mit den vorherigen Beispielen gemeinsam hat, ist die Lachs-oder-Steak-Entscheidung gewichtiger als der Streit über Baguette oder Brötchen, über Recycling oder über Abflussstöpsel. So wie Irene es sieht, steht Davids Gesundheit, vielleicht sogar sein Leben auf dem Spiel. Er hat einen zu hohen Cholesterinspiegel und sein Vater ist jung an einem Herzinfarkt gestorben. Irene will aus gutem Grund, dass David weniger rotes Fleisch isst. Sie liebt ihn; seine Gesundheit und sein Leben sind untrennbar mit ihrem eigenen Schicksal verbunden. Dies ist ein weiteres Paradox von Familie: Zu den Vorteilen von Nähe gehört die Gewissheit, dass es jemanden gibt, der sich um uns sorgt – der sich dafür interessiert, was wir tun und was mit uns geschieht. Doch diese Art von Interesse bedeutet auch Einmischung und Missbilligung.

Mit anderen Worten – auch hier haben wir wieder das Paradox von Bindung und Kontrolle. Aus der Perspektive der Kontrolle fällt Irene ein Urteil über die Entscheidung ihres Mannes und mischt sich in seine Angelegenheiten ein. Aus der Perspektive der Bindung erkennt sie einfach an, dass ihr Schicksal und das von David miteinander verknüpft sind. Diese explosive Mischung macht Familie aus: Schon das Wissen, dass jemand uns so nahe ist, dass er sich um uns sorgen kann, und das Recht hat, Urteile zu fällen (und dass dieses Urteil uns so viel ausmacht), erzeugt Ressentiments, die sich in Wut verwandeln können.

Sich auf die wörtliche Bedeutung berufen
.... Wie man Streitigkeiten *nicht* lösen sollte

Als Irene protestierte: »Ich habe dich überhaupt nicht kritisiert«, hat sie sich auf die wörtliche Bedeutung ihrer Aussage berufen: Sie nimmt Zuflucht zur Mitteilungsebene des Gesprächs und weicht der Metamitteilung aus. Wir alle tun das gelegentlich, wenn wir einen Streit vermeiden wollen, dem anderen aber trotzdem unsere Meinung unter die Nase reiben möchten. In vielen Fällen ist diese Verteidigung ehrlich gemeint, auch wenn sie nicht rechtfertigt, dass man die Metamitteilung, die der andere möglicherweise wahrnimmt, ignoriert oder bestreitet. Wenn der Mensch, mit dem wir reden, nicht glaubt, dass »es nur ein Vorschlag war«, wir aber trotzdem weiterhin auf der Mitteilung herumreiten, klingt das Gespräch schnell wie eine sich ständig wiederholende Tonbandschleife. Schauen wir uns einmal ein tatsächliches Gespräch an, in dem genau das geschah (und das von den Beteiligten auf Tonband aufgezeichnet wurde).[5]

Evelyn sitzt am Esszimmertisch und füllt ein Anmeldeformular aus. Da Joel in seiner Firma Zugang zu einem Kopierer hat, liegt die Verantwortung für den letzten Schritt der Unternehmung bei ihm. Evelyn erklärt: »Okay, du musst den Kontrollabschnitt dann hier einfügen, nachdem du die Kopie gemacht hast. Alles klar?« Joel nimmt die Papiere, aber Evelyn fährt fort: »Okay, nur ... bitte schick's gleich morgen ab, ja? Ich verlass mich drauf, Schatz. Ich verlass mich auf dich.«

Joel reagiert verärgert. »Mein Gott nochmal!«, schnaubt er.

Jetzt ist Evelyn verschnupft: »Was meinst du damit?«

Joel antwortet, indem er ihre Worte wiederholt: »Was meinst *du* damit?«

Die Frage »Was meinst du damit?« ist eine Herausforderung. Wenn die Kommunikation reibungslos läuft, versteht sich die Bedeutung der Worte von selbst oder jedenfalls kommt es uns so vor. (Später entdecken wir dann vielleicht, dass wir sie falsch verstanden haben.) Obwohl »Was meinst du?« eine harmlose Bitte um Aufklärung sein kann, signalisiert das ergänzende »damit« normalerweise nicht, dass uns die Bedeutung der Äußerung entgangen ist, sondern eher, dass wir die *versteckte Bedeutung* der Worte nur allzu gut verstanden haben – und partout nicht billigen.

Evelyn beruft sich auf die wörtliche Bedeutung und hält sich an die Mitteilung: »Oh, Liebling, ich hab doch nur gesagt, dass ich mich auf dich verlasse.«

Joel macht auf die Metamitteilung aufmerksam: »Ja, aber die

Art, wie du es sagst, legt nahe, dass man sich nicht auf mich verlassen kann.«

Evelyn protestiert wahrheitsgemäß: »Das habe ich nie gesagt.« Doch Joel führt als Beweis die Metamitteilung an: »Ich rede von deinem *Tonfall*.«

Ich schätze, Joel benutzte »Tonfall« als Sammelbegriff, um die Gesprächsebene der Metamitteilungen zu beschreiben. Wahrscheinlich reagierte er auch nicht nur auf die Art, wie Evelyn gesprochen hat – auf ihren Tonfall –, sondern auch auf die Tatsache, dass sie diese Bemerkung überhaupt gemacht hat. Wenn sie wirklich überzeugt wäre, dass sie sich auf ihn verlassen könnte, hätte sie ihm die Aufgabe einfach ohne weitere Kommentare übertragen. »Ich verlasse mich auf dich« ist eine übliche Formulierung, um die Wichtigkeit einer Handlung zu unterstreichen, wenn man glaubt, dass eine zusätzliche Betonung notwendig ist. Auch in diesem Fall trägt die gemeinsame Geschichte der Beziehung zur Bedeutung der Metamitteilung bei. Joel hat Grund zu der Annahme, dass Evelyn an seiner Zuverlässigkeit zweifelt.

Später im selben Gespräch tauschen die beiden die Rollen, und Joel beruft sich auf die wörtliche Bedeutung. Er zieht den Stecker des Küchenradios aus der Wand und bringt es ins Esszimmer, damit er sich die Nachrichten anhören kann. Er stellt es auf den Tisch und schaltet es ein.

»Wieso nimmst du nicht den Stecker?«, fragt Evelyn. »Warum die Batterien verschwenden?« Daran entzündet sich eine hitzige Diskussion über die Bedeutung des Batteriesparens im Allgemeinen und im Besonderen. Evelyn sagt: »Hier ist doch eine Steckdose. Da können wir es anschließen« und hält Joel das Kabel hin.

Joel wirft ihr einen Blick zu.

Evelyn protestiert: »Wieso schaust du mich so giftig an?«

Joel beruft sich auf die wörtliche Bedeutung: »Tu ich gar nicht!« Schließlich kann man einen Gesichtsausdruck nicht beweisen; er ist kein Bestandteil der Mitteilung.

»Tust du wohl!«, beharrt Evelyn, die auf die Metamitteilung reagiert. »Bloß weil ich dir den Stecker hingehalten hab.«

Ich bezweifle nicht, dass Joel ihr tatsächlich einen genervten, wenn nicht bitterbösen Blick zuwarf. Doch auch er reagierte nicht auf die reine Mitteilung, also auf die Tatsache, dass sie ihm einen

Stecker reichte. Er reagierte zweifellos auf die Metamitteilung, dass Evelyn ihn verbesserte und sein Handeln bewertete. Evelyn für ihren Teil hatte vermutlich den Eindruck, dass Joel sich aus völlig irrationalen Gründen weigerte, das Radio einzustöpseln, obwohl sich direkt vor seiner Nase eine Steckdose befand.

Wie kann man dieses Durcheinander von Mitteilungen und Metamitteilungen auseinandersortieren? Auf der Mitteilungsebene ist alles offen. Manche Leute finden es bequemer, ihr Radio mit Batterie laufen zu lassen, wenn sie es von seinem normalen Platz entfernen und vorübergehend an einen anderen Ort stellen. Andere finden es völlig logisch und selbstverständlich, dass man das Radio in eine erreichbare Steckdose stöpselt, um die Batterie zu schonen. Bequemlichkeit oder Sparsamkeit – Sie haben die Wahl. Wir alle haben die Wahl, es sei denn, wir leben mit jemandem zusammen. Dann ist Vorsicht geboten. Es mag uns ganz natürlich vorkommen, anderen Menschen vorzuschlagen, dass sie genauso handeln sollten wie wir, aber dieser Gedanke berücksichtigt nur die Mitteilung. Wenn die Metamitteilung ihren Tribut fordert, kann der Verlust an guter Stimmung und Wohlwollen weit teurer zu Buche schlagen als eine neue Batterie. Ständig verbessert zu werden ist zermürbend. Und noch frustrierender ist es, wenn man versucht, über die versteckte Absicht zu reden, die in den Worten der anderen mitschwingt, und die anderen sich auf die wörtliche Bedeutung berufen – wenn sie bestreiten, die Dinge gesagt zu haben, die sie eindeutig gemeint haben.

Bedenken Sie auch die Rolle von Bindung und Kontrolle. Jemandem zu sagen, was er tun soll, ist ein Kontrollmanöver. Aber es ist auch ein Bindungsmanöver. In einer Partnerschaft wirkt sich alles, was die eine Person tut, auf die andere aus. Als Evelyn sagte: »Ich verlasse mich auf dich«, haben vermutlich einige von Ihnen mit Joel und andere mit Evelyn sympathisiert, je nachdem, welche Erfahrungen Sie selbst im Zusammenleben mit anderen gemacht haben. Würde es Ihre Meinung beeinflussen oder ändern, wenn Sie wüssten, dass Joel schließlich vergessen hat, das Antragsformular abzuschicken? Evelyn hatte auf Grund ihres jahrelangen Zusammenlebens mit Joel durchaus Grund daran zu zweifeln, dass er sein Versprechen erfüllen würde.

In Anbetracht dieser gemeinsamen Geschichte wäre es vielleicht konstruktiver gewesen, wenn Evelyn zugegeben hätte, dass sie tatsächlich fürchtete, sich nicht hundertprozentig auf Joel verlassen zu können, anstatt sich auf die wörtliche Bedeutung zu berufen und die Metamitteilung ihrer Worte zu bestreiten. Wenn die beiden Joels Vergesslichkeit – oder vielleicht auch Arbeitsüberlastung – in ihre Überlegungen miteinbezögen, könnten sie entsprechend planen, zum Beispiel dass Joel sich eine Notiz macht und diesen Merkzettel an einem strategisch günstigen Ort in seiner Aktentasche platziert. Oder Evelyn könnte überlegen, ob sie das Formular nicht lieber selbst zur Post bringt, auch wenn das bedeutet, dass sie extra in einen Copyshop gehen muss. Was immer sie beschließen, sie haben eine bessere Chance, Streitigkeiten zu vermeiden, wenn sie ihre Metamitteilungen und die Motive ihres Verhaltens erkennen.

.... Wer ließ das Popcorn anbrennen?

Beim Zusammenleben müssen so viele Aufgaben koordiniert werden, dass Familienmitglieder unweigerlich unterschiedliche Vorstellungen davon haben, wie man diese ausführen sollte. Hinzu kommt, dass wir alle Fehler machen und der Alltag spezielle Tücken hat: Es kann immer mal passieren, dass ein Teller zu Bruch geht, Briefe nicht zur Post gebracht werden oder der Abflussstöpsel in eine geschlossene Position fällt. In der Arbeitswelt gibt es (jedenfalls im Prinzip) klare Zuständigkeitsbereiche und Machtverteilungen. Doch in der Familie – vor allem wenn Erwachsene versuchen, die Zuständigkeiten und Machtbefugnisse zu teilen – gibt es immer weniger Bereiche, für die ausschließlich eine einzige Person zuständig ist. Da Paare für viele Aufgaben gemeinsam die Verantwortung übernehmen, entwickeln sie auch ganz eigene und feste Meinungen darüber, wie diese Aufgaben erledigt werden sollten – und die Überzeugung, dass sie das Recht haben, ihre Meinungen zu äußern.

Sogar die profansten Aktivitäten wie das Zubereiten von Popcorn (außer man kauft die Mikrowellen-Version oder eine elektrische Popcorn-Maschine) können Konflikte auslösen. Erstens kostet es etwas Zeit, und die Leute haben ihre eigenen Vorstellungen davon, wie man es am besten macht. Zweitens wird Popcorn häufig abends zubereitet, wenn alle müde sind. Fügt man dann noch das Paradox von Bindung und Kontrolle hinzu (wir wünschen uns, dass der Mensch, den wir lieben, unser Handeln gutheißt, haben dadurch aber auch jemanden an unserer Seite, der unsere Fehler sieht und beurteilt), haben wir einen Topf voll explosiven Materials, das nur darauf wartet, uns um die Ohren zu fliegen.

Mehrere Paare haben mir berichtet, dass sie sich über die richtige Art der Popcorn-Zubereitung in die Wolle bekommen haben. Ein derartiger Streit brach zwischen einem Paar aus, das seine Gespräche ebenfalls auf Tonband aufzeichnete.[6] Diese Tonbandaufnahme gibt uns die seltene Gelegenheit, in ein Gespräch hineinzuhören, wie es in unzähligen Familien unzählige Male geführt wird, ohne für die Nachwelt erhalten zu bleiben. Außerdem gibt es uns die Möglichkeit, einmal darüber nachzudenken, welche Alternativen den Gesprächsteilnehmern offen gestanden hätten.

Der (Mais-)Korn des Ärgers wird ausgestreut, als Molly in der Küche herumwuselt und Kevin im Wohnzimmer auf ihren gemeinsamen Sohn, den vierjährigen Benny, aufpasst. »Molly!«, ruft Kevin laut. »Mol! Lass uns tauschen. Du passt auf Kevin auf und ich mach, was du gerade machst, egal was es ist.«

»Ich mache Popcorn«, ruft Molly zurück. »Du lässt es immer anbrennen.«

Mollys Antwort ist vor allem ein Zeichen des Widerstands. Sie will ihre Aufgabe nicht mit Kevin tauschen. Vielleicht hat sie für heute einfach genug von der Gesellschaft eines Vierjährigen und freut sich darauf, allein in der Küche sein zu können. Vielleicht macht es ihr Spaß, Popcorn zuzubereiten. Und vielleicht ist ihr Motiv genau das, was sie angibt: Sie möchte nicht, dass Kevin das Popcorn macht, weil er es immer anbrennen lässt. Was immer ihre Gründe sein mögen, Molly weigert sich, den vorgeschlagenen Tausch zu vollziehen, indem sie Kevins Talente als Popcorn-Zubereiter infrage stellt, was dieser aber wiederum als Kriegserklärung auffasst.

»Gar nicht wahr!«, protestiert er. »Ich hab's noch nie anbrennen lassen! Mein Popcorn ist perfekt.« Er gesellt sich zu Molly in die Küche und schaut ihr über die Schulter. »Du machst Popcorn? In dem großen Topf?« (Merken Sie sich diesen Satz. Er wird später noch eine wichtige Rolle spielen.)

»Exakt«, sagt Molly, »aber du wirst es gleich ruinieren.«

»Werd ich nicht«, erklärt Kevin. »Ich mach es genau so, wie es sein soll.« Damit vollziehen sie den Rollentausch. Kevin übernimmt die Rolle des Popcorn-Machers, Molly die des Kindermädchens. Aber sie ist kein glückliches Kindermädchen.

Ihr kommt eine Idee, wie sie sowohl das Kind hüten als auch Popcorn machen könnte. »Willst du Mama helfen, Popcorn zu machen?«, fragt sie Benny. »Komm, wir verhindern, dass Papa es ruiniert.«

Als Kevin das hört, beharrt er: »Ich weiß, wie man Popcorn macht!« Dann setzt er noch einen drauf. »Ich kann viel besser Popcorn machen als du!«, behauptet er. Danach erhitzen sich die Gemüter schneller als das Popcorn.

»Ich bring jedes Korn zum Platzen!«, sagt Kevin.

»Nein, bringst du nicht«, sagt Molly.

»Bring ich wohl! Es ist noch nie angebrannt!«, verteidigt sich Kevin und fügt hinzu: »Wenn *du* es machst, brennt es immer an.«

»Das ist eine ganz blöde Ausrede.«

»Es ist ein Trick dabei«, erklärt Kevin.

»Ich kenne den Trick«, sagt Molly.

»Nein, kennst du nicht«, erwidert er, »denn du lässt es jedes Mal anbrennen.«

»*Tu ich nicht*«, sagt sie. »Spinnst du jetzt, oder was!?«

Es ist möglich, dass Kevin Recht hat – dass Molly und nicht er das Popcorn immer anbrennen lässt. Möglich ist auch, dass Molly Recht hat – dass er das Popcorn immer anbrennen lässt und nicht sie. Vielleicht ist es eine reine Selbstverteidigungsstrategie von Kevin, dass er den Vorwurf umkehrt. Erster Schritt: Ich bin unschuldig. Zweiter Schritt: Du bist schuldig.

Auf jeden Fall behält Kevin die Rolle des Popcorn-Machers. Nach einer Weile kommt Molly erneut in die Küche. »Du musst den Topf schütteln!«, sagt sie zu Kevin. »Du musst ihn stärker schütteln! Nein, ich will nicht, dass du ...«

»Es klappt. Es klappt«, versichert Kevin ihr beruhigend. »Hörst du?«

Molly ist nicht beruhigt, weil ihr nicht gefällt, was sie hört. »Das geht zu langsam«, sagt sie. »Es saugt sich alles voll. Hörst du das kleine ...«

»Es saugt sich nicht voll«, behauptet Kevin nachdrücklich. »Es ist genau richtig.«

»Es sind nur ein paar Körner geplatzt«, widerspricht Molly.

Doch Kevin beharrt: »Sie sind alle geplatzt.«

Molly, die mit wachsender Besorgnis auf die Geräusche reagiert, die von dem Popcorn ausgehen, versucht es mit einer anderen Taktik. »Du musst noch den Müll rausbringen«, erinnert sie Kevin.

Aber Kevin lässt sich nicht austricksen. »Ich kann nicht«, erklärt er. »Ich mache Popcorn.« Mollys Angebot, auf das Popcorn aufzupassen, solange er den Müll herausbringt, lehnt er ab.

Letzten Endes kann Molly triumphierend sagen: »Siehste. Hab ich ja gleich gesagt!« Doch aus Kevins Sicht ist das angebrannte Popcorn kein Grund, einen Fehler einzugestehen. Erinnern Sie sich noch an seine frühere Frage: »In dem großen Topf?« Jetzt protestiert er: »Es liegt nur an dem Topf. Ich benutze diesen Topf nie. Ich nehme immer den anderen Topf.«

»Es liegt nicht am Topf«, gibt Molly zurück. »Es liegt an dir.«

»Es ist der Topf«, beharrt Kevin. »Er leitet die Hitze nicht richtig, sonst hätte alles wunderbar geklappt.« Doch Töpfe können eigentlich keine Fehler machen. Das können nur die, welche die Töpfe auswählen. Also erklärt Kevin anklagend: »Du hättest mich gleich ranlassen sollen. Das wäre nie passiert, wenn ich das Popcorn von Anfang an gemacht hätte.«

»Du *hast* es von Anfang an gemacht«, entgegnet Molly.

»Nein, hab ich nicht«, sagt Kevin. »Diesen Pott da hast du ausgesucht. Ich hätte einen anderen genommen.« Mit anderen Worten, der Topf ist schuld und damit auch Molly, weil sie den Topf gewählt hat.

Dieses Wortgefecht ist fast lustig, vor allem wenn man selbst schon einmal solche intelligenten Auseinandersetzungen geführt hat (was vermutlich für die meisten von uns gilt).

Wie hätten Kevin und Molly diesen Streit vermeiden können? Das Gespräch wäre vielleicht besser gelaufen, wenn sie über ihre Motive gesprochen hätten: Wünschen sie sich beide eine kleine Verschnaufpause vom Kinderhüten? Wenn ja, gibt es eine andere Möglichkeit, dieses Ziel zu erreichen, als die Aufgaben zu tauschen? (Vielleicht eine interessante Beschäftigung, mit der Benny sich eine Weile allein vergnügen könnte?) Wenn die Motive zur

Sprache gekommen sind, kann Molly den Vorschlag, die Tätigkeiten zu tauschen, ablehnen, indem sie etwas sagt wie: »Ich mache gerade Popcorn. Das macht mir Spaß. Ich würde lieber nicht tauschen.« Die Rechtfertigung, die Molly benutzte: »Du lässt es immer anbrennen«, erschien ihr vielleicht taktisch klüger, weil sie auf diese Weise ihr Recht auf die Zubereitung des Popcorns damit begründet, dass es dem Wohl der Familie dient und nicht dem eigenen Vergnügen. Doch die Metamitteilung der Imkompetenz ist nicht nur verletzend, sondern kann auch provozierend wirken.

Es ist verständlich, dass Kevin gekränkt reagiert, als seine Maisröstungsfähigkeiten angezweifelt werden, doch es wäre besser gewesen, wenn er der Versuchung widerstanden und nicht seinerseits Molly vorgeworfen hätte, sie könne kein Popcorn machen und sie sei diejenige, die es ständig anbrennen lasse. Er hätte den Streit verhindern können, anstatt ihn auszuweiten, wenn er zum Mittel der Metakommunikation gegriffen hätte. »Du kannst das Popcorn machen, wenn du willst«, hätte er zum Beispiel sagen können, »aber deshalb musst du mich nicht gleich als unfähig darstellen.« Für Molly und Kevin – wie für jedes Paar, das darüber verhandelt, wer was tun soll – ist die Metakommunikation eine Methode, um hin- und herfliegende Metamitteilungen der Inkompetenz zu vermeiden.

.... »Ich weiß, wie der Hase läuft«

Zu den Metamitteilungen, die uns am stärksten verletzen und am häufigsten in Familiengesprächen auftauchen, gehört die versteckte Andeutung von Inkompetenz – sogar (wenn nicht insbesondere) in der Kindheit. Jetzt sind wir erwachsen und finden, dass wir ein Anrecht darauf haben, unsere eigenen Entscheidungen zu treffen und unser eigenes Leben zu führen, wie unvollkommen auch immer. Doch wir wollen trotzdem noch das Gefühl haben, dass unsere Eltern stolz auf uns sind und uns für tüchtig halten. Das ist die Metamitteilung, nach der wir uns sehnen. Und weil uns die Anerkennung der Eltern so wichtig ist, empfinden wir die gegenteilige Metamitteilung – dass sie an unserer Kompetenz zweifeln – als extrem kränkend.

Martin und Gail wussten im voraus, dass Gails Mutter dazu neigt, alles, was sie tun, zu kritisieren. Deshalb zeigten sie ihr das neue Haus, in das sie einziehen wollten, erst, als der Kauf perfekt war. Nachdem sie den Vertrag unter Dach und Fach gebracht hatten, führten sie die Mutter voll Stolz durch das Haus, in dem noch die Möbel des Vorbesitzers standen. Sie waren sicher, dass die Mutter von dem neuen Haus, das sie sich jetzt leisten konnten, beeindruckt sein würde, ebenso wie von seinem einwandfreien Zustand. Doch der Mutter gelang es, einen Makel zu finden – auch wenn er unsichtbar war: »Sie haben euch vielleicht erzählt, dass ihr ohne weiteres einziehen könnt und das Haus in einem Top-Zustand ist«, verkündete sie mit Kennermiene, »aber ich weiß, wie der Hase läuft – wenn sie erst die Bilder von der Wand nehmen, werden da überall Löcher sein!« Gail und Martin rechneten stets damit, dass ihre Mutter immer etwas auszusetzen hatte, doch in diesem Moment fiel ihnen nichts mehr ein.

Was Gails Mutter als kritikwürdig empfand, war absolut unbedeutend: In jeder Wohnung hängen Bilder an den Wänden, jedes abgenommene Bild hinterlässt Löcher, und Löcher lassen sich problemlos zuspachteln und überstreichen. Gails Mutter wollte anscheinend unbedingt *irgendetwas* finden, das sie bemängeln konnte. Aus der Perspektive der Kontrolle könnte man leicht den Schluss ziehen, dass Gails Mutter versucht, in die Rolle der Expertin zu schlüpfen, um Martin und Gail herabzusetzen oder sogar um ihnen die Freude an dieser wichtigen Erwerbung zu verderben. Doch man sollte ihr Verhalten auch aus der Perspektive der Verbundenheit betrachten. Wenn die Mutter auf ein Problem aufmerksam macht, das ihre Kinder möglicherweise übersehen haben, beweist sie, dass sie immer noch nützlich sein kann, auch wenn die Kinder erwachsen sind und ohne ihre Hilfe ein wundervolles Haus gefunden haben. Sie beschützt ihre Kinder, passt auf und sorgt dafür, dass sie nicht über den Tisch gezogen werden.

Weil Kontrolle und Bindung untrennbar miteinander verknüpft sind, impliziert Schutz auch Unfähigkeit. Wenn Gail und Martin den Schutz der Mutter brauchen, sind sie unfähig, auf sich selbst aufzupassen. Gails Mutter reagierte möglicherweise nur auf die Metamitteilung, dass sie nicht mehr gebraucht wird (und versucht, diese zu bewältigen), doch die Kinder verstehen nur die Metamitteilung, dass die Mutter nichts, was sie machen, rückhaltlos anerkennen kann.

• • • • »Sie wusste, was richtig war«

Eltern machen sich nicht nur Sorgen über die Wohnungen ihrer erwachsenen Kinder, sondern haben häufig auch sehr dezidierte Meinungen über deren Partner, Beruf und – ganz besonders – deren Erziehungsmethoden. Die Aufzucht von Kindern ist ein Bereich, in dem die Eltern offenkundig mehr Erfahrung haben, doch kritische Metamitteilungen in diesem Bereich sind, obgleich besonders verbreitet, auch besonders verletzend, weil junge Eltern unbedingt gute Eltern sein möchten.

Eine siebzigjährige Frau erinnert sich immer noch an den Schmerz, den sie empfand, als ihre Kinder klein waren und ihre Schwiegermutter sie als unfähige Mutter betrachtete. Es begann in der ersten Lebenswoche ihres ersten Kindes. Die Schwiegermutter war gekommen, um zu helfen – und wollte nicht wieder nach Hause gehen. Schließlich sprach der Schwiegervater ein Machtwort und sagte seiner Frau, dass es an der Zeit sei, das junge Paar wieder allein zu lassen. Wenig überzeugt erklärte sie rundheraus – in Gegenwart ihres Sohnes und seiner Frau: »Ich kann ihnen das Baby nicht anvertrauen.«

Normalerweise sind Zeichen der Missbilligung subtiler. Drei Schwestern zum Beispiel saßen mit ihrer Mutter beim Abendbrot und unterhielten sich über das Lieblingsessen ihrer kleinen Kinder. Als die eine sagte, ihr Zweijähriger esse gern Fisch, mahnte ihre Mutter zur Vorsicht: »Denk an die Gräten!« Diese Tochter nahm das anscheinend nicht übel, doch viele Frauen hätten vielleicht gekränkt reagiert und eine spitze Antwort gegeben wie: »Glaubst du, ich bin eine so schlechte Mutter, dass ich mein Kind Gräten schlucke lasse?« Doch der Kommentar der Großmutter war nur ihre Art, einen Beitrag zum Gespräch zu leisten – eine Bemerkung, die widerspiegelte, dass sie sich ihr Leben lang dafür verantwortlich gefühlt hatte, ihre Kinder zu beschützen.

Man kann leicht über die Schwiegermutter spotten, die ihren

Sohn und ihre Schwiegertochter nicht mit deren eigenem Baby allein lassen wollte. Aber bedenken Sie die knifflige Lage der Eltern, die zu Großeltern werden und erkennen (oder zu erkennen glauben), dass ihre geliebten Enkel schlecht behandelt werden. Eine Frau erzählte mir, sie sei mit Begeisterung Oma – doch es falle ihr wahnsinnig schwer, den Mund zu halten, wenn ihre Schwiegertochter das Kind auf eine Weise behandele, die sie für falsch, unfair oder sogar schädlich halte. »Du siehst, wie deine Kinder etwas tun, das du nicht für richtig hältst«, meinte sie, »aber wenigstens sind sie erwachsen, und müssen die Konsequenzen selbst tragen. Doch ein Kind ist so hilflos.«

In einigen Fällen wissen die Großeltern tatsächlich, was das Beste ist. Meine Eltern erinnern sich mit tiefen Schuldgefühlen an eine Situation, in der sie sich weigerten, den Rat eines Großelternteils anzunehmen – und es später bedauerten. Als ihr erstes Kind, meine Schwester Naomi, geboren wurde, vertrauten meine Eltern wie viele Paare ihrer Generation auf die Ratschläge von Experten, wenn es darum ging, was das Beste für ihr Kind war. Damals wurde empfohlen, dass man ein Kind, das zur Schlafenszeit zu schreien beginnt, nicht hochnehmen soll. Dadurch, so die Argumentation, würde man das Baby nur ermutigen, noch mehr zu schreien, anstatt zu schlafen.

Eines Abends, als Naomi etwa ein Jahr alt war, schrie sie wie am Spieß, nachdem die Eltern sie zum Schlafen in ihr Kinderbettchen gelegt hatten. Die Großmutter mütterlicherseits, die bei meinen Eltern wohnte, wollte hingehen und sie auf den Arm nehmen, aber meine Eltern hielten sie davon ab. »Es war herzzerreißend, sie schreien zu hören«, erinnert sich mein Vater, »aber wir wollten tun, was das Beste für sie war.« Später stellte sich heraus, dass Naomi schrie, weil sie krank war. Meine Eltern ist es immer noch schrecklich peinlich, diese Geschichte zu erzählen. »Meine Mutter bat uns inständig, sie hochzunehmen«, erzählt meine Mutter. »Sie wusste, was richtig war.«

.... Ich bin jetzt erwachsen

Die Kritik eines Elternteils ist häufig schmerzlich oder macht uns wütend, auch wenn wir wissen, dass sie berechtigt ist – vielleicht dann ganz besonders. Das zeigt das folgende Beispiel.

Zwei Ehepaare saßen zusammen beim Abendessen. Einer der Männer, Barry, sprach davon, wie er schließlich – im Alter von 45 Jahren – gelernt habe, die Kritik seiner Mutter zu ignorieren. Seine Mutter, so berichtete er, habe ihm vorgeworfen, er investiere viel zu viel Geld, um immer den modernsten Computerkram oder den neuesten Laptop zu besitzen, ganz egal ob er die Technik brauche oder nicht. An dieser Stelle fiel seine Frau ihm ins Wort. »Das stimmt«, erklärte sie lachend. Auch Barry lachte. »Ja, ich weiß«, bestätigte er. Dann fuhr er unbeirrt mit seiner Geschichte fort und erzählte, wie er früher versucht hätte, sich vor seiner Mutter zu rechtfertigen, aber diesmal habe er die Kritik einfach an sich abperlen lassen. Barry konnte problemlos akzeptieren, dass das kritische Urteil seiner Mutter zutreffend war – wenn seine Frau es äußerte. Doch auch wenn er anerkannte, dass der Einwand berechtigt war, so änderte das kein bisschen an seiner Sichtweise des mütterlichen Kommentars: Er fand trotzdem, dass es falsch von ihr war, ihn zu beurteilen.

Wenn wir erwachsen werden, finden wir, dass unsere Eltern uns nicht mehr bewerten sollten (auch wenn wir immer noch ihre Anerkennung suchen). Ironischerweise verstärkt sich die Neigung der Eltern, das Verhalten ihrer Kinder kritisch zu beurteilen, wenn diese erwachsen werden, weil für Eltern eine Menge auf dem Spiel steht. Wenn die Kinder sich zufriedenstellend entwickeln, erhält alles, was sie als Eltern getan haben, eine Art Gütesiegel. Mein Vater zum Beispiel erinnert sich, dass er als jungverheirateter Mann eine ältere Cousine besuchte, die er nicht besonders gut kannte. Nach kurzer Zeit merkte die Cousine an: »Deine Mutter hat gute Arbeit geleistet.« Offenbar hatte mein Vater einen positiven Eindruck auf sie gemacht, aber anstatt ihm ein Kompliment dafür zu machen, rechnete sie es meiner Großmutter als Verdienst an.

Wenn die erwachsenen Kinder dagegen in Schwierigkeiten geraten – wenn sie sich verantwortungslos verhalten oder falsche Entscheidungen treffen –, führt dasselbe Prinzip dazu, dass die Eltern das Gefühl haben, bei der wichtigen Aufgabe der Kindererziehung versagt zu haben. Und ihr Umfeld sieht das genauso. Das verleiht dem Wunsch von Eltern, ihren Kindern den Kopf zurechtzusetzen, zusätzliche Intensität. Doch es kann sie auch blind für die Auswirkungen ihrer Tipps und Verbesserungsvorschläge machen, so wie Menschen in Machtpositionen häufig die Stärke unterschätzen, die sie ausüben.

Wenn erwachsene Kinder in ihre eigenen Wohnungen ziehen, wird der Deckel vom Dampfkochtopf der Familieninteraktion abgenommen, aber der Inhalt des Topfs köchelt trotzdem auf kleiner Flamme weiter. Wenn die Kinder weit weg ziehen (was immer mehr Kinder tun), werden Besuche zu intensiven Interaktionen, in deren Verlauf der Deckel des Dampfkochtopfes wieder fest aufgelegt wird und der Dampf sich erneut entwickelt. Viele erwachsene Kinder fühlen sich wieder wie kleine Kinder, wenn sie mit ihren Eltern zusammen sind. Und die Eltern denken häufig genau das Gleiche – dass ihre erwachsenen Kinder sich wie Dreijährige benehmen. Besuche werden zu Intensivkursen in Familienzusammenführung.

Eltern mit Kindern, die zu Hause leben, haben die ultimative Macht – sie können ihre Kinder auffordern auszuziehen. Doch erwachsene Kinder, die auf Besuch kommen, haben eine neue, eigene Macht: Sie können damit drohen, nicht wiederzukommen oder woanders abzusteigen. Margaret war begeistert, dass ihre Tochter Amanda, die in Oregon lebt, einen Besuch auf der Farm ihrer Eltern in Minnesota machen wollte. Es war fast ein Jahr her, seit Margaret ihre Enkel gesehen hatte, und sie freute sich darauf, die Beziehung zu intensivieren. Doch gegen Ende des Besuchs flammte ein Streit auf. Margaret kritisierte, dass Amanda ihren Kindern erlaubte, draußen barfuß herumzulaufen. Margaret hielt das für gefährlich. Amanda hielt es für ungefährlich. Und Amanda zückte ihr Schwert: »So funktioniert das nicht«, erklärte sie. »Das nächste Mal werde ich nicht auf der Farm wohnen. Ich werde irgendwo anders absteigen.« Da Margaret sich Verbundenheit wünscht – also eine gemeinsame Zeit mit ihrer Tochter und ihren Enkeln –, verleiht die Fähigkeit, diese Nähe zu gewähren, der Tochter eine Macht, die früher in Margarets Händen lag.

.... Das Paradox von Familie

Wenn ich in meiner Kindheit über die Coney Island Avenue in Brooklyn zu meiner Grundschule ging, betete ich, dass ich zu Hause bei meiner Familie sein möge, falls ein Krieg ausbrechen sollte. Während meiner Kindheit in den Fünfzigern überraschten die Lehrer uns in regelmäßigen Abständen mit einem lauten: »Versteckt euch!« Bei diesem Ausruf duckten wir uns alle unter unsere Tische und rollten uns so zusammen, wie wir es gelernt hatten: Ellbogen und Knie angezogen, Kopf auf die Brust gedrückt, Hände über dem Nacken gefaltet. Diese Übungen führten uns die Gefahr eines atomaren Angriffs lebhaft vor Augen, und so machte ich mich jeden Morgen voller Angst auf den Schulweg. Doch was ich fürchtete, war nicht der Krieg, sondern die Möglichkeit, dass er ausbrechen könnte, während ich nicht bei meiner Familie war.

Doch Familie hat noch eine andere Seite, die ich in diesem Kapitel untersucht habe. Auf dieses Paradox wies mich mein Neffe Joshua Marx im Alter von dreizehn Jahren hin: »Wenn du zu lange mit jemandem zusammenlebst, fallen dir bestimmte Dinge an ihm auf«, erklärte er. »Deshalb magst du manchmal deine Eltern oder deinen Bruder nicht. Ein Junge, den ich kenne, meinte mal über einen Freund: ›Wär es nicht cool, wenn wir Brüder wären?‹ Ich hab ihm gesagt: ›Dann würdest du ihn hassen.‹«

Wir hoffen, dass wir mittels der Kommunikation einen Weg durch das Minenfeld dieses Paradoxons finden. Und oft hilft es, miteinander zu reden. Doch wegen der komplexen Wirkungsweisen von Mitteilungen und Metamitteilungen erweist sich die Kommunikation selbst wieder als Minenfeld. Wenn wir zwischen Mitteilungen und Metamitteilungen und zwischen den grundlegenden Bedürfnissen nach Bindung und Kontrolle unterscheiden, haben wir eine Grundlage für die Metakommunikation. Ausgehend von diesen Erkenntnissen können wir die komplizierten Mechanismen von Familiengesprächen weiter erforschen. Angesichts unserer gemeinsamen und individuellen Kommunikationsgeschichte und des ungeheuren Potenzials an Liebe, Verständnis und Aufmerksamkeit, das Familie zu bieten hat, lohnt es sich, weiterhin nach einem Weg durch die Tretminen zu suchen – und miteinander zu reden.

2

»Wen hast du am meisten lieb?«

Familiengeheimnisse, Familienklatsch: Partei ergreifen

Familientreffen. Schon das Wort riecht nach Gefühl und suggeriert elementare Formen von Verbundenheit und Akzeptanz, aus denen sich unser aller Traum von Zugehörigkeit, von Familie zusammensetzt. Und tatsächlich können Familientreffen freudige Anlässe sein, bei denen Menschen, die weit voneinander entfernt leben, Erinnerungen und Anekdoten austauschen und zusammen lachen. Doch nur wenige Familientreffen verlaufen ohne schmerzliche Momente: Ein älterer Bruder stellt eine Frage, durch die sich sein jüngerer Bruder wie ein Trottel vorkommt, genauso wie damals, als sie klein waren. Eine Frau sieht, wie ihre Mutter und ihre Schwester die Köpfe zusammenstecken und verschwörerisch miteinander flüstern, was ihr einen schmerzlichen Stich versetzt, weil sie sich wieder ausgeschlossen fühlt wie einst in ihrer Kindheit. In einem Moment lachen alle gemeinsam und befinden sich in so wundervollem Einklang wie ein Trupp Revuetänzerinnen, die alle im selben Moment die Beine in die Luft werfen. Im nächsten Moment lachen alle bis auf einen, der den Witz nicht verstanden hat und sich plötzlich einsam fühlt – ausgestoßen aus dem magischen Kreis.

Eine Möglichkeit, sowohl das wundervolle Gefühl von Verbundenheit zu erklären, als auch das schmerzliche Gefühl der Ablehnung, das mit Familie einhergeht, ist ein Phänomen, das ich als gemeinsame Aufstellung oder Allianzbildung (Alignment) bezeichne.[7] Das Gespräch schweißt Individuen zu einer Familie zusammen, weil es gemeinsame Ausrichtungen oder Zusammenschlüsse bewirkt, durch die einzelne Familienmitglieder wie die Punkte beim »Malen nach Zahlen« miteinander verbunden werden. Wenn sich zwei Menschen durch ein Gespräch zusammenschließen, führen gerade, dicke Linien von einem Punkt zum anderen. Doch immer wenn sich zwei Personen durch das Gespräch miteinander verbünden, können am Ende punktierte oder krumme Linien zu einer weiteren führen – oder auch gar keine Linien, wenn diese ausgeschlossen wird. Wie Metamitteilungen können solche gemeinsamen Aufstellungen oder Allianzen wie versteckte Waffen wirken: Sie verletzen, aber die Ursache der Verletzung ist schwer auszumachen, weil die Bedeutung nicht in den gesprochenen Worten liegt, sondern in den Gefühlen, die durch diese Worte ausgelöst werden. Das Entscheidende bei den Allianzen ist wie bei den Metamitteilungen die emotionale, nicht die wörtliche Bedeutung.

Familien sind Kaleidoskope wechselnder Bündnisse. Die Mitglieder stellen Verbindungen her, streiten miteinander, vertrauen sich einander etwas an, unternehmen etwas gemeinsam, entfernen sich voneinander und nähern sich (manchmal) wieder an. Es ist wie beim Squaredance, bei dem die Tänzer ständig die Partner wechseln – manchmal mit kurzen Schritten geradewegs zu ihren festen Partnern hüpfen, manchmal in langen Schrittfolgen mit wechselnden Partnern in der Mitte der Tanzfläche unterwegs sind. Teil einer Familie zu sein bedeutet nicht automatisch, dass man sich auch wie ein vollwertiges Mitglied fühlt. Viele Menschen kommen sich in der einen oder anderen Weise, in dem einen oder anderen Augenblick wie Tänzer bei einem Squaredance vor, die sich ausgeschlossen fühlen, wenn der Caller ruft: »Alle fassen sich an der Hand und bilden einen Kreis.

.... Die Familienfestung

»Unsere Familie ist eine Festung«, erklärt Cicily Wilson, die ältere Tochter der Familie, die in der Fernsehserie *An American Love Story* auftritt. In einem Begriff wie »Festung« spiegelt sich wider, dass wir Familie auch als Bollwerk gegen die Welt betrachten – als schützende Mauer, die niemand durchdringen kann, um uns zu demontieren oder diskreditieren. Die Festungsmauern entstehen, indem die Familienmitglieder sich zu einer Gruppe zusammenschließen und gemeinsam Front gegen die Welt machen, häufig durch Gespräche.

Wenn die Familie zusammen am Abendbrottisch sitzt und miteinander redet, werden die Festungsmauern gestärkt. Die Frau erzählt von dem sturen Kfz-Mechaniker, der nicht für die vermurkste Autoreparatur aufkommen will. Der Mann berichtet von einem

Freund, der sich geweigert hat, ihm zu helfen, obwohl er diesem Freund in einer ähnlichen Situation sofort unter die Arme gegriffen hat. Das Kind hat den Eindruck, dass die Lehrerin einen Klassenkameraden ungerecht behandelt und zu hart bestraft hat. Wenn die Familienmitglieder über ihre Erlebnisse und das (Fehl-)Verhalten von Menschen außerhalb der Familie reden, fällen sie einhellige Urteile über die Handlungsweisen dieser Außenstehenden – sie halten zusammen und verstärken die Mauern, die sie umringen und andere ausschließen.

Doch Festungsmauern sind keine Garantie für Harmonie im Innern. Schaut man genauer hin, entdeckt man in jeder geschlossenen Gemeinschaft genauso viel Wut und Schmerz wie Liebe. Auch wenn Familienmitglieder sich zusammenschließen, um der Außenwelt als Team gegenüberzutreten, gibt es innerhalb der Familie – wie in jedem Team – Spannungen, Kämpfe und »gut gemeinte« Attacken, von denen manche nur flüchtig, andere aber auch ein Leben lang schmerzen. Gemeinsame Ausrichtungen oder Allianzen sind der Schlüssel sowohl zu dem Geschenk, das Familie bedeuten kann, als auch zu dem Schmerz, den Familienangehörige sich gegenseitig zufügen. Wenn man erkennt, durch welche Gesprächsmechanismen solche Allianzen entstehen, hat man eine Basis für die Metakommunikation: Dann kann man darüber reden, weshalb man sich durch eine bestimmte Äußerung verletzt fühlt, und neue Allianzen durch neue Sprechweisen bilden.

Risse in den Festungsmauern
.... Der Verrat von Geheimnissen

Familienbeziehungen sind ein Netz von Allianzen, das immer wieder neu gesponnen wird, indem Informationen ausgetauscht, wiederholt, verschwiegen oder enthüllt werden.

Als man bei Katherine Russell Rich im Alter von zweiunddreißig Jahren Brustkrebs diagnostizierte, wollte sie nicht, dass irgendjemand davon erfuhr. Sie erzählte es nur ihrer Mutter und vertraute darauf, dass die furchtbare Nachricht geheim bleiben würde. Rich erfuhr, dass die Mauern Risse hatten, als sie einen unerwarteten Anruf erhielt. Wie sie in ihren Memoiren *Verflucht, ich will leben!*

schreibt: »Es war meine Cousine Cia aus Denver: ›Ich möchte, dass du das weißt‹, versicherte sie mir, ›ich werde meinen Kirchenkreis für dich beten lassen.‹«[8] Wütend rief Katherine daraufhin bei ihrer Mutter an und warf ihr vor: »Du hast es Cia erzählt!« Das Gespräch, das sich daran anschloss, schildert Rich so:

»Nein, hab ich nicht«, verteidigte sich meine Mutter.
»Doch, hast du sehr wohl! Sie hat mich gerade angerufen! Sie weiß es!«
»Nein, ich habe es deiner Schwester erzählt. *Sie* muss Cia angerufen haben«, argumentierte sie, um zumindest formell die Schuld zurückzuweisen.

Die kurze Episode enthüllt eine Reihe von Allianzen und neuen Allianzen, die durch den Austausch von Worten entstehen. Als Cia bei Katherine anrief, um ihr zu sagen, dass der Kirchenkreis für sie bete, versuchte sie, sich mit Katherine zusammenzuschließen und ihre Verbundenheit auszudrücken: Sie ließ ihre Cousine wissen, dass sie um ihr Wohl besorgt war und dass sie tat, was sie konnte, um ihr zu helfen. Es erschreckte Katherine, dass Cia ihre gesamte Gemeinde von dem Geheimnis in Kenntnis gesetzt hatte. Für Katherine, die ihre Krebserkrankung für sich behalten wollte, war der Anruf ein Eindringen in die Familienfestung – eine Verletzung ihres Wunsches, die Kontrolle darüber zu behalten, wer Informationen über ihre Erfahrungen und Gefühle erhielt.

Durch die Wiederholung der Information – die Enthüllung des Geheimnisses – hatte Katherines Mutter zweifellos ihre Verbundenheit mit ihrer anderen Tochter, Katherines Schwester, zum Ausdruck gebracht. Doch damit wurden gleichzeitig neue Verbindungslinien gezogen: von Katherine zu ihrer Mutter (kein Problem), von ihrer Mutter zu ihrer Schwester (hart an der Grenze) und von der Schwester zu einer Cousine *(voll daneben!)*. Eine Cousine, eine Außenstehende (aus der Sicht von Katherine, nicht aus der ihrer Schwester) wurde in den Familienkreis aufgenommen, als Katherine dort Schutz und Sicherheit suchte.

• • • • Unsere Freunde sagen das auch alle!

Zu verletzenden neuen Allianzen kommt es nicht nur, wenn Informationen aus dem inneren Kreis der Familie nach außen durchsickern. Manchmal entsteht eine neue Allianz, weil Nachrichten in die umgekehrte Richtung fließen: von außen nach innen, so als würde man sich die Schuhe nicht abputzen und den Matsch in die Wohnung tragen. Bei diesen Aussagen muss es sich nicht unbedingt um etwas Dramatisches handeln; es kann eine kleine Beobachtung, sogar eine völlig harmlose Bemerkung sein. Schon die Tatsache, dass eine Erwähnung, wie belanglos auch immer, gegenüber einem Dritten wiederholt wird, kann eine neue Allianz begründen und damit wie Verrat wirken.

Eve ärgerte sich über eine Bemerkung, die ihr Mann Tom gemacht hatte. Sie erzählte mehreren Freundinnen, was Tom gesagt hatte, um festzustellen, ob diese ihre Empörung nachempfinden konnten oder sie für zu empfindlich hielten. Ihre Freundinnen bestätigten, dass ihre Reaktion verständlich und angemessen sei, und Eve nutzte diese Unterstützung als Argument im Gespräch mit Tom. »Ich finde, was du zu mir gesagt hast, war ziemlich hässlich«, erklärte sie. »Meine Freundinnen finden das auch alle.«

Durch diese abschließende Äußerung wurde Tom nicht nur mit dem Vorwurf seiner Frau konfrontiert, sondern sah auch noch bildlich vor sich, wie seine Frau und ihre Freundinnen verschwörerisch die Köpfe zusammensteckten und wie ein Footballteam darüber berieten, wie sie ihn fertig machen könnten. Diese Vision erzeugte ein Gefühl, bei dem er spürte, dass Eves Loyalität nicht ihm, sondern ihren Freundinnen galt. Das war besonders schmerzlich, weil Tom sich gegenüber diesen Freundinnen, die ja nicht direkt mit ihm gesprochen hatten, nicht rechtfertigen konnte. Also blieb er mit der Empfindung zurück, dass sie jetzt aus seiner Sicht zu Unrecht eine ziemlich schlechte Meinung von ihm hatten und er nichts dagegen tun konnte.

Dieses Szenario ist sehr verbreitet – und sehr heikel. Viele Frauen besprechen mit ihren Freundinnen, was ihnen Kummer bereitet, weil das Reden über private Probleme zu den fundamentalen Methoden gehört, mit denen Frauen freundschaftliche Beziehungen begründen. Doch wenn diese Probleme mit Familienangehörigen zu tun haben – was meist der Fall ist –, bedeutet die Erörterung von häuslichen Problemen, dass man Insider-Informationen über Familienmitglieder nach draußen trägt. Vor allem Männer fassen dies häufig als Verrat auf, weil sie den Zweck der Übung nicht verstehen: Die Freundschaften von Männern beruhen üblicherweise nicht auf dem Austausch von Geheimnissen, sondern auf gemeinsamen Aktivitäten – Männer *tun* etwas zusammen. Aus Toms Perspektive hat Eve, als sie mit ihren Freundinnen über ihn geredet hat, die Mauern der Familienfestung durchbrochen.

Dieser Konflikt ist nicht leicht zu lösen. Tom wäre glücklich, wenn Eve ihren Freundinnen nichts mehr von ihren Ehestreitigkeiten erzählen würde, doch damit würde Eve ihren Freundschaften die Flügel stutzen und sich selbst von einer ihrer wichtigsten Trostquellen abschneiden. Eve kann nicht wirklich verstehen, was Tom daran stört, weil die Erörterung von Problemen aus ihrer Sicht einer der Hauptgründe dafür ist, warum Menschen Freunde haben. Sie wünscht, Tom würde mehr mit seinen Freunden reden. Wenn die beiden den Austausch von Informationen unter dem Aspekt der entstehenden Allianzen betrachten, können sie die Reaktion des anderen besser verstehen. Aus Toms Sicht geht Eve eine Allianz mit ihren Freundinnen ein und stellt sich gegen ihn, wenn sie mit Dritten über ihn redet. Doch aus Eves Perspektive bestärkt das Gespräch mit den Freundinnen ihre Allianz mit Tom: Es zeigt ihren Freundinnen, dass die Beziehung zu Tom eine zentrale Rolle in ihrem Leben spielt. Wenn Tom das wüsste, könnte er vielleicht zu akzeptieren versuchen, dass Eve mit ihren Freundinnen über ihn redet. Eve für ihren Teil sollte den Rat der Freundinnen in Betracht ziehen und Kraft daraus schöpfen, sich aber nicht darauf berufen, wenn sie mit Tom redet.

»Und deine Schwester denkt genauso«:
.... **Klatsch im inneren Zirkel**

Jedes Familienmitglied kann Zwietracht säen, indem es Äußerungen eines anderen Familienmitglieds gegenüber einem dritten wiederholt. Kristins Mutter zum Beispiel war entsetzt, als sie erfuhr, dass Kristin einen neuen Wagen gekauft hatte, obwohl ihr

Dispo ohnehin schon weit überzogen war. »Ich habe deiner Schwester und deinem Bruder von deinem neuen Auto erzählt«, sagte sie zu Kristin. »Sie sind auch der Meinung, dass es ein großer Fehler von dir war. Kannst du den Vertrag nicht doch wieder rückgängig machen?« Obwohl Kristin wusste, dass sie über ihre Verhältnisse lebte und dass ihre Mutter ihr Verhalten missbilligte, war sie tief gekränkt, als sie erfuhr, dass ihre Geschwister in dieser Weise über sie geredet hatten. Es gab ihr das Gefühl, dass sich ihr Bruder und ihre Schwester mit der Mutter gegen sie verbündeten und sie zur Außenseiterin machten.

Wenn erwachsene Kinder untereinander über die Eltern reden – sei es um Erinnerungen auszutauschen, über die Pflege zu beraten oder Dampf abzulassen –, festigen sie ihre gegenseitige Verbundenheit, schließen sich zu einem Team zusammen. Wenn eines oder mehrere Kinder und ein Elternteil über eines der Geschwister reden, kommt es zu einem anderen Zusammenschluss, nämlich zwischen Eltern und Kind, wobei der Bruder oder die Schwester, über die man gesprochen hat, außen vor bleibt. Ob sich dies zerstörerisch auswirkt, hängt von der Art der Äußerungen ab (Kritik, Lob oder einfach eine Neuigkeit). Doch immer wenn eine abfällige Bemerkung, die ursprünglich über eine abwesende Person geäußert wurde, in Gegenwart dieser Person wiederholt wird, nehmen die Worte eine völlig andere Bedeutung an. Die Mitteilung mag die gleiche sein, aber die Metamitteilung ist völlig anders – und häufig destruktiv. Auf diesen Vorgang bezieht sich das Konzept der Allianz oder gemeinsamen Ausrichtung. Kristin kann ihre Geschwister nie wieder so sehen wie vorher, wenn sie einmal der Ansicht war, dass sie sich mit der Mutter gegen sie verbündet haben.

Die Bemerkung der Mutter war eine Mischung aus Bindung und Kontrolle. Aus Kristins Sicht ging es um Kontrolle – die Mutter mischte sich in ihre Entscheidung über den Autokauf ein. Die Mutter war wahrscheinlich auf den Bindungsaspekt konzentriert: Sie möchte Kristin davor bewahren, noch mehr Schulden anzuhäufen. Vermutlich dachte die Mutter, dass die Meinung der Geschwister ihrer Argumentation zusätzliches Gewicht verleihen und Kristin eher umstimmen würde. Ich bezweifle, dass sie ihre Tochter demütigen wollte (obwohl es möglich ist, wenn sie wütend war), und ich weiß nicht, ob sie spürte, dass ihre Äußerungen die Allianz zwischen Kristin und ihren Geschwistern erschüttern würde. Darin liegt die Macht dieser gemeinsamen Ausrichtungen oder Allianzen: Sie wirken indirekt und stärken die Verbindungen zwischen Familienmitgliedern. Doch möglich ist auch, dass nur einige Verbindungen bekräftigt werden und andere Familienmitglieder sich ausgeschlossen fühlen.

Unsere Gespräche hängen von einem Vertrauensnetzwerk ab: »Ich erzähle dir etwas und vertraue darauf, dass du weißt, wem du es weitererzählen darfst und wem nicht.« Wir alle reden manchmal auf eine Weise über andere, wie wir es nicht tun würden, wenn sie zugegen wären. Das ist nicht böse; es ist menschlich. Wenn wir in ihrer Gegenwart keine kränkenden Bemerkungen machen, haben wir beschlossen, sie *nicht* zu verurteilen. Wir vertrauen den Menschen, *mit* denen wir *über* andere reden, dass sie diesen anderen gegenüber Stillschweigen bewahren. Doch wir händigen unseren Gesprächspartnern eine Waffe aus – eine Waffe, mit der sie die betreffenden Personen verletzen können, wenn sie wollen. Und manchmal wollen sie das.

Natürlich setzen Menschen gelegentlich mit Absicht Informationen – Gerüchte – in die Welt, um anderen zu schaden. In diesen Fällen machen sich die Personen, die diese Gerüchte wiederholen, zu Mittätern, vor allem wenn die Gerüchte falsch sind. Doch gelegentlich ist es auch ein Akt der Freundschaft, einem anderen zu erzählen, was über ihn geredet wird. Eine Frau, die blind für die Seitensprünge ihres Mannes war, von denen alle wussten außer ihr, fühlte sich anfangs gedemütigt, als ihr Bruder sie beiseite nahm und ihr die Wahrheit erzählte. Doch letzten Endes war sie ihm dankbar und enttäuscht von all den anderen, die den Mund gehalten hatten. Ein echter Freund erzählt uns Dinge, die wir wissen müssen, auch wenn wir sie lieber nicht hören würden. Ein falscher Freund erzählt uns Dinge, die wir lieber nicht hören würden, die uns Kummer bereiten und die wir gar nicht wissen müssten. Die komplexe Herausforderung liegt darin, herauszufinden, was ein Mensch wissen sollte – und aus welchen Gründen man selbst etwas erzählen möchte.

Wer wiederholt, was ein anderer gesagt hat, ist oft selbst derjenige, der diesen anderen zu der Bemerkung provoziert hat. Das ist leicht zu bewerkstelligen, weil man sich in einem Gespräch gezwungen fühlt, den Gesprächspartner zu unterstützen, indem man ihm scheinbar zustimmt oder jedenfalls nicht widerspricht. Später lässt sich diese Zustimmung so darstellen, als hätte der andere diese Meinung von sich aus geäußert. Ein Vater sagt vielleicht zu seiner Tochter: »Dein Bruder bittet mich dauernd, ihn vom Flughafen abzuholen. Er kann sich inzwischen ein Taxi leisten. Ich glaube, er entwickelt sich zum Geizhals.« Um ihrem Vater nicht zu widersprechen, sagt die Tochter dann vielleicht: »Ja, da könntest du Recht haben.« Mit dieser Zustimmung in der Hand kann der Vater zum Sohn sagen: »Ich befürchte, du entwickelst dich zum Geizhals. Deine Schwester sagt das auch.« Oder er kann sich selbst heraushalten und einfach nur sagen: »Deiner Schwester ist aufgefallen, dass du dich zum Geizhals entwickelst.«

Die Fähigkeit, zu wiederholen, was andere Familienmitglieder gesagt haben, gehört zu den gefährlichsten Waffen, die im Haus herumliegen. In einem Fall führte sie zur extremsten Form familiärer Konflikte – zu einer abrupten Beendigung der Beziehung. Zu diesem jähen Ende kommt es, wenn ein erwachsenes Kind sich für kürzere oder längere Zeit weigert, mit Eltern oder Geschwistern zu reden, oder wenn ein Elternteil aus Zorn oder Verzweiflung nicht mehr mit einem erwachsenen Kind kommunizieren will. Ich erfuhr von diesem Fall, als ich eine Frau, die jeden Kontakt zu ihren Eltern abgebrochen hatte, fragte, weshalb sie sich dazu entschlossen hatte. »Ich habe ihnen gesagt, dass sie aufhören sollen, auf eine bestimmte Weise über mich zu reden«, erklärte sie, »aber sie haben es trotzdem getan.« Ich fragte, woher sie das wisse. »Meine Schwester hat es mir erzählt«, antwortete sie. Aha, dachte ich, alles klar. Ich weiß nicht, ob ihre Schwester diesen drastischen Effekt voraussah, als sie die Worte der Eltern wiederholte. Auch weiß ich nicht, ob der Abbruch des Kontakts letztlich notwendig und vorteilhaft oder vermeidbar und bedauerlich war. Ich weiß jedoch sicher, dass die Beendigung der Beziehung nicht ausschließlich aus der Bündnis-Achse zwischen den Eltern und der Frau resultierte, sondern eher aus einer komplexen Neuausrichtung, die durch die von der Schwester weitergegebene Information ausgelöst wurde.

.... »Ich bin für dich eingetreten!«

Es ist immer riskant, zu wiederholen, was ein anderes Familien-mitglied gesagt hat, sogar wenn man es tut, um jemanden zu unterstützen, und nicht, weil man Kritik üben will.

Meine Mutter war eine Zeit lang besessen von der Angst, dass ich keinen Mann abbekommen könnte. Es verging kaum ein Ge-spräch, in dem sie diese Manie nicht zum Ausdruck brachte. Wenn sie mich besucht hatte und hinterher anrief, um sich zu bedanken, sagte sie zum Schluss unweigerlich, wie Leid es ihr getan hätte, mich – allein – vor meinem Haus zurücklassen zu müssen. Als sie erfuhr, dass ich eine Reise mit meiner besten Freundin plante, ver-suchte sie, mich zu überreden, doch lieber in den Club Med zu fahren, wo ich bestimmt mehr Chancen hätte, einen netten Mann kennen zu lernen. Wenn ich ihr einen männlichen Freund vorstell-te, mit dem mich eine rein platonische Beziehung verband, fragte sie mit größter Sicherheit: »Wieso hat er kein Interesse an dir? Ist er schwul?« (Dass *ich* kein Interesse an *ihm* haben könnte, kam ihr nicht in den Sinn.) Immer wieder verbot ich ihr, dieses Thema anzuschneiden, und sie versuchte, sich daran zu halten, aber über kurz oder lang vergaß sie ihre guten Vorsätze. Ich wurde wütend, sie warf mir vor, zu empfindlich zu sein, und der Kreislauf begann von vorn. Schließlich erreichten wir einen Punkt, an dem es ihr gelang, sich die meiste Zeit über mit ihren Bemerkungen zurück-zuhalten. Doch es gab ein Haar in der Suppe. Meine Schwester.

Meine ältere Schwester erzählte mir mit Vorliebe, dass meine Mutter ihr vorjammere, wie besorgt sie sei, weil ich immer noch unverheiratet sei und immer nur arbeite, anstatt nach einem Ehe-mann Ausschau zu halten. Als Nächstes erzählte meine Schwester mir dann, dass sie mich verteidigt und unserer Mutter erklärt habe, ich sei durchaus glücklich mit meinem Leben, hätte jede Menge guter Freunde, liebte meine Arbeit und Ähnliches mehr. Sie berich-tete mir auch, wie sie unserer Mutter erklärt habe, dass ich, auch wenn ich nicht in den Club Med fuhr, durchaus noch eine Chance hätte, einen Mann zu finden – weil es wahrscheinlicher sei, dass ich meinen Lebenspartner auf einer der vielen wissenschaftlichen Ta-gungen kennen lernen würde, die ich besuchte, als am Strand von Tahiti. (Diese Prophezeiung sollte sich als richtig erweisen.)

Das Prinzip der Allianzen erklärt sowohl, warum meine Schwester mir das erzählte, als auch, weshalb es mich verletzte. Meine Schwester berichtete mir von den Gesprächen mit unserer Mutter, um sich mit mir zu verbünden. Sie ließ mich wissen, dass sie sich für mich eingesetzt hatte, dass sie meine Situation verstand und respektierte (was stimmte). Sie dachte wohl, ich würde mich durch dieses Wissen getröstet und besser fühlen. Aber ich fühlte mich schlechter. Wenn meine Mutter eine Zeit lang nicht über meine »Unbemanntheit« geklagt hatte, vergaß ich, dass sie sich Sorgen um mich machte, redete mir vielleicht sogar ein, dass sie nicht mehr über dieses Problem nachgrübelte. Doch wenn meine Schwester es erwähnte, wurde ich wieder von dem deprimierenden Gefühl überwältigt, dass meine Mutter unzufrieden damit war, wie ich mein Leben führte.

Das Schlimmste war, dass ich im Geist immer eine bestimmte Szene vor mir sah, wenn meine Schwester mir von solchen Gesprächen mit meiner Mutter berichtete: Ich stellte mir vor, wie die beiden telefonierten und lebhaft über mich diskutierten. In meiner Imagination bildeten meine Schwester und meine Mutter eine Einheit und drängten mich an den Rand – ich war die Außenseiterin, »das Problem«, über das gesprochen wurde. Dieses Bündnis stand mir viel klarer vor Augen als die Allianz, die meine Schwester im Sinn hatte, wenn sie sagte, sie habe mich verteidigt.

.... Guck mal, wer da – über wen – spricht

In jeder Familie mit mehreren Kindern gibt es reichlich Gelegenheit für eine Schwester oder einen Bruder, sich mit einem oder beiden Eltern zu verbünden und einen anderen Geschwisterteil auszuschließen. Solche Allianzen können vorübergehend und oberflächlich sein oder tiefer gehen und ein Leben lang anhalten.

Ich habe einmal eine allein stehende Frau Mitte zwanzig nach ihrer Familie gefragt. Ich erwartete, dass sie etwas über ihre Eltern sagen würde: Was sie an der Beziehung zu ihnen schätzte oder was sie ärgerte. Stattdessen antwortete sie: »Ich habe gerade mit meiner Mutter telefoniert und ihr von meinem Erfolgserlebnis erzählt: Ich hab's geschafft, eine ganze Woche bei meiner Schwester in Kalifornien zu bleiben – und mich nur ein einziges Mal ernsthaft mit ihr zu fetzen.« Das überraschte mich anfangs, aber dann wurde mir klar, dass in dieser Familie offenbar eine feste Allianz zwischen dieser Frau und ihren Eltern bestand.

Ich fragte, worum es bei dem Krach gegangen sei. »Ach, meine Schwester hat einen Sauberkeitsfimmel«, erklärte Gwen. »Man kann keinen Schritt in ihrem Haus machen, ohne gegen eine ihrer Regeln zu verstoßen. Ich hab mir diesmal wirklich Mühe gegeben. Ich habe nicht in ihrer Küche gekocht. Ich habe keine Gläser oder Tassen aus dem Esszimmer hinausgetragen; und ich habe meine Schuhe immer draußen vor der Tür ausgezogen.« Ich fragte, was die Explosion ausgelöst hatte. »Es ist unglaublich«, sagte sie. »denn ich war so vorsichtig. Doch eines Morgens stand ich auf und habe meine Schwester nirgends gesehen, also dachte ich, dass sie noch schläft. Ich ging auf die Veranda raus, um die Zeitung zu holen. Mit meinen Hausschuhen. Wie sich herausstellte, war meine Schwester direkt hinter mir – und sagte mir, dass ich meine Straßenschuhe anziehen solle, wenn ich nach draußen ginge. *Mein Gott nochmal, es war die Veranda.* Und ich habe höchstens ein oder zwei Schritte vor die Tür gemacht. Außerdem hält sie ihre Veranda so sauber, dass man vom Fußboden essen kann. Da ist mir dann die Sicherung durchgebrannt, fürchte ich.«

Nur für den Fall, dass ich vielleicht denken könnte, in Wirklichkeit sei doch sie und nicht ihre Schwester an dem Streit schuld gewesen, fährt Gwen fort: »Meine Mutter hat mir von einem noch größeren Hammer erzählt, der passierte, als *sie* auf Besuch war. Sie setzte sich auf die Couch, um meiner Schwester ein paar Fotos zu zeigen, die sie mitgebracht hatte, aber meine Schwester wollte sich nicht neben sie setzen. Wie sich herausstellte, war sie der Ansicht, dass ihre Jeans nicht sauber genug war, um sich damit aufs Sofa zu setzen. Schließlich ist sie doch tatsächlich losgegangen und hat ein großes Stück Plastikfolie geholt – wissen Sie, eine von diesen Tüten, die man in den chemischen Reinigungen über die Kleider stülpt. Dieses Ding hat sie auf dem Sofa ausgebreitet, bevor sie sich hingesetzt hat. Ist das nicht unglaublich?«

Als sie mir von diesen Erlebnissen erzählte, hatte ich Mitleid mit Gwen und ihrer Mutter, weil sie sich mit einem solchen pingeligen Putzteufel abplagen mussten. Doch mir fiel auch auf, dass die Bündnislinien regelrecht leuchteten, so als ob man sie mit fluoreszierender Farbe gezogen hätte. Die Mutter und Gwen bilden ein Team und tauschen Anekdoten darüber aus, wie unmöglich sich die jüngere Schwester benimmt.

Eine Mutter und ihr Kind können zu einer so engen Einheit verschmelzen, dass alle anderen Familienmitglieder ausgeschlossen werden. Ich habe einmal zwei Frauen beobachtet, die Hand in Hand die Straße entlanggingen. Sie flüsterten und giggelten, tuschelten und kicherten, während sie auf Waren in den Schaufenstern deuteten und die Köpfe so dicht zusammensteckten, bis sie sich liebevoll berührten. Einen Moment lang dachte ich, dass die beiden ein frisch verliebtes Paar wären. Doch als ich an den beiden vorbeiging und einen Blick zurückwarf, sah ich, dass sie etwa eine Generation auseinander waren, und ich erinnerte mich, dass gerade Elternwochenende in der kleinen Collegestadt war.

Bei dem Paar, das ich beobachtet hatte, handelte es sich um eine Mutter und ihre am College studierende Tochter. Die Reaktionen, die ich in mir selbst feststellte, waren gemischt: Zuerst kam Neid auf über die Beziehung, die diese junge Frau zu ihrer Mutter hatte, ein schmerzliches Gefühl, weil das Verhältnis zu meiner eigenen Mutter nicht diesen vertraulichen Charakter hatte. Dann empfand ich eine irrationale, flüchtige Verärgerung, als ob ich die Schwester dieser jungen Frau wäre und die beiden mich für immer aus diesem zärtlichen Kreis ausgeschlossen hätten. Beide Reaktionen richteten sich gegen die deutlich erkennbare, feste Allianz dieser Mutter und ihrer Tochter.

.... Familiengeheimnisse

Ein sicheres Mittel zur Bildung und Neubildung von Allianzen innerhalb der Familie sind Informationen beziehungsweise die Frage, wer sie hat, wer nicht und wer wem davon erzählt. Durch Familiengeheimnisse werden die Festungsmauern verstärkt und die Familienmitglieder zusammengeschweißt. Wer dagegen erfährt, dass es ein Familiengeheimnis gibt, das man vor ihm verborgen hat, fühlt sich leicht wie ein Außenseiter im Kreis der Insider.

Manchmal ist das Wissen als solches gar nicht besonders schockierend; seine machtvolle Wirkung liegt in der Tatsache, dass man es nicht preisgegeben hat. Sandra zum Beispiel hatte als Kind erfahren, dass ihre Mutter zehn Jahre jünger war als ihr Vater. Auf Grund dieser kleinen Information hatte sie ein romantisches Bild von den Anfängen der elterlichen Beziehung entwickelt: In ihrer Vorstellung hatte die Mutter sich Hals über Kopf in einen älteren Mann verliebt, der einfach umwerfend war. Doch am Abend vor ihrer eigenen Hochzeit erzählte die Mutter ihr, dass sie in Wahrheit sogar ein Jahr älter war als ihr Mann. Ein Altersunterschied von einem Jahr ist im Prinzip keine große Sache. Hätte Sandra diese Tatsache über ihre Eltern von Anfang an gewusst, hätte sie kaum einen Gedanken darauf verschwendet. Doch als sie die Wahrheit auf diese Weise erfuhr, fühlte sie sich, als würde sich der Boden unter ihren Füßen auftun. Die Information zerstörte ihr Bild darüber, wie die Eltern sich kennen gelernt hatten, über deren Liebesbeziehung und damit ihre Vorstellung über ihre gesamte Familie. Als ihr das ganze Ausmaß der Täuschung bewusst wurde, fühlte Sandra sich, als hätte man sie aus der Familie ausgestoßen. Dass sie am Vorabend ihrer Hochzeit von der Sache erfuhr, verstärkte vielleicht noch den Schock über die ganz neue Ausrichtung, die sie in Bezug auf ihre Familie vornehmen musste.

Familiengeheimnisse, die vor den Kindern verborgen werden, bereiten oft den Boden für späteres Leid. Zu einer solchen Enthüllung kam es, als der Schriftsteller J. D. Salinger und seine Schwester Doris erfuhren, dass ihre Mutter Miriam keine Jüdin war, wie sie immer geglaubt hatten – und auch nicht immer den Namen Miriam getragen hatte.[9] Die Mutter hieß ursprünglich Marie, war im christlichen Glauben auf einer Farm erzogen worden und hatte im Alter von siebzehn Jahren, als sie den Vater geheiratet hatte, den Namen Miriam und eine jüdische Identität angenommen. Salingers Tochter Margaret schreibt in ihren Memoiren, diese Enthüllung sei für ihre Tante Doris eine »traumatische« Erfahrung gewesen. Ich wage die Behauptung, dass das Trauma nicht in erster Linie durch die Tatsache verursacht wurde, dass die Mutter Christin war, sondern durch die Täuschung – durch die Erkenntnis, dass die eigene Mutter nicht die Person ist, für die man sie gehalten hat. (In diesem Fall veränderte das Wissen auch die

Identität der Kinder, denn nach jüdischem Recht sind die Kinder nur jüdisch, wenn die Mutter Jüdin ist.)

Auch Geschwister verbünden sich über Informationen, die sie enthüllen oder für sich behalten. In einer anderen Familie war der Vater nicht der leibliche Vater des ältesten Sohnes, den die Mutter mit in die Ehe gebracht hatte. Der Sohn selbst wusste das, wie auch der zweite Sohn, dem er als kleiner Junge davon erzählt hatte. Doch die Schwester wurde geboren, als die beiden Jungen zehn und acht Jahre alt waren, und die Familie einigte sich darauf, ihr nichts davon zu erzählen, um sie nicht zu belasten. Als die Schwester als junge Erwachsene die Wahrheit erfuhr, war sie sehr wütend, dass man ihr die Sache verschwiegen hatte: Sie hatte ohnehin immer das Gefühl, dass ihre beiden Brüder ein Team bildeten und sie ausschlossen.

Aus Sicht der Schwester hatten die Brüder sie betrogen, indem sie ihr etwas so Wichtiges vorenthalten hatten. Doch die beiden entsprachen mit diesem Verhalten dem Wunsch der Mutter, die sie gebeten hatte, ihr Geheimnis zu bewahren. Es geschieht oft, dass einzelne Familienmitglieder geradezu verpflichtet werden, Informationen vor einem anderen zu verbergen, manchmal um diesen zu schonen, manchmal um sich selbst vor der Reaktion desjenigen zu schützen. Eine Frau zum Beispiel, deren Sohn wegen Trunkenheit am Steuer ins Gefängnis musste, erzählte einer ihrer Schwestern davon, bat sie aber, es vor der anderen Schwester zu verschweigen. Sie wollte dem ohnehin schon kritischen Urteil, das diese Schwester von dem Sohn hatte, nicht noch weitere Nahrung geben. Die Sache kam natürlich heraus, die dritte Schwester reagierte fuchsteufelswild und warf ihren Schwestern wütend vor, sich gegen sie zu verbünden.

Das Zurückhalten und Offenbaren von Informationen gehört zu den sichersten Methoden, um Bündnis- und Abgrenzungslinien in einer Familie zu ziehen. Dass man einige Informationen geheim hält und andere enthüllt, ist unvermeidlich. Doch bei der Entscheidung, was man weitererzählt (und was man sich anhört), sollte man immer daran denken, wie viel Einfluss Informationen auf die Entstehung von Allianzen haben. Einerseits könnte man zum Beispiel klar zum Ausdruck bringen, wenn man nicht möchte, dass der Inhalt eines Gesprächs vor Dritten wiederholt wird. Andererseits will man vielleicht vermeiden, privilegierte Informationen zu hören, so wie man gestohlene Waren zurückweisen würde. Wenn man spürt, dass jemand einem etwas erzählen will, das vor einer bestimmten Freundin oder einer bestimmten Familienangehörigen nicht wiederholt werden darf, könnte man ein metaphorisches Stopschild hochhalten: »Erzähl's mir lieber nicht. Ich möchte nicht in die Situation kommen, dass ich etwas vor ihr verheimlichen muss.«

.... Wenn die Eltern eine Einheit sind

In Familien, in denen zwei Elternteile vorhanden sind, ist schon die Allianz zwischen den beiden ein Geheimnis, das die Kinder nach und nach wahrnehmen. Die Schriftstellerin Eudora Welty fängt dies in ihrer Autobiografie *Eine Stimme finden* ein.[10]

Welty erzählt, dass sie im Alter von sechs oder sieben Jahren durch eine Krankheit für einige Monate ans Bett gefesselt war. Tagsüber verbrachte sie diese Zeit im Doppelbett ihrer Eltern. Abends erlaubten die Eltern ihr, dort einzuschlafen, während die beiden in Schaukelstühlen saßen und sich unterhielten. Welty schreibt:

Solange ich mich wach halten konnte, stand es mir frei, jedes Wort, das meine Eltern miteinander sprachen, zu hören.
Ich erinnere mich nicht, dass mir irgendein Geheimnis enthüllt wurde, noch erinnere ich mich einer starken Neugier in mir, etwas zu erfahren, das ich nicht erfahren sollte – vielleicht war ich noch zu jung, um zu wissen, auf was ich hätte horchen sollen. Doch ich war mit dem wichtigsten Geheimnis, das es gab, im Raum anwesend – die beiden, Vater und Mutter, ganz eins dasitzend.

Obwohl sie dieses Wort nicht benutzt, war das wichtigste Geheimnis, das Eudora als Kind spürte, die Allianz zwischen den Eltern, die gemeinsame Ausrichtung, die sie durch ihr Gespräch immer wieder herstellten.

Das Kind Eudora fühlte sich durch den Zusammenhalt der Eltern nicht ausgeschlossen, sondern einbezogen, wenn sie dem

»Gemurmel, dem Hin und Her« der Stimmen lauschte. Tatsächlich schuf die Wahrnehmung des engen elterlichen Zusammenhalts ein Gefühl von Sicherheit, einen Familienkreis, in dem sie sicher und geborgen war. Doch manchmal fühlt sich ein Kind durch die Allianz der Eltern auch ausgeschlossen.

•••• »Ich konnte mich nicht gegen deine Mutter stellen«

Es gilt gemeinhin als Binsenweisheit, dass sich Eltern ihren Kindern gegenüber als Einheit präsentieren und eine konsequente Linie einhalten sollten. Wenn Eltern unterschiedlicher Meinung sind, bedeutet dies, dass einer von beiden seine wahre Meinung vor dem Kind verstecken muss – und durch dieses Verbergen schließen sich die Eltern auf eine Weise zusammen, bei der das Kind hinausgeworfen wird. Wenigstens kann das Kind das so empfinden. So war es auch bei mir.

Kurz nach meinem Collegeabschluss bewarb ich mich beim Peace Corps. Ich wurde angenommen und sollte nach Thailand gehen, um Englisch zu unterrichten. Man sagte mir, wann ich anfangen sollte, und stellte mir ein Ticket nach Hawaii aus, wo die Ausbildung stattfinden würde. Ich hatte mich bereits von meinen Freunden verabschiedet, die nötigen Dinge eingekauft, meinen Pass abgeholt und alle erforderlichen Impfungen hinter mich gebracht. Doch als der Tag meiner Abreise heranrückte, geriet meine Mutter, die sehr unglücklich über meinen Entschluss war, in Panik. Immer, wenn ich nach Hause kam, begrüßte sie mich mit Augen, die ganz rot und verschwollen vom Weinen waren. Sie schmeichelte, bettelte und drohte. Thailand liege so dicht bei Vietnam, dass ich bestimmt von einer verirrten Kugel aus dem Vietnamkrieg getötet werden würde. Sollte ich wider Erwarten gesund nach Hause zurückkehren, würde ich dreiundzwanzig Jahre alt sein, und alle infrage kommenden Männer hätten bis dahin längst geheiratet.

Obwohl ich alle Argumente widersinnig fand, übertrug sich die Panik meiner Mutter auf mich und ihre Verzweiflung zermürbte mich. Am Abend, bevor ich abreisen sollte, rief ich erst eine Freundin und dann noch eine weitere an. Ich diskutierte bis zum

Morgengrauen mit ihnen und entschied mich schließlich, nicht zu gehen. Als das Büro des Peace Corps am Morgen öffnete, rief ich an und sagte ihnen, dass ich mich der Gruppe nicht anschließen würde, verkündete meiner überglücklichen Mutter die Neuigkeit und schlief dann völlig erschöpft ein. Im selben Moment, als ich wieder wach wurde, fing ich an, meinen Entschluss zu bedauern.

Jahrelang – Jahrzehntelang – löste jede Erwähnung des Peace Corps eine Welle des Bedauerns in mir aus. Doch erst viele Jahre später dachte ich daran, meinen Vater nach seiner Meinung zu der ganzen Sache zu fragen. »Ich habe nie verstanden, warum deine Mutter so reagiert hat«, sagte er nur. »Ich fand, es war eine gute Idee von dir, dorthin zu gehen.« Mein Herz setzte einen Moment lang aus. Wo war mein Vater gewesen, als das alles geschehen war? Wenn ich auf die schmerzliche Zeit zurückblicke, sehe ich meine Mutter und mich, die wie zwei Boxer im Ring umeinander herumschleichen. Mein Vater taucht nirgendwo in meiner Erinnerung auf, so als wären meine Mutter und ich in einer Blase intensivster Involviertheit gefangen gewesen – in einer Art experimentellen Biosphäre, wo die Leute in einer isolierten, abgeschlossenen Umwelt leben.

»Wieso hast du mir das nicht gesagt?«, fragte ich meinen Vater. »Wieso hast du mir nicht den leisesten Hinweis darauf gegeben, dass du so dachtest?« Wenn ich den Schimmer einer Ahnung gehabt hätte, dass mein Vater meinen Entschluss billigte und nicht der Ansicht war, mein Beitritt zum Peace Corps sei ein Schritt in den sicheren Tod, hätte ich die Kraft gehabt, dem heftigen Angriff meiner Mutter standzuhalten.

»Das konnte ich nicht«, erklärte er. »Ich konnte mich nicht gegen deine Mutter stellen. Wenn ich dich zum Gehen ermutigt hätte, hätte sie mir das nie verziehen. Und wenn dir irgendetwas passiert wäre, hätte ich mir selbst nie verziehen.«

Als ich das hörte, fühlte ich mich im ersten Moment betrogen. Wie konnte mein Vater seine Meinung für sich behalten und mich im Stich lassen? Rückblickend kann ich erkennen, weshalb er es als seine oberste Pflicht erachtete, zu seiner Frau zu halten.

In John Osbornes Stück *Blick zurück im Zorn* trifft ein Ehemann eine ähnliche Entscheidung.[11] Alison, eine Engländerin aus der oberen Gesellschaftsschicht, wurde von ihrer Familie verstoßen, weil sie Jimmy, einen Mann aus der Arbeiterklasse, geheiratet hatte. Als

Alison später im Stück beschließt, Jim zu verlassen, ruft sie bei ihren Eltern an und ihr Vater kommt, um sie abzuholen. Als sie sich auf den gemeinsamen Aufbruch vorbereiten, sagt er ihr, dass er ihre Heirat zwar nicht gebilligt habe, aber nie mit den schweren Geschützen einverstanden gewesen sei, die seine Frau aufgefahren habe, um die Ehe zu verhindern. »Ich habe nie etwas gesagt – nachträglich hatte es ohnehin keinen Sinn mehr –, aber ich hatte den Eindruck, dass sie – Jimmy gegenüber – zu weit ging«, erklärt der Vater. »Das Herumschnüffeln, die Privatdetektive – die Beschuldigungen. Mir war dies alles in höchstem Maße peinlich.« Er fügt hinzu: »Vielleicht wäre es für alle Beteiligten besser gewesen, wenn wir uns gar nicht eingemischt hätten.« Doch damals wollte er sich nicht gegen seine Frau stellen. Durch diese Art von Bündnis mit seiner Frau blieb die Tochter schließlich vollkommen isoliert, als sie entschied, einen Mann zu heiraten, den ihre Eltern ablehnten.

•••• Wenn ein Elternteil und das Kind eine geschlossene Front bilden

Kinder können sich also durch den Zusammenhalt der Eltern ausgeschlossen fühlen, aber auch ein Elternteil kann diese schmerzliche Erfahrung machen, wenn die grundlegende Allianz von »Vater und Mutter, ganz eins dasitzend« in Gefahr gerät, weil sich das Kind mit einem Elternteil verbündet und den anderen ausschließt. Christine erinnert sich, dass sie als kleines Kind ihrer Mutter sehr nahe stand, doch als sie ins Teenageralter kam, entwickelte sie eine engere Bindung zu ihrem Vater. Dreh- und Angelpunkt ihrer Beziehung waren lange Gesprächen über Politik, Religion und all die anderen gewichtigen Themen, über die Christine und ihre Freunde allmählich nachzudenken begannen.

Als Erwachsene erfuhr Christine zu ihrer Überraschung, dass ihre Mutter sich durch dieses enge Verhältnis ausgeschlossen und zurückgewiesen gefühlt hatte. »Du und dein Vater habt vorn im Auto eure intellektuellen Diskussionen geführt«, die Erinnerung versetzte der Mutter noch immer einen schmerzlichen Stich, »und mich dabei vollständig ausgeschlossen.« Christine hatte damals überhaupt nicht an ihre Mutter gedacht; sie war ganz auf das Gespräch mit dem Vater konzentriert gewesen. Und dieser Fokus trug dazu bei, die gemeinsame Ausrichtung herzustellen, die der Mutter das Gefühl gab, nicht dazuzugehören. Für die Mutter muss es wie eine doppelte Zurückweisung gewesen sein: Das Bündnis hatte sich nicht nur von Mutter-Tochter zu Vater-Tochter verschoben. Die Tochter, die neben dem Vater auf dem Beifahrersitz saß, hatte auch im buchstäblichen Sinn ihren Platz eingenommen, während die Mutter sich dort wiederfand, wo normalerweise die Kinder sitzen, nämlich auf dem Rücksitz. Da sich solche Allianzen im Verborgenen bilden, hatte Christines Mutter dieses Ergebnis nicht vorausgesehen, als sie selbst den Vorschlag machte, dass Christine sich nach vorn setzen sollte, damit die beiden während der Fahrt besser miteinander reden konnten.

Jede Eltern-Kind-Kombination kann die Gestalt einer exklusiven Allianz annehmen, aus der andere Familienmitglieder ausgeschlossen sind. Margaret Salinger (genannt Peggy) schreibt in ihren Memoiren mit dem Titel *Dream Catcher,* dass der Vater, J. D. Salinger, diese Art von Beziehung zu seiner eigenen Mutter hatte, wenigstens laut Aussage seiner Schwester Doris. Doris, die ihren Bruder mit dem Spitznamen seiner Kindheit belegt, erinnert sich: »Es ging ständig nur um Sonny und Mutter, Mutter und Sonny. Daddy hatte immer das Nachsehen.«

In ihrer eigenen Familie schloss der Vater laut Margaret Salinger eine Allianz mit ihr, von der die Mutter (ebenso wie der Bruder) ausgeschlossen war.[12] Als Beispiel verweist sie auf Briefe, die ihr Vater ihr schrieb, als er geschäftlich in New York war, während Peggy, die Mutter und der jüngere Bruder Ferien in Barbados machten:

Damals hielt ich es für selbstverständlich, aber heute kommt es mir doch ein kleines bisschen unnormal vor, dass die überschwänglichen Ausdrücke der Zuneigung in den Briefen, die mein Vater an uns als Familie sandte, fast alle ausschließlich an mich gerichtet waren. Der letzte Brief, den wir vor unserer Abreise aus Barbados erhielten, begann mit »Liebe Familie«, doch zum Schluss schrieb er in Fettdruck, er sei mehr denn je überzeugt, dass Peggy Salingers nicht an Bäumen wachsen würden. Unterzeichnet war der Brief mit etwa einer Million Küsschen – natürlich symbolisch gemeint.

Als sie im Erwachsenenalter auf die Briefe zurückschaut, die ihr Vater schrieb, als sie ein Kind war, erkennt Margaret, dass die exklusive Allianz, die durch die unverhältnismäßige Aufmerksamkeit des Vaters entstand, sowohl auf sie als auch auf die Mutter eine zerstörerische Kraft tätigte. Auf jeden Fall wirkte sich die Exklusivität »strafverschärfend« aus, wenn die kleine Peggy etwas ausgefressen hatte und die Mutter zu Sanktionen griff.

In einer anderen Autobiografie, *Phoenix,* wird ein Bruder – der Autor J. D. Dolan – aus dem Bündnis zwischen seinem wesentlich älteren Bruder John und seinem Vater ausgeschlossen, die sich durch ihr gemeinsames Interesse an Autos und ihr handwerkliches Geschick nahe stehen.[13] Dolan erinnert sich, dass er als kleiner Junge sah, wie die Beine seines Vater und Bruders unter einem Auto hervorguckten. Als Dolan unter den Wagen kroch, um ihnen einen Schraubenschlüssel zu geben, beobachtete er erstaunt, wie die beiden ihre gemeinsame Aktivität wortlos aufeinander abstimmten: »Ich hatte keine Ahnung, was sie da taten, keine Ahnung, was sie sagten, keine Ahnung, woher der eine wusste, wann er festhalten, und der andere wusste, wann er loslassen musste.«

Dolans Vater und Bruder teilten auch eine Neigung zum Schweigen oder, falls Worte sich nicht vermeiden ließen, zur Einsilbigkeit. Wenn sie ihre Arbeit beendet hatten, tranken sie schweigend zusammen Limonade, bis zuerst der eine, dann der andere, ein Geräusch hörte, bei dem sie die Ohren spitzten:

Dad setzte sein leeres Glas auf die Werkbank, wandte sich an John und sagte kurz angebunden: »Ford«. John, der sich angestrengt konzentrierte, schien zuzustimmen. Dann war zu vernehmen: »Mit schlecht eingestellten Ventilen«. Im nächsten Moment fuhr ein Auto am Haus vorbei. Es war ein Ford, und aus dem Innern des Motors drang ein leises Klappern.

Durch diese wenigen Worte entstand eine Allianz zwischen Vater und Sohn, von der der jüngere Bruder wusste, dass er nie dazugehören würde (genauso wie er beim Anblick »der Muskeln an ihren ölverschmierten Armen« wusste, dass seine »Arme nie so aussehen würden«).

Obwohl die Allianzen zwischen zwei Familienmitgliedern ein

drittes ausschließen können, müssen sie nicht zwangsläufig diese Wirkung haben. Ein Elternteil, das sich eher auf die Seite des Kindes als auf die des Partners schlägt, kann die Macht dieser Allianz auch positiv nutzen. Eine Frau erzählte mir von einer kleinen Unterhaltung, bei der sie sich mit ihrer Tochter verbündete – zu deren Freude. »Wir waren mit dem Auto unterwegs«, erzählte sie mir, »und mein Mann hackte wegen irgendwas auf unserer Tochter herum. Sie reagierte trotzig, und er fing an, sich zu wiederholen. Plötzlich wandte er sich an mich und meinte: ›Wieso unterstützt du mich nicht?‹ ›Ich habe dich die ersten sechs Male unterstützt, als du es gesagt hast‹, antwortete ich, ›aber jetzt gehst du zu weit. Ich glaube, du hast deinen Standpunkt klar gemacht und solltest es nun gut sein lassen.‹ Meine Tochter war überglücklich. Sie freut sich, wenn ich ihre Partei ergreife.«

Dieser Mutter – dieser Ehefrau – war es gelungen, zwei Bündnisse gleichzeitig aufrechtzuerhalten. Indem sie ihrem Ehemann in der Sache grundsätzlich zustimmte, aber die Partei ihrer Tochter ergriff, als er sich zu wiederholen begann, konnte sie auch beiden gegenüber ihre Loyalität beweisen, was in Familien häufig verlangt wird.

.... Ein Spion im Haus

Kaum ein Verbrechen wird so verachtet wie das Spionieren. Durch die Preisgabe von Informationen macht der Bürger eines Staates gemeinsame Sache mit einem feindlichen Staat. Trotzdem stirbt das Gewerbe nicht aus, und es werden ständig Spione gefangen, weil die Versuchung, Informationen für Geld oder andere Belohnungen weiterzugeben, allgegenwärtig ist. Auch in Familien ist das Spionieren eine verbreitete Form des Betrugs, obwohl die Belohnung hier nicht Geld, sondern Liebe ist. Und genauso wie zwischen Nationen bewirkt der Austausch von Informationen auch in Familien, dass wechselnde Allianzen geschlossen werden.

In einer Autobiografie mit dem Titel *Falling Leaves: The Memoir of an Unwanted Chinese Daughter* beschreibt Adeline Yen Mah, wie ihre Schwester Lydia zur Familienspionin wurde.[14] Lydia war die älteste und Adeline die jüngste von fünf Geschwistern, die mit ihrem Vater und seiner zweiten Frau aufwuchsen. Die Stiefmutter hatte zwei eigene Kinder mit Adelines Vater, die sie mit unglaublicher Unverfrorenheit bevorzugte. Sie verwöhnte ihre leiblichen Kinder und quälte die fünf Stiefkinder, die der Vater mit in die Ehe gebracht hatte. Die Stiefkinder wohnten in einem anderen Stockwerk, erhielten kaum das Nötigste zu essen und waren gezwungen, um Geld für den Bus zu betteln, oder mehrere Meilen zu Fuß zur Schule zu laufen. Die leiblichen Kinder lebten im selben Stockwerk wie die Mutter, erhielten großzügige Portionen schmackhafter Speisen und wurden von einem Chauffeur zur Schule gefahren.

Eines Tages hörte die Stiefmutter, wie ihre fünf Stiefkinder, angeführt von Lydia, darüber redeten, was sie gegen die schlechte Behandlung unternehmen könnten. Mah erinnert die Strategien, die sie in Betracht zogen: »Hungerstreik? Rebellion? Ein Gespräch unter vier Augen mit dem Vater?« Anstatt die Kinder zur Rede zu stellen und zu bestrafen, sorgte die Stiefmutter für neue Allianzen: Sie bot Lydia ein eigenes Zimmer im privilegierten ersten Stock an, dazu einen derartigen Luxus wie einen eigenen Schreibtisch und zueinander passende Bettbezüge und Vorhänge. Lydia hatte jetzt jeweils einen Fuß in jeder Familie und berichtete ihrer Stiefmutter von den Aktivitäten der Geschwister, die dann dafür bestraft wurden, während sie selbst »mit besonderen Vergünstigungen belohnt wurde: Bonbons, Leckereien, Taschengeld, neue Kleider, Ausflüge mit Freunden.« Mit anderen Worten, die Stiefmutter »drehte Lydia um« – verwandelte sie von einer Oppositionsführerin in eine Spionin.

Die meisten Beispiele für weitergegebene Informationen sind weniger weit reichend, weniger bösartig, aber sie sind die Währung, in der Familienbündnisse gehandelt und gewechselt werden. In einem Stück von Charles Randolph-Wright mit dem Titel *Blue* gerät ein Junge, dessen Vater und älterer Bruder ein Bestattungsinstitut leiten, in eine schreckliche Zwickmühle.[15] Sein Bruder erzählt ihm, dass er mit einem Mädchen verabredet ist und dazu den Leichenwagen benutzen will – und droht dem Kleinen, ihn in einem Sarg einzuschließen, wenn er petzt. Doch die heiß geliebte Mutter verlangt schon bald zu wissen, wo der ältere Bruder sich aufhalt. Der Junge gerät in einen schwierigen Loyalitätskonflikt: Er will das Versprechen halten, das er seinem älteren Bruder gegeben hat, möchte aber auch seiner Mutter gehorchen und tun, was sie verlangt. In diesem Fall ist die Anziehungskraft der Mutter stärker: Er sagt ihr, was sie wissen will. Und dieses Verhalten sagt viel über die Allianzen in dieser Familie aus.

Die Bildung neuer Allianzen durch die Preisgabe von Informationen kann auch ein vorsätzlicher Verrat sein. Zwei Brüder in ihren Dreißigern, die sich Anekdoten aus ihrer gemeinsamen Kindheit erzählten, erinnerten sich an ein solches Beispiel. Auch in diesem Fall war es der Jüngere, der »plapperte« – die kindliche Version des Spionierens, die damit belohnt wird, dass man in den Kreis der Erwachsenen aufgenommen wird.

Jeff fragte seinen jüngeren Bruder: »Weißt du noch, wie ich den Hotdog über den Zaun geworfen habe?«

»Klar, das seh ich noch glasklar vor mir«, antwortete Tim. »Du musstest ihn abwaschen. Und aufessen.«

Dieses kleine Beispiel zeigt, wie Informationen in einer Familie getauscht werden können, um Bündnisse zu stärken oder zu verschieben. Tim hat nicht einfach zufällig miterlebt, wie der ältere Bruder den Hotdog wegwarf. So wie der ältere Bruder in *Blue* dem kleineren Bruder verkündete, dass er den Leichenwagen für seine Verabredung benutzen wollte, legte auch Jeff sehr viel Wert darauf, seinen kleinen Bruder darauf hinzuweisen, dass er einen Hotdog über den Zaun werfen würde. Wenn man ein Publikum hat, kann man das eigene Wagnis viel besser genießen.

Doch nachdem der jüngere Bruder zum Zeugen der Handlung geworden ist, verfügt er auch über eine gewisse Macht – eine Macht, die Tim wie der kleine Bruder in *Blue* anzuwenden beschloss. Tom erzählte der Mutter, was Jeff getan hatte. Die Strafe folgte auf dem Fuß. Die Mutter schleifte Jeff zu der Stelle, wo der Hotdog gelandet war. Er musste ihn aus dem Gebüsch sammeln und aufessen. Tom, der wusste, dass er seinen Bruder durch sein Petzen betrogen hatte, erinnerte sich: »Ich habe den ganzen Abend versucht, es wieder gut zu machen. Ich glaub, ich habe dir ein Poster geschenkt.« Tim war klar, dass er ein Opfer bringen musste, um das Bündnis mit seinem Bruder wiederherzustellen.

Manchmal offenbart ein Kind – vor allem wenn es noch sehr klein ist – ungewollt peinliche Informationen. Der zwölfjährige Mickey erzählte mir, dass sein siebenjähriger Bruder ihm Kummer bereite, weil er ständig Sachen ausplaudere, »die keiner wissen soll«. Zum Beispiel hatte der jüngere Bruder den Eltern einmal hilfreich erklärt: »Wisst ihr, warum Mickey so schlechte Laune hat? Weil er seinen Test verhauen hat.« Mickey hatte sich darauf verlassen, dass der kleine Bruder die schlechte Zensur nicht verraten würde. Als der Bruder die Sache ausposaunte, enttäuschte er Mickeys Vertrauen und verbündete sich mit den Eltern, die ihren Unmut gegen Mickey richteten. Vielleicht hatte der Siebenjährige wirklich noch nicht begriffen, dass er diese negative Information für sich behalten sollte. Vielleicht spürte er aber auch, dass durch die Preisgabe des Wissens vorübergehend neue Allianzen entstanden; er konnte einen Moment lang die begehrte Stellung des älteren und dadurch meist besser informierten Bruders gegenüber den Eltern einnehmen.

Das Erwachsenwerden besteht zu einem nicht geringen Teil darin, dass man herausfindet, welches Wissen man gefahrlos weitergeben darf und welches nicht. Manchmal enthüllen Kinder Informationen, die zu neuen Allianzen führen, weil sie noch nicht begreifen, welches Wissen geheim bleiben soll. Hank Ketcham benutzte diesen Umstand häufig als Aufhänger für einen Witz in seinen *Dennis-the-Menace-Cartoons* – zum Beispiel wenn der kleine Dennis beobachtet, wie ein Gast aus einem Glas trinkt, und in aller Unschuld kommentiert: »Ich finde nicht, dass er schluckt wie ein Specht«. Das ist nicht nur deshalb komisch, weil Dennis einen Spruch wörtlich nimmt, sondern weil er in Gegenwart des Gastes eine Äußerung wiederholt, die seine Eltern hinter dessen Rücken gemacht hatten – weil sie sicher waren, dass diese Einschätzung in der Familie bleiben würde. Eine vergleichbare Geschichte aus dem wirklichen Leben wurde zur Legende in einer anderen Familie: Als der jüngste Sohn vier Jahre alt war, verkündete er während eines Besuches bei den Großeltern mit strahlendem Gesicht: »Meine Eltern machen sich über euch lustig!« Damit waren die Festungsmauern durchlöchert: Informationen, die im Innern bleiben sollten, waren nach außen gedrungen.

.... Fido, ein Familienmitglied

»Du liebst den Welpen mehr als mich!«, hielt ein kleines Mädchen ihrer Mutter vor. Sie gehörte zu den Kindern, die ständig umarmt und geknuddelt werden wollen. Die Mutter, selbst ein körperbewusster Mensch, dachte, dass sie diesem Zärtlichkeitsbedürfnis der Tochter stets Genüge tat. Der neue Hund musste allerdings unentwegt hochgenommen, im Arm gehalten und von einem Zimmer ins andere getragen werden, damit er nicht den ganzen Tag allein an einem Ort festsaß. Der Anblick des kleinen, hilflosen Wesens, das zusammengekuschelt in den Armen der Mutter lag, hatte bei dem Mädchen den Wunsch nach zärtlicher Zuwendung geweckt.

Die Mutter und der Hund auf ihrem Arm bildeten eine Allianz, von der die Tochter sich ausgeschlossen fühlte. Haustiere fungieren häufig als Blitzableiter für widersprüchliche Allianzen in einer Familie. Ich kenne Familien, in denen das Kind verloren in der Ecke steht, während der Hund mit Zärtlichkeiten und albernen Koseworten überschüttet wird und dem Erwachsenen dafür dankbar durchs Gesicht schleckt. In einigen Fällen würde der Elternteil, der mit dem Hund schmust, lieber mit dem Sohn oder der Tochter schmusen, doch das Kind hat ein Alter erreicht, in dem es auf solche Annäherungsversuche mit verärgerten Grunzlauten reagiert.

In dem Roman *Der Göttergatte* schildert Jane Shapiro eine Szene, in der ein Hund zum Gegenstand der Zuneigung und zum Kontrapunkt menschlicher Bündnisse wird.[16] Die Icherzählerin hat vor kurzem ein Mann namens Dennis geheiratet, der zuerst perfekt wirkte, aber allmählich einen destruktiven Zug zu zeigen beginnt. Die sich abzeichnende Gefahr in seiner Zuneigung zu ihr wird kontrastiert mit der ungezügelten, grenzenlosen Liebe, mit der Dennis seinen Hund Raleigh überschüttet:

Sobald er Raleigh entdeckte, verzog sich Dennis' Miene ins Weinerliche. »Oh Raleigh, Raleigh-Junge! Raleigh-Junge! Raleigh-Junge! Raleigh-Junge! Raleigh, Raleigh, Raleigh, Raleigh, Raleigh-Junge! Raleigh-Junge, mein süßer, süßer kleiner Hund!« Und er umarmte die rundliche Mitte des Hundes, während das zappelnde Tier versuchte, um ihn herumzusausen und an ihm zu knabbern; und sie rangen lange Zeit miteinander, umarmten sich auf einer Schwelle, die glitschig von Sabber war.

Die Wiederholung des Hundenamens zeigt Dennis' völlig unkomplizierte Beziehung zu seinem Haustier. Die Worte, die er an den Hund richtet, spielen im Grunde keine Rolle. »Raleigh-Junge, mein süßer, süßer kleiner Hund!«, ist einfach ein Ausdruck seiner vollkommenen Hingabe an das Tier. Es ist ein allumfassender Zusammenschluss – die Art von Zuwendung, die wir uns von den Menschen ersehnen, die wir lieben. Deshalb wird uns manchmal schmerzlich bewusst, was wir selbst vermissen, wenn wir beobachten, wie ein Familienmitglied mit einem Haustier kuschelt.

Eine Frau, die ihrem Hund mehr Zuneigung zeigte als ihrer Tochter, wurde von dieser darauf aufmerksam gemacht. Der Fall wird von Mary Catherine Bateson nacherzählt, die diese Frau in ihrem Buch *Full Circles, Overlapping Lives* wörtlich zitiert:[17]

> *»Ich habe nicht gemerkt, dass ich einfach schrecklich deprimiert war, bis meine Tochter zu mir sagte: »Ich will meine Mama wiederhaben.« »Wovon redest du?«, fragte ich, und sie sagte: »Du sprichst nur... du sprichst nur noch mit dem Hund.«*

Manchmal ist es leichter, einem Hund Aufmerksamkeit und Zuneigung zu schenken, denn er stellt keine Fragen, streitet nicht und protestiert nicht, wenn man ihn tätschelt, streichelt oder umarmt. Die Frau in diesem Beispiel erkannte erst, wie traurig sie eigentlich war, als die Tochter sie darauf hinwies, dass sie sich nicht mehr mit ihr, sondern nur noch mit dem Hund zusammenschloss.

Häufig sind es Kinder, die dem Haustier ihr Herz ausschütten. Der Hund oder die Katze haben immer volles Verständnis – anders als die Eltern, die zwar durchaus großzügig mit ihrer Zuneigung sind, aber auch mit Kritik und Missbilligung nicht geizen. Eltern können diese Allianz nutzen, indem sie das Tier in den Dienst der Familie stellen. In einem Gespräch, das von einem freiwilligen Teilnehmer meiner Studie aufgezeichnet wurde, erzählte eine Mutter, wie sie ihre träge Tochter mit Hilfe des Familienhundes aus dem Bett bekommt. »Ich schicke den Hund morgens in Tammys Bett«, erklärte die Mutter. »Er weckt sie. Er stupst sie mit der Schnauze an und leckt ihr übers Gesicht. Wenn ich sie dagegen wecke, brummt sie nur: ›Lass mich in Ruhe. Ich will nicht aufstehen!‹ Mit dem Hund klappt es prima.« Ähnlich wie die Frau, die nicht merkte, wie schlecht es ihr ging, fand diese Tochter es leichter, die Küsse des Hundes zu akzeptieren als die der Mutter, wahrscheinlich weil die Küsse der Mutter mit Erwartungen verbunden waren, mit denen sie sich am frühen Morgen noch nicht auseinander setzen wollte.

Da die Mutter wusste, wie bereitwillig die Tochter auf den Hund einging, konnte sie ihn einsetzen, um mit der Tochter zu kommunizieren. Viele Menschen nutzen die große Anziehungskraft von Haustieren, um Allianzen mit anderen zu schließen, zu bestärken oder auszuhandeln. Wer eine fremde Person auf der Straße ansprechen möchte, braucht einen einleuchtenden Grund und muss zum Beispiel nach dem Weg oder nach der Uhrzeit fragen. Doch bei einer Person, die einen Hund ausführt, kann man auch als Fremder immer einen Kommentar zu dem Hund abgeben oder den Hund als Vorwand nehmen, um ein Gespräch mit dem Besitzer anzuknüpfen. Eine Bemerkung über den Hund kann zudem eine längere Unterhaltung in Gang setzen, während man von jemandem, der nach dem Weg oder der Uhrzeit fragt, erwartet, dass er relativ schnell wieder seiner Wege geht.

Menschen reden nicht nur *mit* ihren Haustieren, sondern auch *durch* sie. Familienmitglieder benutzen Hunde oder Katzen manchmal, um Gedanken oder Gefühle in Worte zu fassen, die sonst vielleicht ungesagt blieben. Anders gesagt, sie werden zu Bauchrednern, die für ihre Haustiere sprechen. Und was das Tier sagt, kann sich zu einem menschlichen Drama ausweiten.

Ein Ehepaar lud ein anderes zum Abendessen ein. Einmal wandte sich die eingeladene Ehefrau an die Katze der Gastgeber, die auf der Fensterbank saß: »Na, was denkst du, wenn du aus dem Fenster schaust, Mieze?«, fragte sie, während sie der Katze übers Fell streichelte. Der Gastgeber-Ehemann antwortete, indem er mit hoher Stimme für die Katze sprach: »Ich überlege gerade, wie ich hier rauskomme«. Kurz nach der Dinnerparty erfuhr die Gastgeber-Ehefrau, dass ihr Mann eine Affäre mit der eingeladenen Frau hatte. Im Rückblick erkannte sie die Vertrautheit, die in dem Katzendialog gelegen hatte. Ihr Mann hatte das Tier sozusagen als Tarnung benutzt, um sich mit zärtlicher Sprache an seine Geliebte zu wenden und sich mit ihr, anstatt mit seiner Frau zusammenzuschließen. Das erklärt, weshalb ihr dieses kurze Geplänkel damals Unbehagen bereitete – und es verdeutlicht gleichzeitig, warum sie nicht genau wusste, warum. Im Rückblick hatte sie den Eindruck, dass ihr Mann, als er durch die Katze sprach, seinen eigenen Fluchtwunsch geäußert hatte.

.... »Entspann dich, Papa!«

Kinder, die noch nicht richtig sprechen gelernt haben, können ebenfalls als Alter Ego dienen, durch das Familienmitglieder Gedanken auszudrücken vermögen, die sie nicht direkt äußern wollen. In diesem Beispiel (das auf Tonband aufgezeichnet wurde) hatte die Mutter Andrea den Tag mit ihrer eineinhalbjährigen Tochter Ginny verbracht, während der Vater Fred seinem Beruf nachging.

Der Gesprächsabschnitt beginnt, kurz bevor Fred von der Arbeit nach Hause kommt, was auch zugleich den Rahmen vorgibt. Andrea bereitet Ginny auf ein fröhliches Wiedersehen mit dem Vater vor, indem sie mit freudig-aufgeregter Stimme zu ihrer Tochter sagt:»Gleich kommt Papa nach Hause.«»Willst du Papa einen dicken Kuss geben?«,»Willst du Papa sagen, dass er seine Schuhe ausziehen kann?«

Doch als Papa dann tatsächlich kommt, ist er müde und hungrig, so wie viele Menschen nach einem langen, anstrengenden Arbeitstag. Er weiß nicht – kann nicht wissen –, dass Andrea seine Rückkehr von der Arbeit als freudiges Großereignis angekündigt hat. Als Ginny an ihm hochklettern will, reagiert er mit einem gereizten »Ich esse!« und fügt dann – jetzt mit wehleidiger Stimme – hinzu: »Papa isst gerade.«

Ginny fängt an zu weinen, und Andrea erklärt die Reaktion der Tochter, indem sie mit Kinderstimme, so als spräche sie für Ginny, sagt:»Man hat ihre Gefühle verletzt«. Dann wendet sich Andrea direkt an Ginny:»Du hast Papa vermisst, nicht wahr? Kannst du sagen: ›Ich hab dich doch nur umarmt, weil ich dich vermisst habe, Papa‹?«

»Nein«, antwortet die weinende Ginny wahrheitsgemäß – eine genauere Situationsbeschreibung kann Ginny noch nicht von sich geben, weil sie bislang keine langen Sätze formuliert. Das weiß auch Andrea, von daher ist die Erklärung offenbar eher an ihren Mann als an ihre Tochter gerichtet. Indem sie durch Ginny spricht, weist sie Fred darauf hin, dass er die Reaktion auf seine Tochter in einen anderen Rahmen setzen sollte: Sie stürzt sich auf dich, weil sie dir ihre Liebe zeigen möchte, nicht weil sie dich ärgern will.

Einige Minuten später fragt Andrea Fred: »Wieso bist du so gereizt?«

»Weil ich noch esse«, antwortet er.

»Wieso hast du dir auf dem Nachhauseweg nicht einen Snack besorgt? Deiner Familie ein bisschen Stress erspart?« Dann bringt sie den Standpunkt ihrer Tochter zum Ausdruck: »Entspann dich, Papa. Wir haben dich einfach bloß vermisst. Wir versuchen, deine Aufmerksamkeit zu gewinnen, aber du kommst nach Hause und machst den Brummbären – *grr, grr, grr.*«

Ginny ahmt den knurrenden Ton nach: »*Grr! Grr!*«

Das Bauchreden hilft Andrea, die Allianzen mit Mann und Tochter im Gleichgewicht zu halten. Sie schließt sich mit Ginny zusammen, indem sie an ihrer Stelle spricht. Gleichzeitig erklärt sie Fred, inwiefern er zu Ginnys Kummer beiträgt und weshalb er sich aus Sicht des Kindes unfair verhält. Indem sie durch Ginny spricht, vermeidet sie, sich direkt gegen Fred zu stellen, und umgeht damit möglicherweise einen ausgewachsenen Krach. Es gibt allerdings noch eine Wirkung, die eher in den Allianzen als in den gesprochenen Worten liegt. Andrea hätte sich mit Fred zusammenschließen und zu Ginny sagen können: »Papa ist müde und hungrig. Wir müssen ihn erst etwas essen lassen, bevor wir auf ihm herumklettern.« Doch Andrea verbündete sich durch das, was sie sagte, mit ihrer Tochter. Fred hat sich möglicherweise vorübergehend aus dem Familienkreis ausgestoßen gefühlt.

Immer wenn ein Elternteil allein mit dem Kind zusammen war und der andere dazukommt – ob am Ende eines Arbeitstages, nach einem Ausflug oder im Anschluss an eine andere häusliche Aktivität –, muss eine Neuausrichtung stattfinden, damit alle Familienmitglieder integriert werden können. Genau das versucht Andrea zu erreichen. Die notwendige Wiedereingliederung von Fred in den Familienkreis wird nicht nur durch die gesprochenen Worte, sondern genauso sehr durch die jeweils neu entstehenden Allianzen bewirkt.

.... Partei ergreifen

Die Allianzen zwischen Familienmitgliedern sind feinen Schwankungen unterworfen, können sich von einem Moment zum anderen und mehrmals in einem einzigen Gespräch verändern. Ein Beispiel für minimale Neuorientierungen findet sich in einer Studie des Soziologen Sam Vuchinich, der untersuchte, wie Streitigkeiten am Abendbrottisch enden.[18] Es ist ein ganz banaler Austausch, eine jener unzähligen Unterhaltungen, denen man keine große Beachtung schenkt, in denen es aber zu wechselnden Parteibildungen innerhalb der Familie kommen kann.

Der Ärger beginnt, als die zehnjährige Ann die Kochkünste ihrer Mutter kritisiert: »Das Fleisch ist trocken.«

»Keineswegs. Ich finde es köstlich«, verteidigt sich die Mutter.

Hier hätte der Austausch enden können, oder Ann und ihre Mutter hätten weiter darüber verhandeln können, ob das Fleisch trocken oder köstlich sei. Stattdessen mischt sich die zwölfjährige Joyce ein und eilt ihrer Mutter zur Hilfe: »Es ist nicht trocken«, sagt Joyce. »Es ist nur ...«

»Gebt etwas Pilzsoße drüber«, schlägt die Mutter vor.

Ann macht einen Rückzieher: »Es ist nicht trocken, eher fest.«

Joyce plädiert erneut für die Qualität des Fleisches: »Aber es schmeckt trotzdem gut.«

Und sie übernimmt die Rolle der Friedensstifterin, indem sie die Kochkunst der Mutter weiter verteidigt: »Es ist nicht trocken.« Doch sie schließt sich auch mit Ann zusammen, als sie hinzufügt: »Es ist nur ...« Damit lässt sie die Möglichkeit offen, dass irgendetwas mit dem Fleisch nicht ganz in Ordnung sein könnte. Das gibt Ann die Möglichkeit, Joyce zuzustimmen und ihr Urteil zu korrigieren (»Es ist nicht trocken«) und doch gleichzeitig bei ihrer Behauptung zu bleiben, dass das Fleisch mit einem Problem behaftet ist (»es ist sehr fest«). Die Mutter für ihren Teil räumt indirekt ein, dass das Fleisch möglicherweise nicht perfekt sei, weil sie eine Lösung vorschlägt (»Gebt etwas Pilzsoße drüber«). Joyce beendet die ganze Sache schließlich, indem sie der Mutter erneut ihr Vertrauen ausspricht: »Es schmeckt trotzdem gut.« Ein heikler Balance-Akt mit glücklichem Ausgang.

In jedem Gespräch gehen die Familienmitglieder wechselnde

Allianzen ein, um die Gruppen immer wieder ins Gleichgewicht zu bringen. Die Linguistin Shari Kendall, die ebenfalls Unterredungen beim Abendbrot analysierte, entdeckte solche wechselnden Allianzen in der dreiköpfigen Familie von Elaine, Mark und ihrer zehnjährigen Tochter Beth.[19] Kendalls Analyse zeigt, wie beiläufige Bemerkungen und Witze dazu beitragen, Allianzen zu schließen und zu untergraben.

Mark und Beth ließen sich häufig auf scherzhafte Neckereien ein und flachsten viel miteinander. So war es auch bei einem der Gesprächsauszüge, die Kendall genauer betrachtete. Mark bietet Beth etwas zu essen an, das Elaine zubereitet hat:

»Möchtest du noch etwas davon?«, fragt Mark.

»Igitt«, antwortet Beth mit der abgrundtiefen Verachtung einer Zehnjährigen.

Als Elaine mit einem fragenden »Hm?« nachhakt, erläutert Beth: »Nein, es ist ekelhaft.«

»Wie bitte?«, fragt Elaine in scharfem Ton.

»Tut mir Leid«, sagt die so zurechtgewiesene Beth.

»Sag einfach ›Nein danke‹«, weist die Mutter sie an, und Beth wiederholt gehorsam: »Nein danke!«

Elaine verbessert die Art, wie Beth eine Speise ablehnt, und erteilt ihr damit eine Lektion in Höflichkeit. Beth zeigt, dass sie die Lektion gelernt hat, indem sie das höflichere »Nein danke« wiederholt. Damit schließt sie sich mit ihrer Mutter zusammen und bestärkt Elaines Autorität.

Doch einige Sekunden später macht sich Mark über die Situation lustig, indem er den Ausdruck benutzt, für den Elaine die Tochter zurechtgewiesen hat. Er wiederholt das Wort »ekelhaft« im verschwörerischen Flüsterton, wie ein Bruder, der sich hinter dem Rücken der Mutter mit seiner Schwester verbündet. Beth reagiert mit einem anerkennenden Kichern.

Indem Mark seiner Tochter ein einziges Wort auf eine bestimmte Weise zuwispert, schließt er sich mit ihr zusammen und heitert gleichzeitig die Stimmung durch etwas Humor auf (und untergräbt möglicherweise, wie Kendall anmerkt, Elaines Autorität). Auf genau diese Weise werden in Alltagsgesprächen unzählige Male Bündnisse zwischen Familienmitgliedern geschlossen, verändert oder neu geknüpft.

.... »Lasst mich rein!«

Alle Familienmitglieder ringen mit den widerstreitenden Bedürfnissen, dass sie sich einerseits nach dem Schutz und der Geborgenheit der Familie sehnen und sich andererseits von der Kontrolle der Familie befreien möchten. Wir alle möchten einen zentralen Platz auf der Familienbank ergattern und nicht übergangen werden. Und diese Kämpfe spiegeln sich in unseren Gesprächen und Konflikten.

Mein Vater erzählt gern die Geschichte von der Mutter, die ein Dutzend Kinder hatte. »Ich hätte nicht für fünf Pfennig Lust auf ein weiteres Kind«, sagt die Frau. »Aber von denen, die ich habe, würde ich kein einziges hergeben – nicht für eine Million Dollar.« Eltern lieben und schätzen jedes einzelne ihrer Kinder, sagt diese Schilderung. Und doch gibt es kaum eine Familie, in der nicht irgendein Kind der Ansicht ist, dass ein anderes bevorzugt wurde, Vergünstigungen erhielt, es generell leichter hatte oder weniger Demütigungen und Entbehrungen ertragen musste. Geschwister sind offenbar Erzrivalen. Sie scheinen ihre Fühler stets ausgefahren zu haben und registrieren jedes kleinste Zeichen, das darauf hindeutet, dass die Eltern einem Bruder oder einer Schwester Vorrang geben. Es gibt nur wenige Eltern, die zugeben, dass sie ein Lieblingskind haben, aber viele Erwachsene, die Ihnen sagen können, welches Kind ihrer Ansicht nach von *ihrem* Vater oder *ihrer* Mutter bevorzugt wurde.

Nichts bringt diese Realität – und die damit verbundenen Ängste und Ressentiments – so dramatisch zum Ausbruch wie der Tod eines Elternteils. Erbschaftsstreitigkeiten sind so alt wie die biblische Geschichte von Jakob und Esau. Diese Legende verweist auf eine Bühne, auf der Geschwister darum ringen, eine neue Position im Verhältnis zu ihren Eltern zu finden. Jakob, der weniger geliebte Sohn, bringt den blinden Vater durch eine List dazu, ihm den Segen zu erteilen, der eigentlich seinem älteren Bruder zusteht: Er reißt das Erstgeburtsrecht seines Bruders an sich, indem er die Liebe und Anerkennung des Vaters stiehlt. In genau diesem Sinne finden sich erwachsene Kinder häufig in erbitterten Streitigkeiten über das Erbe wieder. Auf einer Ebene dreht sich dieser Streit ums Geld: um die Möglichkeit, teilweise beträchtliche Summen zu erhalten. Doch diese tragischen Auswüchse sind genauso verbreitet, wenn es um ganz geringe finanzielle Werte geht. Ein Mann, der erlebte, wie seine Brüder in Streit gerieten, als die Mutter gestorben war, schilderte das so: »Es ist die letzte Chance, deinen Anspruch auf ihre Liebe einzufordern.«

In den Memoiren von Adeline Yen Mah, *Falling Leaves,* wird ein Familiendrama erzählt, das sich auf dieser Bühne abspielte.[20] Mah beschreibt die Tyrannei, der sie als das am wenigsten geliebte Kind ausgesetzt war, und wie sie als Erwachsene versuchte, diese Bündniskonstellation zu verändern, indem sie reich wurde und anderen Familienmitgliedern unter die Arme griff. Sie erkennt, wie fruchtlos diese Versuche sind, als sie erfährt, dass die Stiefmutter sie aus ihrem Testament ausgeschlossen hat – und damit auch vom Erbe des Vaters, da er zuerst gestorben war. Adelines Verhandlungen mit den Geschwistern über diese vernichtende Nachricht wecken die alten Allianzen der Kindheit zu neuem Leben und verstärken sie noch.

Adeline, das jüngste der fünf Stiefkinder, wurde nicht nur von ihrer Stiefmutter schikaniert, sondern auch von ihren beiden älteren Geschwistern Lydia (der Spionin, die Informationen an die Stiefmutter weitergab) und Edgar, dem ältesten der drei Brüder. James, der Bruder, der Adeline altersmäßig am nächsten steht, war ihr geheimer Verbündeter (obwohl er sich nicht traute, sie öffentlich zu verteidigen).

Als junge Frau besuchte Adeline eine Universität in London und wurde Ärztin. Sie begann eine erfolgreiche berufliche Laufbahn in den USA und führte eine glückliche Ehe. Doch sie war besessen von dem Wunsch, die alte Familiendynamik zu verändern, was jedoch letztlich nur dazu führte, dass sie das alte Muster verstärkte. Weil man sie als Kind am stärksten abgelehnt und am grausamsten behandelt hatte, war sie diejenige, die sich am sehnlichsten wünschte, die Familie wiederherzustellen, um endlich akzeptiert zu werden. Als die Familie nach Hongkong zog, blieb Lydia in China und entfremdete sich in der Folge von ihren Eltern und Geschwistern. Als sie nach Jahren wieder in Berührung mit der Familie kam, weigerten sich ihre Brüder und ihre Stiefmutter, den Kontakt wieder aufzunehmen. Doch Adeline drängte die Stiefmutter, mit der sie nach dem Tod des Vaters eine fragile Beziehung aufgebaut hatte, sich mit Lydia zu versöhnen.

Adelines Bemühungen, die Schwester wieder in den Familienkreis zu integrieren, endeten damit, dass Lydia das Muster aus ihrer Kindheit wiederholte: Sie hetzte die Stiefmutter gegen Adeline auf, mit dem Ergebnis, dass die Stiefmutter Adeline aus dem Testament strich. Die Brüder nahmen ebenfalls ihre alten Plätze in der Bündniskonstellation ein. Als James (der Einzige, der Adeline als Kind nicht gequält hatte) vorschlug, dass die anderen Geschwister Adeline ihren rechtmäßigen Anteil am Erbe geben sollten, weigerten sich Edgar und Lydia, die Adeline in der Kindheit am meisten misshandelt hatten. Es war, als ob man der Familie ein Lebensdrehbuch gegeben hätte, an dem man nichts verändern konnte. Sogar im Tod zog die Stiefmutter die Bündnislinien in einer Art und Weise, dass die jüngste Schwester vollkommen ausgeschlossen wurde.

•••• Ersatzrivalen

Beim Erbe hat man zum letzten Mal die Möglichkeit, um die Liebe der Eltern zu konkurrieren, weil sie dann nicht mehr da sind – doch zuvor gibt es noch ein anderes Kampfgebiet. Erwachsene Kinder, die selbst wieder Kinder haben, stellen mitunter fest, dass die neuen Familienmitglieder, diese Erweiterungen ihrer selbst, zu Ersatzrivalen um die Anerkennung der Eltern werden können. In einer Familie hatte die jüngere von zwei Töchtern ihren Eltern als Erste ein Enkelkind geschenkt, weil sie einen Mann heiratete, der bereits einen Sohn aus erster Ehe hatte. Sie genoss die Aufmerksamkeit, mit der ihre Eltern den kleinen Jungen überschütteten, vor allem weil sie immer das Gefühl gehabt hatte, dass ihre ältere Schwester mehr Anerkennung von den Eltern erhalten hatte als sie. Als die ältere Schwester schwanger wurde, konnte sie deshalb die ungetrübte Freude ihrer Eltern nicht teilen. Sie fürchtete, dass das leibliche Enkelkind den angeheirateten Enkel in der Gunst der Großeltern verdrängen würde. Unterschwellig fürchtete sie, dass ihre Schwester (wieder einmal) den Wettbewerb um die Zuneigung der Eltern gewinnen und den Platz des Lieblingskindes erobern würde. Sie kam sich vor wie in der Geschichte vom Hasen und Igel – egal, was sie anstellte, die Schwester schien sie immer wieder beiseite zu schubsen und zu überholen.

Nicht nur Geschwister fürchten, einen Teil der Liebe an ein anderes Familienmitglied zu verlieren. Diana Friedman, Mutter von zwei Kindern, beschreibt in einem Essay in *Newsweek* die Ressentiments, die sie anfangs empfand, als ihr Vater seine zweite Frau heiratete, die nur elf Jahre älter war als sie.[21] Als Erstes verlor sie durch einen Ortswechsel das Heim ihrer Kindheit und damit auch ihr »emotionales Zuhause«, den Vorzugsplatz im Herzen ihres Vaters. »Nach kurzer Zeit war das Haus, in dem wir aufgewachsen waren, verkauft, und ich konnte auch nicht mehr davon ausgehen, dass mein Vater mir zu jeder Zeit ganz selbstverständlich zur Verfügung stand.« Friedman stellte fest, dass selbst ihre eigene Mutterschaft nichts veränderte – nirgends entdeckte sie einen Zauberstab, der den Kürbis wie bei Cinderella in eine Kutsche verwandelte und die böse Stiefmutter ausschaltete. »Ich heulte wie ein Schlosshund«, erinnert sie sich, »als er zwei Wochen, bevor ich meine eigene Tochter zur Welt brachte, ein siebenjähriges Mädchen adoptierte. Die Tatsache, dass er mit einundsechzig Jahren noch einmal Vater wurde, machte aus meiner Sicht jede Freude, die vielleicht mit der Geburt seines ersten Enkelkindes verbunden gewesen wäre, mit einem Schlag zunichte.«

Friedmans Geschichte hat ein Happyend: Ihre Kinder und die Kinder ihrer Stiefmutter freundeten sich an und brachten die Mütter zusammen. Doch in vielen Familien brechen solche alten Rivalitäten und Verletzungen unter Druck immer wieder auf, sogar wenn die Kinder erwachsen werden und eigene Kinder haben.

•••• Wenn das Blatt sich wendet

In der Kindheit begründete Allianzen bestehen fort, auch wenn die Kinder erwachsen werden. Doch manchmal verändern sie sich auch und die neuen Konstellationen können schwierig für alle sein, die geglaubt hatten, ihre Stellung als Lieblingskind sei für ewige Zeiten gesichert.

In einer Familie zum Beispiel war der ältere Bruder namens Walt als erfolgreicher Grundstücksmakler tätig – ein angesehener Bürger, der Belobigungen und Auszeichnungen für seine Verdienste um die Stadt erhielt. Man fotografierte ihn zusammen mit dem Bürgermeister und in einer Gruppe mit dem Kongressabgeordneten des örtlichen Wahlkreises. Walt gab die Fotos an seine Eltern weiter, welche die Bilder rahmen ließen und sie überall in ihrem Haus verteilten. Inzwischen schrieb Arnie, der jüngere Bruder von Walt, Kurzgeschichten und verdiente sich seinen Lebensunterhalt als Kellner. Walt unterstützte die schriftstellerischen Bemühungen seines Bruder, griff ihm finanziell unter die Arme und hatte immer ein offenes Ohr für seine Sorgen.

Doch allmählich begann sich die Situation zu ändern. Arnie veröffentlichte erste Geschichten und schließlich einen Roman. Sein zweiter Roman stürmte die Bestsellerlisten und wurde sogar verfilmt. Walt stellte überrascht fest, dass seine Freude über den Erfolg des Bruders einige Wermutstropfen enthielt. Wenn Walt seine Eltern anrief, um zu plaudern, waren sie nicht mehr so interessiert an den Neuigkeiten, die er zu berichten hatte, sondern erzählten ihm von Arnies jüngsten Triumphen und Ruhmestaten. Und wenn er sie besuchte, konnte er nicht übersehen, dass man die gerahmten Artikel und Fotos von ihm zur Seite geräumt hatte, um Platz für Fotos von Arnie mit dieser oder jener Berühmtheit zu schaffen. Obwohl er aufrichtig stolz auf seinen Bruder war und sich über dessen Erfolg freute, war es doch auch schmerzlich, dass er ausgerechnet im familiären Bereich, in dem er sich seiner überlegenen Position sicher gewesen war, aus seiner gewohnten Rolle verdrängt wurde.

Ähnlich erging es dem Jurastudenten Brad, der sich selbst wunderte, wie entnervt er war, als seine jüngere Schwester einen Börsenmakler heiratete, der eine Tochter aus einer früheren Ehe hatte. Mit einem Schlag veränderte sich alles: Seine Schwester und ihr Mann kauften ein Haus, während Brad immer noch in seiner Studentenbude hauste. Sie richteten sich mit schicken, neuen Möbeln ein, während er immer noch mit seinen Errungenschaften vom Flohmarkt vorlieb nehmen musste. Doch am meisten ärgerte sich Brad, weil die Schwester den Eltern eine gebrauchsfertige Familie präsentieren konnte, während er sich immer noch damit abmühte, die Grundlagen für die Familie, die er eines Tages gründen wollte, zu schaffen. Wenn solche Meilensteine zuerst von den älteren Geschwistern erreicht werden, können die Jüngeren sich entweder ein Beispiel daran nehmen oder diesen Weg für sich selbst ablehnen. Doch wenn die jüngeren

Geschwister die Ziele als Erste erreichen, fühlen sich die älteren oftmals verdrängt und von einer unerwarteten und scheinbar ungerechten Neuausrichtung aus der Bahn geworfen.

Die große Umstellung
•••• Wenn Eltern älter werden

Zu der vielleicht größten Verschiebung in den gewohnten Allianzen kommt es in jenen Familien, die das Glück haben, dass die Eltern ein hohes Alter erreichen. Wenn das Älterwerden allmählich ins Altwerden übergeht, übernehmen die erwachsenen Kinder mehr und mehr Fürsorgepflichten gegenüber ihren Eltern, und die gewohnten Rollen des helfenden Erwachsenen und des hilfsbedürftigen Kindes kehren sich allmählich um.

Auf einem Flughafen habe ich einmal erlebt, wie eine Großmutter wie ein kleines Kind behandelt wurde. Da sich die gesamte Familie des Sohnes in diesem Verhalten einig war, konnte die Frau der Situation genauso wenig entfliehen wie eine Gefangene, deren Zelle vom Wärter-Team der Familie bewacht wird. Die Szene ging mir besonders nahe, weil ich gerade darauf wartete, mich für einen Flug nach Fort Lauderdale einzuchecken, um meine eigenen Eltern zu besuchen.

Ich wurde langsam nervös, weil es so lange dauerte – und so ging es auch der alten Dame, die genau vor mir in der Schlange stand. Sie sah aus wie Anfang siebzig, und die junge Frau, die sie begleitete, unverkennbar eine Enkelin, schien um die Zwanzig zu sein. Es war fünf vor zwölf und der Flug nach Fort Lauderdale sollte um zwanzig nach zwölf starten, doch die lange Schlange bewegte sich nur schleppend voran. Ein anderer Flug mit einem anderen Ziel, der frühesten um zehn nach eins starten sollte, wurde parallel zum Fort-Lauderdale-Flug abgefertigt, und Passagiere beider Flüge drängten sich in ein- und derselben Schlange.

Die Großmutter vor mir hatte offenbar einen Plan gefasst und setzte ihn auch gleich in die Tat um. Sollte man nicht lieber zwei Warteschlangen bilden? Könnte man nicht die Passagiere, die für den ersten Flug einchecken wollten, vorrangig behandeln? Sie trat aus der Schlange heraus, ging nach vorn zum Schalter und versuchte die Aufmerksamkeit des Mitarbeiters vom Bodenpersonal der Fluggesellschaft auf sich zu lenken, um ihm diese logischen Fragen zu stellen. Doch bevor sie den Mann ansprechen konnte, stürzte sich der Sohn, ein Mann in den Fünfzigern, der mit seiner Frau und einer weiteren Tochter etwas abseits gestanden hatte, auf seine Mutter. »Stell dich wieder in Schlange!«, wies er sie lautstark zurecht und bugsierte sie mit sanfter Gewalt zu ihrem Platz in der Schlange zurück. »Willst du hier etwa einen Aufstand anzetteln?«

Die Großmutter versuchte zu erklären, warum sie die Warteschlange verlassen hatte, doch ihre Stimme ging unter, als die eine Enkelin witzelte »Du willst wohl ein bisschen Abwechslung in dein Leben bringen!« und bei der gesamten Familie einen Heiterkeitsausbruch auslöste.

Es war ein gutmütiges Lachen, nicht hämisch oder gemein, aber es schwang ganz eindeutig eine gewisse Herablassung mit. Die Großmutter blieb an ihrem Platz in der Schlange stehen. Bald darauf kam es zu einem zweiten kleinen Drama. »Sie brauchen nochmal deinen Ausweis«, sagte die Enkelin zu ihr, die nahe bei ihr stand, und fing an, in der Handtasche ihrer Großmutter, die diese über die Schulter gehängt hatte, herumzuwühlen. Da es aus diesem Winkel schwierig für die Enkelin war, das Gesuchte zu finden, zog sie die Tasche näher zu sich heran und drückte sie gegen ihren Körper, während sie darin herumkramte. Ich sah, wie das Gesicht der Großmutter einen verwirrten (ich würde sogar sagen verzweifelten) Ausdruck annahm, als sie beobachtete, wie die Tasche ihr entrissen und in den Händen einer anderen Person landete. Doch sie erhob keinerlei Einwände.

Die Großmutter protestierte während dieser ganzen Zeit kein einziges Mal gegen die Behandlung. Vielleicht dachte sie, dass sie sowieso bald allein im Flugzeug sitzen würde. Vielleicht war sie dankbar für die Aufmerksamkeit und Fürsorge. Wenn man von der ganzen Familie zum Flughafen begleitet wird, so ist das sicherlich ein Zeichen der Zuneigung. Doch die Szene brachte mich ins Grübeln, und ich fragte mich besorgt, wie ich mich eigentlich verhielt, wenn ich meinen Eltern zu helfen versuchte. Wie zeigt man seine Fürsorge und hilft seinen Eltern, ohne sie im Laufe der Zeit noch kleiner und hilfloser zu machen?

Die Enkelin auf dem Flughafen bemächtigte sich des Eigentums der Großmutter, ohne sie um Erlaubnis zu bitten – so wie man einem Kind ganz selbstverständlich einen Gegenstand aus der Hand nimmt. Doch sogar wenn sie das nicht getan hätte, sendet schon der reine Akt des Helfens Metamitteilungen aus (an denjenigen, der die Hilfe erhält). Diese Metamitteilungen verweisen auf eine Allianz, die durch das Helfen begründet wird.

.... Zu Hause bleibt man immer das Kind

Eine andere Großmutter – eine Figur aus Joe DiPietros Stück *Over The River and Through the Woods* – fasst die Metamitteilung des Helfens in Worte: »Du möchtest sie unterstützen. Unbedingt. So wie früher, als sie klein waren. Es spielt keine Rolle, wie alt sie werden. Man will ihnen immer helfen.«[22] Diese Großmutter erhält im Stück tatsächlich die Gelegenheit, entgegenkommend sein zu können, und zwar gegenüber ihrem Enkel Nick, einem neunundzwanzigjährigen Mann, der wie jeden Sonntag seine italienischen Großeltern in Hoboken, New Jersey, besucht.

Nick hat ihnen vor kurzem eröffnet, dass er nach Seattle umziehen muss, wo man ihm eine bessere Stellung angeboten hat. Seine Großeltern haben versucht, ihn zu überreden, vorläufig auf die Beförderung zu verzichten und lieber in ihrer Nähe zu bleiben. Nick möchte das tun, was am besten für ihn selbst ist, aber er will auch die Großeltern, die ihm sehr nahe stehen, nicht verlassen. Der erste Akt endet mit einem heftigen Ausbruch von Nick, der nicht weiß, wie er sich entscheiden soll, und von seinen zwiespältigen Gefühlen überwältigt wird. Er schreit seine Großeltern an, dass er jetzt verstehe, weshalb seine Schwester und seine Eltern weggezogen seien: »Weil sie nicht wollten, dass man sich ständig in ihr Leben einmischt! Und über sie urteilt! Und sie kritisiert!«

In diesem Stil fährt er fort, bis er sich in eine fieberhafte Erregung hineingesteigert hat und brüllt: »Wisst ihr was – Ihr werdet es kaum glauben, aber ich bin erwachsen! Jawohl! Vor euch steht ein voll entwickelter, erwachsener Mann, der durchaus in der Lage ist, auf sich selbst aufzupassen – auf sich aufzupassen ...« Er ist unfähig, seine Reifeerklärung zu Ende zu bringen, weil er sich an die Brust fasst und nach Luft ringend zusammenbricht.

Zu Beginn der nächsten Szene liegt Nick auf dem Sofa seiner Großeltern, auf das sie ihn nach seinem Asthmaanfall gebettet haben. Selbst als er protestierend jammerte, er sei erwachsen, bewies sein kindisches Verhalten das Gegenteil. Sein Zusammenbruch zeigte, dass er nicht wirklich in der Lage ist, für sich Sorge zu tragen.

Das Seltsame an dieser Szene sind Umkehrungen in den Allianzen: Das Erwachsenwerden ändert zwar die Ausrichtungen in der Familie, sodass Erwachsene nicht mehr von ihren Großeltern betreut werden, doch sobald sie in das Haus ihrer Großeltern (oder Eltern) zurückkehren, stellen sie häufig fest, dass sie wieder genau die gleiche Position einnehmen, die sie früher hatten – die des abhängigen Kindes. Das bestätigt auch Adeline Yen Mah. Nachdem sie das Medizinstudium und ihre Zeit als Assistenzärztin hinter sich gebracht hat, kehrt sie nach Hongkong zurück und schreibt:»Obwohl ich elf Jahre lang in England gelebt hatte und eine ausgebildete Ärztin war, fühlte ich mich in jenem Moment nicht anders als das Schulmädchen, das 1952 von hier fortging.«[23] Oder, wie der Autor J. D. Dolan es ausdrückt, der einen Besuch im Haus seiner Kindheit schildert:»Dort war ich wieder ein kleines Kind. Dort hatte ich wieder schreckliche Angst vor Monstern, schreckliche Angst vor der Dunkelheit.«[24]

.... Ständig wechselnde Ausrichtungen

Vor vielen Jahren, als ich am College Kurse in Kreativem Schreiben unterrichtete, demonstrierte ich mit Hilfe einer bestimmten Übung, wie man Gedanken in einem Essay ordnet. Ich bat die Kursteilnehmer, einen großen Kreis zu bilden und einen Gegenstand – ein beliebiges Utensil aus ihrem privaten Besitz – auf den Boden in der Mitte des Kreises zu legen. Eine typische Ansammlung umfasste Bleistifte, Kugelschreiber, eine Brieftasche, Schlüssel, ein Notizbuch, einen Lippenstift, einen Eyeliner, eine Puderdose und Ähnliches mehr. Dann bat ich Freiwillige, die Gegenstände auf logische Weise zu ordnen.

Der erste Teilnehmer sortierte die Dinge vielleicht nach ihrer Form, teilte Bleistifte, Kugelschreiber, Eyeliner und Lippenstift in eine Gruppe, die viereckige Brieftasche und das Notizbuch in eine andere Gruppe und einen seltsam geformten Gegenstand wie zum Beispiel eine Trillerpfeife in eine Extragruppe ein. Der Nächste systematisierte die Gegenstände vielleicht nach ihrer Funktion, ordnete die Bleistifte, Kugelschreiber und das Notizbuch in eine Rubrik, den Lippenstift, den Eyeliner und die Puderdose in eine zweite. Die dritte Person stellte die Dinge nach der Farbe zusammen, legte ein blau eingeschlagenes Notizbuch zu einer blauen Puderdose und ein schwarzes Notizbuch zu einer schwarzen Lippenstifthülle. Immer wenn alle gerade dachten, sie hätten jetzt alle erdenklichen Ordnungsprinzipien durchgespielt, fiel irgendjemandem eine weitere Möglichkeit ein, zum Beispiel eine Aufteilung nach dem Material: Plastik in eine Gruppe, Papierprodukte in eine andere, Metall in eine dritte. Jedes neue Gliederungsprinzip eröffnete uns eine neue Perspektive auf die Gegenstände.

Familien sind wie diese Übung. Die unterschiedlichen Anordnungen gleichen den wechselnden Ausrichtungen oder Allianzen in Gesprächen. Die Art und Weise, wie wir miteinander reden, ebenso wie die Inhalte unserer Gespräche, die Informationen, die wir enthüllen oder verbergen, und die unzähligen gemeinsamen Interessen, Perspektiven und Erfahrungen, die das Zusammenleben in der Familie prägen, fügen sich zu einem komplexen Netz von Bindung und Kontrolle zusammen, das alle Mitglieder einer Familie miteinander verknüpft. Doch bei jedem Bündnis zwischen zwei oder mehr Personen besteht auch immer die Gefahr, dass eine oder mehrere andere Personen ausgeschlossen werden. Das erklärt, weshalb das Familienleben eine unerschöpfliche Quelle des Trostes *und* des Schmerzes ist. Wenn man einmal versteht, wie diese wechselnden Allianzen funktionieren, kann man darüber reden – und den Familienmitgliedern erklären, warum man auf die eine oder andere Weise reagiert hat. Man kann auch versuchen, eine neue Sprechweise zu erlernen – um die Ausrichtungen zu verändern, damit man selbst oder ein geliebter Mensch eine günstigere Position im Verhältnis zu anderen Familienmitgliedern einnehmen kann.

Zwischenspiel I

»Behandle mich ruhig weiter wie eine Fremde«

Meine Mutter beklagt sich oft, dass mein Vater sich ihr nicht anvertraut. So fällt ihr vielleicht auf, dass er sich häufig hinlegt, und sie bekommt erst durch hartnäckiges Nachfragen heraus, dass er Rückenschmerzen hat.

»Seit wann hast du diese Schmerzen?«, fragt sie.

»Ach, seit ein paar Wochen«, antwortet er.

»Behandle mich ruhig weiter wie eine Fremde«, entgegnet sie mit ironischer Spitze.

»Wie eine Fremde« heißt hier: »Du erzählst mir nichts.« Es bedeutet: »Du schubst mich weg.« Aus Sicht meiner Mutter verletzt mein Vater ihre gegenseitige Verbundenheit, wenn er ihr nichts von seinen Schmerzen erzählt. Und das kränkt sie.

Am Ende von Art Spiegelmanns autobiografischem Buch *Maus* verlässt der Sohn Art schließlich seinen Vater, weil er dessen erdrückende Autorität nicht länger ertragen kann.[25] Das Buch endet damit, dass der Vater dem Sohn ein vernichtendes Wort an den Kopf wirft und ihm vorhält, er benehme sich wie ein »Fremder!«.

Das ist das Schlimmste, was der Vater sagen kann. Doch wenn er seinen Sohn tatsächlich als einen Fremden betrachten würde, wäre es ihm egal, ob Art weggeht oder bleibt. Die Zurückweisung ist eben deshalb vernichtend, weil Art und sein Vater verwandt und einander vertraut sind – und der Beweis dafür ist, dass sie einander immer noch tief verletzen können.

Zu den schrecklichsten Erlebnissen, die man sich vorstellen kann, zählt, dass ein Familienmitglied ein anderes tatsächlich für einen Fremden hält. Das gehört beispielsweise zu den grausamen Auswirkungen der Alzheimer-Krankheit. Genau diese Erfahrung wird von einer Frau namens Sally beschrieben, die an einer Selbsthilfegruppe von pflegenden Angehörigen teilnimmt. In einem Aufsatz von Jaber Gubrium und James Holstein wird zitiert, wie Sally ihrer Gruppe erzählt, dass ihr Mann Al »sich umdrehte ... einfach so ... und mich fragte: ›Wer bist du? Was tust du hier drin?‹ Es war, als ob ich eine Fremde im Haus wäre. Mein Gott, das hat mich völlig umgehauen«. Sally fängt sich wieder, indem sie sich ein ähnliches Erlebnis eines anderen Gruppenmitglieds ins Gedächtnis ruft: »Ich weiß noch, wie Cora reagierte, als ihre Mutter schrie, sie wolle nicht, dass eine Fremde im Schlafzimmer herumläuft«, erzählt sie. »So erging es mir auch.«[26] Dann hält sie sich noch einmal vor Augen, dass ihr Mann sie nicht absichtlich kränken wollte, sondern dass seine Krankheit für diese Verwirrung verantwortlich ist.

Sowohl in Sallys als auch in Coras Erinnerungen spiegelt das Wort *Fremder* die Verletzung der Privatsphäre wieder, die ein Mensch mit Alzheimer empfindet, weil er seine pflegenden Angehörigen nicht mehr wiedererkennt. Sallys Mann fragte, was sie *»hier drin«* zu tun habe. Coras Mutter wollte keine Fremde *»im Schlafzimmer«* haben. Ein Fremder ist jemand, der nach draußen gehört und innerhalb der Familienfestung nichts zu suchen hat. Ins *Innere* gehören nur Familienangehörige. Wenn *Familie* Zugehörigkeit suggeriert, dann suggeriert *Fremder* das Gegenteil.

Viele Konflikte entstehen durch unterschiedliche Ansichten über die Rechte und Pflichten, die eine Familie – im Unterschied zu Fremden – hat. Eine sechzigjährige Frau erinnert sich, dass ihre Eltern sich seit dem Tag, an dem sie heiratete und in ihr eigenes Haus zog, stets geweigert hatten, an der Tür zu klingeln, wenn sie zu Besuch kamen. Klingeln waren ihrer Ansicht nach etwas für fremde Leute. Wer zur Familie gehört, geht einfach hinein. Wenn sie die Vordertür verschlossen vorfanden, gingen sie um das Haus herum, probierten alle Türen aus, in der Hoffnung, eine unverschlossene zu finden, damit sie das Haus so betreten konnten, wie es sich – für Familienangehörige – geziemt.

Dieses Bild der Eltern, die um das Haus herumgehen und nach einer unverschlossenen Tür suchen, ist eine Metapher für Familie: Man sucht einen Weg hinein und möchte als zugehörig behandelt werden. Wenn Kinder erwachsen werden, verstärkt sich dieses Bedürfnis, weil man in gewisser Weise *nicht* mehr wirklich dazu gehört – nicht vollständig, nicht bedingungslos. Nicht so, wie man in ihr Leben gehörte, als sie noch klein waren.

Dasselbe gilt für Kinder, die ihre Eltern verlassen. Sie protestieren, wenn ihr altes Kinderzimmer in ein Büro oder Arbeitszimmer umgewandelt wird, oder wenn die Eltern sie bitten, ihre in

Kartons verpackten Sachen vom Dachboden zu holen. Auch wenn sie von zu Hause ausgezogen sind, wollen sie ihren rechtmäßigen Platz innerhalb der Familie behalten.

Wir alle fühlen uns gelegentlich wie Fremde in der eigenen Familie. Meine Mutter erzählt manchmal mit leiser, zitternder Stimme, weil sie sich bei der Erinnerung immer noch zurückgewiesen fühlt, dass ich als Siebenjährige einmal erklärte, sie könne unmöglich meine richtige Mutter sein – ich sei bestimmt adoptiert worden. Viele Kinder, vor allem in diesem Alter, denken: »Ich gehöre nicht in diese Familie. Ich muss adoptiert sein.« *Adoptiert* ist ein Ausdruck dafür, dass man das Gefühl hat, nicht hineinzupassen, nicht aus demselben Holz zu sein. Echte Adoptivkinder haben einen konkreten Umstand, an dem sie dieses Gefühl festmachen können. Andere borgen sich diesen Umstand aus, um ihr Gefühl zu beschreiben.

Der Begriff der Ausrichtungen oder Allianzen zeigt, wie stark Gespräche dazu beitragen, ob man sich der eigenen Familie zugehörig fühlt oder nicht. Wer sich fremd fühlt, hat die vertraute Basis verloren.

3

Um Liebe streiten

Bindung und Kontrolle bei Familienzwistigkeiten

Menschen, die sich lieben, streiten miteinander, sagt ein Sprichwort.[27] Viele Partner erinnern sich nicht nur sehr gut an ihren ersten Kuss, sondern auch an ihren ersten Streit (in meinem Fall drehte er sich um Sprache). In gewisser Weise vertieft sich die Beziehung und erreicht eine neue Ebene der Vertrautheit, wenn ein Konflikt auftritt – und gelöst wird. Nirgends gilt dies mehr als in der Familie, wo die Worte »Ich meine es doch nur gut mit dir« oft bedeuten, dass der andere stinksauer auf mich und meine Worte reagiert.

In allen Familien brechen gelegentlich kleinere Streitgefechte oder größere Wortschlachten aus. Viele Menschen versuchen heldenhaft zu »kommunizieren« – Probleme zu lösen, indem sie darüber reden. Doch manchmal verstärkt das Reden einen Konflikt, anstatt ihn zu lösen, und der Versuch, das Problem zu bewältigen, eskaliert entweder zu einem noch größeren Streit oder bringt uns so weit vom Thema ab, dass wir schließlich darüber streiten, wie man richtig streitet. In diesem Kapitel untersuche ich Streitgespräche, die in Familien stattgefunden haben. Ich zeige auf, wie Menschen Sprache benutzen, um ihre Enttäuschung auszudrücken und ihren Willen durchzusetzen, wie bestimmte Sprechweisen manchmal funktionieren und die Situation verbessern, aber manchmal auch alles schlimmer machen – und wie man in diesen Fällen durch eine andere Sprechweise vielleicht zu sinnvolleren Ergebnissen kommen könnte.

Ich will zunächst einen Blick auf die Dynamik werfen, die vielen Konflikten zu Grunde liegt – eine Dynamik, die alles, was in einer wie auch immer gestalteten Familie gesagt wird, sowohl antreibt als auch kompliziert macht.

•••• Das Bindungs- und Kontrollgitter

Jede Beziehung, jedes Gespräch ist eine Mischung aus den Bedürfnissen nach Bindung und Kontrolle, die ich in Kapitel 1 beschrieben habe. Doch das Ganze erhält noch einen weiteren Schwierigkeitsgrad, da weder Kontrolle noch Bindung eine eindimensionale Dynamik haben.[28] Wenn wir uns die beiden Aspekte als ein Kontinuum zwischen zwei Polen vorstellen, können wir klarer erkennen, worum es in allen Familiengesprächen geht und wie bestimmte Sprechweisen diese gleichzeitigen und manchmal gegensätzlichen Bedürfnisse untergraben.

Betrachten wir zunächst das Bedürfnis nach Kontrolle. Man kann sich vorstellen, dass jede Äußerung – oder jede Beziehung – irgendwo auf einem Kontinuum zwischen Hierarchie auf der einen und Gleichheit auf der anderen Seite angesiedelt ist. Am Hierarchiepol jeder Beziehung steht ein Machtkampf: Eine Person nimmt einer anderen gegenüber eine überlegene Position ein. Die Person mit dem höheren Rang kann der anderen sagen, was sie tun soll. In diesem Sinn übt die ranghöhere Person Kontrolle aus. Deshalb bezeichne ich diese Dimension als *Kontrollkontinuum.*

Das Alter gehört zu den Faktoren, die bestimmen, wer den höheren Rang einnimmt – und Familien umfassen nahezu immer Menschen verschiedener Altersstufen. Eltern (oder erwachsene Betreuungspersonen) stehen über den Kindern, ältere Geschwister über jüngeren Geschwistern. (Diese Konstellationen können sich umkehren – oder zumindest komplizieren –, wenn Kinder erwachsen werden und Eltern stärker auf die Hilfe ihrer Kinder angewiesen sind als umgekehrt.)

Am Gleichheitspol des Kontrollkontinuums nimmt keiner eine über- oder unterlegene Position ein, deshalb schreibt niemand dem anderen vor, was er zu tun hat. Doch dieses Ideal wird selten erreicht. In einer Familie wirken sich die Wünsche oder Bedürfnisse der einen Person immer auf das Handeln der anderen aus und beschneiden dadurch deren Freiheit. Sogar zwischen den beiden Elternteilen oder zwischen zwei Erwachsenen im selben Haushalt ist Gleichheit ein Ziel, das ständig neu ausgehandelt werden muss, sowohl durch Gespräche als auch durch Handlungen. Vielleicht hat jeder Partner bestimmte Bereiche, in denen er jeweils das letzte Wort oder die Entscheidungsgewalt hat. Ein leiblicher Vater oder eine leibliche Mutter hat bei den Kindern vielleicht mehr zu sagen als der Stiefelternteil, aber auch nicht immer: Eine Mutter zum Beispiel, die Angst hat, dass ihr neuer Partner von schwierigen Stiefkindern in die Flucht geschlagen wird, drängt diese Kinder vielleicht dazu, auf Zehenspitzen um den Stiefvater herumzuschleichen.

Man muss betonen, dass Hierarchie nicht grundsätzlich etwas Negatives ist; es geht dabei nicht nur darum, ob man den eigenen Willen durchsetzt oder herumgeschubst wird. Und Gleichheit ist nicht automatisch etwas Gutes. Eine hierarchische Beziehung umfasst *gegenseitige* Verpflichtungen. Sicherlich müssen Kinder auf ihre Betreuungspersonen hören und machen, was ihnen gesagt wird, aber auch die Eltern (oder andere erwachsene Betreuungspersonen) haben Pflichten: Sie müssen den Kindern, die sich in ihrer Obhut befinden, Schutz und Hilfe gewähren. Die niedrigere Hierarchiestufe schließt eine gewisse Sicherheit ein, während die höhere mehr Verantwortung umfasst. Eine untergeordnete Stellung bringt sowohl Privilegien als auch Demütigungen mit sich.

Man denkt vielleicht, dass Erwachsene danach streben sollten, sich dem Gleichheitspol des Kontrollkontinuums so weit wie möglich anzunähern, aber das ist nicht notwendigerweise der Fall. Für die untergeordnete Person bedeutet jeder Schritt zu mehr Gleichheit auch einen Verlust an Schutz und Beistand. Für die ranghöhere Person bedeutet die Annäherung an mehr Gleichheit einen Verlust der Verbundenheit, die darauf beruht, dass man sich für einen anderen Menschen verantwortlich fühlt. Diese Tauschgeschäfte rücken in den Mittelpunkt des Interesses, wenn Kinder heranreifen und auf der Schwelle zum Erwachsensein stehen. Sie erklären zweifellos einen Teil der Trauer ebenso wie der Erleichterung, die Eltern empfinden, wenn Kinder heranwachsen, selbstständiger werden und ausziehen, um ihr eigenes Leben zu führen (wenn sie es denn tun).

Das Gespräch in der Familie hängt davon ab, ob man die richtige Mischung von Verantwortung, Fürsorge und Unabhängigkeit findet oder, anders ausgedrückt, den richtigen Standort auf dem Kontinuum zwischen Hierarchie und Gleichheit.

Doch gleichzeitig gibt es noch ein weiteres Kontinuum auf dem sich alle Unterredungen – und Beziehungen – bewegen. Bei dem Bedürfnis nach Verbundenheit geht es im Grunde um die Suche nach dem richtigen Standort auf einem Kontinuum zwischen Nähe und Distanz. Hier lautet die Frage: Wie nahe will ich der anderen Person sein? Würde ich lieber – oder würde sie/er lieber – mehr Abstand zwischen uns bringen? In beide Richtungen kann man sich zu weit bewegen: Bei zu viel Nähe riskiert man, sich erstickt, erdrückt oder überwältigt zu fühlen. Eine zu große Distanz birgt die Gefahr in sich, sich einsam, übergangen oder ausgeschlossen zu fühlen. Mit dieser Problematik beschreibe ich das *Bindungskontinuum.*

Das Kontrollkontinuum und das Bindungskontinuum sind nicht voneinander getrennt; sie sind unlösbar miteinander verknüpft, so wie sich auch die dynamischen Kräfte der Kontrolle und Bindung überschneiden, ineinander übergehen und wechselseitig bedingen. Wenn man sich zum Beispiel auf dem Bindungskontinuum von einem anderen Menschen nahezu verschlungen fühlt, ist dadurch auch ein Verlust an Kontrolle möglich. Ebenso meint man vielleicht, dass in einer hierarchischen Beziehung automatisch Distanz herrscht, wie etwa zwischen einem Arbeitgeber und einem Arbeitnehmer. Doch in einer Familie bedeutet mehr Hierarchie häufig mehr Nähe, wie zwischen einem Elternteil und einem kleinen Kind oder zwischen Großeltern und Enkel.

Man denke auch an die innige Zuneigung oder abgöttische Verehrung, die jüngere Geschwister normalerweise den älteren entgegenbringen, oder die gleichermaßen leidenschaftliche Hingabe, die ältere Geschwister an den Tag legen können, wenn man ihnen die Verantwortung für die Betreuung einer jüngeren Schwester oder eines jüngeren Bruders überträgt. Der Dichter Delmore Schwartz schrieb: »Aus Träumen erwächst die Pflicht«. Man könnte die Zeile ein wenig abändern und sagen: »Aus Pflichten erwächst die Liebe.« Eine höher gestellte Position in einer Familie bedeutet, dass man für einen anderen Menschen verantwortlich ist und für ihn sorgt – und durch aktive Fürsorge wiederum entsteht gegenseitige Zuneigung.

Familienbeziehungen zeichnen sich durch eine grundlegende Hierarchie ebenso wie durch eine elementare Verbundenheit aus. Die beiden Kontinuen – zwischen Hierarchie und Gleichheit einerseits und zwischen Nähe und Distanz andererseits – spielen in jedem Augenblick zusammen und beeinflussen sich wechselseitig. In Kapitel 1 habe ich aufgezeigt, dass alles, was im Sinn der einen Dynamik gesagt wird, im Sinn der anderen verstanden werden kann. Wenn also Ihre Mutter (oder Ihr Bruder oder Ihre Schwester) bemerkt: »Du solltest dich ordentlicher anziehen. Ich sage das nur, weil ich es gut mit dir meine«, können Sie das als Zeichen der Bindung (man kümmert sich um Sie) oder als Zeichen der Kontrolle (man macht Ihnen Vorschriften) auffassen. Doch jetzt können wir dieses Verständnis noch erweitern. In dem Maße, in dem der Ratschlag, dass Sie sich anständiger kleiden sollten, eine Kritik umfasst, setzt es Sie herab (auf dem Kontrollkontinuum rücken Sie näher an den Hierarchiepol heran) und schafft gleichzeitig Distanz (drängt Sie zu einem Ende des Bindungskontinuums).

Man kann sich die Beziehung zwischen den beiden Kontinuen als Koordinatensystem mit zwei sich überschneidenden Achsen vorstellen[29]:

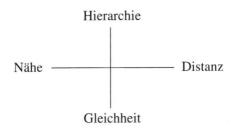

In jeder Familienbeziehung müssen Sie den richtigen Standort in diesem System finden – das heißt, die richtige Position zwischen Hierarchie und Gleichheit, ebenso wie zwischen Nähe und Distanz. Die Suche nach diesem Platz ist der Motor, der Familiengespräche antreibt.

Zu einem Streit kommt es häufig, wenn man den Eindruck hat, dass man selbst oder eine andere Person sich in dem Koordinatensystem auf eine Weise bewegt, die einem Unbehagen bereitet: mit zu viel Nähe und zu viel Hierarchie zum Beispiel, oder mit zu viel Gleichheit und zu viel Distanz.

.... Sollen wir streiten?

Bevor wir in einige Streitgespräche zwischen Familienmitgliedern hineinhören, um zu erforschen, wie man sie vermeiden oder erfolgreicher führen könnte, sollten wir uns bewusst machen, dass Zusammenstöße auch eine positive Seite haben: Manchmal können sie die Beziehungsstrukturen in einer Familie verbessern.

Wir stellen uns Kontroversen als etwas Trennendes vor, das Menschen auseinander bringt und sie zum Distanzpol des Bindungskontinuums treibt. Doch ein Disput kann Menschen auch näher zusammenbringen. Wenn zwei Menschen ihren Ärger herauslassen und dadurch Meinungsverschiedenheiten sichtbar machen, die unter der Oberfläche schwelten, kann die Beziehung auch einen neuen Grad an Nähe und Intimität erreichen. Bei Danzy Senna, Tochter eines schwarzen Vaters und einer weißen Mutter, führte eine ziemlich wütende Auseinandersetzung zu einem Durchbruch in der Beziehung zu ihrer irisch-protestantischen Großmutter.[30]

Senna studierte am College und war gerade auf Besuch bei ihrer Familie. Zufällig hörte sie mit an, wie ihre Großmutter einen Tobsuchtsanfall bekam, weil die Haushälterin, eine Griechin namens Mary, versehentlich eine Vase zerbrochen hatte. »Idiotin! Blödes Weibsstück!«, keifte die Großmutter. »Sie dummes, dummes Ding! Wie kann ein Mensch nur derart dämlich sein!« Als Senna auftauchte, huschte Mary mit den Scherben der zerbrochenen Vase aus dem Zimmer. Die Großmutter wandte sich ihrer Enkelin zu und war wieder die Liebenswürdigkeit und Rücksicht in Person. Doch Senna war über das, was sie erlebt hatte, fuchsteufelswild. Sie brüllte ihre Großmutter an: »Sprich nie wieder so mit ihr! Was glaubst du, wer du bist?! Falls du es noch nicht weißt – die Sklaverei wurde abgeschafft!«

Vielleicht war es Sennas Erwähnung der Sklaverei, vielleicht war der Großmutter die gemischtrassige Herkunft der Enkelin auch einfach ständig bewusst, jedenfalls sagte sie: »Es geht um die Hautfarbe, nicht wahr?« Ungläubig starrte Senna sie an: »Hautfarbe!? Hier geht es um Respekt – dass man andere Menschen mit Respekt behandelt.« Und dann verkündete die Großmutter ihren Urteilsspruch: »Das Tragische bei dir ist, dass du ein

Mischling bist.« Die Enkelin konterte: »Das Tragische bei dir ist, dass du alt und dumm bist. Du weißt absolut nichts von mir.«

Man kann sich leicht ein Szenario vorstellen, bei dem dieser Dialog das Ende der Beziehung bedeutet hätte, weil die Großmutter rassistisch eingestellt war. Doch so wie die junge Frau die Geschichte weitererzählt, half dieser Tiefpunkt ihrer Beziehung dabei, einen neuen Anfang zu wagen:

Als ich ihre Wohnung verließ, zitterte ich und war doch gleichzeitig freudig-erregt von dem, was ich getan hatte. Doch meine Hochstimmung verwandelte sich bald in Beschämung. Ich hatte mich mit einer alten Dame angelegt. Und wofür? Ihre Intoleranz war – entsprechend ihrem Alter – fest verwurzelt. Meine Argumente würden nichts an ihren Vorurteilen ändern.

Und doch markierte der Streit ein neues Kapitel in unserer Beziehung. Ich bin inzwischen zu einem Schluss gekommen: Wenn du aufhörst, gegenüber den Menschen, die dich verletzen, deine Wut zu äußern, gibst du sie im Grunde auf. Sie sind tot für dich. Doch wenn du deinen Ärger herauslässt, so zeigt das, dass sie dir immer noch wichtig sind, dass sie dir den Streit wert sind.

Nach dieser Auseinandersetzung fingen meine Großmutter und ich an, uns zu unterhalten. Sie schien mich das erste Mal deutlich zu sehen. Und ich betrachtete sie nicht mehr als eine Reliquie. Sie war ein lebendiger, atmender Mensch, der es unbedingt verdiente, als gleichberechtigte Partnerin angesprochen zu werden.

Ich fing an, sie häufiger zu besuchen. In ihrer Gegenwart war ich stolz darauf, schwarz und jung und politisch engagiert zu sein, und sie war, wie sie war: latent rassistisch, schrecklich elitär und unheimlich lustig.

Die harsche Konfrontation erlaubte Senna und ihrer Großmutter, einander näher zu kommen, denn nachdem sie einmal offen miteinander geredet hatten, konnten sie eine Beziehung aufbauen, in der sie sich nicht nur als Mitglieder derselben Familie, sondern als Individuen begegneten. Die Enkelin wollte, dass ihre Großmutter sie für das anerkannte, was sie war – und nach dem Streit fing die

Großmutter an, genau das zu tun. Und auch Danzy Senna konnte ihre Großmutter besser verstehen, als sie mehr darüber erfuhr, wie sie gelebt hatte, bevor ihre Enkelin auf die Welt kam.

.... Wunde Punkte

Niemand geht als unbeschriebenes Blatt in eine Beziehung. Wir alle haben eine lange Erfahrungsgeschichte im Gepäck, die unterschiedliche Verletzungen hinterlassen hat – und jede zurückbleibende Verletzung ist eine empfindliche Stelle, gegen die Familienmitglieder unabsichtlich (oder absichtlich) stoßen und damit Schmerz verursachen können. Viele ältere Brüder und Schwestern haben schnell heraus, wo die wunden Punkte der jüngeren Geschwister liegen (der Bruder ist pummelig, die Schwester trägt eine Brille) und stochern gern darin herum, wenn sie Gelegenheit dazu erhalten. Doch erwachsene Partner stoßen mitunter auch versehentlich gegen diese Verletzungen und bringen dadurch das Kontroll- und Bindungsgitter aus der Balance.

Die Talkshow-Moderatorin Diane Rehm berichtete im Radio von einem Streit mit ihrem Ehemann, mit dem sie seit vierzig Jahren verheiratet ist.[31] »Gestern Abend nahm ich zusammen mit meinem Mann an einem Meeting mit zwei anderen Personen teil«, erzählte sie, »und einer der beiden machte einen Vorschlag. John sah mich sofort an und sagte: ›Schreib das auf.‹ Ich holte tief Luft, lächelte und meinte: ›Denk dran – ich bin nicht deine Sekretärin. Ich mache mir schon eine Notiz.‹ Als wir das Büro verließen, sagte ich zu ihm: ›Weißt du, ich hatte wirklich das Gefühl, dass du mit mir redest wie mit einer Sekretärin.‹« Sie müssen wissen, dass Diane John kennen lernte, als sie als Sekretärin im Außenministerium arbeitete und er dort als Rechtsanwalt tätig war.

John, der diesen Zusammenhang sofort erkannte, meinte: »Ich finde, in dieser Hinsicht bist du überempfindlich.«

»Stimmt«, bestätigte Diane, »Ich *bin* überempfindlich, und deshalb wäre ich dir dankbar, wenn du Rücksicht darauf nehmen würdest. Wenn du einfach zu mir gesagt hättest: ›Könntest du mir bitte einen Gefallen tun und das aufschreiben‹ oder ›Hast du vielleicht einen Stift? Ich möchte mir das notieren‹, wäre es völlig in Ordnung gewesen.«

Dieser Austausch enthält mehrere Wahrheiten, die für jede Beziehung gelten. Erstens, man muss auf sensible Bereiche Acht geben, ganz gleich, ob sie auf gemeinsamen oder persönlichen Erfahrungen beruhen. Sie sind Teil unserer Persönlichkeit, und wir brauchen die innere Gewissheit, dass ein geliebter Mensch uns nicht auf die Hühneraugen tritt oder unsere sinnbildlich verletzte Hand quetscht. In diesem Sinn hat John durch seine Äußerung (aus Dianes Perspektive) einen Mangel an Einfühlung bewiesen. Er sollte sie gut genug kennen, um zu wissen, wo ihre empfindlichen Stellen liegen.

Diane reagierte auch insbesondere auf die Formulierung, die ihr Mann benutzte und die in ihren Ohren wie ein Kommando klang. Durch seine Wortwahl weckte er bei ihr den Eindruck, dass er es für ihre Aufgabe hielt, Notizen bei dem Meeting zu machen. In diesem Sinn beschwor John eine Hierarchie herauf, weil seine Worte (aus Dianes Sicht) implizierten, dass er der Überlegene war, der Befehle erteilte, und sie die Untergebene, die diese Anordnungen entgegennahm. Das Beispiel zeigt, dass beide Achsen des Bindungs- und Kontrollgitters eine wichtige Rolle spielen: Für viele Menschen ist Hierarchie gleichbedeutend mit Distanz, während Nähe mit Ebenbürtigkeit assoziiert wird.

Doch man könnte die Art, wie John zu Diane sagte: »Schreib das auf« auch durchaus als einen Ausdruck von Nähe auffassen und nicht als eine Verletzung der Innigkeit. Für viele Menschen bedeutet Nähe, dass man auf Förmlichkeiten verzichtet. Also kann man ruhig zu einem Familienmitglied sagen: »Gib mal den Kugelschreiber rüber«, während man zu einer Person, die man nicht besonders gut kennt, folgende Formulierung verwenden würde: »Könnten Sie mir bitte den Kugelschreiber herüberreichen?« John hätte es durchaus für einen Mangel an Nähe halten können, wenn er mit Diane wie mit einer Fremden geredet hätte.

Verursacht werden diese unterschiedlichen Reaktionen durch die Gesamtheit der kulturellen und persönlichen Einflüsse, die den Gesprächsstil prägen. Dianes Vorliebe für eine höflichere Bitte könnte zum Beispiel davon beeinflusst sein, wo sie aufgewachsen ist (in Washington, D. C., als dort die Lebensart der Südstaaten en vogue war), oder von ihrem ethnischen Hintergrund (ihre Eltern waren in einer sehr religiösen Gemeinde im Mittleren Osten aufgewachsen). Geschlechtsspezifische Unterschiede spielen hier möglicherweise ebenfalls eine Rolle: Dianes Erwartung, dass eine Aufforderung in höflicher Form erfolgen sollte, spiegelt einen Gesprächsstil wider, der unter Frauen verbreiteter ist als unter Männern.

Auch der Kontext ist wichtig. Diane hätte vielleicht anders reagiert, wenn John seine Äußerung in einer privaten Umgebung und nicht bei einem geschäftlichen Meeting gemacht hätte. Vielleicht weckten die Allianzen, die durch das Setting suggeriert wurden (ein Mann und eine Frau kommen zu einem Meeting; er sagt ihr, sie solle Notizen machen) einen flüchtigen Moment lang den Eindruck, dass er mit ihr sprach, als wäre sie seine persönliche Sekretärin.

Dianes Geschichte hatte eine Fortsetzung: »Später saßen wir beide allein am Abendbrottisch, und ich stand schließlich auf und meinte: ›So, ich bin fertig.‹ Daraufhin erwiderte John: ›Weißt du, das ist genauso wie vorhin, als ich zu dir sagte, du solltest Notizen machen. Ich reagiere empfindlich, wenn du einfach aufstehst, obwohl ich noch nicht fertig bin.‹« Mit anderen Worten, auch John bat um eine Form von Höflichkeit, die man gegenüber einem Gast automatisch zeigen würde: Man würde nicht aufstehen und den Tisch verlassen, wenn der Besuch noch isst. Als Diane sich allein erhob und verkündete, dass sie fertig sei, folgte sie vermutlich der »Regel des Regelverstoßes«, die in vielen Familien Gültigkeit hat: Wir kennen uns so gut, dass wir auf Floskeln und Förmlichkeiten verzichten können, wenn wir miteinander reden. Doch man könnte Dianes Verhalten auch als Ausdruck der Distanz (Unsensibilität gegenüber seinen Gefühlen zeigt einen Mangel an Fürsorglichkeit) oder der Herablassung (eine höher gestellte Person muss nicht warten, bis das Fußvolk fertig ist) auffassen. Vermutlich hatte Diane weder die eine noch die andere Absicht im Kopf, als sie sich so verhielt, genauso wenig wie John, als er seine Bemerkung von sich gab. Doch den Reaktionen der beiden Eheleute liegt in jedem Fall die eine oder die andere Dynamik – möglicherweise sogar beide – zu Grunde.

Die Auseinandersetzung nahm einen glücklichen Verlauf: Weil Diane Rehm und ihr Mann in der Lage waren, über das Geschehen zu reden, und die Erklärung des anderen anzuhören, hatten

110

beide den Eindruck, etwas aus der Erfahrung gelernt zu haben und gingen in Zukunft vorsichtiger vor, um die empfindlichen Punkte des anderen nicht zu verletzen.

Eine weitere Lehre, die wir aus diesem Beispiel ziehen können, betrifft eine allgemeine Gefahr, die das Familienleben mit sich bringt. Man hält seine Verwandten leicht für etwas Selbstverständliches, und lässt es gegenüber geliebten Menschen eher an der Höflichkeit und Rücksichtnahme fehlen, die man Fremden gegenüber automatisch an den Tag legen würde. Die Regel des Regelverstoßes ist mit einem Risiko verbunden: Es ist ratsam, diese Überzeugung nicht so weit zu treiben, dass man damit geliebte Menschen kränkt, obwohl man ihnen durch eine kleine rücksichtsvolle Geste seine Wertschätzung zeigen könnte.

Worum geht's?
Wenn das, worüber man streitet,
.... nicht das Thema ist

Bei der ersten Meinungsverschiedenheit zwischen Diane und John Rehm ging es um die Art, wie etwas gesagt wurde, denn Diane hatte im Prinzip nichts dagegen, bei der geschäftlichen Besprechung einige Notizen zu machen. Doch bei manchen Streitigkeiten geht es tatsächlich um gravierende Meinungsunterschiede oder widersprüchliche Bedürfnisse. Gelegentlich scheinen Menschen sich auch »wegen nichts« zu streiten oder das, was der eigentliche Grund der Auseinandersetzung ist, kommt bei dem Disput selbst gar nicht zur Sprache – wie ein Beispiel aus meiner eigenen Erfahrung zeigt:

Ich heiratete mit dreiundzwanzig und wurde mit neunundzwanzig geschieden. Zu den Dingen, die mich in meiner Ehe am meisten schockierten, gehörte das Temperament meines ersten Mannes. Er wurde nie gewalttätig, aber er neigte zu spontanen Wutausbrüchen. Das brachte mich nicht nur aus der Fassung, sondern es erschien mir auch moralisch falsch. Ich hatte nie gehört, dass mein Vater herumbrüllte, und in dieser Hinsicht besaß mein Vater Vorbildfunktion: Menschen sollten sich in meinen Augen vor allem rational verhalten.

Ein denkwürdiger Wutausbruch ist mir besonders gut in Erinnerung geblieben: Mein Mann bekam einen Tobsuchtsanfall, weil ich die Klopapierrolle so in den Halter gesteckt hatte, dass man das Papier von unten statt von oben abreißen musste. Dabei hatte er nie gesagt, dass er eine bestimmte Variante der Klopapieraufhängung bevorzugen würde. Er hätte es mir nur sagen müssen. (Es kam mir damals nicht in den Sinn, ihm vorzuschlagen, sich selbst um das blöde Klopapier zu kümmern.) Ich fand es unglaublich, dass ein Mensch sich wegen einer solchen Lappalie dermaßen irrational aufführte.

Wenn ich heute daran zurückdenke, finde ich es eher unglaublich, wie naiv ich war. Ich Einfaltspinsel habe damals wirklich angenommen, dass sich mein Mann über das Klopapier aufregte. Eigentlich hätte ich wissen müssen, dass ihn das Klopapier in einer ausgeglichenen Stimmung herzlich wenig interessierte. Etwas anderes hatte ihn aufgebracht – vielleicht ein Vorfall bei der Arbeit, vielleicht eine private Enttäuschung –, und der geringste Anlass reichte aus, um diesen aufgestauten Ärger zum Überlaufen zu bringen. Es war dumm von mir, ihn beim Wort zu nehmen. Ich hätte bis zehn zählen und dann entweder versuchen sollen, den wahren Grund für seinen Ärger herauszubekommen, oder ihn ignorieren sollen, bis der Anfall vorüber war. Eine konstruktive Lösung über die ideale Aufhängung von Klopapier zu finden – darum ging es einfach nicht.

Aber wir müssen Mittel und Wege finden, um reale – ganz gleich, ob große oder kleine – Konflikte zu lösen; dazu müssen wir darüber reden. Bei vielen Meinungsverschiedenheiten in Familien geht es um tatsächlich existierende widersprüchliche Ansichten oder Vorlieben, wie etwa bei größeren Anschaffungen. Dennoch werden wir durch noch so viel Reden die Unterschiede nicht zum Verschwinden bringen, wenn auch das Sprechen immer noch die beste aller schlechten Möglichkeiten ist, die uns zur Verfügung stehen (die Alternative ist Schweigen, was in manchen Situationen durchaus hilfreich sein kann, aber auch seine Grenzen hat). In einigen Fällen kann man Meinungsunterschiede beilegen, indem man darüber diskutiert. In anderen macht das Reden die Situation nur noch schlimmer, weil sich die Meinungsverschiedenheiten zu einem Streit und schließlich zu einem regelrechten Kampf ausweiten. Das sollten wir im Sinn behalten, wenn wir im Folgenden einige Streitgespräche betrachten, anhand derer ich aufzeigen möchte, wie bestimmte Sprechweisen die jeweilige Situation verschärft haben und durch welche alternativen Redeformen die Interaktion möglicherweise besser gelaufen wäre jedenfalls undramatischer.

»Ich streite nicht«
Wie Brüllen und Fluchen der Konfliktlösung
.... in die Quere kommen

Im Rahmen der Studie, die Sam Vuchinich über die Beendigung von Konflikten am Abendbrottisch leitete, zeichnete er den Disput eines Ehepaares auf Tonband auf.[32] Der Streit illustriert auf anschauliche Weise, wie der Versuch, ein Problem zu thematisieren, es letztendlich nur vergrößert. Der Mann und seine Frau haben eine völlig unterschiedliche Meinung darüber, welches Haus sie kaufen sollen. Doch die Aussicht, dass sie eine Lösung für diese Frage finden, wird zunehmend geringer, weil die beiden sich in keinster Weise mit den Themen auseinander setzen, die ihrem Konflikt in Wahrheit zu Grunde liegen. Eine genauere Betrachtung des Gesprächs macht deutlich, wie ein entsprechender Tonfall, eine Übertreibung oder eine bestimmte Wortwahl einer Lösung des Konflikts in die Quere kommen.

Das erste Anzeichen dafür, dass ein Streit in der Luft liegt, zeigt sich am Sarkasmus der Frau. Offensichtlich ist sich das Paar darüber einig, dass sie beide ein neues Haus brauchen, aber uneinig darüber, welches sie kaufen sollen. Die Frau möchte ein neues Haus auf einem Grundstück bauen lassen, das sie etwas außerhalb gelegen ausfindig gemacht hat; der Mann möchte ein fertiges Haus erwerben. Für seinen Standpunkt plädiert er mit folgenden Worten: »Warum sollen wir nach da draußen in die Wildnis ziehen und ein Heidengeld für ein Haus bezahlen, wenn ich hier um die Ecke ein Fertighaus für viel weniger Geld bekomme und mir den ganzen Ärger sparen kann?« Sie kontert mit dem Argument: »Weil es nicht groß genug ist.« Dann fügt sie hinzu: »Soll ich meine Möbel vielleicht verschenken, oder was?«

Autsch. Da sie den Gedanken, ihre Möbel herzugeben, offenkundig absurd findet, dramatisiert diese dahergeworfene Äußerung ihren Standpunkt. Doch Sarkasmus ist ein riskantes Mittel. Es heizt die Auseinandersetzung an, weil es einen beleidigenden Ton ins Gespräch bringt. Die Frau geht nicht direkt auf die Behauptung ihres Mannes ein, sondern macht sich mit ihrer Bemerkung darüber lustig. Und zwar sowohl durch den Ton, als auch durch die Worte, weshalb es für den Mann schwierig geworden ist, konstruktiv zu antworten.

Der Ehemann bestreitet den Einwand seiner Frau mit einer Übertreibung: »Das Haus ist fast genauso groß wie unser jetziges«, behauptet er. Sie wiederum entgegnet: »JOHN, ES HAT KEIN ARBEITSZIMMER und auch kein Esszimmer.« Wieder ist es die Frau, die das Klima anheizt, diesmal, indem sie lauter wird, wie Vuchinich durch die Großbuchstaben anzeigt. Doch was sie dazu bringt, heftiger zu reagieren, ist wahrscheinlich die Übertreibung des Mannes – der ein fehlendes Ess- und Arbeitszimmer mit »fast genauso groß« umschreibt.

Der Ehemann akzeptiert diese Korrektur stillschweigend, indem er eine Lösung für das Größenproblem vorschlägt. Er sagt, es sei kein Problem, neue Räume anzubauen. Seine Frau hält dagegen: »Das bedeutet eine Menge Ärger für mich.« Er widerspricht: »Für dich wäre das nun wirklich kein Ärger. Du musst keinen einzigen gottverdammten Nagel in die Wand hauen.« Sie antwortet mit Schweigen. Er dreht die emotionale Lautstärke herunter. »Komm schon, wieso hättest du denn Ärger damit? Wenn du einziehst, ist alles fertig.« Wieder schweigt sie. Als sie schließlich spricht, erklärt sie einfach, warum sie nicht antworten will: »Wenn du nur fluchend mit mir sprechen kannst, dann will ich lieber gar nicht mehr darüber diskutieren.«

Die Weigerung, ein Gespräch fortzusetzen, das sich in einen Streit verwandelt hat, kann durchaus ein probates Mittel sein, vor allem, wenn man das Problem zu einem anderen Zeitpunkt, wenn die Gemüter sich abgekühlt haben, noch einmal in Angriff nimmt. Doch wenn man die Schwierigkeit nie wieder aufgreift, ist es möglicherweise keine gute Taktik. In diesem Beispiel erklärt die Frau nicht, warum ein Ausbau eine Belastung für sie darstellt, auch wenn man es sich denken kann. Da sie nicht offen über ihre Einwände spricht, muss der Mann nicht erklären, wie er sie ausräumen will.

Für ihn ist das Ganze offenbar ein finanzielles Problem: Er will nicht mehr Geld für ein Wohnhaus ausgeben als absolut notwendig.

Wenn die beiden einige dieser Themen auf den Tisch gepackt hätten, wären ihre Aussichten, eine Lösung für das Problem zu finden, beträchtlich gestiegen. Erschwert wurde eine Lösung durch die kleinen sprachlichen Zeichen, die garantiert für Ärger, aber nicht für Klarheit sorgen: (ihr) Sarkasmus, (seine) Übertreibung, (ihr) Brüllen, (sein) Fluchen. Diese Zeichen sollte man sich einprägen – als abschreckende Beispiele für das, was man *nicht* tun sollte, wenn man Konflikte lieber lösen als endlos streiten möchte.

Wenn die Person, mit der man spricht, eine dieser Strategien einsetzt, sollte man lieber versuchen, zu metakommunizieren, anstatt noch eins draufzugeben und selbst zu gemeinen Taktiken zu greifen. Man könnte sagen: »Sei nicht sarkastisch«, »Das ist eine Übertreibung« oder »Bitte schrei nicht so«. Das kann einen Streit zwar nicht immer, aber doch manchmal stoppen. In anderen Situationen ist es vielleicht ratsamer, die Diskussion aufzuschieben, bis sich beide ein wenig beruhigt haben.

Wie man einen Streit nicht lösen sollte
.... Timing ist alles

Wenn man nicht sagt, was man denkt, kann das Probleme verursachen. Aber das Gleiche gilt auch, wenn man sagt, was man denkt, aber den falschen Zeitpunkt dafür wählt.

Kay war sauer auf Frank. Sie hatte ihn am Morgen wie üblich zum Bahnhof gefahren. Als er im Begriff war, aus dem Auto zu steigen, kurz bevor sie ihren morgendlichen Abschiedskuss austauschten, sagte sie noch schnell: »Ich finde, du solltest bei deinem Therapeuten anrufen und dir einen Termin geben lassen. Du warst in letzter Zeit sehr gestresst. Unseren Freunden ist das auch schon aufgefallen.« Kay erwartete, dass Frank diese Anregung wie jeden anderen Hinweis aufnehmen würde, den sie ihm morgens mit auf den Weg gab, wie zum Beispiel: »Vergiss nicht, beim Klempner anzurufen« oder »Ruf deine Mutter an, sie hat heute Geburtstag«. Doch Frank reagierte völlig anders. Er wurde wütend und stieg beleidigt aus dem Wagen, was wiederum Kay erzürnte. Sie fand seine Reaktion irrational, denn was sie geäußert hatte, stimmte und war eindeutig hilfreich gemeint gewesen.

Kay war sicher Recht zu geben, was die Stressbelastung anging, und diese trug wahrscheinlich zu Franks Reaktion bei. Doch da Kate davon wusste, hätte sie eigentlich um so mehr Grund gehabt, einen günstigeren Moment für ihre Aufforderung abzuwarten. Ähnlich wie Ärzte, die sich über »Tür-und-Angel«-Patienten beklagen – Patienten, die ihr schwerstes Leiden erst erwähnen, wenn der Arzt sie gerade verabschieden will –, reagieren viele Menschen bockig, wenn emotional heikle Themen in einem Augenblick angesprochen werden, in dem sie nicht damit rechnen oder keine Zeit haben, darauf einzugehen. So gesehen hätte Kate besser daran getan, Frank ihren Vorschlag zu Hause zu unterbreiten, beispielsweise beim oder im Anschluss an das Abendessen oder am Wochenende.

Zusätzlich zu dem schlechten Timing beschwor Kays Kommentar die Vorstellung einer verletzenden Allianz herauf. Wie in Kapitel 2 erörtert, lässt eine Äußerung wie »unseren Freunden ist das auch schon aufgefallen« vor dem inneren Auge des Zuhörers ein wenig angenehmes Bild entstehen: Frank sieht förmlich vor sich, wie seine Frau mit ihren Freunden über ihn redet, und zwar auf eine Weise, die ihn (aus seiner Sicht) auf einen reinen Gesprächsgegenstand reduziert. Es ist verlockend, sich auf das Zeugnis anderer zu berufen, um den eigenen Standpunkt zu bekräftigen, doch in den meisten Fällen ist es besser, dieser Versuchung zu widerstehen. Wer ihr nachgibt, wird seinen Gesprächspartner sehr wahrscheinlich eher erzürnen als überzeugen. Auch wenn es für uns selbst hilfreich sein mag, die Meinung Dritter einzuholen, sollten wir, wenn wir für unseren Standpunkt plädieren, nur für uns selbst sprechen, weil es fairer und sicherer ist. Wie im Gerichtssaal sollten alle Beweise, die auf »Hörensagen« beruhen, ausgeschlossen werden.

Andere unfaire Strategien:
•••• Sokrates zu Hause

Es gibt noch mehr Taktiken, die eine Situation weiter entgleisen lassen. Familienstreitigkeiten erhitzen sich häufig, weil eine Partei (oder beide) die andere als »albern« oder »dumm« bezeichnet.

In einem Streit zwischen zwei Eheleuten erhob der Ehemann gegen eine Äußerung seiner Frau den Einwand: »Also, das ist – das ist hirnrissig!« und fügte hinzu: »Ich weiß überhaupt nicht, was du damit meinst.« Es wird Sie sicherlich nicht überraschen, dass die Frau ihm nicht weiter erklärte, was sie eigentlich meinte. Stattdessen antwortete sie: »Deshalb musst du nicht gleich sagen, dass es hirnrissig ist!«

Schauen wir uns dieses Gespräch einmal etwas genauer an. Es fand während einer Therapiesitzung statt, die von den Kommunikationswissenschaftlern Frank Millar, L. Edna Rogers und Janet Beavin Bavelas aufgezeichnet und analysiert wurde.[33] Bei dem Streit geht es – oberflächlich betrachtet – um die Frage, ob der Ehemann gern allein wäre, doch die Art und Weise, wie sowohl der Mann als auch die Frau argumentieren, lässt das Gespräch immer wieder ausrutschen. Zu den Haupttaktiken gehört, dass die Frau eine selbst gestrickte Variante der sokratischen Methode anwendet.

Die sokratische Methode wird laut der Philosophin Janice Moulton häufig (wenn auch nicht ganz korrekt) als »eine Diskussionsmethode« beschrieben, »durch die man den Gesprächspartner zu dem Eingeständnis bewegen will, dass seine Ansichten falsch waren, und die ein Gefühl in ihm auslösen soll, das manchmal als ›Scham‹ und manchmal als ›Demut‹ übersetzt wird«.[34] Ich bezeichne mit dem Begriff *sokratische Methode* einen bestimmten Argumentations- oder Streitstil, bei dem man versucht, andere zum Eingeständnis eines Fehlers und zur Übernahme der eigenen Meinung zu bewegen, indem man sie Schritt für Schritt widerlegt, bis sie schließlich dort angelangt sind, wo man sie haben will – ganz so wie es (laut Platos Dialogen) auch der griechische Philosoph Sokrates machte, wenn er eine Reihe von Fragen stellte, deren Beantwortung die Dummheit oder unaufgedeckten Widersprüche in den Überzeugungen der Gegenseite offenbarte.

In diesem Beispiel fängt das Problem damit an, dass die Frau fragt: »Bist du gern allein?« Dem Leser (und soweit ich es beurteilen kann) auch dem Ehemann ist nicht klar, warum sie das fragt. Unter Verwendung der sokratischen Methode versucht die Frau, ihren Mann zu bewegen, erst eine und dann noch eine Frage zu beantworten, um ihn zu einer Schlussfolgerung zu verleiten, die ihren Standpunkt untermauert. Es ist sehr frustrierend, mit jemandem zu diskutieren, der diese Taktik verfolgt, weil man nicht weiß, wohin die eigenen Antworten führen werden. Es ist ein wenig so, als würde man mit verbundenen Augen durch eine Gasse geführt. Deshalb ist es nicht überraschend, dass viele Menschen sich weigern, die Fragen zu beantworten, wie auch dieser Ehemann. Er reagiert stattdessen mit Sarkasmus, Spott und Beleidigungen – Taktiken, die ebenso selten zu positiven Ergebnissen führen wie die sokratische Methode.

Der Streit, wie Millar, Rogers und Bavelas ihn darstellen, beginnt, als die Frau fragt: »Bist du gern allein?«

»Ja, klar. Sicher«, antwortet der Mann. »Ich glaube, ich könnte gut allein leben. Wenn ich für den Rest meines Lebens nie wieder einen anderen Menschen zu Gesicht bekäme, wäre ich glücklich. Ich denke, ich würde ...«

Seine Frau akzeptiert die Antwort nicht. »Was wäre«, fragt sie, »wenn du nie wieder zu den Rennen gehen oder nicht mehr an deinen Rechner könntest?«

Offenbar um zu demonstrieren, wie lächerlich ihre Frage ist, antwortet der Mann: »Ach, du meinst, ob ich es genießen würde, allein in einer Gefängniszelle zu hocken oder so was?«

Wie üblich heizt der Sarkasmus die Atmosphäre auf. Die Frau wiederholt ihre Frage. »Nein, nein, nein«, sagt sie. »Was wäre, wenn es keine Rennen gäbe und dein Rechner kaputt wäre?« Die Autoren beschreiben den Tonfall der Ehefrau bei dieser Äußerung als »herausfordernd«.

Der Ehemann beantwortet die Frage noch immer nicht. Erst macht er sich erneut darüber lustig (»Also, darf ich einen Stift benutzen und ein wenig schreiben?«); dann stellt er eine berechtigte Gegenfrage: »Aber warum bin ich auf diese Weise eingeschränkt?« Für mich klingt die Frage, wie ein Einwand gegen die sokratische Methode. Er möchte wissen, wo seine Frau ihn mit ihren Fragen hinführen will.

Die Frau antwortet: »Ich bin bloß neugierig« – eine eindeutig unaufrichtige Antwort. Das Paar befindet sich in einer Therapiesitzung, nicht unbedingt der passende Rahmen, um aus müßiger Neugier einige Fragen in den Raum zu werfen.

An diesem Punkt hätte der Ehemann darauf bestehen sollen, dass sie ihm erklärt, worauf sie hinauswill, oder aber offen sagen sollen, dass er auf solche Fragen nicht antworten will. Stattdessen fährt er fort, ihre Frage lächerlich zu machen, indem er ihr eine genauso irreale Situation vorschlägt: »Tja, bist du denn gern allein, wenn du kein Buch lesen darfst?« Dann fügt er den Satz hinzu, den wir schon kennen: »Also, das ist – das ist hirnrissig.«

Die Strategien dieses Ehepaares – sein Sarkasmus und Spott und ihre Anwendung der sokratischen Methode – führen dazu, dass dieses Gespräch entgleist. Sie streiten jetzt nicht über das, was die Frau im Sinn hatte (was immer es gewesen sein mag), als sie ihren Mann fragte, ob er gern allein sei, sondern über die Logik ihrer Frage. Auch wenn die Frustration des Mannes verständlich ist, hätte er mehr erreicht, wenn er metakommuniziert und direkt gefragt hätte: »Worauf willst du mit dieser Frage hinaus?« Stattdessen stellte auch er eine Frage, an deren Beantwortung er kein echtes Interesse hatte (»Tja, bist du gern allein, wenn du kein Buch lesen darfst?«) und griff zu einer Beleidigung, ohne die Antwort abzuwarten (»Das ist hirnrissig«).

Jetzt, wo eine Beleidigung im Raum steht, wird die Auseinandersetzung hitziger und konzentriert sich, wie zu erwarten, auf die Beleidigung.

»Deshalb musst du nicht gleich sagen, dass es hirnrissig ist!«, gibt die Frau zu verstehen.

Lachend antwortet der Mann: »Na ja, also ... ich versuche nur, dich aus der Fassung zu bringen.«

»Ach, das ist dir längst gelungen«, sagt sie.

»Was?«

»Ich war gestern Nacht ganz schön aus der Fassung.«

»Stimmt doch gar nicht«, widerspricht der Ehemann.

»Stimmt wohl«, sagt die Frau.

»Nein, stimmt nicht. Du hast doch nur Theater gespielt.«

An diesem Punkt bestreiten beide anscheinend jede Aussage, die der andere macht, wie zwei Fechter, die versuchen, jeden Schlag abzublocken. Sie erscheinen wie zwei zankende Kinder: »Bin ich wohl!«, »Bist du nicht!«, »Bin ich doch!«, »Nein, bist du nicht!«

Was die Frau beabsichtigte, als sie ihren Mann fragte, ob er gern allein sei, bleibt dem Leser verborgen, weil die beiden (jedenfalls in diesem Gespräch) nicht darüber reden. Die sokratische Methode hat diese Frau zu keinem Ziel geführt. Wenn sie offen gesagt hätte, auf welchen Punkt sie mit ihren Fragen hinauswollte, wäre das Gespräch vielleicht erfolgreicher verlaufen.

Ich könnte mir eine Sache vorstellen, die sie vielleicht im Sinn hatte, als sie diese hypothetische Situation ansprach. Die ganze Geschichte hat möglicherweise mit einer Metamitteilung zu tun, die den Standort der Frau auf dem Kontinuum zwischen Nähe und Distanz bedroht. Als der Ehemann davon sprach, er könne sehr gut allein leben, fasste seine Frau dies vermutlich als Zurückweisung auf: Er könnte damit in ihrer Wahrnehmung gesagt haben, dass er ohne sie vollkommen glücklich wäre. Wer derartiges von einem Ehepartner zu hören meint, bekommt einen ziemlichen Schock. Es liegt darin eine grundlegende Bedrohung der Nähe, eine ohrenbetäubende Metamitteilung über ein Versagen der Liebe. Als sie fragt, ob er gern allein sei, wenn er nicht zu den Rennen gehen und sich nicht mit seinem Rechner beschäftigen könne, versucht sie möglicherweise, ihn zu der Erkenntnis zu führen, dass er vielleicht nur glücklich wäre, wenn er sich einige Zeit seinen Hobbys widmen könnte, aber sicherlich nicht jede wache Minute. Irgendwann würde ihm keine Freizeitbeschäftigung mehr einfallen – und dann würde er seine Frau vermissen.

Diese Themen wurden in dem Gespräch nie angegangen, weil die Eheleute nur damit beschäftigt waren, die Äußerungen des anderen zu widerlegen, anstatt zu versuchen, den Standpunkt des anderen zu verstehen. Dieses Gespräch ist ein schönes Beispiel dafür, wie man es *nicht* machen sollte: Vermeiden Sie die sokratische Methode. Mit anderen Worten: Stellen Sie keine Fragen, die nur darauf zielen, dem anderen einen Fehler nachzuweisen und ihn zu beschämen. Diese Taktik führt die Diskussion auf Abwege und lenkt Sie vom eigentlichen Thema des Streits ab.

Wenn andere die sokratische Methode bei Ihnen anwenden, reagieren Sie nicht mit Spott, Beleidigungen oder Sarkasmus. Greifen Sie stattdessen zur Metakommunikation: Bestehen Sie darauf, dass der andere offen sagt, um was es geht.

.... Worum geht es *wirklich?*

Das obige Beispiel wurde während einer Therapiesitzung aufgezeichnet, in der ein Mann und eine Frau mit gravierenden Eheproblemen kämpften. In Anbetracht der vielen Ehen, die mit Scheidung enden, sind ernsthafte Konflikte sicherlich keine Seltenheit. Doch auch in den stabilsten Beziehungen brechen immer wieder Streitigkeiten aus wichtigen und nichtigen Anlässen aus, weil Menschen um den richtigen Standort zwischen Hierarchie und Gleichheit und zwischen Nähe und Distanz ringen. Ein häufiges Streitthema, das irgendwann in fast jeder Familie auftaucht, hängt damit zusammen, dass eine Person verspricht, etwas zu tun, und ihr Versprechen letztendlich nicht hält.

Ganz gleich, wie sehr wir uns bemühen, wir alle vergessen hin und wieder, etwas zu erledigen. Man will einen Brief einwerfen, lässt ihn aber in der Tasche stecken oder auf dem Autositz liegen. Man weiß, dass man zu einer bestimmten Uhrzeit einen Anruf erledigen muss, ist aber so sehr in seine augenblickliche Beschäftigung vertieft, dass man die Zeit völlig vergisst. Auch wenn man selbst die einzige Person ist, die unter den Konsequenzen zu leiden hat, ist diese Tatsache dennoch frustrierend. Doch eine Familie ist wie ein komplexes Unternehmen, in dem das Schicksal jedes Einzelnen mit den Handlungen aller anderen verwoben ist. Wenn einer stolpert, stolpern alle anderen auch. Wenn Sie Ihrem Partner oder Kind versprochen haben, dass Sie den Brief einwerfen oder den Anruf erledigen, dann wiegt Ihre Nachlässigkeit besonders schwer. Das gilt zum einen für die Mitteilungsebene: Da ohnehin alle im Laufschritt unterwegs sind, um das Lebenserhaltungssystem in Gang zu halten, entsteht durch Ihre Achtlosigkeit zusätzlicher Druck für ein anderes Familienmitglied. Doch Ihre Schludrigkeit berührt auch die Ebene der Metamitteilungen: Was sagt eigentlich Ihre Säumigkeit über die Beziehung aus?

Auch zu diesem Szenario findet sich ein gutes Beispiel in den von Sam Vuchinich aufgezeichneten Familienstreitigkeiten am Abendbrottisch. Es ist eine relativ banale Auseinandersetzung – zu kurz, um sie als richtigen Streit zu bezeichnen –, aber es geht um ein Thema, das in fast jeder Familie für Spannungen sorgt: Eine Person hat nicht getan, was sie zu tun versprochen hat. In diesem Fall hat die Frau versäumt, die Maispflanzen mit Pfeffer zu bestreuen, um sie gegen Schädlingsfraß zu schützen.[35]

Der kurze Wortwechsel beginnt mit einer Frage des Mannes: »Hast du ... ähm ... Pfeffer auf den Mais gestreut?«

»Nein«, antwortet die Frau. »Ich hatte noch keine Zeit, seit ich nach Hause gekommen bin.«

»Noch keine Zeit«, wiederholt er. »Das habe ich mir schon gedacht.«

Bei dem kurzen Gefecht wird der emotionale Einsatz um zwei riskante sprachliche Elemente erhöht. Das eine ist die inzwischen schon vertraute Taktik des Sarkasmus. Wenn der Mann sich wirklich schon gedacht hätte, dass seine Frau keine Zeit haben würde, die Aufgabe zu erledigen, hätte er vermutlich andere Vorkehrungen getroffen. So aber lautet die unterschwellige Botschaft: »Ich habe es doch geahnt, dass du deinen Verpflichtungen nicht nachkommen würdest. Das ist ja schon öfter vorgekommen.«

Die andere sprachliche Strategie des Mannes ist subtiler. Zu wiederholen, was der andere sagt, kann ein Zeichen von Nähe sein: Die Wiederholung zeigt, dass man dem anderen zugehört hat und seine Äußerung noch einmal zustimmend bestätigt. Doch man kann das Wiederholen auch benutzen, um sich über den anderen lustig zu machen – und das ist ganz offenbar die Absicht des Mannes, als er die Worte seiner Frau nachspricht (»Keine Zeit«). Der Spott ist besonders bissig, weil ein Zeichen von Nähe (Wiederholung) in ein Zeichen von Hierarchie (Wiederholen, um zu verhöhnen) umgewandelt wird.

Die Frau begegnet der Provokation, indem sie den Mann ihrerseits herausfordert: »Wann hätte ich deiner Meinung nach Zeit dafür gehabt?« Er antwortet: »Mein Gott, du hättest es zum Beispiel gestern Abend machen können«, worauf die Frau erwidert: »Dann wäre ich bis Mitternacht auf den Beinen gewesen.« Damit endete der Streit; die beiden ließen das Thema fallen.

Wie dem Paar in der Therapiesitzung gelang es auch diesen Eheleuten nicht, zum eigentlichen Kern ihrer Auseinandersetzung vorzudringen – wenigstens nicht in diesem Gespräch. Die Frau fühlt sich anscheinend von ihren Pflichten überlastet, und der Mann ist offenbar blind dafür, dass sie sich überfordert fühlt. Dieses Missverhältnis liegt wahrscheinlich vielen Familienkonflikten

122

zu Grunde. Die beiden hätten den Streit über das Einpfeffern der Maispflanzen nutzen können, um diesen tiefer liegenden Konflikt in Angriff zu nehmen.

Ich hörte einmal, wie ein Zeitungsredakteur im Radio sagte, dass es manchmal notwendig sei, die Titelgeschichte in der letzten Minute zu ändern. »Das bedeutet, dass die Mitarbeiter Überstunden machen«, erklärte er, »und darüber sind sie natürlich nicht glücklich, aber es lässt sich nun mal nicht ändern.« Eine, wie ich fand, ziemlich dürftige Beschreibung (»sie sind nicht glücklich darüber«) für das Chaos, das in einer Familie ausbrechen kann, wenn jemand, der zu einer bestimmten Zeit erwartet wird, zu spät kommt. Die Entscheidung des Redakteurs, im letzten Augenblick die Titelstory zu ändern, kann einen handfesten Krach nach sich ziehen: »Du hast versprochen, dass du um sechs zu Hause bist; jetzt habe ich ein wichtiges Treffen verpasst.« Oder auch zu enttäuschten Erwartungen führen: »Wir wollten doch endlich mal allein zu zweit sein und uns einen schönen Abend machen.«

Da Familienmitglieder voneinander abhängig sind, ist es sehr wichtig, dass sie eine Methode finden, um die täglichen Zwänge, denen jeder ausgesetzt ist, zu erklären – und zu verstehen. Das ist eine der Voraussetzungen für eine konstruktive Konfliktlösung.

•••• Tauziehen – Und wo ist das Seil?

Bei den meisten Beispielen, die ich bis jetzt beschrieben habe, handelte es sich um Streitgespräche zwischen Eheleuten. Doch man kann natürlich nicht nur mit seinem Ehepartner, sondern auch mit jedem anderen (oder mehreren anderen) Familienmitgliedern streiten. Im Folgenden schildere ich eine Auseinandersetzung, die zwischen einer Frau und ihrem Schwiegersohn stattfand. Das Beispiel zeigt außerdem, wie schwierig es ist, den richtigen Standort im Bindungs- und Kontrollsystem zu finden.

Ein Familienbesuch nähert sich seinem Ende. Nathan und Joan verabschieden sich von Joans Eltern. Joan hält ihre dreijährige Tochter an der Hand und schwankt unter dem Gewicht ihrer weit vorangeschrittenen Schwangerschaft. Im allgemeinen Austausch von Abschiedsworten sagt Joans Mutter Nora: »Ich sehe dich dann bei der Geburt. Ich kann es kaum erwarten, bis das Telefon klingelt und ihr mir mitteilt, dass die Wehen eingesetzt haben!« Bei dieser Bemerkung versteifen sich sowohl Joan als auch ihr Ehemann.

»Wir werden nicht anrufen, wenn die Wehen einsetzen«, erklärt Nathan mit fester Stimme. »Ich ruf euch an, wenn das Baby auf der Welt ist.«

Nathans Worte wirken wie das bekannte rote Tuch, das vor dem Stier geschwenkt wird, und Nora springt prompt darauf an. Sie protestiert lautstark, dass er kein Recht habe, ihr diese entscheidende Information vorzuenthalten. Er brüllt, dass er diesmal die Kontrolle über das Ganze behalten will, dass die Geburt ruhig und ungestört verlaufen soll. Nora erklärt mit Nachdruck, sie werde sich nicht einmischen, wenn sie nicht erwünscht sei. Dennoch habe sie das Recht zu erfahren, was mit ihrer Tochter geschehe. Nathan kontert, wenn er ihr Bescheid gebe, sobald die Wehen einsetzten, würde sie auf jeden Fall anreisen, auch wenn er sie bäte, es nicht zu tun – genauso wie beim ersten Kind.

Nora verteidigt sich: Das sei damals nicht ihre Idee gewesen, sondern die ihres Mannes. (Als er sah, wie nervös seine Frau neben dem Telefon saß, hatte er vorgeschlagen, dass sie genauso gut in die Stadt fahren könnten, in der Joan und Nathan wohnten, dann hätten sie es nicht so weit ins Krankenhaus, wenn sie rotes Licht für einen Besuch bekämen.) Nora verspricht hoch und heilig, sich an alle Regeln zu halten, die ihre Kinder aufstellen, aber ihr nicht Bescheid zu geben, wenn die Wehen einsetzen, sei ein zu grausamer Ausschluss.

Das stimmt Nathan keineswegs versöhnlicher, sondern macht ihn im Gegenteil noch wütender. Als ihr erstes Kind geboren wurde, sagt er, habe alle Welt angerufen; nicht nur Nora, sondern alle Freunde und Verwandten. Sogar im Kreißsaal habe das Telefon noch geklingelt. Mit wachsender Panik erklärt Nora: »Du brauchst mir die Nummer des Kreißsaals ja nicht zu geben. Ich verspreche dir, dass ich nicht anrufen werde, solange du versprichst, mich anzurufen.« Um zu erklären, weshalb es ihr so wichtig ist, auf dem Laufenden gehalten zu werden, malt Nora ein konkretes Szenario aus: »Angenommen«, meint sie, »es kommt zu Komplikationen und die Geburt zieht sich unerwartet in die Länge, dann möchte ich gern, dass du mir Bescheid gibst, nach dem Motto: ›Jetzt passiert gerade das und das ...‹«

Dieses Szenario trägt nicht dazu bei, Nathan umzustimmen; es bestärkt ihn nur in seiner Auffassung. Genau diese unwahrscheinliche, aber mögliche Situation will er unbedingt vermeiden: Wenn seine Frau anstrengende Wehen hat, will er seine ganze Aufmerksamkeit auf sie konzentrieren. Das Letzte, was er in dieser Situation will, ist, bei seiner Schwiegermutter anzurufen, um ihr Bericht zu erstatten und ihre Ängste zu beschwichtigen. »Du bist egoistisch«, wirft Nora ihm vor, und er bekennt sich schuldig: »Da hast du Recht. Das bin ich.«

Dieser Familienstreit hat etwas Archetypisches. Es ist ein Wettstreit um Nähe und Kontrolle, wobei Joan das Seil bei diesem Tauziehen ist. Durch die Ehe entstehen Rollenüberschneidungen in der Familie: Joan ist sowohl Ehefrau als auch Tochter. Für Nora ist es ein vernichtender Schlag, dass sie von einem so wichtigen Ereignis im Leben ihrer Tochter ausgeschlossen werden soll. Dass man sie informiert, erscheint ihr als das Mindeste, was sie erwarten kann, als ein simples Gebot der Höflichkeit. Ihr sogar diese Verbindung zu verwehren, kommt ihr gehässig und böswillig vor. Doch aus Nathans Sicht ist die Geburt des Kindes ein intimer Moment, den er und seine Frau ganz allein und ungestört erleben sollten.

Nathan und Nora kämpfen beide um einen Standort auf dem Koordinatenkreuz von Bindung und Kontrolle. Er fühlt sich in seiner Rolle als Familienoberhaupt angegriffen (ein Machtkampf und Ausdruck von Hierarchie), und Nora empfindet die Situation als Angriff auf ihr Gefühl von Verbundenheit (ein Distanzierungsversuch, der sie von ihrer Tochter abschneidet). Doch auch Nora fürchtet einen Verlust an Kontrolle – ihr werden in einem wichtigen Moment die Hände gebunden sein –, und Nathan fürchtet einen Verlust an Intimität – an Nähe zu seiner Frau.

Kein Standpunkt ist richtig oder falsch. Familienstil und individuelle Persönlichkeit beeinflussen, wie wir in solchen Situationen reagieren. Einige Leser werden denken: Meine Güte, natürlich will ich in diesem Moment mit meinem Partner allein sein. Alle anderen sollen gefälligst warten, bis es vorbei ist und man ihnen Bescheid gibt. Andere werden denken: Meine Güte, natürlich sollen meine Mutter/Schwiegermutter (oder Schwester oder Vater oder beste Freundin) die ganze Zeit über auf dem Laufenden gehalten werden; das gehört bei so einem aufregenden Ereignis doch dazu. Jemand, der eindeutig auf diese Weise reagieren würde, ist der Autor Winston Groom, der die Geburt seiner Tochter schildert und dabei erwähnt, dass »zwanzig oder dreißig unserer Freunde in ängstlicher Ausspannung den Warteraum und das Zimmer auf der Entbindungsstation besetzten und sich sogar auf dem Flur ausbreiteten«[36], während er und seine Schwiegermutter sich Kittel überzogen, um in den Kreißsaal zu gehen. Man kann wohl mit einiger Sicherheit sagen, dass Nathan mit dieser Situation nicht glücklich gewesen wäre, auch wenn Groom sie großartig fand.

Nathan und Nora reagierten beide auf ihre ganz eigene Weise auf die bevorstehende Geburt. Doch als sie diese Reaktionen zum Ausdruck brachten, sagten beide Dinge, die sie nicht hätten von sich geben sollen. Nora hätte nicht das Szenario einer komplikationsreichen Geburt heraufbeschwören sollen, und Nathan hätte ihr nicht so höhnisch sagen sollen, dass er sie auf keinen Fall anrufen werde, wenn Joans Wehen einsetzten. Außerdem hätte er nicht in so einem grobem Ton mit seiner Schwiegermutter reden müssen. Ihre jeweiligen Positionen im Hinblick auf die Hierarchie waren nicht klar umrissen. Nathan besaß die reale Macht in Händen, denn er würde letztendlich da sein und nicht Nora. Joan lebte mit ihm und nicht mit ihrer Mutter zusammen. Doch die Hierarchie innerhalb einer Familie spielte auch eine Rolle: Nora konnte als Joans Mutter einen gewissen Respekt verlangen.

Bei einem Streit äußern wir alle Dinge, die wir nicht zum Besten geben sollten. Deshalb ist es ein Streit. Nora reagierte auf das Gefühl, in einem entscheidenden Moment aus dem Leben ihrer Tochter ausgeschlossen zu werden. Nathan antwortete auf ein Gefühl der Bedrohung durch eine Beziehung, die älter war als seine Partnerschaft zu Joan – und von der er vielleicht spürte, dass sie sich nicht einfach untergraben ließ, weil sie zu stark (und zu eng) war. Doch beide hätten ihre Ziele mit anderen Mitteln erreichen können. Nathan hätte – höflich – sagen können, dass er Verständnis für Noras Wunsch habe, bei der Geburt dabei zu sein, aber dass er bei diesem Erlebnis lieber mit seiner Frau allein sein möchte und deshalb erst anrufen werde, sobald das Baby auf der Welt ist.

Nora für ihren Teil hätte versuchen können, ihre Argumente in einer ruhigeren Form darzulegen – durch einen Brief oder indem sie ausführlicher erklärt hätte, was für sie wichtig und zu welchen Versprechen sie bereit wäre. Wahrscheinlich wäre es auch hilfreich gewesen, wenn sie sich dafür entschuldigt hätte, dass sie beim ersten Mal einfach unaufgefordert angereist ist, anstatt zu versuchen, die Schuld auf ihren Mann abzuwälzen, auch wenn es tatsächlich seine Idee war. Wenn jemand einen früheren Fehler zugibt, glaubt man ihm eher, dass er aufrichtig bestrebt ist, ihn künftig zu vermeiden.

Ich bezweifle, dass dieser Streit zufällig gerade in dem Moment ausbrach, als alle sich Lebewohl sagten. So wie Zwistigkeiten häufig abends ausbrechen, wenn Menschen müde sind, können auch Momente, in denen man sich trennt, wie Zündstoff wirken. Bei Nora weckte die Abreise vermutlich ein Bedürfnis nach Verbundenheit – sie wollte sich noch einmal versichern, wann sie ihre Tochter das nächste Mal sehen würde. Manchmal scheinen Menschen, die sich verabschieden, fast absichtlich wütend zu werden, so als ob es geradezu leichter wäre, sich von jemandem zu lösen, auf den man böse ist.

.... Übers Streiten streiten

Bei der Unstimmigkeit zwischen Nathan und Nora ging es um eine tiefe Meinungsverschiedenheit, die gelöst werden musste. Doch besonders frustrierend sind mitunter Familiendissonanzen, die sich unkontrolliert ausbreiten, obwohl der Anlass so geringfügig ist, dass man sich hinterher fassungslos fragt, wie man sich jemals darüber aufregen konnte. In diesen Fällen sind es oft die Sprechweisen, die dazu führen, dass die Situation eskaliert.

Peg und Manny hatten einen Streit, der relativ harmlos begann, sich zu einer heftigen Auseinandersetzung aufblähte und dann am nächsten Morgen wie eine Rauchwolke verpufft war.

Manny musste am Morgen früher aus dem Haus als Peg und würde den ganzen Tag über in Meetings feststecken. Deshalb bat er Peg, einen Flug für ihn zu reservieren und Peg kam der Bitte gern nach. Sie erledigt den Anruf von ihrem eigenen Büro aus, doch während sie die Transaktion abschloss, fiel ihr ein, dass sie nicht wusste, auf welcher Kreditkarte Manny den Flug verbuchen lassen wollte. Das Reisebüro nahm eine Reservierung vor, die zwanzig Stunden lang gültig sein würde. Da Peg erst spät abends nach Hause zurückkehren würde, hinterließ sie Manny eine Nachricht auf ihrem gemeinsamen Anrufbeantworter und teilte ihm mit, er solle noch einmal im Reisebüro anrufen, wenn er nach Hause käme und die korrekte Kreditkarten-Nummer auf der Voice Mail des Reisebüros hinterlassen. Als sie nach Hause kam, fragte sie Manny beiläufig, ob er den Anruf getätigt hätte, was er verneinte.

Leicht verärgert sagte Peg: »Ich denke, das war so wichtig. Ich musste es doch unbedingt für dich erledigen. Wieso ist es jetzt so unwichtig, dass du dir nicht mal zwanzig Sekunden Zeit nimmst und deine Kreditkartennummer durchgibst?« Manny erklärte, wieso er den Anruf nicht gemacht hatte, indem er zunächst darüber zu lamentieren begann, wie beschäftigt er sei und dass er einen ungeheuer anstrengenden Job habe.

»Wir reden von einem zwanzigsekündigen Telefonanruf!«, erinnerte Peg ihn entnervt.

»Ich habe den Teil der Ansage, in der du sagtest, dass ich nur die Nummer hinterlassen muss, nicht gehört«, erklärte Manny und fügte dann hinzu: »Außerdem hab ich die Telefonnummer sowieso nicht aufschreiben können, weil die Nachricht gelöscht wurde.«

Peg griff den letzten Teil seiner Erklärung auf: »Was meinst du mit ›die Nachricht wurde gelöscht‹? Hast du sie vielleicht versehentlich gelöscht?«

Manny weigerte sich, den Sachverhalt auf diese Weise darzustellen. Die Nachricht wurde eben gelöscht.

Als Peg auf eine Erklärung drängte, sagte Manny, dass etwas mit dem Anrufbeantworter nicht in Ordnung sei. Schließlich kam Peg dahinter, was geschehen war: Wenn man auf dem Anrufbeantworter eine einzelne Nachricht löschen wollte, drückte man auf dieselbe Taste, die man auch betätigte, wenn man alle Anrufe löschen wollte. Wollte man nur diejenige Nachricht löschen, die man gerade abhörte, drückte man kurz auf die Taste, wollte man alle Botschaften löschen, drückte man länger drauf. Manny hatte also offensichtlich zu lange auf den Knopf gedrückt, in der Absicht eine andere Nachricht zu löschen, und hatte dabei versehentlich auch den wichtigen Anruf mit der Telefonnummer des Reisebüros getilgt.

Jetzt war Peg nicht länger verärgert. Sie war stinksauer – nicht weil Manny es versäumt hatte, im Reisebüro anzurufen, sondern weil er partout nicht zugeben wollte, dass er etwas falsch gemacht hatte und sich deshalb in irgendwelchen weitschweifigen und langatmigen Erklärungen erging, bloß um von seinem Fehler abzulenken. Ein Wort gab das andere: Peggy machte Manny schließlich wütende Vorwürfe und Manny wies diese genauso vehement zurück, weil er sich zu Unrecht angegriffen fühlte.

Dieser Streit nahm einen glücklichen Ausgang. Am nächsten Morgen entschuldigte sich Peg für ihre übertriebene Reaktion, und Manny bat um Verzeihung für sein »stures Mauleselverhalten«. Er bot an, den Anruf zu machen, aber Peg meinte, das sei nicht nötig, sie übernehme das gerne für ihn, was sie auch tat. Doch dieser Streit zeigt, wie man auf schnellstem Wege von einem kleinen Ärgernis zu einem Riesenkrach kommen kann. Manny hatte das Gefühl, wegen einer absoluten Banalität auf der Anklagebank zu sitzen. Er wollte nicht zugeben, dass er einen Fehler gemacht hatte. Das wäre ihm vorgekommen, als gestehe er einen Mord, obwohl er sich nur einer Ordnungswidrigkeit schuldig gemacht hatte.

Peg für ihren Teil ärgerte sich über Mannys Nachlässigkeit, doch was sie wirklich in Rage brachte, waren seine Ausreden. Die reine Anzahl der Ausreden – er hatte keine Zeit, er hatte die Nachricht nicht gehört, die Nummer war gelöscht worden – bestärkten sie nur in dem Eindruck, dass er nach jedem Strohhalm griff, nur um nicht zu sagen, dass er Mist gebaut hatte. Der letzte Strohhalm (aus Pegs Sicht) bestand darin, dass er die Schuld auf den Anrufbeantworter abwälzen wollte.

Peg fand, dass Manny absurde Verrenkungen vollführte, nur um nicht zuzugeben, dass ihm ein Patzer unterlaufen war. Manny fand, dass Peg absurde Verrenkungen vollführte, bloß um ihm irgendeinen Fehler unter die Nase zu reiben. Und hier kommt das Koordinatensystem von Bindung und Kontrolle ins Spiel: Aus Pegs Sicht schaffen Ausreden Distanz, weil sie zeigen, dass es Manny wichtiger ist, sein Gesicht zu wahren, als einen Fehler wieder gutzumachen. Aus Mannys Blickwinkel versucht Peg, ihn zu kontrollieren und herabzusetzen, wenn sie hartnäckig darauf besteht, dass er einen Fehler zugibt.

Beide hätten dem Gespräch eine neue Richtung geben können: Manny hätte den Disput beenden können, indem er einen klitzekleinen Teil der Verantwortung übernommen hätte. Und Peg hätte den Streit beenden können, indem sie nicht mehr insistierend auf einem Schuldeingeständnis bestanden hätte. Doch da beide immer entschlossener auf ihrem Standpunkt beharrten und nicht bereit waren nachzugeben, stritten sie schließlich über das Streiten.

.... Um Nähe streiten

Ein weiterer Aspekt von verbalen Kämpfen ist vergleichbar mit einem Überzug, der jeden Streit umhüllt – es handelt sich dabei um die grundsätzliche Haltung der Redenden zum Streiten.

»Familie heißt Kampf«, sagte ein Bekannter zu mir, und viele Menschen würden ihm zustimmen. Doch eine ähnlich große Anzahl anderer Menschen – einschließlich seiner Frau, die direkt neben ihm saß – würden diesen Satz bestreiten. »Wir sind seit mehr als fünfundzwanzig Jahren zusammen«, erklärte sie. »Er hat immer noch das Gefühl, dass irgendwas zwischen uns fehlt, weil ich nicht streiten mag.« Für manche Menschen bedeutet ein Zusammenprall, dass mit der Beziehung etwas nicht in Ordnung ist. Doch andere halten Wortgefechte für ein Zeichen der Verbundenheit, sodass ein Ende des Zankes für sie gleichbedeutend mit dem Ende der Partnerschaft oder Freundschaft ist.

Mit anderen Worten: Die Tatsache des Streitens kann sehr unterschiedliche Metamitteilungen auslösen. Wenn Sarah merkt, dass sie sich mit Roy in die Haare bekommt, ist sie todunglücklich. »Ich streite mich mit meinem Mann«, denkt sie. »Unsere Beziehung ist eine Katastrophe, und ich bin darin gefangen und kann nicht fliehen.« Roy ist aufrichtig bestürzt über ihre Reaktion. »Alle Paare kabbeln sich gelegentlich«, sagt er ihr. »Das ist ganz normal.« Stellen Sie sich vor, Roy würde Streitigkeiten nicht nur akzeptieren, sondern aktiv danach suchen.

Eine Japanerin, die mit einem Franzosen verheiratet war, weinte sich durch ihre ersten beiden Ehejahre, weil sie immer wieder mit ihrem Mann zusammenstieß. Die gesamte Erziehung der Frau war von dem Grundsatz durchdrungen gewesen, dass Überwerfungen etwas Zerstörerisches sind, die man um jeden Preis vermeiden muss. Doch ihr Mann hatte genau das Gegenteil gelernt, nämlich dass die Fähigkeit, sich auf lebhafte Auseinandersetzungen einzulassen, ein Zeichen für eine gute Beziehung ist. Seiner Ansicht nach bewies man durch heftige Debatten sein gegenseitiges Interesse und seinen Respekt vor der Intelligenz des anderen. Deshalb versuchte er immer wieder, einen Streit vom Zaun zu brechen, was seine Frau so schrecklich fand, dass sie sich immer nach Kräften bemühte, ihm beizupflichten und einzulenken. Doch das brachte den Mann nur dazu, ein anderes Thema zu suchen, über das er sich erzürnen konnte. Schließlich verlor die Frau die Beherrschung und fing an, ihn anzubrüllen. Anstatt wütend zu werden, war er überglücklich. »Jetzt fühle ich mich dir wirklich nahe«, verkündete er.

Wie für diesen Franzosen ist das Streiten für viele Menschen positiv besetzt. Andere, wie seine Frau, wären glücklicher, wenn sie jeden Krach vermeiden könnten. Ganz gleich, ob man zu der einen oder der anderen Haltung tendiert, wenn man mit anderen Familienangehörigen zusammenlebt (oder zu einer Familie gehört, egal ob sie zusammenlebt oder nicht), dann kommt es zwangsläufig zu Interessenkonflikten, unterschiedlichen Bedürfnissen und widersprüchlichen Stilen, die irgendwann zu Streitereien führen.

.... Faires Streiten

Bei der Besprechung der Beispiele in diesem Kapitel habe ich versucht, einige der Sprechweisen aufzuzeigen, durch die man bei einem Streit vom eigentlichen Thema abgelenkt wird und sich immer weiter von einer Lösung der Konfliktursache entfernt, anstatt ihr näher zu kommen. Aus diesen Beispielen kann man die folgenden Grundsätze ableiten:

Vor allem sollten alle Familienmitglieder wissen, was Streiten für sie selbst und die anderen bedeutet: Empfinden sie die Metamitteilungen des Streitens als tröstend oder machen sie ihnen Angst? Was ist die Folge: Suchen oder vermeiden die Familienmitglieder Auseinandersetzungen? Beide Ansätze tragen Risiken in sich. Wer einen Streit als etwas Positives betrachtet und ihn provoziert, kann Menschen, die einen Krach um jeden Preis vermeiden möchten, unnötige Angst einflößen. Und wer alles tut, um einer Auseinandersetzung aus dem Weg zu gehen, lässt unter Umständen zu, dass sich Unzufriedenheiten aufstauen, die man durch ein paar klare Worte aus der Welt schaffen könnte.

Wenn Sie eine Bemerkung als Machtmanöver empfinden – als Versuch, Kontrolle über Sie auszuüben oder Sie herabzusetzen –, denken Sie daran, dass es auch ein Bindungsmanöver sein könnte. Durch diese Betrachtungsweise können wir oft besser erkennen, warum andere Menschen in einer Weise sprechen (oder handeln), die uns unsinnig erscheint, und wie man auf ihre Argumente einzugehen vermag.

Ignorieren Sie reizvolle Umwege und steuern Sie Ihr Ziel auf direktem Wege an. Man erliegt leicht der Versuchung, sich einen einzelnen Streitpunkt herauszupicken und darauf herumzureiten, auch wenn man weiß, dass dieser Aspekt im Grunde unwesentlich ist. Widerstehen Sie der Versuchung und lassen Sie die unwesentlichen Streitpunkte auf sich beruhen; konzentrieren Sie sich besser auf die eigentlichen Ursachen.

Spielen Sie nicht Sokrates. Versuchen Sie nicht, den anderen in eine Falle zu locken, indem sie darauf bestehen, dass er Fragen beantwortet oder in einzelnen Punkten nachgibt, weil Sie ihn zu dem Eingeständnis bringen wollen, dass Sie im Recht waren und er im Unrecht. Niemand hat Lust, mit verbundenen Augen zu einem unbekannten Ziel zu wandern. Sagen Sie offen, worauf Sie hinauswollen.

Werfen Sie nicht mit Beleidigungen um sich. Greifen Sie nicht zu Beschimpfungen. Diese Taktiken erhitzen die Gemüter, ohne zu einer Klärung beizutragen.

Vermeiden Sie Sarkasmus. Der Ton macht die Musik – ein sarkastischer Ton ist beleidigend, und diese Metamitteilung übertönt die eigentliche Mitteilung. Sarkasmus provoziert Wut und entsprechende – oder eskalierende – Beleidigungen. Ehrliche Antworten sind dann kaum noch zu erwarten.

Übertreiben Sie nicht, und beschreiben Sie auch keine absurden Szenarien, um einem Argument mehr Nachdruck zu verleihen.

Mit beiden Ansätzen werden Sie Ihren Gesprächspartner eher verärgern als von Ihrer Sichtweise überzeugen. Übertreibungen oder Absurditäten verleiten außerdem dazu, Umwege einzuschlagen und vom eigentlichen Gesprächsthema abzukommen.

Entschuldigungen sind Gold wert. Nutzen Sie dieses wertvolle Mittel, wenn es Ihnen möglich ist. Aber bestehen Sie Ihrerseits nicht so hartnäckig auf einer Entschuldigung, ansonsten gestalten sich diese zu einer direkten Forderung, die erneut Streitereien vom Zaune bricht.

Greifen Sie zum Mittel der Metakommunikation. Vermeiden Sie, sich in eine sinnlose Kabbelei über die Mitteilung zu verstricken, wenn es in Wahrheit um die Metamitteilung geht.

All diese Strategien kann man unmöglich anwenden, wenn man wütend ist. Dennoch kann es manchmal auch notwendig sein, seine Wut zu äußern. Dadurch zeigen wir anderen, wie wichtig sie uns sind, wie tief ihr Handeln oder ihre Worte uns berühren.

Damit Probleme gelöst werden können, ist es häufig besser, *für* eine Sache zu streiten als *gegen* eine Person. *Für* eine Sache zu streiten, bedeutet, dass man Ideen auf logische Weise zusammenfügt und Argumente vorträgt, um den Gesprächspartner von den eigenen Ansichten zu überzeugen. Wenn man *gegen* jemanden streitet, versucht man nicht, wirklich zu verstehen, was die andere Person sagt. Man will einfach nur gewinnen. Man hört so aufmerksam zu wie eine Katze, die in ein Mauseloch starrt – nicht weil sie das Verhalten von Mäusen verstehen möchte, sondern weil sie darauf wartet, dass ein Nager auftaucht, auf den sie sich stürzen kann. Wenn man bei einem Streit nur gewinnen will, ist die Wahrscheinlichkeit, dass man die anstehenden Probleme tatsächlich löst, ziemlich gering.

Wenn beide wissen, dass ein Thema starke Gefühle auslöst, ist es manchmal hilfreich, den Streit vorübergehend beiseite zu schieben, bis die Gemüter sich abgekühlt haben. Dann kann man möglicherweise auch mit Hilfe der Metakommunikation darüber diskutieren, wie man am besten streitet. Vielleicht gibt es einen bestimmten Aspekt am eigenen Streitstil (wie Sarkasmus, das Beharren auf einer Entschuldigung oder das Leugnen des Offensichtlichen, um Schuldzuweisungen zu entgehen), durch den sich andere Familienmitglieder besonders vor den Kopf gestoßen fühlen.

Wenn man das weiß, kann man versuchen, diese Taktiken beim nächsten Mal zu vermeiden oder abzuschwächen.

Es gibt nur wenige Familien, die sich nie in die Wolle bekommen, was zum Teil mit dem Wechselspiel von Bindung und Kontrolle zusammenhängt. Alles, was man sagt, kann beim Gesprächspartner Alarmglocken auslösen, weil er den Eindruck hat, man wolle ihm vorschreiben, was er tun solle, also sein Handeln kontrollieren. Gleichzeitig kann man mit allem, was man sagt, auf dem anderen Kontinuum den Eindruck erwecken, man sei zu gleichgültig und lasse es an Liebe fehlen.

Wenn man streitet, so ist das häufig besser, als wenn man wahre Meinungsunterschiede und Unzufriedenheiten leugnet. Es kann auch dazu führen, dass Gegner sich näher kommen: Die Teilnahme an ein und demselben Kampf hat etwas ungemein Verbindendes. Und manchmal kann sich ein Gefühl der Wut in ein Gefühl der Zuneigung verwandeln. (Man denke nur an die Standardszene in Kinofilmen, bei der eine spielerische Rauferei zwischen Held und Heldin mit einem leidenschaftlichen Kuss endet und ihre harmlosen Kabbeleien und Sticheleien zu Gesten der Zuneigung uminterpretiert werden.)

Wenn man versteht, dass man durch spezielle Sprechweisen einen bestimmten Standort in dem Koordinatensystem von Bindung und Kontrolle einnimmt, kann man verwirrende oder widersprüchliche Reaktionen auf zufällige Äußerungen oder ausgedehnte Streitigkeiten besser einordnen. Es ist dabei entscheidend, dass dieselben Worte unterschiedlich gedeutet werden können, je nachdem ob man sie aus der Perspektive des Bindungskontinuums (wo platzieren sie uns in Bezug auf Nähe versus Kontrolle?) oder aus der Perspektive des Kontrollkontinuums betrachtet (wo platzieren sie uns in Bezug auf Hierarchie oder Gleichheit?).

Wenn wir die Kräfte erkennen, die unsere Auseinandersetzungen antreiben, und vorsichtig bei der Anwendung von verbalen Taktiken sind, die unser Ärger uns eingibt, können wir verhindern, dass die kleinen Funken einer Unstimmigkeit einen unerwarteten Flächenbrand verursachen. Dieses Wissen und diese Zurückhaltung versetzen uns in die Lage, sogar die großen Konflikte, mit denen jede Familie hin und wieder zu kämpfen hat, zumindest besser zu bewältigen.

4

»Tut mir Leid, aber ich entschuldige mich nicht«

Warum Frauen sich öfter entschuldigen als Männer und warum das wichtig ist

Ein dreieinhalbjähriger Junge erzählte seiner Mutter, ihm missfalle der Feiertag Jom Kippur – der Versöhnungstag, an dem Juden eine Bestandsaufnahme vom vergangenen Jahr machen und jeden, den sie gekränkt haben, um Vergebung bitten sollen. Seine Mutter reagierte überrascht; sie hatte noch nie gehört, dass er einen Feiertag kritisiert hatte. Als sie ihn nach dem Grund fragte, antwortete er zu ihrem Erstaunen: »Weil man ›Tut mir Leid‹ sagen muss.«

Schon in diesem zarten Alter teilte ihr Sohn eine Abneigung mit seinem Vater – eine Aversion, die seiner Mutter furchtbar auf die Nerven ging. Wenn sie ihren Mann wegen irgendeiner Saumseligkeit zur Rede stellte, war es nur allzu typisch, dass er sich eher auf die Zunge gebissen, als sich entschuldigt hätte. Stattdessen ging er in die Offensive und äußerte seinerseits einen Vorwurf. Die Frau unterhielt sich lange mit ihrem Sohn über Jom Kippur, erklärte ihm die Bedeutung des Feiertages und die Vorteile von Entschuldigungen. Am Ende entschied er, dass er nur bei Familienmitgliedern um Verzeihung bitten würde, weil sie diejenigen seien, die er am meisten verletzen könne.

Ein schlauer kleiner Kerl! Unsere Fähigkeit, einander zu verletzen ist ungeheuer groß, doch nirgends ist sie größer als in der Familie, folglich werden Entschuldigungen an keinem Ort dringender gebraucht – und vehementer verweigert – als dort. Eine Entschuldigung – ein winziger sprachlicher Akt – ist häufig ein Druckmittel, vor allem wenn eine Person auf einer Abbitte beharrt und die andere sich weigert, sie zu geben. Doch sie kann auch ein Druckmittel im positiven Sinn sein. Ähnlich wie bei der Akupressur – eine Art Druckpunkt-Akupunktur – lassen sich durch eine Entschuldigung manchmal auch auf nahezu magische Art und Weise aufgewühlte Gefühle beschwichtigen und seelische Schmerzen vertreiben.

Liebe heißt,
.... dass man sich *ständig* entschuldigen muss

»Es tut mir Leid, wenn ich deine Gefühle verletzt habe«, sagt mein Mann zu mir.

Ich weiß, dass er sich wirklich Mühe gibt. Er hat in den Jahren unseres Zusammenseins gelernt, dass ich Wert auf Entschuldigungen lege. Ich kann fast alles verzeihen, wenn er sagt, dass er einen Fehler gemacht hat und dass es ihm Leid tut. Doch er weigert sich, diese Worte zu sagen. Manchmal habe ich den Eindruck, dass er denkt, die Erde wird sich auftun und ihn verschlingen, wenn er je einen Fehler zugibt. Deshalb weiß ich, dass ein Satz wie »Es tut mir Leid, wenn ich deine Gefühle verletzt habe« ein gewaltiger Fortschritt für ihn ist (nach meiner Definition von Fortschritt, nach seiner vielleicht eher ein Rückschritt). Und doch ist es nicht das, was ich will, vielleicht weil seine Formulierung die Möglichkeit offen lässt (sogar stark darauf hindeutet), dass es ihm nicht Leid tut, was er getan hat, sondern höchstens wie ich reagiert habe, er also auf meine »verletzten Gefühle« Bezug nimmt.

Mein Mann versteht nicht, warum eine Entschuldigung mir so viel bedeutet. Um ehrlich zu sein, verstehe ich es manchmal selbst nicht. Mitunter spüre ich genau, dass ihm etwas Leid tut, und ich sage mir selbst, dass das eigentlich genügen sollte. Tut es aber nicht. Seine Reue scheint nur zu zählen, wenn er sie ausdrücklich in Worte fasst. Wie die Worte »Ich liebe dich« (die ihm glücklicherweise leichter und häufiger über die Lippen kommen), haben offenbar auch die Worte »Es tut mir Leid« eine immens anziehende Wirkung.

Ich weiß, was einige Leute denken: Wer darauf besteht, dass eine andere Person einen Fehler zugibt, will im Grunde nur, dass diese Person zu Kreuze kriecht und sich gedemütigt fühlt. Das ist eine legitime Sichtweise, wenn man die Forderung nach einer Entschuldigung als Machtmanöver betrachtet. Wenn man sie als solches ansieht, ist es logisch, dass man sich weigert, der Bitte um Nachsicht und Großherzigkeit nachzugeben. Doch man kann eine Entschuldigung auch als Bindungsmanöver sehen – als eine Anerkennung der Tatsache, dass die Worte oder Handlungen der einen Person Auswirkungen auf die andere Person haben. Wenn man es – wie ich – auf diese Weise sieht, kann man einen Fehler mühelos eingestehen und sich dafür entschuldigen. Ich tue es ständig. Es ist keine große Sache. Eine große Sache wird es erst, wenn mein Mann es nicht tut. Ich bin kein Einzelfall. Mara, die in einer ländlichen Gegend lebt, erzählte mir von einer ähnlichen Reaktion. Einmal gab sie ihrem Mann Ryan einen Brief, den er für sie zur Post bringen sollte, weil er an diesem Tag mit dem Auto unterwegs sein würde und sie nicht. Mara betonte, es sei unheimlich wichtig, dass der Brief an diesem Tag abgeschickt werde, und Ryan versprach ihr, sich darum zu kümmern. Am nächsten Tag verließen sie gemeinsam das Haus, und Mara fand ihren nicht abgeschickten Brief auf dem Beifahrersitz des Autos. Ryan sagte: »Oh, ich hab gestern vergessen, deinen Brief aufzugeben.« Einfach so. Keine Erklärung. Keine Entschuldigung. Mara war wütend – nicht weil er den Brief vergessen hatte (auch wenn das zweifellos lästig war), sondern weil er sich nicht entschuldigte. »Wenn ich an seiner Stelle gewesen wäre«, meinte sie, »hätte ich mich überschlagen, um ihm zu sagen, wie Leid es mir tut. Und wenn er sich entschuldigt hätte, wäre ich ein bisschen ärgerlich wegen des Briefes gewesen, aber ich hätte ihm verziehen.«

Aus Maras Sicht hatte Ryan gegen die Regeln der Verbundenheit verstoßen: Es schien ihm gleichgültig zu sein, dass er sie enttäuscht hatte. Wenn es ihm gleichgültig war, ob er ihr Unannehmlichkeiten bereitete, wie konnte sie ihm dann künftig vertrauen? Hätte er ihr in irgendeiner Weise sein schlechtes Gewissen gezeigt, hätte sie darauf bauen können, dass er denselben Fehler nicht noch einmal machen würde. Das erklärt zum Teil, weshalb Entschuldigungen so wichtig sind: Reue stellt das Vertrauen wieder her. Doch aus Ryans Sicht ist eine Entschuldigung sinnlos. Sie würde nichts an der Tatsache ändern, dass Maras Brief nicht abgeschickt wurde. Aus seiner Sicht wäre es Heuchelei, wenn er sein Bedauern demonstrieren und so tun würde, als könnten schöne Worte seine Handlungsweise ungeschehen machen.

.... Die Macht von Entschuldigungen

Eine (aufrichtig wirkende) Entschuldigung kann dazu beitragen, den Ärger zu zerstreuen und die Wogen zu glätten.

Ein Beispiel dafür erlebte ich, als ich auf Besuch bei einem befreundeten Ehepaar war – und die beiden in meiner Gegenwart in Streit gerieten. Cathy und ich hatten in der Küche das Abendessen vorbereitet; Peter war gerade von einer Besorgung heimgekehrt, die ihn den ganzen Nachmittag in Anspruch genommen hatte. Cathy war wütend darüber, dass Peter so lange weggeblieben war, weil er im Vorfeld eingewilligt hatte, bei der Vorbereitung des Mahls zu helfen. Er konnte nachvollziehen, was sie verärgerte, meinte aber, er sei davon ausgegangen, dass seine Hilfe nicht nötig sein würde, weil ich ja da wäre. Für Cathy ging es nicht um die zu bewältigende Arbeit (dafür war meine Hilfe tatsächlich ausreichend gewesen), sondern darum, dass sie sich auf das gemeinsame Zubereiten mit Peter gefreut hatte, und er zudem einseitig die Entscheidung getroffen hatte, sich auszuklinken, anstatt mit ihr abzusprechen, ob diese Änderung des geplanten Ablaufs in Ordnung sei. Er verstand ihre Sichtweise; sie verstand seine; trotzdem war Cathy immer noch wütend.

Die beiden schienen in einer Sackgasse zu stecken. Peter sagte laut: »Ich weiß nicht, was ich sagen soll.«

Ich tat so, als wollte ich Peter heimlich einen Tipp geben und formte hinter vorgehaltener Hand lautlos die Worte: »Entschuldige dich«.

»Was?«, fragte er.

»Entschuldige dich«, wiederholte ich, diesmal mit einem Flüstern.

Peter verstand noch immer nicht und kam zu mir herüber. Ich sagte so laut, dass beide es jetzt hören konnten: »Entschuldige dich.«

Lachend meinte Peter: »Das ist mir überhaupt noch nicht in den Sinn gekommen.«

Und Cathy sagte: »Ja, wenn du dich entschuldigst, vergesse ich die Sache.« Und so kam es, dass Peter sich entschuldigte, Cathy die Sache vergaß und dass ich ein weiteres Beispiel für die friedensstiftende Kraft des Verzeihens bekam.

Was eigentlich hat es mit Entschuldigungen auf sich? Warum sind sie so entwaffnend, warum wirken sie so beschwichtigend? Und warum denken Männer und Frauen überhaupt so unterschiedlich darüber?

.... Warum Frauen Entschuldigungen lieben

Frauen bekommen oft zu hören: »Entschuldige dich nicht. Es ist nicht deine Schuld.« Und auch Frauen selbst fragen mich oft: »Was stimmt nicht mit mir? Wieso entschuldige ich mich dauernd?« Es ist nachgewiesen, dass Frauen im Durchschnitt häufiger »Es tut mir Leid« sagen als Männer. Und weil sie das machen, ziehen andere oft den Schluss, sie litten unter mangelndem Selbstbewusstsein oder setzten sich selbst herab. Ich bin nicht dieser Ansicht. Ich halte Entschuldigungen für ein Gesprächsritual, das viele Frauen ganz automatisch einsetzen, wenn sie sich unterhalten. Umgekehrt halte ich das Vermeiden von Entschuldigungen für ein verbreitetes Merkmal eines Gesprächsstils, den viele Männer bevorzugen. Und in diesen unterschiedlichen Haltungen spiegeln sich die unterschiedliche Methoden wider, mit denen Männer und Frauen ihren Standort auf dem Koordinatenkreuz von Bindung und Kontrolle suchen.

Auf der Bindungsebene gehören Entschuldigungen zu den zahlreichen Gesprächsritualen, durch die Frauen die Gefühle der anderen Person berücksichtigen. Wenn man es in diesem Sinn gebraucht, bedeutet »Es tut mir Leid« nicht unbedingt »Ich entschuldige mich«. Manchmal sagen wir »Es tut mir Leid, dass das passiert ist« in einem ganz ähnlichen Sinn, wie man vielleicht auf einer Beerdigung sein Beileid bekundet. Dieser Gebrauch von »es tut mir Leid« ist nach außen gerichtet und nimmt Rücksicht auf das Erleben der Person, mit der man sich unterhält.

Wer »es tut mir Leid« als Beweis für einen Mangel an Selbstbewusstsein betrachtet, verwechselt diese nach außen gerichtete Strategie mit dem inneren Zustand des Sprechenden. Angenommen, ein Sohn fragt seine Mutter, ob sein Lieblingshemd schon aus der Reinigung zurück sei, und sie antwortet: »Oh, tut mir Leid. Ich war da, um es abzuholen, aber es war noch nicht fertig.« Die Mutter weiß, es ist nicht ihre Schuld, dass das Hemd noch nicht fertig war. Mit ihrem »Tut mir Leid« bringt sie zum Ausdruck, dass ihr die Enttäuschung des Jungen bewusst ist.

Sogar wenn »Es tut mir Leid« tatsächlich im Sinne einer Entschuldigung gemeint ist, muss es nicht besonders bedeutungsvoll sein. Frauen sagen oft ganz automatisch »Es tut mir Leid«, weil es für sie eine reine Höflichkeitsgeste ist, gleich einem Knicks bei der Begrüßung. Es ist die Art von Entschuldigung, die man äußert, wenn man auf der Straße versehentlich mit einer anderen Person – oder einer Parkuhr – zusammenstößt. Man gibt sie von sich, wenn man einen Gegenstand fallen lässt, den man gerade jemandem übergeben möchte – oder wenn er der anderen Person bei der Übergabe aus den Händen rutscht. Man macht kein Aufhebens darüber, wer Schuld hat – man trägt einfach der Tatsache Rechnung, dass irgendein banales Malheur passiert ist.

Entschuldigungen entfalten ihre mysteriösen Kräfte in vielerlei Form. Zu den erstaunlichsten Wirkungen gehört, dass man eine andere Person dazu bringen kann, einen Fehler einzuräumen, wenn man selbst eine Entschuldigung anbietet. Für viele Menschen (mehr Frauen als Männer) kommen Entschuldigungen im Zweierpack und gehören zu einem rituellen Austausch: Ich entschuldige mich für x, dann entschuldigst du dich für y, und wir beide betrachten die Sache als erledigt. Die Entschuldigung ist ein verbales Äquivalent zu dem Händedruck, mit dem man die Beilegung eines Streits besiegelt. Wenn ich also denke, dass die andere Person Mist gebaut hat, kann ich sie zu einer Entschuldigung bewegen, indem ich mich zuerst selbst entschuldige; dadurch sollte sie sich verpflichtet fühlen, ihren Teil des Handels zu erfüllen, und sich ebenfalls entschuldigen. Wenn ich zum Beispiel zu Ihnen sage: »Tut mir Leid, dass ich explodiert bin, als du das Glas zerbrochen hast. Es ist bloß ein Glas, ich habe total überreagiert«, erwarte ich, dass Sie im Gegenzug etwas äußern wie: »Das ist schon in Ordnung; tut mir Leid, dass ich das Glas zerbrochen habe. Ich werd versuchen, in Zukunft vorsichtiger zu sein.«

Doch wenn Sie meine Entschuldigung einfach annehmen – wenn Sie zum Beispiel sagen: »Stimmt, du hast überreagiert. Das war echt nervig« –, fühle ich mich wie ein Kind auf einer Wippe, das darauf vertraut hat, dass sein Spielkamerad auf der anderen Seite sitzen bleibt. Wenn das andere Kind plötzlich abspringt, knalle ich ziemlich unsanft auf den Boden. Das ist häufig die Folge, wenn Gesprächsrituale nicht eingehalten werden und die andere Person folglich nicht sagt, was man erwartet. Das gilt auch für die Familie: Wenn ein Familienmitglied sich bei einem anderen entschuldigt und im Gegenzug wie erwartet auch eine Entschuldigung erhält, teilen die beiden dieses Ritual.

Jedesmal wenn Gesprächsrituale geteilt werden, fühlt man sich auf mehreren Ebenen bestätigt. Die Beteiligten lösen nicht nur den unmittelbaren Konflikt, sondern schon das Lösen des Konflikts – die Tatsache, dass man dieses Ritual gemeinsam vollzogen hat – sendet die tröstende Metamitteilung aus, dass man dieselbe Wellenlänge hat, dass beide das Richtige tun und dass mit der Familie alles in Ordnung ist.

Wir alle ziehen Schlüsse über die Absichten und Gefühle anderer und orientieren uns dabei an den Intentionen und Empfindungen, die wir selbst hätten, wenn wir dieselben Worte in derselben Situation äußern würden. Wir vergleichen das, was die anderen sagen, mit den Äußerungen, die wir von ihnen erwartet haben, wobei diese Erwartungen meist auf dem beruhen, was wir selbst gesagt hätten. Deshalb neigen Männer dazu, zu viel in die Entschuldigungen von Frauen hineinzuinterpretieren. Sie sehen darin einen Beweis für mangelndes Selbstvertrauen, weil die meisten Männer den rituellen Charakter dieser Entschuldigungen nicht erkennen und nicht erwarten, dass ein Mensch sich freiwillig entschuldigt.

Umgekehrt neigen Frauen dazu, zu viel in die Tatsache hineinzuinterpretieren, dass Männer sich *nicht* entschuldigen. Schon der Gedanke, dass eine Entschuldigung *fehlt* – dass der Mann sich *weigert,* eine Entschuldigung zu äußern –, spiegelt diese Ansicht wider. Die Frau nimmt dieses Verhalten als Mangel wahr, weil sie eine Entschuldigung erwartet; der Mann dagegen hat nicht das Gefühl, dass irgendetwas fehlt, weil er nicht damit rechnet, dass man Gespräche mit Entschuldigungen spickt.

Warum Männer vorsichtig
· · · · mit Entschuldigungen umgehen

In den beschriebenen Beispielen waren es Frauen, die unbedingt die Worte »Es tut mir Leid« hören wollten, und Männer, die sich geweigert haben, diese Worte auszusprechen. Das ist in der Tat das Muster, auf das ich in den meisten Fällen gestoßen bin. Auch eine Frau, die sich sozusagen von Berufs wegen entschuldigt, bestätigt dieses Muster.

Vor einigen Jahren berichtete ein öffentlicher Radiosender in

Washington über einen Service namens »Apology Line«.[37] Gegen eine Gebühr von zehn Dollar entschuldigte sich Wilette Coleman, die Leiterin dieses Dienstleistungsunternehmens, im Namen ihres Kunden telefonisch bei einer Person seiner Wahl. (Gegen eine zusätzliche Gebühr erhielt die Person auch noch einen Blumenstrauß oder ein Geschenk.) Coleman stellte fest, dass ihr »Klientel überwiegend aus Männern bestand, weil es Männern offenbar tatsächlich extrem unangenehm ist, sich persönlich zu entschuldigen«. Ein Mann, der ihren Service in Anspruch nahm, erklärte lachend, dies sei »eine gute Möglichkeit, ›Es tut mir Leid‹ zu sagen, ohne es sagen zu müssen«. Für viele Männer gehören Entschuldigungen einfach nicht zum Repertoire.

Eine Frau, die sich einen Apple-Computer gekauft hatte, stand kurz davor, ihn zurückzubringen. Immer wenn ein Fehler auftrat, sagte die eingebaute Stimme ihres Computers »Das ist nicht meine Schuld«, bevor er ihr erklärte, wie das Problem zu lösen sei. Diese Frau hatte immer Trost in ihrer Arbeit gefunden, wenn der Ärger in ihrer Familie ihr über den Kopf zu wachsen drohte. Jetzt klang der Computer schon genauso wie ihr Mann und ihre halbwüchsigen Söhne! Bei dem Gedanken an ihre zwei Söhne und zwei Töchter wurde ihr plötzlich bewusst, dass beide Söhne – aber keine der Töchter – immer jede Menge Ausreden statt Entschuldigungen parat hatten, wenn man ihnen irgendwelche Vorhaltungen machte.

Ein Grund, weshalb Männer sich ungern entschuldigen, ist, dass es ihnen zu oberflächlich und zu einfach vorkommt. In ihren Augen versucht jeder Trottel, sich herauszureden. Was wirklich zählt sind Taten. In Gonen Glasers *It Will End Up in Tears ...*«, einem Dokumentarfilm über eine israelische Familie, wird diese Sichtweise in Worte gefasst. In einer Szene besprechen die Eltern, wie der Vater einen Fehler wieder gutmachen könnte: Seine Tochter hatte ihn angerufen und um Hilfe gebeten, als sie eine Panne mit ihrem Auto hatte. Doch als der Vater eintraf und entdeckte, dass sie von ihrer lesbischen Freundin begleitet wurde, machte er auf der Stelle kehrt, ohne ihr zu helfen. Die Mutter schlägt ihm jetzt vor, sich zu entschuldigen. »Das sind doch nur leere Worte, die nichts bedeuten«, meint der Vater bedrückt. »*Ihr* würden sie etwas bedeuten«, sagt seine Frau.

Außerdem scheuen viele Männer Entschuldigungen, weil sie es

142

vermeiden möchten, auf eine Weise zu reden, die sie in eine unterlegene Position bringen könnte. So gesehen gibt man sich durch eine Entschuldigung eine Blöße, die andere möglicherweise zu ihrem Vorteil ausnutzen. Wie diese Schwäche ausgenutzt werden kann, wird sehr anschaulich in einem anderen Film, *The Kid,* gezeigt. Ein Mann (gespielt von dem Schauspieler Bruce Willis) erhält Gelegenheit, in eine Situation seiner Kindheit zurückzukehren und sie zum Positiven zu verändern. Als er beobachtet, wie sein achtjähriges Selbst vom Klassen-Rambo verprügelt wird, fällt ihm wieder ein, was ihm blühen wird: Ein ständiges Schikaniertwerden in den nächsten acht Jahren. Um dieses Schicksal abzuwenden, ermutigt der erwachsene Mann sein kindliches Selbst, sich zu verteidigen und den Rambo zusammenzuschlagen. Als er rittlings auf seinem bezwungenen Feind sitzt, zwingt er den ehemaligen Plagegeist, seine Niederlage einzugestehen: »Entschuldige dich!« Nachdem der einstmals harte Kerl die Worte »Tut mir Leid« hervorgepresst hat, ist seine Demütigung besiegelt. Die Worte sind das verbale Äquivalent zum Hissen der weißen Flagge – ein rituelles Zeichen der Unterwerfung.

···· *»Ich habe nichts falsch gemacht«*

Ich habe mich lange mit der Frage beschäftigt, warum Männer und Frauen zu einer so unterschiedlichen Sichtweise von Entschuldigungen neigen. Die folgende Anekdote eröffnete mir eine neue Perspektive auf eine mögliche Ursache dieses Unterschieds.

Ein Mann war kreuzunglücklich, weil seine Tochter böse auf ihn war und er nicht wusste, wie er den Riss wieder kitten sollte. Seine Tochter, die in einer weit entfernt gelegenen Stadt lebte, hatte die Eltern kürzlich in dem Ort besucht, in dem sie auch aufgewachsen war. Eines Tages hatte sie erwähnt, dass sie gern wissen würde, was aus Justin geworden sei, ihrer großen Liebe aus High-School-Tagen, der ihr damals das Herz gebrochen habe. Der Vater schlug vor, dass sie ihn anrufen sollte. Sie meinte, sie wolle ihm lieber einen Brief schreiben. Der Vater bot sich an, die Adresse für sie zu besorgen. Sie sagte: »In Ordnung.« Deshalb war er sicher, dass sie begeistert sein würde, als er sie anrief und verkündete: »Ich habe Justins Telefonnummer von seinem Vater bekommen. Ich hab gleich bei ihm angerufen und ihn gefragt, wo er wohnt. Er sagte, er würde sich freuen, von dir zu hören.«

Anstatt sich dankbar zu zeigen, ging seine Tochter an die Decke: »Wie konntest du?! Was fällt dir ein, ihn anzurufen und ihm zu erzählen, dass ich an ihn denke?!«

»Aber ich hab dir doch gesagt, dass ich seine Adresse besorge«, protestierte der Vater. »Du warst damit einverstanden.«

»Ich habe ja nicht im Traum damit gerechnet, dass du ihn gleich *anrufst*«, gab sie zurück.

Ihr Telefongespräch endete im Streit, und der Vater war tagelang deprimiert darüber. Seine Frau meinte, er solle die Tochter anrufen und sich entschuldigen, aber er widersprach: »Ich habe ihr gesagt, dass ich seine Adresse besorge. Ich habe nichts falsch gemacht.«

Hat er etwas falsch gemacht oder nicht? Was sein Handeln angeht: Nein. Er wollte seiner Tochter helfen, ein Ziel zu erreichen, das sie selbst genannt hatte. Er wusste nicht – konnte seiner Meinung nach nicht wissen –, dass sie seine Vorgehensweise missbilligen würde. Doch wenn man auf die *Wirkung* seines Handelns anstatt auf die Absicht abzielt, dann war es falsch. Es war falsch, weil seine Tochter unglücklich darüber war.

Wenn er *falsch* als Beurteilung seines Verhaltens definiert, widerstrebt es dem Vater verständlicherweise, sich zu entschuldigen, weil er sein Handeln für gerechtfertigt hält. Doch wenn er *falsch* als Beurteilung des Ergebnisses definiert, könnte er den Kummer seiner Tochter anerkennen, ohne dabei das Gefühl zu haben, dass er sich für ein Verbrechen schuldig bekennt, dass er nicht begangen hat. Die Tochter würde die Entschuldigung wahrscheinlich dankbar annehmen und sie als Zeichen dafür sehen, dass es ihm Leid tut, ihr Kummer bereitet zu haben. Wenn er sich nicht entschuldigt, bleibt sie mit dem Eindruck zurück, dass ihm gleichgültig ist, welche Wirkung sein Handeln auf sie hat, und er nur daran interessiert ist, sich selbst zu rechtfertigen. Das ist traurig für beide, weil er ja tatsächlich sehr unglücklich darüber ist, dass er ihr Schmerz bereitet hat – und weil er ihr von Anfang an nur helfen wollte. Wenn er seine Auffassung von *falsch* in einen neuen Rahmen stellt, könnte er aus dieser Sackgasse herauskommen, über die ein anderer Mann sagte: »Wir fühlen uns mies, aber wir wollen nicht mies *sein*.«

.... Teufelskreise

Wenn eine Person unbedingt eine Entschuldigung hören will und die andere entschlossen ist, keine zu geben, kann das dazu führen, dass beide sich wie in einer Spirale immer weiter hoch schrauben und sich wechselseitig zu immer extremeren Formen eines problematischen Verhaltens anstacheln. Ich bezeichne diesen Teufelskreis auch als *komplementäre Schismogenese* – ein Begriff, der von dem Anthropologen Gregory Bateson geprägt wurde.[38] Ein *Schisma* ist eine Spaltung und *Genese* heißt Entstehung; der Begriff besagt also, dass auf eine komplementäre oder sich gegenseitig verstärkende Weise eine Spaltung entsteht. Obwohl Bateson den Begriff in einem anderen Kontext benutzte, finde ich, dass er sehr gut einfängt, was in einem Gespräch geschieht, wenn die Sprechweisen der einen Person die andere zu immer extremeren Formen des abweichenden Verhaltens treiben.

Hier ein einfaches Beispiel: Angenommen, eine Person spricht etwas lauter als die andere. Der leisere Sprecher redet vielleicht noch leiser, weil er den anderen dazu anregen möchte, es ihm gleichzutun, woraufhin der lautere Sprecher wiederum einen Tick lauter spricht, weil er den Flüsterer dazu anregen möchte, ebenfalls die Stimme zu heben. Jedesmal wenn der eine die Lautstärke verändert, um mit gutem Beispiel voranzugehen, verstärkt der andere das gegensätzliche Verhalten, bis der eine flüstert und der andere brüllt und beide ihren eigentlichen Stil überdehnen.

Diese Art von gegenseitigem Hochschaukeln kann auch entstehen, wenn eine Person eine Entschuldigung hören möchte und die andere sich weigert, eine anzubieten. Man kann das Schritt für Schritt in einem auf Video aufgezeichneten Streitgespräch verfolgen, das die Anthropologin Elinor Ochs und ihre Studentinnen Carolyn Taylor, Dina Rudolph und Ruth Smith von der University of California im Rahmen einer Studie über Familiengespräche beim häuslichen Abendessen filmten[39]: Eine Ehefrau lässt ihren Mann wissen, dass sie enttäuscht von seinem Verhalten ist. Er vermeidet es, einen Fehler zuzugeben; sie intensiviert ihre Bemühungen, ihm zu erklären, warum sie ihm Vorwürfe macht; und er intensiviert seine Bemühungen, einer Schuldzuweisung zu entgehen, bis der banale Fehler schließlich dazu führt, dass der Mann genauso wütend auf seine Frau wegen ihrer Vorwürfe ist wie die Frau auf ihn wegen seines ursprünglichen Fehlverhaltens. Schauen wir, wie es dazu kommt.

Der Streit drehte sich um eines jener Alltagsereignisse, aus denen sich ein typisches Familienleben zusammensetzt. Offenbar hatte die Familie die Absicht gehabt, für eine Freundin namens Susan Abzüge von bestimmten Fotos zu machen (»die Ponybilder«). Susan war auf Besuch gekommen, deshalb hatte die Mutter ihre sechsjährige Tochter Janie losgeschickt, um ihren Vater Jon nach den Negativen zu fragen. Jon hatte Janie geantwortet, er habe keine Zeit, danach zu suchen. Als die Familie an diesem Abend am Esstisch sitzt, wendet sich Mom an Dad und fragt: »Jon, hast du die Negative? Von den Ponybildern?« Dad sagt: »Ja, die sind alle in deinem Schrank.« Mom reagiert leicht verärgert. »Ich wünschte, das hättest du Janie gesagt. Deshalb hab ich sie doch zu dir geschickt. Susan war hier und hat nach den Bildern gefragt. Sie hätte die Negative gleich mitnehmen können.« Der Vorwurf, so gering er ist, ist dennoch deutlich zu vernehmen: Es war eindeutig falsch von Dad, dass er Janie nicht gesagt hat, wo sich die Negative befinden.

Dad bietet eine mechanische Entschuldigung an – »Tut mir Leid« –, schiebt aber schnell eine Rechtfertigung nach: »Danach hat Janie nicht gefragt. Sie hat nur gefragt, ob ich das Negativ für Susans Foto holen kann.« Mit anderen Worten, *er* hat nichts falsch gemacht, weil Janie nicht gefragt hat, wo sich die Negative befinden würden – was er leicht hätte beantworten können –, sondern ihn gebeten hat, nach den Negativen zu suchen. Dafür hätte er seine Tätigkeit unterbrechen und eine Menge Zeit opfern müssen.

Von diesem Moment eskaliert das Gespräch zu einem »Wettstreit von Vorwurf und Gegenvorwurf«, wie die Wissenschaftlerinnen es nennen, weil beide Eheleute versuchen, Punkte zu sammeln, indem sie dem anderen einen Fehler nachweisen. Mom fragt: »Sind sie alle auf einem Haufen? Hätte ich sie durchsehen können?« und Dad antwortet: »Klar.«

Ein Punkt für Mom (aus ihrer Perspektive): Dad hätte Janie lediglich sagen müssen, wo die Negative zu finden seien. Dadurch wäre es für sie ein Leichtes gewesen, die richtigen Negative ohne seine Hilfe herauszusuchen. In gewisser Weise benutzt die Mutter die sokratische Argumentationsmethode, um ihren Mann zu dieser

Schlussfolgerung hinzuleiten. (Aus der Sicht des Vaters ist die Antwort belanglos, da Janie nicht nach dem Aufbewahrungsort der Negative gefragt hat).

Die Mutter fragt anschließend: »Wusstest du, dass Susan hier war?« Sie wendet weiterhin die sokratische Methode an und wird einen zweiten Punkt für sich verbuchen, falls ihr Ehemann die Frage bejaht, denn dann hätte er sich denken können, dass Susan an die Negative kommen wollte und dass seine Frau ihren Gast nicht allein lassen konnte, um ihn selbst danach zu fragen – aus diesem Grund hatte sie Janie geschickt.

Doch Dad ist sich dieser versteckten Anspielung bewusst. Er antwortet: »Ich hatte keine Ahnung, dass irgendjemand da war.« Jetzt sprechen die beiden Ehepartner fast gleichzeitig. Er fragt: »Suchst du nun einen Schuldigen?« Seine Frau überfährt ihn mit dem Ansinnen: »Sind die Negative getrennt eingepackt?«, worauf ihr Mann antwortet: »Sie sind alle einzeln sortiert, aber um ein bestimmtes Negativ zu finden, musst du jedes einzelne anschauen.« Die Gegenfrage der Mutter gibt ihr die Möglichkeit, auf die Frage des Mannes, ob sie einen Schuldigen sucht, nicht antworten zu müssen. Und Dad untermauert sein Argument, dass es zu lange gedauert hätte, die Negative zu *finden,* und es deshalb vernünftig von ihm war, Janies Frage zu verneinen.

An diesem Punkt wendet sich Mom dem dreieinhalbjährigen Evan zu, der zu quengeln begonnen hat. Als sie Evan beruhigt hat, legt ihr Mann dar, wie man das Problem lösen kann: »Wenn du willst, suche ich sie dir jetzt raus. Du kannst sie ihr dann ja vorbeibringen oder so.« Doch Mom reagiert eher gereizt als beschwichtigt und meint: »Tja, da ich ihr die Negative heute Nachmittag nicht geben konnte, wird mir wohl kaum etwas anderes übrig bleiben.«

Betrachten wir die Situation einen Moment aus der Perspektive der Mutter. Sie hat vier kleine Kinder, um die sie sich kümmern muss (außer Janie und Evan sind da noch der achtjährige Dick und ein eineinhalbjähriges Baby) und führt außerdem noch ein Unternehmen (sie betreibt eine Kindertagesstätte außer Haus). Entsprechend ist es ziemlich ärgerlich für sie, wenn sie sich extra auf den Weg machen muss, um Susan die Negative zu bringen.

Nun sagt Dad: »Tut mir Leid. Okay?« Obwohl er seine Reue bekundet, klingt er nicht wirklich reumütig. Durch das sofort nachgeschobene »Okay?« wird die Entschuldigung letztlich wieder aufgehoben. Sie wirkt, als hätte er eher die Worte: »Bist du jetzt zufrieden?« zum Ausdruck bringen wollen.

Der Ehemann untergräbt seine eigene Entschuldigung noch weiter, weil er sofort wieder zu einer Rechtfertigung seines Verhaltens ansetzt und leugnet, dass er etwas falsch gemacht hat. Er beginnt mit dem Spruch – gleich dem Apple-Computer – »Es ist nicht meine Schuld«. Und wie um sich gegen weitere Kritik zu wappnen, spricht er auf einmal sehr steif und gestelzt, wie ein Zeuge vor Gericht. So gibt der Vater Formulierungen von sich wie »Nach den Informationen, die mir zur Verfügung standen«. Er hätte es auch schlichter mit »Janie hat gesagt« zum Ausdruck bringen können oder mit »Ich konnte nicht ahnen« (anstatt »Ich wusste nicht«) und wo »der Film aufbewahrt wird« (anstatt »wo die Negative sind«). Das klingt dann so:

Angesichts der Informationen, die mir zur Verfügung standen, habe ich mein Bestes getan. Ich konnte nicht ahnen, dass du wissen musstest, an welchem Ort der Film aufbewahrt wird. Wenn Janie es genau erklärt und mich gefragt hätte: »Dad? Kannst du Mom sagen, wo die Negative von den Bildern sind?«, hätte ich geantwortet: »Ja, Janie.«

Der Vater will anscheinend einen Teil der Verantwortung auf die sechsjährige Janie schieben, die die Nachricht nicht korrekt übermittelt hat. Mom antwortet, indem sie Janie verteidigt und impliziert, dass Dad im Unrecht ist, weil er von einer Sechsjährigen nicht einen solchen Grad an Genauigkeit erwarten kann: »Nun, wenn sie acht oder neun ist, wird sie das sicher können.« Die Antwort ihres Mannes hat es in sich: »Gehe ich recht in der Annahme, dass *du* älter bist als acht oder neun?«

Oh je! Damit schüttet Dad ordentlich Öl ins Streitfeuer, nicht nur durch seine überzogene Redeweise (»Gehe ich recht in der Annahme?«), sondern auch durch seinen Sarkasmus und indem er eine rhetorische Frage stellt, deren Antwort auf der Hand liegt – und beleidigend ist.

Obwohl die Ehefrau nicht auf den Sarkasmus eingeht, besteht sie weiterhin auf ihrer Unschuld. »Ja, und das ist genau das, was ich ihr aufgetragen habe: Ich habe ihr gesagt, sie soll herausfinden, wo die Negative sind, damit ich sie Susan geben kann.« Der Ehemann, der seine gediegene und übertriebene Sprechweise immer noch beibehält, reagiert mit den Worten: »Ich verstehe. Sie hat mir die Botschaft also in genau der Form übermittelt, wie du sie ihr aufgetragen hast.«

Die Frau, die zu diesem Zugeständnis noch nicht bereit ist, kehrt noch einmal zu einer früheren Frage zurück: »Aber du hast gewusst, dass Susan hier war?« Da ihr Mann diese Frage bereits abschlägig beschieden hat, scheint die Ehefrau nun zu glauben, dass er es doch gewusst hat.

Doch der Ehemann bekräftigt noch einmal sein Nicht-Wissen und damit seine Unschuld: »Nein«, erklärt er mit Nachdruck, »ich wusste nicht, wer hier war, Marie. Ich wusste nicht, um was es ging. Ich war mit den Rohren beschäftigt. Ist es dir wirklich so wahnsinnig wichtig, mir nachzuweisen, dass ich etwas falsch gemacht habe? Ist es so wichtig, dass du diese Sache derart auf die Spitze treiben musst?«

Marie antwortet: »Nicht wahnsinnig wichtig, nein.«

Hier endet der Streit, weil der achtjährige Dick seinem Vater zuflüstert: »Daddy, wir werden gefilmt.«

Mich fasziniert bei diesem Gespräch insbesondere diese letzte Äußerung von Dad. Seine wenigen Sätze haben eine große Wirkung. Zum ersten Mal spricht der Ehemann seine Frau mit ihrem Namen – Marie – an. Es liegt hier eine dieser ironischen Umkehrungen vor, bei denen der Gebrauch des Vornamens, der eigentlich ein Ausdruck der Nähe ist, zu einem Ausdruck des Ärgers wird. Seine Verwendung weist in diesem Fall sogar hierarchische Untertöne auf, weil sie daran erinnert, dass Eltern, die ihre Kinder tadeln, diese oft mit ihrem vollem Namen und nicht mit dem Kosenamen anreden. Noch bedeutsamer ist Dads Bemerkung, er sei »mit den Rohren beschäftigt gewesen«, denn sie impliziert, dass er etwas Wichtigeres zu erledigen hatte, als nach den Negativen von Ponybildern zu suchen. Entsprechend war es seiner Meinung nach unsinnig, an ihm herumzunörgeln.

Außerdem dreht Dad den Spieß um, wendet sozusagen die Anklage von sich ab. Der Vorwurf, den seine Frau gegen ihn erhebt, wird selbst wieder zur Grundlage einer Anschuldigung, die er konsequent gegen sie vorträgt: Demnach verursacht sie den Streit, weil sie ihm unbedingt nachweisen will, dass er etwas falsch gemacht hat; folglich treibt sie es mit ihrer Entschlossenheit zum Äußersten.

Man kann das Verhalten der Mutter leicht auf diese Weise auffassen: Warum nur war sie so erpicht darauf, ihrem Mann einen Fehler nachzuweisen? Ihre Fragen klingen doch wie ein Kreuzverhör. Aber man kann diese Gesprächssituation auch aus einer anderen Perspektive betrachten: Warum war Dad eigentlich so scharf darauf, seine Schuldlosigkeit zu demonstrieren? Wenn er auf den Vorwurf anders reagiert hätte, wäre das Gespräch vielleicht so verlaufen:

Die Frau: Ich wünschte, das hättest du Janie gesagt. Deshalb hab ich sie doch zu dir geschickt. Susan war hier und hat nach den Bildern gefragt. Sie hätte die Negative gleich mitnehmen können.
Der Mann: Oh, das tut mir Leid. Das habe ich falsch verstanden. Ich dachte, du wolltest, dass ich die Negative suche. Wenn ich gewusst hätte, dass du nur wissen wolltest, wo sie sind, hätte ich es Janie natürlich gesagt.

In dieser Aussage liegt der eigentliche Kern von Dads Argumentation. Doch der Ansatz ist ein ganz anderer. Erstens beginnen diese Ausführungen mit einer ehrlich klingenden Entschuldigung anstatt mit einem mechanisch hervorgebrachten »Tut mir Leid«, das nur der Auftakt zu einer Selbstverteidigung oder Gegenattacke ist. Und zweitens wird hier ein Teil der Verantwortung für das vorausgegangene Missverständnis übernommen. Doch leider reagierte Dad anders, und so kam es stattdessen zu einer komplementären Schismogenese – einer sich wechselseitig verstärkenden Spirale. Die Mutter schien am Ende tatsächlich wild entschlossen zu sein, ihren Mann für das Malheur verantwortlich zu machen. Doch was sie dazu brachte, die Sache auf die Spitze zu treiben, war sein eigensinniger und sturer Wille, überhaupt keine Verantwortung zu übernehmen.

Wie bei Vater so bei Microsoft
.... Das Risiko von Ich-gebe-überhaupt-nichts-zu

Öffentliche Ereignisse sind häufig ein Spiegelbild privater Situationen. Das Antikartell-Verfahren der amerikanischen Regierung gegen Microsoft zeigte, wie groß der Reiz, aber auch das Risiko sein können, wenn man jede Schuld von sich weist. Steve Ballmer, Topmanager von Microsoft, beschrieb die Haltung des Unternehmens in einem Interview mit *Newsweek:* »Wenn man von der Angemessenheit, Integrität und Rechtmäßigkeit des eigenen Handelns überzeugt ist, sollte man meiner Ansicht nach auf Schuldeingeständnisse verzichten. Man sollte ... für seinen Standpunkt, für seine Unschuld streiten.«[40] (Das entspricht dem Verhalten von Dad im Ponybilder-Beispiel.) Doch als der Richter Thomas Penfield Jackson sein vernichtendes Urteil über Microsoft fällte (er entschied, dass das Unternehmen in zwei eigenständige Firmen getrennt werden sollte), ließ er »wenig Zweifel daran, weshalb er zur Axt und nicht zu einem milderen Sanktionsmittel gegriffen hatte.«[41] Zu den Hauptgründen gehörte, dass »das Unternehmen steif und fest behauptete, nichts falsch gemacht zu haben«. Wie ein Wirtschaftsprofessor es formulierte: »Sie hielten einen sehr detaillierten Vortrag, in dem sie im Wesentlichen alles abstritten, und erklärten, sie hätten immer richtig gehandelt.«[42] Was den Richter insbesondere erzürnte, war laut *Newsweek* ein gefilmtes Interview, in dem Bill Gates, der Gründer und Generaldirektor von Micorosoft, »das Offensichtliche« leugnete.

Mit anderen Worten, die »Ich gebe überhaupt nichts zu«-Taktik mag zum wirtschaftlichen Erfolg von Microsoft beigetragen haben, doch vor Gericht hat sie dem Unternehmen keine guten Dienste erwiesen. Ein Insider kommentierte das Debakel mit den Worten: »Der Richter war stinksauer. Wir hätten ihn nicht so verärgern sollen.«[43] Dieselbe Lektion lässt sich auch auf Familiensituationen übertragen. Man sollte nicht riskieren, den Partner in Rage zu bringen, indem man jede Verantwortung abstreitet und darauf beharrt, alles richtig gemacht zu haben. Wer jedwede Zuständigkeit leugnet, bringt den anderen in Wut und setzt die Räder der komplementären Schismogenese in Gang – die provozierte Person fordert noch hartnäckiger ein Schuldeingeständnis vom anderen, was diesen wiederum in seinem Entschluss bestärkt, jede Schuldzuweisung abzuwehren.

Gleichzeitig könnte die Frau in dem Ponybilder-Streit (oder jede beliebige Ehefrau in einer ähnlichen Situation) sich selbst fragen, warum es ihr so wichtig ist, eine Entschuldigung zu hören. Anstatt sich darauf zu versteifen, könnte sie vielleicht akzeptieren, dass ihrem Mann ein »tut mir Leid« nur schwer über die Lippen kommt, und versuchen, ohne diese Worte auszukommen. Schließlich ist das, was wirklich zählt, die Zukunft – dass man dafür sorgt, dass dasselbe nicht noch einmal geschieht. Eine konstruktivere Methode, den Streit zu beenden, hätte darin bestanden, nach etwas zu suchen, auf das sich beide hätten einigen können, zum Beispiel von Seiten der Frau: »Nächstes Mal werde ich versuchen, nicht Janie zu schicken, sondern selbst zu kommen« oder »Nächstes Mal gebe ich Janie lieber einen Zettel als einen mündlichen Auftrag«. Der Mann für seinen Teil hätte ihr durch etwas entgegenkommen können wie: »Wenn Janie mich das nächste Mal um etwas bittet, werde ich darauf achten, dass ich die Nachricht richtig verstanden habe, bevor ich Nein sage.«

•••• Was zeichnet eine gute Entschuldigung aus?

Im Rahmen des Urteils gegen Microsoft sagte Richter Thomas Penfield Jackson: »Wenn sie nicht zugeben, dass sie vorher Unrecht getan haben, woher sollen wir dann wissen, dass sie es nicht weiterhin tun?« Diese Aussage fasst zusammen, warum es bei Familiengesprächen so wichtig ist, Verantwortung zu übernehmen. Der Vater in dem Ponybilder-Beispiel hat zwar »tut mir Leid« gesagt, aber es klang nicht wie eine Entschuldigung, weil er nicht zugab, etwas falsch gemacht zu haben. Ein Schlüssel – vielleicht *der* Schlüssel – zu einer wirksamen Entschuldigung ist, dass man eigene Fehler einräumt. Deshalb reicht es nicht, wenn man sagt: »Tut mir Leid, wenn ich deine Gefühle verletzt habe.« Das kommt zwar als Abbitte daher, übernimmt aber keine Schuld, so als würde man bei einem Schwur die Finger hinter dem Rücken kreuzen. Außerdem gehört zu einer guten Entschuldigung, dass man irgendeine Form von aktiver Wiedergutmachung in Aussicht stellt.

Ein weiterer Grund, weshalb man bei dem Ponybilder-Beispiel nicht den Eindruck gewann, dass der Ehemann sich wirklich entschuldigte, war, dass er kaum reuevoll wirkte. Deshalb reicht es nicht, wenn man verkündet, dass es einem Leid tut. Man muss es so sagen, dass es aufrichtig klingt, der andere muss den guten Willen glauben können. Das Gesicht sollte einen bedauernden Ausdruck annehmen, und die Stimme sollte, nun ja, eben beschämt klingen. Das Ausmaß der demonstrierten Zerknirschung sollte der Dimension der Kränkung entsprechen. Für einen kleineren Patzer ist ein kurzes »Tut mir Leid« ausreichend, zum Beispiel wenn Sie einer anderen Person ein Papier übergeben und es fallen lassen. Doch wenn Sie jemandem ein Glas Rotwein über den brandneuen cremeweißen Anzug schütten, ist ein beiläufiges »Tut mir Leid« zu wenig.

Was ist mit der Erklärung, die der Vater dafür anführte, dass er Janie nicht sagte, wo die Negative waren? Eine Erklärung ist ein mögliches, aber kein wesentliches Element einer guten Entschuldigung. Wenn Sie einen Grund dafür nennen, warum etwas passiert ist, warum Sie so und nicht anders gehandelt haben, dann kann das hilfreich sein – solange Sie nicht implizieren, dass Sie damit aus dem Schneider sind. Das ist der Unterschied zwischen einer Erklärung und einer Rechtfertigung. Eine Rechtfertigung ist eine Erklärung, die zu verstehen geben soll, dass man schuldlos ist – weil man aus gutem Grund handelte, weil man nichts falsch gemacht hat oder weil man durch Dritte genötigt wurde. Doch eine Erklärung, die nicht dazu dient, jede Verantwortung abzustreiten, kann ein besonders wirksamer Bestandteil einer guten Entschuldigung sein.

···· Entschuldigungen in Aktion

Wenn Sie dazu neigen, jede Abbitte zu vermeiden, weil Sie denken, dass man sich dadurch in eine schwächere Position bringt, dann können Sie sich vielleicht nur schwer vorstellen, dass Entschuldigungen auch Vorteile in sich bergen. Schauen wir uns ein Beispiel aus dem »wahren Leben« an, das zeigt, wie entsprechende Beteuerungen ein Versehen wieder gutmachen können. Das folgende Gespräch, das von dem Paar selbst aufgezeichnet wurde, zeigt Entschuldigungen in Aktion:[44]

»Also, halb zehn?«, fragt Faye, während sie und Kenny hastig ihr Frühstück beenden und sich für die Herausforderungen des Tages rüsten.

»Halb zehn?«, wiederholt Kenny verwirrt.

»Der Arzttermin«, erklärt Faye.

»Ist das heute?«, fragt Kenny und ruft dann aus: »So'n Mist!« Sein Tag ist bereits voll ausgebucht. Gerade hat er sich gefragt, wie er den Bericht fertig bekommen soll, den er seinem Chef für heute versprochen hat. Und jetzt das noch.

Faye reagiert ungläubig: »Du hast unseren Arzttermin vergessen?« Faye ist hochschwanger, und der gemeinsame Besuch beim Gynäkologen steht seit über einem Monat im Kalender.

Kenny bringt wie gewöhnlich die Tochter zur Schule und schafft es, rechtzeitig zu dem Termin beim Arzt zu sein. Aber das bedeutet, dass er zu spät zur Arbeit kommen wird, und er überlegt fieberhaft, wie er trotzdem den Termin für den Bericht einhalten kann. Zu allem Unglück lässt der Arzt sie warten. Schließlich sagt Faye, sie habe Verständnis dafür, wenn Kenny jetzt zur Arbeit müsse; ihr Mann nimmt sie sofort beim Wort. Doch Faye ist trotzdem niedergeknickter Stimmung, weil er den Termin vergessen hatte. Und ihre Enttäuschung wächst, als Kenny Überstunden macht, um die Zeit wieder hereinzuholen, die er am Morgen verloren hat.

Die widersprüchlichen Belastungen von Kenny und Faye haben sowohl mit Zeitdruck und mit äußeren Anforderungen als auch mit individuellen Entscheidungen zu tun, aber sie versuchen, einen Weg aus dem Labyrinth der Frustrationen zu finden, indem sie miteinander reden. Hören wir, wie ihre Unterhaltung am Abend lief – und wie Entschuldigungen, die von beiden Eheleuten angeboten werden, dazu beitragen, den Weg zu ebnen:

Kenny beginnt den Dialog: »Also, ich – es tut mir Leid, dass ich den Termin heute Morgen vergessen hatte, aber immerhin bin ich hingegangen. Und es tut mir Leid ...«

»Stimmt. Du bist hingegangen«, räumt Faye ein, weist dann allerdings darauf hin, wie ungeduldig er wirkte, als sie auf den Arzt warteten: »Aber dann hast du die ganze Zeit wie auf Kohlen gesessen und ständig herumgejammert: ›Mein Gott, ich muss hier raus‹ und hast gestöhnt und gezappelt.«

»Du hast dich mehr darüber aufgeregt als ich«, erinnert Kenny.

Faye bestreitet nicht, dass sie ebenfalls frustriert war, als der Doktor sie warten ließ, wendet allerdings ein: »Ja, aber du bist gegangen, oder? Den Luxus kann ich mir nicht leisten. Ich kann nicht einfach weggehen. Ich muss da bleiben.« Tatsächlich kam Faye auf Grund des Arztbesuchs zu spät zu einem beruflichen Termin.

Faye schildert auch ihre Enttäuschung, als Kenny später als geplant nach Hause kam. »Ich tue mich nun mal schwer mit spontanen Änderungen. Ich hatte es mir so schön vorgestellt, dass wir beide gemütlich zu Abend essen und einen Spaziergang machen und so richtig schön kuscheln. Na ja, und als es dann ganz danach aussah, als ob nichts daraus werden würde, fand ich das eben total ätzend.«

An dieser Stelle hätte Kenny sich leicht rechtfertigen können. Man kann ihm sicher keinen Vorwurf daraus machen, dass er einen Bericht fertig stellen musste und deshalb Überstunden machte. Doch trotzdem sagt er die magischen Worte: »Es tut mir Leid, mein Schatz. Glaub mir, ich wäre auch lieber bei dir gewesen.« Dieses »Tut mir Leid« bedeutet nicht »Ich entschuldige mich«, sondern eher »Ich bedaure, dass es so gekommen ist«. Damit bringt Kenny seine Verbundenheit zum Ausdruck – sein Interesse an den Auswirkungen der Ereignisse –, sagt aber nicht, dass er dafür verantwortlich ist.

Dann lenkt Faye die Aufmerksamkeit auf die Zukunft: »Aber ich möchte, dass du mir versprichst, künftig auch an unsere Termine zu denken.«

Hier räumt Kenny ein, dass er etwas falsch gemacht hat: »Ja, das tut mir wirklich Leid, Liebling«, sagt er. »Ich hatte es mir aufgeschrieben und alles, aber ich habe nicht – wie gesagt, ich habe keine Ausrede dafür, weshalb ich es vergaß.«

Mit anderen Worten: Kenny übernimmt die Verantwortung dafür, dass er den Termin vergessen hat, aber lehnt die Verantwortung für sein spätes Nachhausekommen ab, auch wenn er in beiden Fällen »Tut mir Leid« sagt. Faye macht zwar keinen Hehl aus ihrer Enttäuschung und Verärgerung, aber da Kenny bereit ist, einen Teil der Verantwortung zu übernehmen, steigert sie sich nicht in immer schärfere Schuldzuweisungen oder Gegenbeschuldigungen hinein.

In anderen Gesprächen entschuldigen sich sowohl Faye als auch Kenny, übernehmen Verantwortung und suchen gemeinsam nach konstruktiven Lösungen. Während sie im Wartezimmer des Arztes sitzen, sagt Kenny, sein schlechtes Gedächtnis sei seine Achillesferse; er wisse, dass er sich angewöhnen müsse, öfter in seinen Terminkalender zu schauen. Am Wochenende, als sie zusammen mit dem Auto unterwegs sind, sagt Faye: »Es tut mir Leid, dass ich nicht immer so flexibel bin, wie ich sein sollte.« Kenny erklärt daraufhin: »Ich kann das gut verstehen. In deinem Leben verändert sich im Moment so wahnsinnig viel. Das verstehe ich und ... Wir müssen einfach einen Tag nach dem anderen in Angriff nehmen.« Er lässt sie auch wissen, dass er in der nächsten Woche vermutlich an einigen Abenden später nach Hause kommen wird, weil er wieder unter großem Termindruck steht. Wenn Faye darauf vorbereitet ist, wird sie es wahrscheinlich weniger »ätzend« finden.

Es ist sehr anrührend, diesen jungen Leuten dabei zuzuhören, wie sie ihren Ärger im Zaum halten und einander ihre Liebe zeigen, während sie vor der Herausforderung stehen, ihr anspruchsvolles Berufs- und Familienleben aufeinander abzustimmen. Und es ist lehrreich, zu sehen, dass Entschuldigungen eine Menge dazu beitragen können, diese Ziele zu erreichen.

.... Anerkennen, was geschehen ist

Zu den wichtigsten Elementen einer Entschuldigung gehört, dass man die Erfahrungen und Wahrnehmungen des anderen akzeptiert. Für Erwachsene, die das Gefühl haben, dass die Eltern sie in der Kindheit schlecht behandelt haben, ist es eine große Erleichterung, wenn die Eltern Jahre später anerkennen, dass sie Fehler gemacht haben. Wenn die Eltern eine Entschuldigung anbieten, können die Kinder oft mit den schmerzlichen Erlebnissen abschließen. Doch schon die Anerkennung als solche kann wie eine stillschweigende Entschuldigung wirken.

Manchmal haben Erwachsene das Glück, dass die Eltern ihnen die Möglichkeit geben, einen bestimmten Lebensabschnitt auf diese Weise zu beenden, doch manchmal leider auch nicht. Als Bonnie ein Kind war, hatte die Mutter an allem, was sie tat, etwas auszusetzen. Sie sagte ihr jeden Tag, dass niemals etwas Anständiges aus ihr werden würde. Als Bonnie erwachsen und beruflich sehr erfolgreich wurde, sehnte sie sich in zweierlei Hinsicht nach einer Wertschätzung der Mutter: Sie sollte stolz auf den Durchbruch der Tochter sein und gleichzeitig zugeben, dass sie sich geirrt hatte, als sie Bonnie eine düstere Zukunft voraussagte. Als die Mutter älter wurde und erkrankte, erkannte Bonnie, dass ihre Chancen auf diese Anerkennung allmählich dahinschwanden. Obwohl sie beruflich gerade sehr angespannt war, nahm sie einen längeren Urlaub, um die Mutter einige Wochen zu pflegen. Insgeheim hoffte sie, dass die Mutter in irgendeiner Form ihren Irrtum eingestehen und zugeben würde, dass ihre Prophezeiungen sich als falsch erwiesen hatten. Als Bonnie schließlich wieder abreisen musste und sich von der Mutter verabschiedete, verstärkte diese indirekt ihr früheres Urteil, anstatt zuzugeben, wie falsch sie ihre Tochter eingeschätzt hatte: »Ich hätte mir nie träumen lassen«, sagte sie, »dass du eine so große Hilfe sein könntest.« Die Abschiedsworte blieben ein schmerzliche Zeugnis für die fehlende Entschuldigung und Anerkennung.

Sogar wenn die Verletzungen so schwer wiegend sind, dass eine Entschuldigung keine Bedeutung zu haben scheint, sehnen sich manche Kinder danach, ein Wort des Bedauerns oder – stellvertretend – des Eingeständnisses zu hören, um mit der Vergangenheit ins Reine zu kommen. Die Memoiren von Sue Silverman *Because I Remember Terror, Father, I Remember You* sind ein erschütternder Bericht über einen Inzest.[45] Der Vater hat Sue ihre ganze Kindheit hindurch sexuell missbraucht und vergewaltigt, und die Mutter verschloss lieber die Augen, anstatt ihren Mann zur Rede zu stellen und ihre Tochter zu beschützen. Silverman schildert, wie sie am Bett ihres Vaters wachte, als er im Sterben lag:

Bei diesem Besuch kann er kaum noch sprechen, und ich kann ihn kaum verstehen. Er schläft die meiste Zeit. Doch jedes Mal, wenn er die Augen aufschlägt, sage ich ihm, dass ich ihn liebe. Er nickt und formt die Worte: »Ich liebe dich auch.« Ich will mehr. Ich sage diese Worte fordernd, drängend, als ob ich sogar jetzt noch, in diesem späten Augenblick, erlöst werden könnte, als ob man irgendetwas sagen oder tun könnte, dass die Vergangenheit wenn nicht ungeschehen, so doch weniger schlimm macht. Wenn er wenigstens um Verzeihung bäte. Wenn er mir sagen würde, ich habe einen schrecklichen, schrecklichen Feh-

ler begangen. Wenn er ihn einfach nur anerkennen würde ... Immer noch, wie ein trotziges, eigensinniges und dennoch liebendes Kind, sitze ich bei ihm in seinem Zimmer, warte auf irgendein Eingeständnis, bevor er stirbt.

So tief ist ihre Sehnsucht nach einer Anerkennung des Geschehenen, dass Silverman sogar noch darauf wartet, die Worte von ihrem Vater zu hören, als er physisch nicht mehr zum Sprechen in der Lage ist.

•••• Entschuldigung als Demütigungsritual

Bei vielen Familienkonflikten erweisen sich Entschuldigungen als schwierige oder sogar fatale Klippen: Eine Person verlangt eine Geste des Bedauerns, die andere weigert sich, eine zu geben, und die beiden hören auf, miteinander zu reden – für einen kürzeren oder manchmal auch längeren Zeitraum. Die Folge ist, dass die Bedeutung der Entschuldigung immer weiter anschwillt, bis die ganze Beziehung – und folglich die Geschlossenheit der Familie – davon abhängt. Dieser Kampf um die Entschuldigung kann sich zu einer falschen Front entwickeln, hinter der sich eine viel wichtigere Familiendynamik verbirgt. So war es bei Pam und Betty, die noch eine weitere Schwester, Kate, haben.

Pam ist eine erfolgreiche Geschäftsfrau und kann sich teure Ferien leisten. Da sie Single ist und nicht gern allein verreist, lädt sie oft eine der Schwestern ein, sie auf einer Tour zu begleiten. Meistens bittet sie Kate, deren Gesellschaft sie bevorzugt. Das wurmt Betty, die ihr vorwirft: »Du magst Katie lieber als mich.«

Um Betty nicht zu verletzen, beschließen Pam und Kate, die Reisen vor ihr geheim zu halten, doch meistens findet Betty es zum Schluss doch heraus und fühlt sich dann durch die Heimlichtuerei umso mehr verletzt. Wenn Betty gekränkt ist, reagiert sie aggressiv: »Ihr beide schließt mich aus«, zetert sie. »Wie könnt ihr es wagen, mich so hinters Licht zu führen?!« Zu einem derartigen Gespräch war es kurz vor Weihnachten gekommen. Pam hatte daraufhin versprochen, Betty irgendwann auf eine Reise mitzunehmen, obwohl sie sich nicht sicher war, ob sie das wirklich tun sollte. Und Betty war sich nicht sicher, ob sie das wirklich wollte. Auf alle Fälle war das sowieso nicht der Punkt. Der Punkt war: Betty wusste, dass Pam lieber mit Kate fuhr, und daran konnte auch der Trostpreis einer in Aussicht gestellten Reise nichts ändern.

Dann kamen die Feiertage. Betty lud Pam und außerdem die Schwester ihres Mannes zum Weihnachtsessen ein. Dabei trank Betty ein bisschen zuviel von dem Wein. Als sie beim Nachtisch angelangt waren, erzählte Betty schmutzige Witze und lachte zu laut. Pam sah eine Gelegenheit, ihr eigenes Verhalten zu erklären – und zu rechtfertigen. Nach einem besonders peinlichen Witz, über den außer Betty niemand lachte, sagte Pam: »Deshalb verreise ich nicht gern mit dir. Du kannst dich nicht beherrschen, wenn du zu viel trinkst.« Diese Bemerkung war für Betty der sprichwörtliche Tropfen, der das Fass zum Überlaufen brachte; sie fing an, Pam anzubrüllen und zu beschimpfen. Seitdem will sie Pam nicht mehr sehen und verlangt eine Entschuldigung von ihr. Pam denkt gar nicht daran, sich zu entschuldigen. Sie hat nur die Wahrheit gesagt, Betty war diejenige, die sich daneben benommen und eine Szene gemacht hat.

Das Erste, was man zu diesem Problem sagen kann, ist, dass die Wahrheit von Pams Äußerung nichts zur Sache tut. Viele Dinge sind wahr, aber das heißt nicht, dass man sie jedem Menschen zu jeder Zeit an den Kopf werfen darf. (Zum Beispiel ist es wahr, dass Pam ihre Schwester Kate lieber mag als ihre Schwester Betty, aber das sagt sie Betty nicht.) Betty hatte das Recht, verletzt zu sein, als Pam ihr Alkoholproblem auf den Tisch packte und öffentlich zur Schau stellte – direkt neben dem Truthahn und dem Schinkenbraten. Um das Unglück voll zu machen, hatte Pam auch noch die Tatsache zur Sprache gebracht, dass sie lieber mit ihrer anderen Schwester verreist als mit Betty. Dadurch fügte sie der persönlichen Verletzung, die Betty empfindet, weil ihre Schwestern sie ausschließen, eine öffentliche Demütigung hinzu. Das Schlimmste war, dass Pam die Schwester nicht nur vor ihrem Ehemann und Sohn, sondern auch noch vor der Schwägerin bloßstellte, was es besonders peinlich für Betty machte.

In diesem Kontext wird eine Entschuldigung zu einer Art Erniedrigungsritual. Pam hat Betty gedemütigt, deshalb will Betty, dass Pam sich zum Ausgleich ebenfalls erniedrigt. Doch Pam stellt sich auf die Hinterbeine und ist nicht zu einer Entschuldigung bereit, auch nicht als Kate und ihre Eltern, die den Familienfrieden wiederherstellen möchten, sie dazu drängen.

Welchen Ausweg könnte es in dieser Situation geben? Zuallererst ist das Fordern einer Entschuldigung vermutlich nicht der beste Weg, um eine zu bekommen. Es verstärkt den Demütigungsaspekt der Entschuldigung, stellt den Reumütigen als unterlegen (er tut, was man ihm sagt) und den Empfänger der Entschuldigung als überlegen dar (er kann Forderungen stellen). Betty hätte die Entschuldigung wahrscheinlich eher bekommen, wenn sie etwas gesagt hätte wie:»Ich fühle mich gedemütigt, wenn du das vor meiner Familie, vor allem vor meiner Schwägerin sagst.« Wenn sie ihre Verletztheit zum Ausdruck gebracht hätte, dann hätte Pam wahrscheinlich eher mit Bedauern reagiert:»Tut mir Leid, dass du dich so gefühlt hast. Mein Timing war wohl nicht besonders gut.« Wenn Pam sich ausschließlich auf die Wahrheit beruft, geht sie über Bettys Gefühle hinweg. Deshalb wäre jede Bemerkung, mit der sie Bettys Empfindungen anerkennt, ein Schritt in die richtige Richtung.

Pam wollte sich auch deshalb nicht entschuldigen, weil sie der Ansicht war, dass Betty sie im Anschluss an ihre Bemerkung übel beschimpft hatte. Doch Pam könnte Bettys Gefühle anerkennen, ohne die Art, wie Betty sie äußerte, zu billigen. Sie könnte beispielsweise sagen:»Es tut mir Leid, dass ich das in Gegenwart anderer gesagt habe. Aber ich war auch sehr verletzt, als du mich in Anwesenheit aller anderen angebrüllt hast.«

Mit anderen Worten: Man kann sich in der Mitte zwischen einer direkten Forderung und einer absoluten Weigerung treffen. Man kann eine Form von Entschuldigung aushandeln, die keine absolute Unterwerfung verlangt.

.... Entschuldigungen: Ja bitte

Wenn die Familieneintracht durch den Kampf um eine Entschuldigung bedroht wird, erkennt man, wie groß die Macht von Verzeihungsritualen ist. Und diese Macht kann man nutzbar machen. Ein Ehemann, der die magischen Worte fast experimentell einsetzte, war erstaunt, wie schnell seine Frau nachgab und ihre Streitigkeiten endeten. Er war Rechtsanwalt und hatte das Gefühl, eine alternative Konfliktlösung für Familienbeziehungen entdeckt zu haben – ein privates Äquivalent zur Mediation, die bei Streitsachen in öffentlichen Angelegenheiten eine immer beliebtere Alternative zu langwierigen und teuren Prozessen wird.

Sehen wir uns an, wie eine Mediation in einem medizinischen Streit wirkte. Sie wirft etwas Licht darauf, wie Entschuldigungen in Familienbeziehungen wirken können. Leonard Marcus und Barry Dorn, die als Mediatoren im Gesundheitswesen arbeiten, schildern den Fall einer Mutter, die eine Klage gegen eine Arztpraxis einreichte, weil ihr dreijähriges Kind, das in den Behandlungsräumen herumgelaufen war, einen Gegenstand von einem Medikamentenwagen genommen und sich an einer gebrauchten Spritze verletzt hatte.[46] Obwohl das Kind keine langfristigen Gesundheitsschäden davontrug (es hatte sich nicht mit HIV oder Hepatitis infiziert), empfand die Mutter es als eine unverzeihliche Nachlässigkeit, dass man eine benutzte Spritze offen herumliegen ließ. Doch die Sprechstundenhilfe hatte sich ausschließlich auf das – aus ihrer Sicht – säumige Verhalten der Mutter konzentriert: »Sind Sie nicht in der Lage, auf Ihr eigenes Kind aufzupassen?«

Bei der Mediation erzählte die Mutter dem Arzt, was geschehen war, und wie sich das Ereignis auf sie, auf das Kind und auf ihre Familie ausgewirkt hatte. Der Arzt hörte ihr zu. Als sie ihre Ausführungen beendet hatte, so Marcus und Dorn, entschuldigte sich der Arzt für das, was geschehen war, und für den Kummer, den es der Familie verursacht hatte. Dann beschrieb er Veränderungen, die er in seiner Praxis vornehmen wollte, um solche Vorfälle in Zukunft auszuschließen. Die Mutter war zufrieden und zog die Klage zurück. Dieser Arzt hätte leicht genauso reagieren können wie seine Sprechstundenhilfe und der Mutter eine Vernachlässigung ihrer Aufsichtspflicht vorwerfen können: Die Mutter hätte dem Kind nicht erlauben sollen, in der Praxis herumzulaufen. Doch das hätte die Frau nur noch wütender gemacht. Die Entschuldigung, die er stattdessen anbot, enthielt alle erforderlichen Elemente, um erfolgreich zu wirken: Er erkannte ihre Gefühle an, übernahm Verantwortung für das Geschehen und versicherte ihr, dass es nicht wieder geschehen würde.

Wer dagegen die einfache menschliche Geste einer Entschuldigung durch einen Gerichtsprozess ersetzt, ist am Ende häufig noch frustrierter als vorher. Als ich einmal in einer Talkshow zu Gast war und über die friedensstiftende Wirkung von Entschuldigungen sprach, rief eine Frau an und brachte es auf den Punkt: »Ich bin Rechtsanwältin«, sagte sie, »und ich stimme Ihnen aus vollem Herzen zu.[47] Kürzlich war ich selbst in einen Rechtsstreit mit einem Nachbarn verwickelt. Wir haben Geld bekommen, aber innerlich bin ich immer noch nicht mit der Sache fertig, denn was ich eigentlich wollte, war eine Entschuldigung.«

.... Entschuldigungen: Nein danke

Ich habe gesagt, dass sich Familienkonflikte vermeiden oder abschwächen lassen, wenn Männer besser verstehen, warum Frauen so viel Wert auf Entschuldigungen legen, und wenn sie erkennen, wie wirkungsvoll Konflikte auf diese Weise beigelegt werden können. Doch die andere Seite dieses Lernprozesses besteht darin, dass Frauen besser verstehen und akzeptieren, warum viele Männer lieber einen großen Bogen um Entschuldigungen machen. Wenn sie dieses Verständnis entwickeln, wären sie vielleicht eher bereit, die unerschütterliche Überzeugung aufzugeben, dass Entschuldigungen immer und grundsätzlich notwendig sind.

Frauen entgeht häufig die Bedeutung, die in der indirekten Entschuldigung eines Mannes steckt, und Männern entgeht häufig die Bewandtnis, die in der indirekten Forderung einer Frau steckt. Viele Frauen stellen keine direkten Ansprüche, um nicht anmaßend zu erscheinen, und verkleiden ihre Präferenzen deshalb oft in Form von Fragen. Ein Beispiel, das ich oft anführe, ist die Frau, die während einer Autofahrt fragt: »Hast du Durst? Möchtest du irgendwo einkehren, um was zu trinken?«, die aber diese Fragen nur stellt, weil *sie* Durst hat und zudem ein Gespräch anknüpfen möchte, in dessen Verlauf sie den eigenen Wunsch äußern und erfahren kann, was der andere gern möchte, anstatt sofort eine klare, aber auch einseitige Ansage zu machen. Umgekehrt greifen Männer häufig zu indirekten Mitteln, um ihre Zerknirschtheit auszudrücken, ohne eine direkte und ihrer Ansicht nach demütigende Entschuldigung auszusprechen.

Ein Mann zum Beispiel hatte seiner Tochter versehentlich einen falschen Tipp gegeben. Sie hatte im Rahmen ihres College-Studiums an einem Projekt gearbeitet, für das sie eine bestimmte Sorte Papier brauchte. Der Vater erinnerte sich an ein Geschäft, das alle möglichen Papierprodukte verkaufte und erzählte seiner Tochter, wo es sich befand. Doch als sie dort ankam, stellte sie fest, dass der Laden schon seit einigen Jahren nicht mehr existierte. Als sie frustriert zurückkam, gab der Vater verdrießlich von sich: »Ich war wohl keine große Hilfe.« Obwohl das, streng genommen, keine Entschuldigung war, schien es als solche gemeint zu sein, weil er damit anerkannte, dass er ihr Unannehmlichkeiten bereitet hatte.

Ein anderer Vater fand eine Möglichkeit, sich ganz ohne gesprochene Worte zu entschuldigen. Die Linguistin Robin Lakoff gibt in ihrem wissenschaftlichen Aufsatz über Entschuldigungen ein Beispiel aus dem eigenen Leben.[48] Als ihr Vater sie einmal gekränkt hatte, schickte er ihr ein Buch mit dem Titel: *Der tragbare Brummbär.* Sie deutete dies als indirekte Entschuldigung (»Ich bin nun mal ein alter Brummbär. Was soll ich tun?«) und verzieh ihm auf der Stelle.

Doch häufig akzeptieren Frauen solche indirekten Zeichen der Reumütigkeit genauso wenig wie Männer indirekte Bitten akzeptieren. Als ich bei einem Vortrag einmal erklärte, weshalb eine Frau ihre Präferenzen umschreibt und den anderen nicht direkt zu einem bestimmten Handeln auffordert, meinte ein Zuhörer, dass er dieses Verhaltensmuster von seiner Frau kenne – manchmal wisse er ganz genau, was sie wolle, tue es aber trotzdem nicht, weil sie keine vernünftige Frage gestellt habe. Genauso verhält sich auch eine Frau, die erst zufrieden ist, wenn der Mann eine direkte Entschuldigung äußert, obwohl sie spürt, dass er versucht, einen Patzer ohne Worte wieder gutzumachen.

Natürlich hat jede Regel ihre Ausnahmen; es gibt Männer, die sich häufig und direkt entschuldigen, und es gibt Frauen, die eine indirekte Entschuldigung bevorzugen. Bei einem Paar, das an meinem Forschungsprojekt teilnahm und seine Gespräche aufzeichnete, trat das typische geschlechtsspezifische Muster in umgekehrter Form auf: Der Ehemann entschuldigte sich öfter als die

Frau. Als die Frau einmal um Verzeihung bat, tat sie es indirekt. Sie sagte, sehr leise und zärtlich: »Hey du.« Sie wiederholte die Worte und fügte hinzu: »Haben wir uns ein klein bisschen lieb?« Ihr Mann schien das als Entschuldigung zu akzeptieren und antwortete ebenfalls mit Zärtlichkeit: »Ja, ein klein bisschen.«

Ungeachtet solcher Ausnahmen neigen mehr Männer als Frauen dazu, direkte Entschuldigungen zu vermeiden. Wenn Frauen diesen Aspekt berücksichtigen, können sie vielleicht versuchen, nicht mehr stur auf den Worten »Es tut mir Leid« zu beharren und mehr auf die Handlungen ihrer Partner, Ehemänner, Brüder oder Söhne zu achten: Zeigen diese vielleicht ihre Zerknirschung auf andere Weise? Haben sie sich bemüht, ihr Verhalten zu ändern?

Je mehr die Frau auf einer Entschuldigung insistiert, desto größer wird häufig der Widerstand des Mannes, weil schon die Forderung als solche dazu beiträgt, dass die Entschuldigung als Demütigungsritual erscheint. Mit anderen Worten: Die komplementäre Schismogenese wird in Gang gesetzt. Eine Frau jedoch entdeckte eine Möglichkeit, wie sie den Teufelskreislauf durchbrechen konnte. Wenn sie den Mund hielt, wurde es wahrscheinlicher, dass ihr Mann den seinen aufbekam.

Julia empfand das Muster in ihrer Partnerschaft als unausgewogen. Wenn ihr Ehemann Matt ihr sagte, er ärgere sich über irgendetwas, das sie getan hatte, entschuldigte sie sich, schon bevor er seine Klage zu Ende gebracht hatte. Doch wenn sie ihm sagte, dass sein Verhalten sie gekränkt oder verärgert habe, setzte ein endloser Wortstrom ein: Matt redete sich heraus, ging zum Gegenangriff über, wies jede Schuld weit von sich. Kurzum, er tat alles, außer seinen Fehler zuzugeben und sich zu entschuldigen. Dass er nicht um Verzeihung bat (was aus Julias Sicht bedeutete, dass er sich weigerte, die Verantwortung für sein Handeln zu übernehmen, und dass es ihm gleichgültig war, ob er sie verletzte) blieb dann eine Quelle der Irritation, verursachte eine Wunde, die nässte, anstatt zu heilen.

Einmal hatte Matt versprochen, um sechs Uhr zu Hause zu sein, um das Abendessen zu machen und auf die Kinder aufzupassen. Julia musste an einem abendlichen Meeting teilnehmen, das einen wichtigen neuen Kunden betraf. Matt kam erst um sieben – und entschuldigte sich mit keinem Wort für die Verspätung. Julia stürzte los, so schnell sie konnte, kam aber trotzdem zu spät zu dem Termin, und ihr Chef hatte den neuen Kunden inzwischen einem anderen Mitarbeiter zugeteilt. Als Julia später nach Hause kam und Matt berichtete, was geschehen war, ergriff er ihre Partei und schimpfte wie ein Rohrspatz über den Chef. Über seine eigene Rolle in der ganzen Angelegenheit verlor er kein Wort. Julia wollte ihn schon daran erinnern, doch sie schluckte den Vorwurf herunter, weil sie wusste, warum Matt sich verspätet hatte: Sie hatte bald Geburtstag und Matt durchforstete die Stadt nach einem Geschäft, das den speziellen Schmuck verkaufte, den Julia über alle Maßen liebte.

Sie konnte sich nicht dazu durchringen, ihren Mann auszuschimpfen, weil es ihr angesichts seiner Bemühungen, ein Geschenk für sie zu finden, so undankbar vorkam. Zu ihrem Erstaunen sagte er zwei Tage später von sich aus, er fühle sich mies, weil er schuld daran sei, dass sie zu spät zu ihrem Meeting gekommen sei. Weil sie (aus seiner Sicht) auf einen Angriff verzichtet hatte, war er nicht in seine übliche Abwehrhaltung gegangen. Weil niemand ihn attackierte, hatte er die Fäuste nicht automatisch vors Gesicht gehoben. Und da die Fäuste ihm jetzt nicht die Sicht versperrten, konnte er selbst erkennen, dass er nicht ganz unschuldig an dem verlorenen Auftrag war. Als Julia ihren Vorwurf nicht ausgesprochen hatte, war das gewohnte Muster durchbrochen worden.

Eine alternative private Streitlösung kann bedeuten, dass man entweder mehr oder weniger Entschuldigungen austauscht. Was Wunder wirkt, ist das Durchbrechen des gewohnten Kreislaufs, bei dem zwei Menschen immer trotziger reagieren, weil der eine die Entschuldigung fordert und der andere sie verweigert.

Eine mögliche Methode:
.... Entschuldigung, Kuss und Versöhnung

Zu den Familien, die an meinem Forschungsprojekt teilgenommen hatten und ihre Alltagsgespräche auf Tonband aufzeichneten, gehörte ein Paar, das seit über fünfundzwanzig Jahren zusammenlebt. Sie haben drei Kinder, die zum Zeitpunkt, als die Unterhaltungen aufgenommen wurden, zwischen siebzehn und Anfang zwanzig waren und alle noch zu Hause wohnten. Ein Element ihrer Interaktionen, das mir auffiel, war die Mühelosigkeit, mit der sie Entschuldigungen austauschten, akzeptierten und in ein ausgewogenes Verhältnis brachten. Ich möchte etwas ausführlicher auf ein Beispiel eingehen, weil es zeigt, wie es einer Familie mit Hilfe von Entschuldigungen gelingt, einen Streit zu vermeiden.

Der Ehemann Gregory ist nach einem langen, anstrengenden Arbeitstag im Begriff, die tägliche »große Runde« mit dem Familienhund Nugget zu machen. Auf dem Weg nach draußen begegnet er seiner Frau Rachel und sagt zu ihr: »Ich geh jetzt mit Nugget raus.«

»Er war heute schon draußen«, teilt Rachel ihm mit. »Wir sind heute Morgen lange spazieren gegangen.«

»Oh, das wusste ich nicht«, erwidert Gregory.

»Tut mir Leid«, erklärt Rachel. »Ich wollte es dir sagen, aber hab's dann immer wieder vergessen ...«

An diesem Punkt muss Rachel lachen, weil Gregroy den Hund fragt: »Tja, wieso hast *du* nichts davon gesagt?« und ihm einen Kompromiss vorschlägt: »Dann machen wir eben nur einen kleinen Spaziergang, okay?«

Gregory hätte Grund, sich über Rachel zu ärgern: Da die beiden die Fürsorgepflichten für die Familie – einschließlich Hund – gemeinsam tragen, sollten sie einander darüber informieren, was sie in dieser Hinsicht bereits erledigt haben. Gregroy hätte das leicht in einen Vorwurf ummünzen können: »Wieso hast du mir das nicht gesagt?« Stattdessen macht er eine Bemerkung über seine eigene Unwissenheit (»Oh, das wusste ich nicht«). Rachel für ihren Teil entschuldigt sich, obwohl Gregory ihr keine Schuld gibt (»Tut mir Leid. Ich wollte es dir sagen«) und erklärt: »Ich hab's immer wieder vergessen.« Bemerkenswert ist, wie Gregory auf humorvolle Weise eine Schuldzuweisung an Rachel vermeidet, indem er den Hund fragt: »Tja, wieso hast *du* nichts davon gesagt?« Hätte er diese Frage an Rachel gerichtet, wäre sie als Kritik angekommen.

Im weiteren Verlauf des Gesprächs lässt Gregroy durchblicken, dass Rachels Verhalten in gewisser Weise ärgerlich für ihn war: »Wenn ich das gewusst hätte, wäre ich länger bei der Arbeit geblieben.«

»Tut mir Leid«, sagt Rachel schlicht und übernimmt die Verantwortung, ohne nach einer Ausrede zu suchen.

»Na ja, ich hätte dich ja auch fragen können«, entgegnet Gregory und stellt das Gleichgewicht wieder her, indem er einen Teil der Verantwortung auf seine Kappe nimmt. Auf diese Weise bleibt keiner von beiden mit dem Schwarzen Peter zurück.

Ein weiteres Beispiel von Rachel und Gregory zeigt die Schwierigkeiten, die bei der alltäglichen Organisation des Familienlebens auftreten können – und wie dieses Paar verhindert, dass sich solche Störungen in Konflikte verwandeln. Da sich die Terminpläne aller Familienmitglieder als sehr störanfällig erwiesen haben, kann eine unerwartete Änderung bei einer einzelnen Person alles durcheinander bringen und alle anderen Familienmitglieder zu einer Anpassung an diese neue Situation zwingen. In diesem Beispiel wollen Gregory und Rachel ihren Sohn anlässlich seines siebzehnten Geburtstages zum Essen und anschließend ins Kino einladen. (Die Feier ist bereits um einen Tag verschoben worden, weil Rachel am eigentlichen Geburtstag einen Kursus hatte.) Gregory konnte sich den Tag frei nehmen, da er nicht auf eine seiner zahlreichen Geschäftsreisen musste. Don lässt für die Feier sein Basketball-Training ausfallen, und Rachel will bei der Arbeit früher Schluss machen. Der Plan sieht vor, dass sie gegen siebzehn Uhr Essen und um zwanzig Uhr ins Kino gehen wollen. Um viertel nach drei versucht Gregory, seine Frau bei ihrem Job anzurufen. Als er sie nicht erreicht, hinterlässt er ihr mehrere Nachrichten, um ihr mitzuteilen, dass ihre Tochter Tina um halbfünf ein Auto braucht, um zur Arbeit zu fahren; ihm wäre es lieber, sie würde Rachels Wagen nehmen, und ob Rachel ihn bitte zurückrufen könne, falls sie es nicht schafft, bis zu diesem Zeitpunkt zu Hause zu sein.

Rachel kommt aber erst gegen sechs nach Hause. Man könnte sich ein Gespräch vorstellen, dass mit empörten Fragen und Vorwürfen beginnt wie: »Warum hast du nicht angerufen und mir gesagt, dass du so spät kommst?« oder »Ich habe den ganzen Nachmittag versucht, bei dir anzurufen und überall Nachrichten hinterlassen.« Doch Rachel und Gregory machen sich keine Vorwürfe, bekunden nicht einmal Verärgerung. Nachdem sie sich liebevoll an die Familienhaustiere gewendet haben (neben Nuggett gibt es noch eine Katze namens Raisin), gehen sie geradezu beiläufig mit einer Entschuldigung und einer Erklärung auf Rachels Zuspätkommen ein, bevor sie sich anderen Dingen zuwenden:

Rachel: Hi! Nugget, geh aus dem Weg. Raisin möchte rein.
Gregory: Pass auf. Komm her, Raisin.
Rachel: Komm her, Kleines!
Gregory: Na komm, meine Süße (Singsang-Begrüßung der Katze)
Rachel: Haben die beiden schon was zu fressen gehabt?
Gregory: Was?
Rachel: Haben sie schon was zu fressen gehabt?
Gregory: Nein.
Rachel: Hi. [Kuss]
Gregory: Hi. [Kuss]
Tja, heute Abend müssen wir wohl ganz schön auf die Tube drücken, wenn wir alles gebacken kriegen wollen – Abendessen, Kino und den ganzen Zirkus.
Rachel: Tut mir Leid, ich wurde bei einem Interview festgehalten. Jetzt bin ich startklar.

Rachel und Gregory lenken beide die Aufmerksamkeit auf die Patzer des anderen, ohne Schuldzuweisungen auszuteilen. Gregory lässt Rachel wissen, dass ihr Zuspätkommen ein kleines Problem aufwirft, doch durch den Ausdruck »auf die Tube drücken« und die zusätzlichen Worte »und den ganzen Zirkus« klingt die Beschwerde relativ locker. Rachel hätte ihrerseits vorwurfsvoll fragen können: »Wieso hast du die Tiere noch nicht gefüttert?« Doch auch sie verzichtet auf Anklagen. Gregory gibt anschließend den Tieren zu fressen, und die Familie macht sich auf den Weg, um den Geburtstag zu feiern.

Diese Familie bietet ein inspirierendes Beispiel dafür, wie man mit unerwarteten Änderungen und kleineren Versehen umgehen kann, ohne dass sie sich durch Schuldzuweisungen und Ausreden zu Konflikten entwickeln. Ein Mittel, dies zu erreichen, ist Humor. Daneben spielen Entschuldigungen eine wichtige Rolle und zwar im Stil dieser Familie, in der wenig Lärm um Nichts gemacht wird. Das bereitwillige Angebot und die vorbehaltlose Akzeptanz von Entschuldigungen gehen Hand in Hand mit äußerst zurückhaltenden Vorwürfen. Indem die Familienmitglieder Fehler eingestehen und um Verzeihung bitten, können sie reinen Tisch machen und fühlen sich in ihrer Zuneigung und ihrem Vertrauen bestärkt.

5

Er sagt, sie sagt

Geschlechtsspezifische Muster bei Familiengesprächen

Meine Eltern planten einst eine Reise nach Kalifornien. Als ich einmal nach dem Abendessen mit ihnen zusammen an ihrem Esstisch saß, sprach meine Mutter eine Fülle möglicher Optionen für diese Reise an: An welchem Tag sollten sie abreisen? Sollten sie nach Los Angeles fliegen und dann nach San Francisco fahren oder umgekehrt? Sollten sie die einzelnen Städte in Kalifornien per Auto, Bus oder Flugzeug bereisen? Bei welchen Bekannten sollten sie unterwegs einen Besuch machen? Meine Mutter und ich erörterten das Für und Wider dieser Möglichkeiten, während mein Vater schweigend daneben saß. Plötzlich wandte meine Mutter sich verärgert an ihn und sagte spitz: »Eli, wir müssen eine Entscheidung treffen«. Mein Vater antwortete: »Wie kann man eine Entscheidung treffen, wenn man ununterbrochen redet?« Dann nahm er einen Briefumschlag, der auf dem Tisch lag, drehte ihn um und listete auf der Rückseite die Daten der Reise und zeichnete eine feste Route auf. Voll Zufriedenheit, weil er seinen Teil erledigt hatte, schob er den Umschlag dann zu meiner Mutter herüber. Nachdem meine Mutter einen kurzen Blick auf sein Werk geworfen hatte, wandte sie sich wieder an mich und nahm unser Gespräch wieder auf.

Es war ein kurzer Austausch, ein kleiner Teil eines angenehmen Familienabends, doch die Art und Weise dieser Unterhaltung spiegelte unerbittlich wider, dass hier zwei Frauen und ein Mann zusammensaßen.

Für meine Mutter begann der Spaß an der Reise mit der Planung: Die Erörterung aller möglichen Optionen entsprach dem, was ich als *Beziehungssprache* bezeichne – das verbale Geben und Nehmen, das den vertrauten, innigen und entspannten Charakter von Familie ausmacht. Man könnte sagen, dass für meine Mutter der ganze Entscheidungsprozess ein einziges großes Bindungsmanöver war.

Das Schweigen meines Vaters bedeutete nicht, dass er kein Interesse hatte oder nicht bereit war, einen Beitrag zu leisten, sondern dass er die Rolle des Gesprächs in der Familie anders betrachtet. Aus seiner Sicht erforderte die Reise keine ausgedehnte Unterhaltung, sondern eine Entscheidung – wozu er gern seinen Teil beitragen wollte. Man könnte sagen, er erwartete eine Form von Interaktion, die ich *Berichtssprache* nenne, das heißt einen Austausch von unpersönlichen, sachlichen Informationen. (In einem anderen Kontext könnte es auch zur Folge haben, dass jemand sich über irrelevante Themen ausbreitet.)

Wäre ich ein Sohn und keine Tochter gewesen, hätte es mich vielleicht genauso verwirrt wie meinen Vater, dass meine Mutter jede Möglichkeit lang und breit besprechen wollte und anscheinend viel erpichter darauf war, das Hin und Her der Optionen zu erörtern, anstatt die Entscheidungen tatsächlich zu treffen. Stattdessen schlug ich mich auf die Seite meiner Mutter und ging freudig auf ihre Beziehungssprache ein. Ich verstand auch ihre Frustration: Sie ärgerte sich über meinen Vater, weil er zuerst gar nichts sagte und dann ganz allein eine Entscheidung traf.

Was zwischen Familienmitgliedern vor sich geht, ist das Ergebnis unzähliger Kräfte, die sich wie tektonische Platten mal in diese, mal in jene Richtung verschieben. Eine dieser Kräfte sind geschlechtsspezifische Gesprächs- und Interaktionsmuster. Auch die Neigungen zu Bindung und Kontrolle erzeugen immer wieder größere Reibungsflächen.

»Wie komme ich dazu, ihm Ratschläge zu erteilen?«
Unterschiedliche Vorstellungen
.... von Kommunikation

»Die Kommunikation zwischen meiner Frau und mir läuft großartig«, erzählte mir ein Taxifahrer, der mich zu den NBC-Studios im Rockefeller Center fuhr, als er hörte, dass ich ein Buch über die Kommunikation zwischen Männern und Frauen geschrieben hatte. Dann fügte er hinzu: »Aber manchmal antworte ich einfach nicht, wenn sie mit mir redet.« Der gute Eindruck, der sich mir anfangs aufgedrängt hatte, schwächte sich etwas ab. Ich fragte ihn nach dem Grund für diese drakonische Maßnahme, und er gab mir zur Antwort: »Weil das, was sie sagt, einfach keinen Sinn ergibt.« Als ich ihn bat, mir ein Beispiel zu nennen, erklärte er: »Gestern – da haben wir Fernsehen geguckt, und sie fragt mich plötzlich: ›Wie soll sich mein Bruder verhalten?‹.« Er fängt meinen Blick im Rückspiegel auf und zuckt die Achseln. »Ihr Bruder ist fünfunddreißig. Wie komme ich dazu, ihm Ratschläge zu geben?«

In dieser kurz erzählten Episode verbirgt sich der Kern des Missverständnisses, das in Gesprächen zwischen Männern und Frauen so verheerende Auswirkungen haben kann, vor allem im familiären Zusammenleben. Das Problem beginnt mit dem Timing. Der Mann wollte fernsehen, die Frau wollte reden. Für ihn entsteht die angenehme Vertrautheit der Ehe durch eine gemeinsame Tätigkeit – in diesem Fall durch das Fernsehen. Er fühlt sich wohl. Doch für die Frau entsteht Vertrautheit, indem man miteinander redet – indem man sich in der Beziehungssprache unterhält und einander alles erzählt, was einem auf dem Herzen liegt. Deshalb hat die Frau den Eindruck, das etwas fehlt. Um diesen Mangel zu beheben, hat sie ein Gesprächsthema aufgebracht.

Doch nicht irgendein Thema: Eine Gesprächsvariante, die viele Frauen schätzen und die ihrer Ansicht nach die gegenseitige Vertrautheit besonders deutlich zum Ausdruck bringt, bestärkt und neu begründet, ist das »Problemgespräch«.

•••• Das Problem mit den Problemgesprächen

Gewöhnliche Probleme bieten Futter für eine Art von Gespräch, das den Sprechern hilft, über die Herausforderungen des Lebens nachzudenken – nicht einfach, um eine Lösung zu finden (obwohl auch das natürlich dabei herauskommen kann), sondern um philosophische Betrachtungen anzustellen: Wie gehen andere mit solchen Situationen um? Unter welchem Blickwinkel sollte man sie betrachten? Was ist der beste Denkansatz? Vor allem erzeugt schon die bloße Tatsache, dass man überhaupt diese Art von Gespräch führt, ein Gefühl von Nähe und Verbundenheit.

Ein Problem muss nicht riesengroß sein, damit eine Frau es zur

Sprache bringt: Jede Schwierigkeit kann ein gutes Thema abgeben, weil es die Möglichkeit eröffnet, die wechselseitige Anteilnahme und Verbundenheit zu bekräftigen. Doch viele Männer nehmen an, dass man eine Angelegenheit nur anspricht, wenn sie äußerst schwer wiegend ist. Eine Frau beklagte sich jeden Tag über ihren Job, bis ihr Sohn schließlich sagte: »Wenn du deine Arbeit so sehr hasst, wieso hörst du dann nicht auf?« Die Frau war verwirrt; sie liebte ihren Job. Der Sohn missdeutete den normalen beruflichen Ärger, über den sie schimpfte, und hielt ihn für eine unerträgliche Belastung, weil *er* nur darüber reden würde, wenn dieser so gravierend wäre, dass er dafür dringend eine Lösung bräuchte.

Eine andere Frau machte eine ähnliche Erfahrung. Sie ging zusammen mit ihrem Mann zu einer Betriebsfeier, auf der er zum ersten Mal mit ihren Arbeitskollegen zusammentraf. »Das waren ja richtig nette Leute!«, erklärte er auf dem Nachhauseweg.

»Natürlich sind sie nett«, antwortete die Frau. »Wieso sollten sie nicht nett sein?«

»So wie du sie immer beschrieben hast«, meinte er, »habe ich mir lauter Monster vorgestellt.« Er hatte ihre beziehungssprachlichen Schilderungen zu wörtlich genommen und dem Negativen zu großes Gewicht beigemessen.

Die Frau des Taxifahrers, die gerade keine eigenen Probleme hatte, erwähnte das Dilemma ihres Bruders, um auf diese Weise ein Gespräch in Gang zu bringen. Einfach um darüber zu reden. Einfach weil es ihr in den Sinn kam. Doch weil Gespräche wie dieses für die meisten männlichen Zeitgenossen etwas Ungewohntes sind, dachte ihr Mann, sie bringe es auf den Tisch, weil er etwas *tun* sollte, nämlich ihren Bruder beraten.

Was also hatte der Taxifahrer im Sinn, als er mir versicherte, die Kommunikation zwischen ihm und seiner Frau funktioniere prächtig? Ich fragte ihn. Er erklärte, dass seine Frau und er immer alle Entscheidungen gemeinsam trafen. Wenn es zum Beispiel um den gemeinsam Urlaub oder den Kauf eines neuen Autos gehe, setzten sie sich zusammen, besprächen das Für und Wider und entschieden dann gemeinsam. Für ihn ist Kommunikation etwas Zielgerichtetes. Mit anderen Worten: keine Beziehungssprache, sondern Berichtssprache.

Diese unterschiedlichen Annahmen über das Wesen von Mitteilungen erklären, weshalb Frauen an ihren Ehen am häufigsten die »mangelnde Kommunikation« beklagen, während die Männer, die an denselben Ehen beteiligt sind, die Art und Weise des sprachlichen Umgangs normalerweise nicht als Problem betrachten. Wenn man nicht erkennt, dass man es zu Hause mit einer Form von interkultureller Kommunikation zu tun hat, gibt man schließlich dem Partner, sich selbst oder der Beziehung die Schuld. Diese Muster – die Verletzungen, die sie in Partnerschaften auslösen, und wie man diese heilen kann – beschreibe ich ausführlich in *Du kannst mich einfach nicht verstehen*. Doch geschlechtsspezifische Unterschiede berühren alle Mitglieder einer Familie, ob verheiratet oder nicht, ob hetero- oder homosexuell: Die Familie zwingt uns in enge Beziehungen mit Menschen des anderen Geschlechts – mit Eltern, Kindern, Geschwistern, Tanten, Onkeln und Großeltern. Immer wenn Angehörige der beiden Geschlechter zusammenkommen, treten zwangsläufig Belastungen und Brüche entlang der Geschlechtergrenzen auf.

»Noch einmal mit Gefühl, bitte«
Für Frauen bedeutet Nähe, dass man über
.... persönliche Beziehungen redet

Eine klassische Anwendungsform der Beziehungssprache ist der Austausch von Informationen über persönliche Erfahrungen mit dem Partner. Viele erwachsene Schwestern bewahren ihre Verbundenheit, indem sie sich gegenseitig über die Ereignisse in ihrem Leben auf dem Laufenden halten. Wenn die eine oder andere unverheiratet ist, gehört dazu häufig, dass sie sich gegenseitig über den neuesten Stand romantischer Verwicklungen und Affären informieren.

Doch schauen Sie, was geschieht, als Celia (in einem von ihr aufgezeichneten Gespräch) versucht, Nähe zu ihrem Bruder Lou herzustellen, indem sie sich besonders neugierig nach seiner Freundin Kerry erkundigt.[49]

»Und wie läuft's mit Kerry?«, fragt Celia.

»Cool«, entgegnet Lou.

»Cool«, wiederholt sie und fragt dann: »Heißt das sehr gut?«

»Genau«, bestätigt Lou.

»Die große Liebe?«, fragt Celia.

»Ziemlich groß«, sagt er.

»*Ziemlich* groß?«, fragt sie. »Was meinst du mit *ziemlich* groß?«

»Ich meine, es ist alles in Ordnung.«

Lou liefert einfach nicht die Art von Informationen, die Celia haben möchte, und als sie nachbohrt, klingt sie ein bisschen wie ein Inquisitor. Tatsächlich ähnelt der Austausch eher einem Gespräch zwischen einer Mutter und ihrem halbwüchsigen Sohn.

Der Anbruch der Pubertät bei den Kindern kann für alle Eltern schmerzlich sein, doch Mütter trifft es häufig besonders hart, wenn die Kinder sich von ihnen abwenden. Mütter fühlen sich ausgeschlossen und tief verletzt, wenn die Kinder, die ihnen immer alles erzählt haben, plötzlich gar nichts mehr verraten. Hier zeigt sich die besondere Bedeutung des Gesprächs und des Austauschs von Geheimnissen für die Herstellung von Nähe, die für viele Frauen das Hauptkriterium einer Beziehung ist. Den Vätern ist die Beziehung der Mütter zu ihren Kindern häufig ein Rätsel. Viele verstehen nicht, warum ihre Frauen sich darüber aufregen, dass die halbwüchsigen Kinder ihnen nichts mehr anvertrauen.

Einen Einblick in das Zusammenleben mit einem Teenager gewährt der Dokumentarfilm *An American Love Story* der Filmemacherin Jennifer Fox, die ab 1992 fast zwei Jahre lang den Alltag einer amerikanischen Familie filmte und Auszüge davon für eine Serie benutzte, die 1999 von PBS ausgestrahlt wurde. Die Familie setzt sich aus den Eltern Karen Wilson und Bill Sims sowie ihren zwei Töchtern Chaney und Cicily zusammen. In einer Szene geht es um einen Konflikt, der zwischen der zwölfjährigen Chaney und ihrer Mutter auftritt, als die Tochter ihr erstes »Date« mit einem Jungen hat. Zu diesem Konflikt gehört, dass die Mutter austestet, mit der Tochter über deren Gefühle zu reden – und die Tochter diese Versuche entschieden abblockt. Die Gespräche der beiden klingen ganz ähnlich wie das zwischen Celia und ihrem Bruder.

Der (dreizehnjährige) Junge, der Chaney zu Hause besuchen wollte, ist zu dem verabredeten Treffen nicht aufgetaucht. Nachdem die ganze Familie mehrere Stunden auf ihn gewartet hatte, erhielt Chaney einen Anruf, in dem der Junge ihr erklärte, dass

seine Großmutter ihm nicht erlaubt habe, zu kommen. Anschließend versucht Karen, ein Gespräch mit Chaney anzuknüpfen:

»Das ist wirklich ein starkes Stück«, hebt Karen an. »Bist du
nicht wütend?«

»Nein.« Chaneys knappe Antwort bietet wenig Ansatzpunkte.

»Ich meine – so ganz allgemein«, drängt die Mutter.

»Was meinst du damit?«, fragt Chaney.

»Nicht auf ihn, sondern im Allgemeinen.«

»Nö, nicht besonders.«

Karin fängt an, ihrer Tochter einzelne Wörter anzubieten wie
bei einem Multiple-Choice-Fragebogen. »Enttäuscht?«, fragt sie.

»Nö, nicht besonders.«

»Erleichtert?«

»Nein«, lacht Chaney.

Karen stimmt in das Lachen ein und sagt in scherzhaftem Ton,
was wohl schon unzählige Mütter in unzähligen Gesprächen mit
ihren halbwüchsigen Kindern gesagt oder gedacht haben:

»Lass dir doch nicht jedes Wort aus der Nase ziehen, Chaney.
Sag doch mal, was in dir vorgeht.«

Durch ihre Fragen und Kommentare zeigt Karen ihrer Tochter,
welche Art von Gespräch sie erwartet – nämlich eine Unterhaltung über die *Gefühle,* die das Ereignis bei Chaney auslöst.

Zur allgemeinen Überraschung steht der Junge zwei Tage später
unangemeldet vor der Tür, und Chaney macht einen Spaziergang
mit ihm. Als sie zurückkommt, wird sie bereits ungeduldig von ihren Eltern erwartet. Karen fragt: »Na, wo seid ihr hingegangen?«

Chaney antwortet so kurz wie möglich (»Nur so durch die Gegend.«) und steuert zielstrebig ihr Zimmer an, um ihre beste
Freundin anzurufen.

»Komm, setz dich zu uns und erzähl uns alles«, ruft Karen hinter ihr her.

»Ich muss Nelly anrufen«, wendet Chaney ein.

»Komm, erzähl uns zuerst, wie's war«, beharrt Karen. »Ich
muss das jetzt als Erste wissen.«

Chaney gibt nach und setzt sich, bietet jedoch von sich aus keinen Bericht an. Sie gibt lediglich kryptische und minimalinforma-
tive Antworten auf Karens Fragen. Während des gesamten Gesprächs lacht oder kichert Chaney.

»Wo seid ihr hingegangen?«, fragt Karen.

Chaney antwortet mit einer Aufzählung: »Wir sind am Zoo vorbeigeschlendert, die Hauptstraße hoch, bis zu meiner Schule, sind ein bisschen herumgewandert und haben uns dann in die Eingangshalle gesetzt.«

»Hat er deine Hand gehalten?«, fragt die Mutter.

»Yeah«, Chaney lacht.

»Wie hat sich das angefühlt?«

»Seine Hände waren kalt.«

Karen, die weitere Einzelheiten erfahren möchte, bohrt nach: »Habt ihr euch geküsst?«

»Ja«, lautet die Minimalantwort.

»Wo?«

Chaney kichert und antwortet mit einer Gegenfrage: »Was glaubst du?«

»Auf den Mund?«

»Nur ganz kurz.«

»Oh, mein Gott!«, flüstert Karen, bevor sie wieder mit normaler Stimme auf weitere Einzelheiten drängt: »Vor unserer Haustür?«

»Ja.«

Jetzt fragt Karen nach Chaneys Reaktion: »Was hast du dabei gedacht?«

»Nichts.«

»Hast du irgendwas dabei empfunden?«

»Ja«, sagt Chaney; sie geht aber nicht weiter darauf ein, um welche Art von Gefühl es sich gehandelt hat.

Also stellt die Mutter ihr erneut verschiedene Möglichkeiten zur Auswahl: »War es ein gutes, ein schlechtes oder ein blödes Gefühl?«

»Ein gutes.«

Dann fragt Karen: »Wann trefft ihr euch wieder?«

»Wahrscheinlich im Juni«, antwortet die Tochter.

»Das ist schön«, sagt die Mutter.

An diesem Punkt lacht Chaney und will aufstehen. »Bis dann!«, sagt sie.

Doch aus Karens Sicht ist das Gespräch noch nicht zu Ende. »Also freust du dich, ihn wieder zu sehen?«

»Ja, klar.«

»Ist er so, wie du ihn dir vorgestellt hast?«

»Ganz genauso.«

An diesem Punkt gelingt Chaney die Flucht. Um zu erfahren, wie sie das Date wirklich fand, hätte man das Gespräch mit Nelly mithören müssen. Das weiß auch Karen und ist darüber genauso enttäuscht wie die meisten Mütter von Teenagern.

Obwohl Chaney die Fragen der Mutter beantwortet und durchaus einiges über ihre Verabredung preisgibt, klingt der Austausch eher nach einem Verhör als nach einem Gespräch. Chaney scheint so wenig Informationen wie möglich herausrücken zu wollen. Da es die Mutter ist, die die Einzelheiten beisteuert (»auf den Mund?«, »vor unserer Haustür?«) können wir nicht sicher sein, ob sie stimmen. (Es ist leichter, den Vermutungen einer anderen Person einfach zuzustimmen, als selbst falsche Informationen zu geben, und es kommt einem nicht wie eine richtige Lüge vor.)

Eine Methode, wie Chaney die Enthüllung von Informationen verhindert, besteht darin, dass sie Zuflucht zu wörtlichen Auslegungen nimmt, zum Beispiel als sie auf die Frage: »Wie hat sich das angefühlt?«, antwortet: »Seine Hände waren kalt.« Rein sachlich ist dies eine korrekte Antwort. Doch Chaney weiß wahrscheinlich sehr genau, dass ihre Mutter an ihren Emotionen und nicht an Celsiusgraden interessiert ist.

Der Austausch ist erfüllt von den Anspannungen, die sich zwischen einer Mutter und ihrer Teenager-Tochter entwickeln, weil Frauen dazu neigen, Beziehungen danach zu bewerten, wie eng sie sind, und weil für sie das Reden über Beziehungen – und über die damit verbundenen Gefühle – ein Ausdruck von Nähe und Verbundenheit ist.

»Sie erzählt mir überhaupt nichts mehr«
Der unterschiedliche Blickwinkel
.... von Müttern und Vätern

Wenn mein Vater in Abwesenheit meiner Mutter mit einem Bekannten telefoniert, fragt sie hinterher: »Was hat er gesagt?« Mein Vater antwortet: »Er hat ›Hallo‹ gesagt.« Mit dieser scherzhaften

Antwort gesteht mein Vater seine Niederlage ein: Er weiß, er wird nie in der Lage sein, das Gespräch in all den Einzelheiten wiederzugeben, die meine Mutter interessieren. Sie wiederum ist verärgert, weil sie gern mehr zu hören bekommen hätte.

An die Antwort meines Vaters, die sich bei uns in der Familie zu einem Standardwitz entwickelte, wurde ich durch eine Unterhaltung erinnert, die in einem weiteren, 1973 gedrehten Dokumentarfilm stattfand: in *An American Familiy*. In diesem Gespräch diskutieren die Eltern Pat und Bill Loud über ihre Teenager-Tochter Delilah. Im gesamten Gespräch ist auffällig, dass Bill an Delilahs Handlungen interessiert ist, während sich Pat darauf konzentriert, was Delilah fühlt – und mit wem sie darüber redet.

Pat hatte die sechzehnjährige Delilah und eine gleichaltrige Freundin auf eine Reise nach Mexiko mitgenommen, aber die beiden Mädchen sind früher nach Hause zurückgefahren. Anlässlich ihrer eigenen Heimkehr geht Pat abends zusammen mit ihrem Mann Bill ins Restaurant. »Was hat Delilah gesagt, als sie nach Hause kam?«, fragt Pat.

»Was sie gesagt hat?«, fragt Bill. »Na ja, ähm, sie sagte, dass sie bei Nancy bleiben wollte.«

Das ist ungefähr so aufschlussreich wie die Antwort meines Vaters, dass der Anrufer ›hallo‹ gesagt hätte. Also versucht Pat, sich klarer auszudrücken: »Nein, das meine ich nicht. Ich meine, hat sie gesagt, dass sie es mit mir einfach nur schrecklich fand? Hat sie – ich habe noch nicht mit ihr geredet, und ich will es einfach nur wissen.«

Bills Antwort zielt offenbar darauf, seiner Frau zu versichern, dass die Gründe, weshalb Delilah früher nach Hause fahren wollte, nichts mit ihr zu tun hatten: »Sie sagte, ›Mama hat sich ein Bein ausgerissen, damit wir zufrieden sind‹.« Er gibt wörtlich einige Klagen wieder, die Delilah in Bezug auf die Reise geäußert hat, die sich aber allesamt nicht auf die Mutter bezogen: »›Es gab keine Jungs da, keine Mädchen – niemanden in unserem Alter‹, hat sie gesagt, ›Außerdem war's heiß und staubig‹, und dann hat sie noch gesagt: ›Ich wollte einfach nach Hause.‹ Na ja, du weißt schon, ihr einziges Problem ist, dass sie – sie hat zum ersten Mal einen Freund, der ihr wirklich gefällt.«

Doch Pat ist nicht beruhigt. Als Bill ein anderes Thema anschneidet, sagt sie: »Lass uns doch noch mal über Delilah reden.«

Pat kommt schnell darauf zu sprechen, dass die Tochter anscheinend kein Vertrauen zu ihr hat, worüber sie, Pat, sich sehr enttäuscht zeigt. »Ehrlich gesagt«, meint sie, »gefällt es mir nicht, dass sie Angst davor hat, mit mir zu reden, dass sie nicht offen mit mir spricht.« Bill versteht nicht, wieso das so wichtig ist. Pat versucht, es ihrem Mann genauer zu erklären. »Weil sie ihrer Mutter vertrauen muss«, sagt sie, »oder einer Person, die verständnisvoll und älter ist, und das bin ich. Sie braucht mich, sie braucht mich mehr als ...«

»Mich?«, fragt Bill.

Bald wird sich herausstellen, dass Pat wahrscheinlich genau diese Tatsache in ihrem Herzen bewegt: Sie hat den Eindruck, dass Delilah mehr Nähe zu ihrem Vater hat als zu ihr. Doch fürs Erste zieht sie einfach den Schluss: »Ich denke nur, dass sie sich in meiner Gegenwart eigentlich frei fühlen sollte, denn ich bin überrascht, ja geschockt, dass es nicht so ist.«

Im weiteren Verlauf des Gesprächs focussiert sich Bill weiterhin auf das Handeln von Delilah, während sich Pat mit der Frage herumplagt, ob ihre Tochter tatsächlich Vertrauen zu ihr hat oder nicht. »Liebling«, sagt Bill, »mach dir keine Gedanken über diese Sachen. Sie geschehen einfach. Ich weiß, das gefällt dir nicht, aber du kannst nichts dagegen tun.«

Pat erwidert, dass sie Delilah mag, dass sie stolz auf sie ist und dass sie sie wirklich liebt: »Deshalb verletzt es mich, dass sie nicht einfach zu mir kommt und sagt: ›Hör zu, hier liegt das Problem begraben.‹«

Diese Unterhaltung und die unterschiedlichen Reaktionen von Pat und Bill auf die Distanzierungsversuche der Kinder zeigen, wie sich die immense Bedeutung, die Frauen der Beziehungssprache beimessen, innerhalb der Familie auswirken kann. Für Pat ist die Erkenntnis, dass sich die Tochter eher dem Vater anvertraut als ihr, ein zusätzlicher Schlag. Bill versucht, die Bedeutung dieses Geschehnisses herunterzuspielen, indem er sagt: »Sie weiß einfach, dass ich schwächer bin – dass ich schwächer bin als du. Das ist alles.« Pat akzeptiert diese Erklärung nicht, fühlt sich nicht davon getröstet. »Sie erzählt dir diese Dinge nicht aus dem Grund, weil sie dich für schwächer hält. Sie erzählt sie dir, weil sie sich dir näher fühlt, was sehr ... was etwas sehr Positives ist. Ich – ich verstehe das. Doch vom Gefühl her möchte ich nur ... ich möchte, dass sie mit mir auch über alles reden kann. Aber mir erzählt sie überhaupt nichts.«

Die unterschiedlichen Sichtweisen von Bill und Pat sind offensichtlich: Für Pat ist Nähe das Wichtigste, und Nähe entsteht durch vertrauliche Gespräche, in denen man seine Gefühle offenbart.

»Ich finde das toll«, »Ich finde das grauenvoll«: Wenn sich die Kinder aus dem Staub **.... machen ...**

Eine weitere Studentin von mir, Maureen Taylor, hat die Gespräche zwischen Pat und Bill Loud untersucht. In ihrer Einführung beschreibt Taylor die Familie als eine Institution, die »fesselt und verstrickt, auffängt und fallen lässt, versöhnlich und zornig stimmt«. Sie interessierte sich für die Frage, wie unterschiedlich Pat und Bill darauf reagieren, dass ihre Kinder erwachsen werden und von zu Hause ausziehen. Pats Sichtweise: »Ich finde es grauenvoll, dass sie einfach so gehen. Grauenvoll. Einfach nur grauenvoll.«

Bill sagt: »Ich finde das toll.«

Taylor weist darauf hin, dass der Gegensatz zwischen Pat, die sich verlassen fühlt, und Bill, der sich befreit fühlt, als die Tochter – und die übrigen Kinder – erwachsen werden, auch mit den geschlechtsspezifischen Rollen zusammenhängt, die diese Eltern in der Kindererziehung übernommen haben. Da Pat seit ihrer Heirat die Aufgabe übernommen hatte, für Mann und Kinder zu sorgen, fühlt sie sich beraubt, als die Kinder sich abnabeln. Zu ihrer Schwägerin sagt sie: »Was bleibt mir noch, wenn meine Kinder mich alle verlassen? Was habe ich dann noch? Dann habe ich nichts mehr. Und das macht mir schreckliche Angst.«

Im Gegensatz dazu, so Taylor, hat Bill sein Leben mit Reisen verbracht, erst in der Navy und später im Rahmen seines Berufs. Entsprechend fasst er das Erwachsenwerden seiner Kinder auf: Während für Pam im Vordergrund steht, dass die Kinder sie ver-

180

lassen, sieht Bill in erster Linie, dass die Kinder an eigener Freiheit gewinnen.

Die Reaktionen von Bill und Pat spiegeln auch die tendenziell unterschiedlichen Schwerpunkte wider, die Männer und Frauen in Beziehungen setzen. Pats Hauptsorge ist, dass sie die Vertrautheit mit ihrer Tochter verliert – und dass sie nicht mehr gebraucht wird. Für Bill ist Nähe, gemessen an vertraulichen Gesprächen, nicht das Kriterium, an dem er die Beziehungen zu seinen Kinder misst, deshalb empfindet er nicht denselben schmerzlichen Verlust. Wenn er an die Kinder denkt, konzentriert er sich auf ihre – und damit letztlich seine – Unabhängigkeit.

Betrachten wir einmal, wie Bill reagiert, als Pam zum Ausdruck bringt, wie unglücklich sie darüber sei, dass die Kinder erwachsen und selbstständiger werden. Bills beruhigende Worte klingen fast poetisch mit ihren tröstenden Rhythmen und beschwörerischen Wiederholungen. Man kann diese Wirkung sichtbar machen, wenn man seine Äußerungen wie ein Gedicht in Versform[50] setzt:

Man möchte sich glücklich schätzen,
dass sie in die Welt hinausziehen
und ihren eigenen Weg gehen wollen.

Und man möchte sich glücklich schätzen,
dass man sie nicht für den Rest des Lebens
am Hals hat.

Man möchte sich glücklich schätzen,
dass man so eine Tochter hat.
Sie hockt nicht zu Hause herum,
sie will etwas tun,
und sie weiß, was sie will – weiß verteufelt gut, was sie will.

Mach dir deswegen keine Sorgen, Patty.
Du hast dein eigenes Leben
und in etwa zehn Jahren –
ist sie wieder da.

Doch Pat ist alles andere als beruhigt. Später in diesem Gespräch setzt sie wieder genau da an, wo sie angefangen hat: bei ihrer Enttäuschung, dass die Tochter kein Vertrauen zu ihr hat – und dass dies einen Mangel an Nähe beweist. »Aber deshalb bin ich ja so entsetzt«, meint Pat, »weil ich immer gedacht habe, dass wir uns außergewöhnlich nahe stehen und dass sie mir alles sagen kann.«

Bill erklärt dann, dass er entschieden hat, sich keine Sorgen mehr zu machen. Doch aus seiner Perspektive bezieht sich dieser Entschluss nicht auf das Reden seiner Kinder (ob sie sich ihm anvertrauen oder nicht), sondern auf ihr Handeln (ob sie einen ordentlichen Beruf erlernen und Geld verdienen). Bill geht nacheinander auf die Kinder ein, und auch diesmal zeigt sich die poetische Kraft seiner gesprochenen Worte, wenn man sie in Versform bringt:

Kevin will keinen Zement gießen?
Vergiss es.
Du musst keinen Zement gießen.
Ich muss ihn nicht unterstützen.
Er sollte lieber anfangen, sich selbst zu unterstützen.

Sie will tanzen?
Sie sollte sich lieber auf die Socken machen
und ein paar Groschen verdienen
und sich selbst um ihr Getanze kümmern.

Michelle will nicht mit den anderen Mädchen spielen?
Darüber werde ich mir keine Gedanken machen.
Meinetwegen
kann sie für den Rest ihrer Tage
in ihrem Zimmer hocken.

Ich werde mir deswegen keine Sorgen mehr machen.
Für solchen Blödsinn ist das Leben zu kurz.
Das habe ich durch diesen Urlaub gelernt.

Bills Beschreibung der Dinge, über die *er* sich keine Gedanken mehr machen will, verdeutlicht, dass er sich in erster Linie in finanzieller Hinsicht durch die Familie belastet fühlt: durch die

Pflicht, für den Lebensunterhalt aller aufkommen zu müssen. Das ist die Last, von der er hofft, durch das Erwachsenwerden der Kinder befreit zu werden.

Es klingt nahezu wie ein Klischee, ist aber dennoch Realität, dass heranwachsende Töchter und ihre Mütter im Clinch liegen. Doch gibt es zahlreiche Ausnahmen von dieser Regel. Viele Mütter und ihre halbwüchsigen Töchter kommen sehr gut miteinander aus und bewahren durchgehend ein inniges Verhältnis. Die unterschiedlichen Bedürfnisse der Eltern tragen zu der jeweiligen Konstellation bei. Wenn die Mutter die Beziehung zu ihrer Tochter über Nähe und Vertrautheit definiert, dann wird die Tatsache, dass die Tochter ihre Loyalität allmählich auf gleichaltrige Freundinnen verschiebt, bei der Mutter auf weit stärkeren Protest stoßen als beim Vater. Für ihn ist das kein elementarer Verlust, weder für seinen Alltag noch für seine klare Auffassung vom Wesen einer guten Beziehung.

»Schau mich an, wenn ich mit dir rede« Geschlechtsspezifische Muster – .... von Anfang an

Geschlechtsspezifische Sprechweisen lösen zwischen Eltern und gegengeschlechtlichen Kindern mit Sicherheit genauso viel Verwirrung aus wie zwischen den Eltern selbst. Vielen Müttern sind ihre Söhne ein Rätsel; dasselbe gilt für Väter und Töchter. Die Anfänge dieser Befremdlichkeit liegen in den unterschiedlichen Beziehungsformen, die Mädchen und Jungen in den Freundschaften ihrer Kindheit lernen. Folglich werden erwachsene Menschen, die früher Mädchen waren, und erwachsene Menschen, die früher Jungen waren, automatisch besser verstehen, was in Kindern des eigenen Geschlechts vor sich geht.

Vor einigen Jahren leitete ich ein Forschungsprojekt, bei dem ich jeweils »zwei beste Freunde« oder »zwei beste Freundinnen« aufforderte, Stühle in einen Raum zu tragen und sich miteinander zu unterhalten.[51] Wenn ich Ausschnitte aus den Videoaufnahmen von diesen Gesprächen vorführe, lösen die Unterschiede immer Gelächter bei den Zuschauern aus. Im ersten Videoclip sitzen sich zwei fünfjährige Mädchen direkt gegenüber. Sie sind einander zugewandt, sitzen fast Nase an Nase. Die eine streckt die Hand aus und rückt den Haarreif der anderen zurecht. Beide unterhalten sich intensiv, nicht eine Sekunde unterbrechen sie den gegenseitigen Blickkontakt.

Dann kommen die fünfjährigen Jungen, die verloren und unbehaglich auf ihren Stühlen herumrutschen. Sie sitzen nebeneinander, schauen sich nie direkt in die Augen – wenden sich einander überhaupt nicht zu. Sie federn in ihren Stühlen auf und ab, während sie darüber reden, was sie lieber tun würden, als hier herumzusitzen – zum Beispiel das Haus in die Luft sprengen (aber nur die obere Etage, wo ich sie zu diesem Experiment verdonnert habe, nicht das Untergeschoss, in dem sich das Nintendo befindet). Einige Augenblicke nach dieser Sequenz halten sie es nicht mehr auf den Stühlen aus und fangen an, im Zimmer herumzurennen. Ich beobachtete das Geschehen auf einem Bildschirm vom Nebenraum, wo ich neben dem Kameramann saß. Ich brach die Aufnahme schleunigst ab, als ich sah, wie einer der Jungen seinen Plastikstuhl über dem Kopf schwang und damit direkt auf die Videokamera zustürmte.

Anschließend sieht man Zehnjährige bei diesem Experiment. Die Mädchen setzen sich wieder einander direkt gegenüber und unterhalten sich angeregt. Der Blickkontakt wird kein einziges Mal unterbrochen. Die Jungen sitzen erneut Seite an Seite, winden sich unbehaglich auf ihren Stühlen und sehen sich kein einziges Mal gezielt an. Sobald einer den Kopf leicht in die Richtung des anderen dreht, wendet dieser den Blick ab.

Die Fünfzehnjährigen sorgen stets für besondere Heiterkeit. Die Mädchen sitzen sich direkt gegenüber und blicken sich unverwandt an, während die eine ein Geschenk beschreibt, das sie für eine Freundin gekauft hat. Dann kommen die Jungen, die nach vorn gebeugt nebeneinander sitzen. Ein Junge stützt sich mit den Ellbogen auf den Knien ab und fixiert den Fußboden; der andere hat den rechten Fuß über das linke Knie geschlagen und spielt mit seinem Schuhband. Während des gesamten Gesprächs hält er den Blick fest auf seinen Fuß gerichtet.

Man kann ähnliche Verhaltensmuster an jedem sonnigen Tag beobachten, wenn Männer oder Frauen zu zweit ihr Lunch im Park verzehren, oder bei praktisch allen Gelegenheiten, bei denen

Freunde in einer ungezwungenen Situation zusammenkommen: die Frauen sitzen sich direkt gegenüber und halten Blickkontakt, während sie sich lebhaft unterhalten; die Männer platzieren sich im Winkel oder parallel zueinander und schauen in der Gegend herum, während sie miteinander reden.

Diese unterschiedlichen Muster führen häufig zu Verwunderung und Bestürzung zwischen Männern und Frauen. Die Frau beklagt sich »Du hörst mir nicht zu«, wenn der Mann, mit dem sie redet, seinen Blick durch den Raum schweifen lässt, und der Mann fühlt sich zu Unrecht beschuldigt. *Er* wiederum würde sich unbehaglich fühlen, wenn die Person, mit der er sich unterhält, ihn zu lange anstarrt. Bei einem Mann würde er den direkten Blick als Provokation, bei einer Frau als Flirt auffassen. Doch aus Sicht vieler Frauen beweist der fehlende Blickkontakt, dass der andere nicht zuhört – und ihnen damit das schönste Geschenk vorenthält, was Menschen einander machen können. Ein in *Newsweek* veröffentlichter Leserbrief, der sich auf einen Artikel über weibliche Sexualität bezog, brachte diese Haltung sehr schön zum Ausdruck: »Wenn die Pharmaunternehmen doch bloß ein Mittel entwickeln könnten, dass für eine bessere Durchblutung der männlichen Ohren sorgt«, schrieb Julie Wash, »dann hätten auch die Frauen ihr Viagra.«[52]

Stellen Sie sich eine Szene in einer Küche vor, wenn das Kind von der Schule nach Hause kommt. Mutter und Tochter sitzen am Küchentisch und schauen einander an. Die Mutter fragt, was in der Schule los war, und die Tochter berichtet davon. Sie erzählt vom Lehrer, von ihren Freundinnen und worüber sie sich unterhalten haben. In einer anderen Küche richtet eine andere Mutter dieselbe Frage an ihren Sohn. Die einzige brummelnde Antwort, die sie von ihrem am Küchenschrank lehnenden Sohn erhält, ist ein »Nichts«. Doch es besteht Hoffnung: Viele Mütter stellen fest, dass ihr Sohn eher mit interessanten Informationen herausrückt, wenn er nicht mehr erwartungsvoll am Tisch angeblickt wird, sondern wenn Mutter und Sohn etwas gemeinsam unternehmen, zum Beispiel mit dem Auto unterwegs sind oder Unkraut jäten. Als eine Mutter einmal hörte, wie ich das sagte, rief sie aus: »Genau! Das kann ich nur bestätigen. Und mein Sohn ist erst vier!«

Viele Väter verstehen das automatisch. David Reimer, ein Mann, der als Mädchen aufgezogen wurde, nachdem er bei einem missglückten chirurgischen Eingriff im Säuglingsalter den Penis verloren hatte, schildert den Moment, als er fast fünfzehn war und seine Eltern ihm die Wahrheit über sein Geschlecht eröffneten. Der Teenager, der sich bis dahin für ein Mädchen namens Brenda gehalten hatte, wurde misstrauisch, als ihr Vater sie eines Tages von der Schule abholte und vorschlug, erst noch ein Eis essen zu gehen, anstatt direkt nach Hause zu fahren. Im Rückblick erinnert David sich, dass sein erster Gedanke war, es müsse etwas Schreckliches mit seiner Mutter oder seinem Bruder passiert sein: »Wenn sich in der Familie irgendeine Katastrophe anbahnte, dann packte einen der gute alte Dad ins Auto und lud einen zum Eis oder zu sonst was ein. Also dachte ich mir: Liegt Mutter im Sterben? Wollt ihr euch etwa scheiden lassen? Ist mit Brian alles in Ordnung?«[53] Mit anderen Worten, der Teenager spürte sofort, dass der Vater alles für eine größere Enthüllung vorbereitete – weil er mit Weitblick dafür sorgte, dass sie nebeneinander sitzen und geradeaus blicken konnten.

Wettbewerb:
.... Vom Aufspielen und Herunterspielen

Nicht nur die Körperhaltung unterscheidet sich, wenn Jungen und Mädchen, Männer und Frauen mit gleichgeschlechtlichen Freunden reden. Auch die Art und Weise, wie sie Gespräche führen, kann Verwirrung auslösen. Ein Vater, der zu einer elterlichen Fahrgemeinschaft gehörte, und seinen Sohn und dessen Freunde häufig chauffierte, machte eine ganz neue Erfahrung, als er seinen Sohn zusammen mit drei Mädchen – allesamt Fünfklässlerinnen – zu einer Chorprobe brachte.

Zuerst war der Vater überrascht, wie anders das Gespräch der Mädchen klang. Er war daran gewöhnt, dass sein Sohn und die anderen Jungen über Sport, die neuesten Autos oder Pokemon-Karten redeten oder sich freundschaftlich neckten. Die Mädchen unterhielten sich dagegen über Freundinnen und Fernsehschauspieler. Und sein Sohn, offenbar genauso irritiert wie der Vater, war ungewöhnlich schweigsam. Einmal versuchte er, sich am

Gespräch zu beteiligen. »Ich habe heute eine neue Pokemon-Karte bekommen«, verkündete er mit echter Begeisterung. Die Unterhaltung verstummte. Nach einer Weile brachen die Mädchen das Schweigen und kehrten zu ihrer Unterhaltung über TV-Stars und hippe Klamotten zurück. Ganz ähnliche Unterschiede im Gesprächsstil führen dazu, dass männliche Büroangestellte sich ausgeschlossen fühlen, wenn sie versuchen, sich an einem Gespräch zwischen Kolleginnen zu beteiligen.

Mütter und Väter reagieren mitunter völlig perplex auf Bemerkungen ihrer eigenen gegengeschlechtlichen Kinder. Ein Trainingsfilm, den ich machte, um die Kommunikation zwischen Männern und Frauen zu verbessern, umfasst einige Videoclips aus einer Kindertagesstätte in Minnesota.[54] Wenn ich diese Clips vorführe, erzählen mir viele Eltern, jetzt könnten sie sich endlich einen Reim darauf machen, was in ihren gegengeschlechtlichen Kindern vorgehe.

Ein Videoclip zeigt drei kleine Jungen, die zusammensitzen und darüber reden, wie hoch sie einen Ball in die Luft werfen können.

»Meiner fliegt bis ganz hoch oben!«, prahlt der Erste.

»Meiner bis zu den Wolken!«, behauptet der Zweite unter dem anerkennenden Gekicher des dritten Jungen.

Der Erste überbietet nun mit: »Meiner fliegt bis in den Himmel!«, woraufhin die Jungen erneut in ein lautes Gelächter ausbrechen.

Und dann meldet sich der kleine Junge zu Wort, der bis jetzt geschwiegen hat, und übertrifft sie alle mit: »Meiner fliegt bis ganz nach oben – bis zu Gott.«

Nachdem eine Frau das Video gesehen hatte, kam sie zu mir und erzählte mir von einem Gespräch, das zwischen ihrem Sohn und zwei Freunden auf dem Rücksitz ihres Autos stattgefunden hatte, als sie die drei chauffierte. »Als wir im Sommer nach Disneyland gefahren sind, waren wir vier Tage da«, hörte sie einen der Jungen sagen.

»Als wir nach Disneyland gefahren sind, waren wir fünf Tage da«, erklärte der andere.

Und dann vernahm sie ihren eigenen Sohn: »Wir wollen bald nach Disneyland *umziehen*!«

187

Die Mutter wusste nicht genau, wie sie darauf reagieren sollte. Konnte sie ihren Sohn als Lügner bloßstellen? (»Nein, Johnny. Du weißt genau, dass wir nicht nach Disneyland ziehen.«) Ich versicherte ihr, dass sie sich keine Sorgen machen müsse. Die Jungen wüssten garantiert, dass ihre Familie nicht nach Disneyland umziehen wollte. Einander zu überbieten ist ein verbales Spiel, und diese Runde war eindeutig an ihren Sohn gegangen.

Der nächste Clip in meinem Trainingsvideo zeigt zwei kleine Mädchen im selben Alter, die an einem Tisch zusammensitzen und mit Filzstiften malen.

Der Ausschnitt beginnt damit, dass eines der Mädchen zu zeichnen aufhört, hochschaut, sich an ihre Freundin wendet und verkündet: »Weißt du was? Amber, mein Kindermädchen, hat schon Kontakte.« (»Kontakte« bezieht sich in diesem Zusammenhang offenbar auf »Kontaktlinsen«.)

Nach einer kleinen Pause antwortet das zweite Mädchen begeistert: »Meine Mom hat schon Kontakte und mein *Vater auch.*« Mit dieser Aussage bietet sie nicht nur eine entsprechende Handlung an – das Tragen von Kontaktlinsen –, sondern benutzt auch den gleichen Satzbau wie ihre Freundin.

Die Mädchen widmen sich wieder eine Weile ihren Zeichnungen, doch dann hebt das erste den Kopf, fängt an zu strahlen wie eine Glühbirne und ruft mit offenkundiger Freude: »*Dieselben?!*«

Die Mädchen haben genauso viel Spaß an einer Gemeinsamkeit wie die Jungen am gegenseitigen Übertrumpfen. Und auch die Mädchen lassen ihre Fantasie spielen. Vermutlich tragen die Eltern des zweiten kleinen Mädchens genauso oft Kontaktlinsen wie die Jungen einen Ball in den Himmel oder zu Gott werfen.

So wie die Spielrituale von Jungen viele Mütter in Erstaunen versetzen, überraschen auch viele Väter die Rituale ihrer Töchter. Ein Vater berichtete mir, dass er gehört habe, wie die beste Freundin seiner kleiner Tochter erklärte: »Ich habe einen Bruder, der Benjamin heißt, und einen Bruder, der Jonathan heißt.«

Seine Tochter antwortete: »Ich habe auch einen Bruder, der Benjamin heißt, und einen, der Jonathan heißt.«

Hatte sie nicht. Und der Vater hatte keine Ahnung, wieso sie das behauptete. Auch ihn konnte ich beruhigen: Die Freundin wusste zweifellos ganz genau, dass seine Tochter keine zwei Brüder hatte, ganz zu schweigen von zwei Brüdern, die genauso hießen wie ihre eigenen. Seine Tochter hatte einfach nur die Solidarität mit ihrer besten Freundin bekräftigt, indem sie sich bemühte, genauso zu sein wie sie, und in eben diesem Sinne hat die Freundin diese Äußerung zweifellos aufgefasst. Während Jungen Verbindungen durch freundschaftlichen Wettbewerb herstellen, schaffen Mädchen Nähe, indem sie den Wettbewerb herunterspielen und sich auf Gemeinsamkeiten konzentrieren.

Auch einem anderen Vater half der Videoclip, eine Unterhaltung zu verstehen, die ihn verblüfft hatte. Dieser Vater ist ein Rechtsanwalt und mexikanisch-italienischer Abstammung; seine Frau ist Japanerin. Eines Tages sprachen seine Frau und er mit ihren drei kleinen Kindern über ethnische Zugehörigkeiten. Plötzlich fing ihre fünfjährige Tochter an, laut zu weinen. Als er sie nach dem Grund fragte, erklärte sie schluchzend: »Die Mama ist Japanerin, meine Brüder sind Japaner und ich bin Japaner – aber du nicht!«

»Möchtest du, dass ich Japaner bin?«, fragte er.

»Ja«, antwortete sie weinend.

»Na gut«, sagte er. »Dann werde ich auch Japaner.«

Diese Erklärung brachte ihre Tränen zum Versiegen, und freudestrahlend rief sie: »Wir sind alle gleich!« Obwohl der Vater froh war, dass es ihm gelungen war, seine Tochter zu trösten, hatte er ihr Verhalten nicht wirklich verstanden.

Nachdem ich einen Vortrag an der Wharton School der University of Pennsylvania gehalten hatte, erhielt ich ein Schreiben vom Dekan Dr. Thomas P. Gerrity; er berichtete mir, wie seine Kinder reagiert hatten, als er und seine Ehefrau über meinen Vortrag sprachen:

Am Wochenende erzählten wir unseren Kindern von dem Videofilm über die drei Jungen, die sich mit Prognosen über die Höhe ihres Ballwurfs zu übertreffen versuchten. Mein vierjähriger Sohn Jimmy erklärte spontan, dass er einen Ball noch höher werfen könne als alle drei zusammen. Und unsere jüngste Tochter Erin, die knapp drei Jahre alt ist, sagte: »Daddy, ich werf den Ball zu dir oder zu Jimmy!«

Das Muster ist eindeutig: Der vierjährige Jimmy behauptete, er könne die Jungen übertreffen, während die dreijährige Erin das

Ballwerfen in einen neuen Rahmen stellte und es als Möglichkeit sah, ihre Nähe und Verbundenheit mit den Familienmitgliedern zu demonstrieren.

Keines dieser Beispiele bedeutet, dass Jungen ausschließlich wettbewerbsorientiert und Mädchen ausschließlich kooperativ sind. Die Jungen sind bei ihrem Wettbewerb sehr kooperativ, und Mädchen können in einen scharfen Konkurrenzkampf treten, wenn sie ihre Gemeinsamkeiten mit einem besonders beliebten Mädchen beweisen wollen.

Eine Frau, die meinen Vortrag ebenfalls gehört hatte, meinte, er habe Zweifel in ihr geweckt, ob sie ihren Sohn wohl richtig berate. Sie hatte ihn dazu angehalten, nicht mit seinen Freunden zu streiten und sie nicht herabzusetzen. »Du willst doch, dass sie dich nett finden«, hatte sie zu ihm gesagt. Doch nach meinem Vortrag war ihr bewusst geworden, dass es die Normen der Mädchen waren, die sie ihm beibrachte. Sie mag ihm vielleicht noch immer denselben Ratschlag geben, doch für ihn wäre es hilfreicher, wenn sie anerkennen würde, dass seine Freunde diese Ansicht möglicherweise nicht teilen. Wenn man Jungen beim Spiel beobachtet, wird einem klar, dass viele es lustig und sehr amüsant finden, einander herabzusetzen und miteinander zu streiten – auch wenn es sicherlich Grenzen gibt, deren Überschreitung auch Jungen in echte Wut versetzt. (Einige Jungen scheinen nie zu lernen, welches Maß an Aggressionen die meisten ihrer Spielkameraden akzeptabel finden, und werden gemieden, weil sie sich viel zu grob verhalten.)

•••• Es geht nicht darum, wer gewinnt

Ein Beispiel für eine Mutter, die ihrer Tochter einige unter Frauen verbreitete Normen beibringt, findet sich in einem Artikel der australischen Wissenschaftlerin Alyson Simpson, die ihre eigene Familie bei einem Brettspiel filmte.[55] Zur Familie gehören ihr Ehemann, die sechsjährige Tochter Heather und der vierjährige Sohn Toby. Einmal tadelt Simpson ihre Tochter, weil sie zu schummeln versucht. (Als sie eine ungünstige Zahl würfelt, verlangt sie, noch einmal würfeln zu dürfen.) Doch die Mutter legt ihr nicht nur nahe, dass man nicht betrügen darf, sondern auch, dass man das Gewinnen nicht so wichtig nehmen soll. Sie sagt: »Darum geht es beim Spielen, Heather. Um Glück, um Zufall, um Spaß. Du sollst dich amüsieren. Es geht nicht darum, wer gewinnt.« Diese Sichtweise von Wettbewerb hört man von Frauen wesentlich häufiger als von Männern.

Derselbe Artikel zeigt auch, wie irritiert eine Mutter auf den Stil ihres Mannes reagieren kann. Simpson berichtet, dass Heather das Spiel schließlich doch gewann. Während die Tochter sich noch im Glanz des Sieges sonnt, fragt ihr Vater: »Habe ich jetzt gewonnen, weil ich als Letzter ins Ziel gekommen bin?« Obwohl Heather ihrem Vater einen ziemlich verwirrten Blick zuwirft, bejaht sie seine Frage.

Simpson fand das beunruhigend; sie hatte den Verdacht, dass Heather bereit war, ihren Sieg aufzugeben, um »Papas Liebling« zu bleiben. Sie war sich auch nicht sicher, weshalb ihr Mann sich zum Sieger erklärte und stellte verschiedene Überlegungen an: »Will er ihr zeigen, dass es letzten Endes nicht so wichtig ist, wer gewinnt? Will er das Bild des Siegers auf den Kopf stellen, indem er nahe legt, dass es eine willkürliche Entscheidung ist? Ist es ein Machtspiel, bei dem die Tochter ihre Loyalität beweisen soll? Ist er einfach nur genauso kindisch wie Toby? Ich bin mir nicht sicher, wie die richtige Antwort lautet.« Ich auch nicht, aber ich vermute, dass keiner der angeführten Gründe zutrifft, sondern dass der Vater seine Tochter einfach necken und ihr auf diese Weise seine Zuneigung zeigen wollte.

Die Schriftstellerin Joan Silber fängt den möglichen Standpunkt dieses Vaters in einer Kurzgeschichte ein, in der sie die Reaktion eines Vaters beschreibt, dessen Tochter ins Flegelalter kommt, »Bob denkt, wie sehr er die Zeit vermisst, als Laura kleiner war«, schreibt Silber, »als man noch alles wieder gutmachen konnte und sie einem alles geglaubt hat.«[56] Ich schätze, das war die Art von Spaß, die der Vater mit Heather machte, als er sagte, er habe gewonnen, weil er als Letzter durchs Ziel kam. Er hat sie aufgezogen – und sie war gerade noch jung genug, um darauf hereinzufallen.

Wie Heather die Situation bewältigt, zeigt auf typische Weise, wie ein Mädchen versucht, für Gleichheit zwischen allen Beteiligten zu sorgen – und zwar mit erstaunlicher Kreativität. So führt

Simpson weiter aus: »Heather ordnet anschließend alle Spielsteine und erklärt alle zu Siegern«, indem sie – auf die Spielsteine deutend – verkündet ›Erster Sieger, zweiter Sieger, dritter Sieger ...‹ Mit anderen Worten: Sie definiert das Wort *gewinnen* neu und zwar in der Hinsicht, dass jeder ein Sieger sein kann.

Die Mutter, die sich offenbar an einen Reim erinnert fühlt, den sie von Heather gehört hat, fragt: »Wie ging noch dieser Spruch, den du manchmal sagst, Heather? Der mit ›der Erste‹ anfängt?« Helen rezitiert »Der Erste wird der Letzte sein, der Zweite wird der Beste sein«, und die Mutter vervollständigt den Reim mit »Und der Dritte hat 'nen Pickel am Bein«, woraufhin alle in Gelächter ausbrechen.

Interessant ist, was Heather als Nächstes tut. Nach diesem Reim, in dem der Sieger als Verlierer dargestellt wird, sagt sie: »Der Erste ist der Letzte. Toby und ich sind die besten Zweiten, und Papa ist der mit den Pickeln am Bein.« Sie weist keinem Beteiligten die stigmatisierte Rolle des Ersten zu, bezeichnet Toby und sich selbst als die Zweiten und den Vater scherzhaft als den Typ mit den Pickeln am Bein. Es scheint, dass Heather sowohl die Lektion von der Mutter gelernt hat (dass es nicht darauf ankommt zu gewinnen) als auch die des Vater, nämlich dass man seine Zuneigung durch scherzhaftes Auf-den-Arm-nehmen ausdrückt.

Tröstende Beleidigungen, beleidigende
.... Tröstungen

Unterschiedliche Gewohnheiten im Hinblick auf Witze und Frotzeleien sind häufig Anlass zu Frustrationen, vor allem zwischen Eheleuten. Harriet organisierte einen Informations- und Selbsterfahrungsabend im Gemeinschaftszentrum ihrer Heimatstadt. Sie freute sich, als ihr Ehemann Lenny anbot, sie zu begleiten. Als die Teilnehmer sich vor Beginn der Veranstaltungen versammelten, machte sie ihren Mann mit einigen Frauen bekannt, die einen Workshop mit dem Thema »Nutze deine Stimme – vor allem zum Gesang« veranstalten wollten. Dieser Workshop wollte Frauen zum Singen ermutigen, vor allem wenn sie unter Hemmungen litten, weil man ihnen eingeredet hatte, sie seien unmusikalisch.

Harriet hatte beschlossen, an diesem Workshop teilzunehmen, weil sie zu genau dieser Gruppe gehörte: Sie konnte sich noch gut an den Tag ihrer Abschlussprüfung in der High School erinnern, als der Chorleiter ihr und einer anderen Schülerin aufgetragen hatte, einfach nur lautlos die Lippen zu bewegen, während die anderen die Schulhymne sangen. Als Harriet sagte, sie freue sich auf das Singen im Workshop, frotzelte ihr Mann: »Bitte tu uns das nicht an.«

Harriet fand diese Bemerkung verletzend, ebenso wie die Leiterin des Workshops. Während des Workshops griff sie Lennys Bemerkung auf und erläuterte an diesem Beispiel, wie Menschen entmutigt und vom Singen abgehalten werden können.

Es ist nicht schwer, Harriets Partei zu ergreifen: Sie zuckte bei dieser Anspielung verständlicherweise zusammen. Man könnte die Bemerkung als Machtmanöver auffassen, mit dem Lenny seiner Frau genau in dem Moment, in dem sie in Hochstimmung ist, einen empfindlichen Dämpfer verpasst. Doch man kann die Sache auch anders betrachten, und auf diese Sichtweise wiederum würde ich mein Geld verwetten. Viele Jungen und Männer setzen spielerische Witze und abwertende Frotzelein ein, um ihre Zuneigung und Vertrautheit zum Ausdruck bringen. So gesehen war Lennys Bemerkung ein Bindungsmanöver. Doch da es sich bei Harriet und der Workshopleiterin um Frauen handelte, bestand ein hohes Risiko, dass sie den latent boshaften Spaß nicht in diesem positiven Licht sehen würden.

Manchmal ist es nicht sofort offensichtlich, ob eine Äußerung wirklich verletzend oder als freundschaftliche Neckerei gemeint ist (oder mehrdeutig oder beides auf einmal sein soll). Frotzelein zwischen Frauen und Männern sind immer riskant, weil Jungen und Männer sich häufig durch bissige Spitzen ihre Zuneigung zeigen, während dies bei Frauen seltener der Fall ist – zumindest bei amerikanischen Frauen. Meinem Mann zufolge gehörte zu den ersten Dingen, die er über mich gelernt hat, dass er den spontanen Impuls, mich aufzuziehen, unterdrücken musste, weil ich eher gekränkt als mit Humor reagierte.

Auch bei dieser Ausrichtung gibt es kulturelle Unterschiede. Die Soziologin Sandra Petronio schreibt, dass sie in ihrer italo-amerikanischen Familie gelernt hatte, ihre Zuneigung durch kleine Anspielungen zu zeigen, doch als sie von Chicago nach Minnesota zog, stellte sie fest, dass sie sich ständig entschuldigen und erklären musste: »Ich hab nur Spaß gemacht.«[57] Dieselbe Entdeckung machte eine Griechin, die zum Studium in die USA ging. Je wohler sie sich mit ihren neuen Freundinnen fühlte, desto mehr ging sie dazu über, ihnen Scherze an den Kopf zu werfen – bis sie merkte, dass die Amerikanerinnen das eher beleidigend als charmant fanden.

Wenn Frauen und Männer das Necken unterschiedlich auffassen, dann ist auch die Art, wie Väter und Mütter mit ihren Kindern umgehen, offen für unterschiedliche Interpretationen. In einer Studie über Mütter und Väter, die mit ihren Kindern im Vorschulalter sprachen, stellte die Psycholinguistin Jean Berko Gleason fest, dass Väter bei ihren Söhnen zu einem gröberen Umgangston neigten als bei ihren Töchtern.[58] Einige Väter sprachen ihre Söhne mit »geringschätzigen Ausdrücken« wie »Spinner«, »armer Irrer«, »Mr Magoo« oder »Rotzlöffel« an. Väter neigten auch dazu, ihren Söhnen zu drohen. Einer sagte zum Beispiel: »Geh da ja nicht noch einmal rein, oder ich dreh dir den Hals um.«

Doch wie sollen wir diese Ergebnisse deuten? Bedeutet die Derbheit der Väter, dass sie ihren Söhnen tatsächlich das Leben sauer machen wollen, oder liegt eine Metamitteilung der Zuneigung in ihren Worten, ähnlich wie bei einem Mann, der einen anderen aufzieht und frotzelnd sagt: »Na, dir mach ich jetzt Feuer unter'm Hintern« – was heißen soll: »Ich habe freundliche Absichten. Ich nehm dich nur auf den Arm.«

Wer sein Kind mit Schimpfnamen belegt, will damit möglicherweise zum Ausdruck bringen, dass er ihm zugetan ist oder es beschützt. Aus ähnlichen Gründen weigert man sich in vielen Kulturen, Kinder zu loben, weil man befürchtet, dass es Unglück bringt und den bösen Blick anzieht. Der Linguist James Matisoff erklärt, dass »der böse Blick« ein weit verbreiteter Volksglaube ist, nach dem böse Geister uns durch den Blick eines anderen Menschen angreifen können.[59] Weil böse Geister anderen ihr Glück neiden, werden sie durch Lob todsicher angelockt. Um ihre Kinder vor dieser Gefahr zu schützen, ersetzen deshalb Eltern in ländlichen Gebieten Osteuropas ein Lob durch eine Beleidigung. Matisoff erklärt, dass in dieser Tradition keine Frau auch nur im Traum daran denken würde, etwas zu sagen wie: »Mein Gott, was für ein hübsches Baby«. Sie würde ihre Bewunderung vielmehr durch einen Satz zum Ausdruck bringen wie: »Was für ein grottenhässliches Ding!« Ähnliches hat der Linguist A. L. Becker in Burma beobachtet, wo es nicht ungewöhnlich ist, dass man seinem Kind einen Namen wie »Hässlicher kleiner Frosch« gibt, um die bösen Geister abzuwehren.

•••• Katastrophenwitze

Auch Witze können ein Mittel sein, mit dem man das Böse abwehrt – oder wenigstens besser damit umgehen kann. Dieses Gesprächsritual ist ebenfalls unter Männern verbreiteter als unter Frauen, was dazu führt, dass Frauen manchmal denken, ihre Brüder hätten das Erwachsenwerden vergessen. So erging es zum Beispiel Lynn, als sie ihren beiden erwachsenen Brüdern (beruflich erfolgreiche Männer, Familienväter und angesehene Mitglieder ihrer Gemeinden) eine ernsthafte Frage stellte, die ihren alternden Vater betraf, und die beiden einen albernen Song aus einer MTV-Cartoonshow anstimmten.

Der Vater war Anfang achtzig, lebte in einem Pflegeheim und litt unter seniler Demenz. Das Pflegepersonal hatte die Familie gefragt, ob sie nach dem Tod des Vaters mit einer Autopsie seines Gehirns einverstanden wären. Durch die Autopsie sollte festgestellt werden, ob er unter Alzheimer gelitten hatte. Die Mutter überließ ihren Kindern die Entscheidung, und Lynn, die Älteste, wollte sich nun mit ihren Brüdern beraten. Obwohl Lynn es schrecklich fand, auch nur daran zu denken, dass irgendjemand das Gehirn ihres Vaters aufschneiden wollte, war sie auf Grund der genetischen Komponente von Alzheimer für eine Autopsie. Außerdem hatte sie das Gefühl, dass ihr Vater diese Entscheidung befürwortet hätte. Er war Chirurg gewesen und hatte regelmäßig Familien von verstorbenen Patienten überredet, einer Untersuchung des Leichnams zuzustimmen.

Als Lynn das Thema mit ihren Brüdern anschnitt, fingen sie an zu singen: »Pinky und das Hirn, Hirn, Hirn!« Sie versuchte, ernsthaft mit den beiden zu reden, aber sie fielen ihr immer wieder ins Wort und rissen Witze. (Am Ende unterschrieben sie die Einwilligung.) Aus Lynns Sicht führten ihre Brüder sich auf wie kleine Kinder. Doch Scherze zu machen ist ein Mittel, das manche (zweifellos nicht alle) Männer einsetzen, um mit besonders schwierigen Problemen umzugehen. Die Erwähnung des Gehirns hatte die Brüder auf den Song gebracht, den sie beide kannten – und das gemeinsame Lachen und Singen verband sie miteinander und sendete eine Metamitteilung aus: »Wir stehen das gemeinsam durch.«

Ein Mann, der davon überrascht wurde, dass ein anderer Mann auf eine Tragödie mit einem absurden Witz reagierte, ist J. D. Dolan.[60] Er gibt in seinen Erinnerungen einen erschütternden Bericht vom Tod seines Bruders, der an Verbrennungen starb, die er sich bei einer Explosion am Arbeitsplatz zugezogen hatte. Die Schilderung beginnt damit, dass Dolan die Nacht im Haus seiner Schwester und seines Schwagers verbringt; am nächsten Tag wollen alle drei nach Phoenix fahren, wo der Bruder im Krankenhaus liegt. Dolan will sich gerade auf dem Sofa zur Nachtruhe begeben, als sein Schwager Ernie ihm eine Bettlektüre offeriert.

»Bist du auch sicher, dass du diese wirklich lesen willst?«, fragte Ernie, und gab mir, was er hinter seinem Rücken versteckt hatte.
Es war ein Comic-Heft ... Zuerst verstand ich nicht, ... doch dann sah ich genauer hin. Die Titelseite zeigte einen höhnisch grinsenden, angriffsbereiten Bösewicht oder besser gesagt ein Monster – die Haut war ein einziges Patchwork aus tiefen Narben. Die Narben eines Menschen, der schwere Verbrennungen zu erleiden hatte.
Ernie grinste über seinen Insider-Witz. Unseren Witz.

Ernie war derjenige gewesen, der Dolan in Paris angerufen hatte. Er hatte ihm von dem Unfall erzählt und ihn gedrängt, nach Hause zu kommen. Ernie war es auch gewesen, der ihn am Flughafen abgeholt hatte, als er ankam. Dass er einen Witz über die Verbrennungen von Dolans Bruder machte – »unseren Witz«, von Mann zu Mann – bedeutete nicht, dass Ernie sich über die Tragödie lustig machte. Es war seine Art, angesichts dieser Tragödie eine Verbindung zu Dolan herzustellen.

»Wie war dein Tag?«
.... Macht- oder Bindungstaktik?

An Abendbrottischen absolvieren Familien in ganz Amerika tagtäglich die verbale Lebensinszenierung »Wie war dein Tag?«.
(Laut der israelischen Soziolinguistin Shoshana Blum-Kulka, die
in ihrem Buch *Dinner Talk* israelische und US-amerikanische Gespräche am Abendbrottisch untersucht, ist das ein typisch ameri-
kanisches Ritual. Andere Kulturen haben unterschiedliche Rituale; A. L. Becker zum Beispiel wurde in Südostasien morgens mit
der Frage »Wie war dein Traum?« geweckt.)

Das »Erzähl-von-deinem-Tag«-Ritual wird häufig in Gang gesetzt, wenn die Mutter sich an das Kind wendet und es auffordert
(sofern die Familie Mutter und Vater umfasst): »Erzähl Papa, was
du heute in der Schule erlebt hast« oder »Erzähl Daddy von eurem
Ausflug in den Zoo. Von den Tieren, die du gesehen hast.« Die Anthropologin Elinor Ochs und ihre Studentinnen filmten amerikanische Familien bei Unterhaltungen am Abendbrottisch (für dieselbe
Studie, in der sie den in Kapitel 4 beschriebenen Streit über die Ponybilder aufnahmen) und hielten dabei zahlreiche »So war mein
Tag«-Geschichten fest.[61]

Ochs deckte dabei ein verräterisches Muster auf: In der Mehrheit der Fälle, die von den Videokameras festgehalten wurden, reagierten die Väter auf die Erzählungen ihrer Kinder, indem sie die
Ereignisse bewerteten und ein Urteil darüber fällten, ob die Söhne
und Töchter richtig oder falsch gedacht und gehandelt hatten. Dadurch entstand eine Konstellation, welche die Wissenschaftlerin
»Vater weiß es am besten« nannte. Als zum Beispiel der achtjährige Josh, der seine Hausaufgaben gemacht hat, verkündet: »Ich bin
fertig«, fragt der Vater in ungläubigem Ton: »Schon? Lies mir vor,
was du geschrieben hast, Josh.« Der Vater hat das Vorrecht, Joshs
Aussage in Zweifel zu ziehen.

In den Familien, die Ochs und ihre Studentinnen untersuchten,
war den Müttern normalerweise bekannt, was die Kinder zu erzählen hatten. Das galt nicht nur für Mütter, die tagsüber zu Hause
bei den Kindern gewesen waren, sondern auch für Mütter, die voll
berufstätig waren, weil sie im Allgemeinen früher nach Hause kamen als die Väter und die Kinder bereits nach deren Tag gefragt

197

hatten. Die Väter hätten von sich aus den Sohn oder die Tochter fragen können: »Wie war dein Tag?«, doch in diesen Familien taten sie es seltsamerweise nicht.

Weil aber das Verhalten der Kinder am häufigsten von anderen Familienmitgliedern beurteilt wurde, während Erstere kaum irgendwelche Reaktionsweisen in Zweifel zogen oder bewerteten, standen die Kinder aus diesem Grund ganz unten in der Familienhierarchie. Denn wer urteilt, stellt sich über den anderen. Es waren mehrheitlich Väter, die das Handeln der übrigen Familienmitglieder taxierten – während ihr eigenes Verhalten selten kritisch unter die Lupe genommen und begutachtet wurde. Die Väter standen also an der Spitze der Familienhierarchie, was die normale Position für die Eltern in einer Familie ist.

Die Mütter waren jedoch nicht auf derselben Stufe wie die Väter angesiedelt. Genauso oft wie die Mütter das Vorgehen anderer abschätzten, wurden auch sie selbst einer kritischen Begutachtung unterzogen. Die Väter bezogen also eine Position, von der aus sie nicht nur das Handeln ihrer Kinder, sondern auch das ihrer Ehefrauen bewerteten, während die Mütter nur über das Verhalten der Kinder urteilten, nicht über das ihrer Ehemänner. Mit anderen Worten: Die Dynamik der »Wie war dein Tag?«-Erzählung stellte die Mütter auf die mittlere Stufe der Hierarchie – über die Kinder, aber unter den Vater.

Das System ist jedoch noch subtiler: Ochs entdeckte, dass die Mütter zwar durchaus Äußerungen des Vaters infrage stellten, dass es dabei aber nicht um eine Kritik bezüglich der Ansichten oder Verhaltensweisen des Mannes ging. Wenn es zu Auseinandersetzungen über Verlautbarungen der Väter kam, verteidigten sich die Mütter in den meisten Fällen gegen negative Beurteilungen. Die Wissenschaftlerin zeigt dies an einem Beispiel, in dem der Ehemann den Kauf eines neuen Kleides missbilligt.

Patricia erzählt, dass ihre Mutter ihr ein Kleid für eine bevorstehende Hochzeit gekauft habe. Der Ehemann Dan kritisiert: »Ich dachte, du hättest ein Kleid.« Patricia erklärt: »Deine Mutter hat mir zwar eins gekauft, aber es gefällt meiner Mutter nicht.«

»Das ist nicht dein Ernst«, schnauft Dan. »Du willst das Kleid meiner Mutter also zurückbringen?« Patricia verneint diesen Gedanken, sie wird auch dieses Kleidungsstück behalten – es sei nicht besonders teuer gewesen, und sie werde es zu dem Abendessen am Vorabend der Hochzeit anziehen.

Damit hätte man das Thema abschließen können, doch Dan stellt das Verhalten seiner Frau weiter infrage: »Ist das nicht eine totale Verschwendung?« Patricia wiederholt, dass das Kleid nicht teuer gewesen sei, und fügt hinzu, dass sie ihr neues Kleid einfach »fantastisch« finde. Damit fordert sie ihren Mann heraus, aber nur um sich gegen seine negativen Urteile zu verteidigen. Das ist ein anderes Vorgehen, als wenn man sein Gegenüber von sich aus angreift, wie Dan es getan hat, als er das Geschenk von Patricias Mutter herabwürdigte.

Es gibt vermutlich noch einen unausgesprochenen Stellvertreter-Wettstreit um die Frage, welche Mutter das bessere Kleid ausgesucht hat. Möglicherweise hatte Dan das Gefühl, dass seine Mutter ausgenutzt oder abgewiesen wurde. Doch diese Faktoren, obwohl interessant und wichtig für das Verständnis von Familie, tun in diesem Fall nichts zur Sache.

Ein weiterer Unterschied zwischen Müttern und Vätern, den Ochs bemerkte, besteht darin, dass die Väter nicht nur beurteilten, was die Frauen zu Hause oder in ihrer Freizeit vollbracht hatten, sondern auch ihre beruflichen Entscheidungen. Die Väter erzählten dagegen wenig von ihren Vorkommnissen im Job, sodass Mütter sich darüber auch kein Urteil erlauben konnten.

Außerdem wurde festgestellt, dass die Mütter ihre Handlungsweisen oft selbst infrage stellten. Ein Beispiel dafür liefert die Familie, die über die Ponybilder stritt. Wie Sie sich vielleicht erinnern, leitet die Mutter Marie eine Kindertagesstätte. Beim Abendessen erzählt sie von einer Frau, die ihr Kind abmeldete und die letzte Rechnung bezahlte. Diese Frau händigte ihr einen höheren Betrag aus, als für die Stunden, die das Kind in der Tagesstätte verbracht hatte, zu bezahlen war; also gab Marie ihr das überschüssige Geld zurück. Doch später fragte sie sich, ob sie einen Fehler begangen hatte. Immerhin war nach den Vertragsbedingungen eine Kündigungsfrist von zwei Wochen einzuhalten, was diese Frau versäumt hatte. Vielleicht hatte sie durch den Mehrbetrag für diese beiden Wochen aufkommen wollen, und Marie hätte das Geld annehmen und sich an ihre eigenen Vertragsregeln halten sollen.

Der Vater lässt keinen Zweifel daran, dass er diese Auffassung für richtig hält. »Wenn ich etwas sage, halte ich mich daran«, erklärt er, »und ändere es nicht einfach. Es sei denn, es wird etwas Neues ausgehandelt.« Er übt also Kritik an Maries Handlungsweise. Sie hat das Thema, ob sie die Situation bestmöglich gehandhabt hat, selbst auf den Tisch gebracht, und ihr Mann bestärkt sie in ihren Selbstzweifeln.

Nach Ochs ist dieses Muster relativ verbreitet: Wenn die Mütter ihr eigenes Handeln infrage stellten, gaben die Väter in vielen Situationen noch eins drauf und bestätigten damit ausdrücklich, dass die Frau falsch reagiert hatte. In den seltenen Fällen, in denen die Väter ihr eigenes Verhalten zur allgemeinen Diskussion stellten, verzichteten die Frauen darauf, sie noch zusätzlich zu kritisieren.

Ochs beschreibt eine weit verbreitete Dynamik in amerikanischen Mittelschichtsfamilien, durch die der Vater an die Spitze der Familienhierarchie befördert wird, begünstigt durch die aktive Rolle der Mutter, die den Vater vielfach (vielleicht sogar versehentlich) dazu treibt, die Rolle des Richters zu übernehmen. Denn sie fordert die Kinder dazu auf, dem Vater von ihren Erlebnissen zu berichten.

Wenn die Mutter also das Kind drängt und es auffordert »Erzähl Papa, was du heute beim Karate gemacht hast«, dann setzt sie in der Tat eine Dynamik in Gang, durch die der Vater das Handeln seines Kindes überprüft. Und schon ist er damit als Familienrichter installiert. Doch ich wage die Behauptung, dass dieses Resultat nicht beabsichtigt ist. Das eigentliche Ziel der Mutter ist, den Vater zu *involvieren,* ihn in den Familienkreis intensiv miteinzubeziehen, der ihrer Ansicht nach erst durch die Beziehungssprache hergestellt wird.

So gesehen ist die »Vater-weiß-es-am-besten«-Dynamik ein ebensolches Missverständnis wie die beiden anderen Frustrationsquellen in Gesprächen zwischen Männern und Frauen, die wir schon kennen gelernt haben. Fassen wir sie noch einmal zusammen: Die Erste beinhaltet das klassische Ehegespräch, bei dem die Frau ihrem Mann erzählt, wie ihr Tag gelaufen ist (was sie getan hat, wen sie getroffen hat, welche Gedanken und Gefühle dabei zum Vorschein gekommen sind), während er aber keine Ahnung hat, warum sie ihm das alles detailliert berichtet. (Wie der Taxifahrer, der denkt: »Was sie sagt, ergibt keinen Sinn«.) Die Frau wendet sich dann erwartungsvoll an ihren Mann und fragt: »Und wie war dein Tag?«, worauf er antwortet: »Gut« oder »Wie immer«. Schließlich klagt sie: »Wieso erzählst du mir nichts?«, und er wiederum kann sich überhaupt nicht vorstellen, was sie von ihm hören will.

Die zweite Quelle der Frustration hängt eng mit der ersten zusammen. Wenn die Frau von ihrem Tag erzählt, schließt sie Probleme mit ein, die aufgetaucht sind, oder Handlungsweisen, an deren Richtigkeit sie zweifelt. Sie führt ein »Problemgespräch«: Sie beschreibt eine Schwierigkeit, einfach um darüber zu reden. Der Mann, der ihr zuhört, denkt, dass die Frau ihn *um Rat bittet*. Er gibt ihr, was sie (seiner Meinung nach) will, und erklärt ihr, wie sie das Problem lösen kann. Sie aber protestiert: »Erzähl mir nicht, was ich zu tun habe.« Woraufhin er sie anfährt: »Wieso redest du darüber, wenn du gar nichts ändern willst?«

Diese geschlechtsspezifischen Muster erzeugen die von Ochs und ihren Studentinnen beschriebene allabendliche Familienkonstellation, bei der der Vater es am besten weiß. Der Vater übernimmt die Rolle des Richters, weil er glaubt, dass man ihm deswegen von diesen ganzen Begebenheiten erzählt. Er selbst teilt relativ wenig über sein Arbeitsleben mit, weil er nicht will, dass man ihm Ratschläge gibt und ihm sagt, wie er seine beruflichen Probleme lösen soll. Viele Männer haben tatsächlich das Gefühl, dass sie durch dieses Wiederkäuen der Dinge, die sie beim Job geärgert haben, gezwungen werden, sich erneut aufzuregen, obgleich sie den Frust doch am liebsten hinter sich lassen und die häusliche Oase der Ruhe genießen möchten. Manchmal weigern sie sich auch, Probleme zu äußern, weil spezielle Lösungsvorschläge, die nicht von einem selbst kommen, sie als unterlegen abstempeln könnten.

Deshalb ist es meiner Ansicht nach nicht überraschend, dass die Frauen in den wenigen Fällen, in denen Männer ihre eigene Handlungsweise infrage stellten, darauf verzichteten, noch eins draufzusetzen. Sie enthielten sich zusätzlicher Kritik – nicht weil sie glaubten, sich kein Urteil anmaßen zu können, sondern weil sie diese Offenbarungen ihres Mannes wahrscheinlich als Ausdruck der Beziehungssprache deuteten und sich nicht aufgefordert fühlten, ein Urteil abzugeben. Das unbeabsichtigte Ergebnis dieser gegensätzlichen Rituale ist, dass Mütter sich auf einem tieferen Rang der Familienhierarchie wiederfinden, ohne zu wissen, wie sie dorthin gelangt sind. So aufschlussreich die Dynamik ist, die von dem »Wie-war-dein-Tag?«-Ritual ausgelöst wird, muss man immer im Hinterkopf haben, dass nicht alle Familien gleich sind.

Ich bin sicher, alle Leser kennen solche einzigartigen Muster aus ihrer eigenen Familie oder aus Familien in ihrem Bekanntenkreis. Entscheidend ist, dass man erkennt, wie die Abläufe des Erzählens und Beurteilens zum Gleichgewicht der familiären Hierarchie- und Bindungsdynamik beitragen – und wie geschlechtsspezifische Muster den Motor antreiben können, ohne dass irgendjemand es bemerkt.

»Verstehst du, worauf ich hinauswill?«
.... Wie Indirektheit zu Hause ankommt

Eine verbale Taktik, die häufig Irritation in privaten ebenso wie in beruflichen Beziehungen auslöst, ist eine indirekte Ausdrucksweise. Cindy empfand es zunehmend als Belastung, dass ihr Sohn bei ihnen zu Hause wohnen blieb, nachdem er das College beendet und einen Vollzeitjob angenommen hatte. Sein Dasein strapazierte ihr knappes Haushaltsbudget. Nach etwa drei Monaten setzte sie sich mit ihm zusammen, um zu reden. »Ich glaube, es wäre nur gerecht, wenn du jetzt Miete bezahlen würdest«, sagte sie. Und er antwortete: »Ich ziehe sowieso bald aus.«

Nach diesem Gespräch war Cindy sehr erleichtert, dass sie endlich mit ihrem Sohn geredet und die Sache geregelt hatte. Sie erwartete, dass er ab sofort Miete bezahlen würde. Als die Zeit verstrich und keine Miete kam, staute sich mehr und mehr Wut in Cindy an. Nach einigen weiteren Monaten kam es zur Explosion. In dem Streit stellte sich heraus, dass der Sohn ihre Bemerkung als Meinungsäußerung, nicht als Handlungsaufforderung aufgefasst hatte. Er hatte sich nach dem Gespräch ebenfalls entlastet gefühlt, weil das Thema Miete zwar angesprochen, aber fürs Erste wieder aufgeschoben worden war.

Cindy ging davon aus, dass ihre Meinungsäußerung einer Handlungsaufforderung gleichkam: Als Elternteil und Besitzerin des Hauses musste sie ihre Wünsche lediglich bekannt geben. Ihr Sohn würde sich verpflichtet fühlen, diesen Wünschen nachzukommen. Doch der Sohn deutete ihre Meinungsäußerung so, wie auch viele andere Männer auf Meinungsäußerungen von Frauen reagieren: Da Männer eine direkte Forderung stellen würden, erkennen sie nicht, dass jemand, der einem Wunsch oder einer Vorstellung Ausdruck verleiht, damit ebenfalls einen Anspruch impliziert.

Da Cindy wusste, dass Männer indirekte Bitten häufig nicht begreifen, hätte sie besser daran getan, den Sohn am Ende des Gesprächs zum Handeln zu verpflichten. Auch wenn es ihr widerstrebt hätte, eine direkte Anordnung zu erteilen (»Gib mir Montag einen Scheck«), hätte sie doch ihren Standpunkt deutlich machen können: »Also sind wir uns einig, dass du von jetzt ab Miete bezahlst?« oder um eine verbindliche Aussage bitten können: »Wann kann ich mit einem Scheck rechnen?«

Wahrscheinlich werden unzählige frustrierende Erfahrungen, die Eltern mit widerspenstigen Teenagern machen, durch geschlechtsspezfische Sprechweisen nur noch verstärkt. Vor einigen Jahren bat ich Studenten eines Kurses, persönliche Erlebnisse und Beobachtungen zu notieren, die mit einer Unterrichtslektüre zusammenhingen. Die Kursteilnehmer hatten in meinem Buch *Job-Talk* den Abschnitt über berufstätige Frauen gelesen, deren indirekte Art, Anweisungen zu erteilen, sehr gut funktioniert, solange die anderen diesen Stil teilen und die Botschaft mitbekommen. Ein junger Mann namens Scott Sherman fühlte sich durch das Beispiel im Buch an ein Gespräch mit seiner Mutter erinnert:

Es war ein kalter Wintermorgen in Illinois: Mein Vater war bei der Arbeit, während meine Mutter und ich zu Hause geblieben waren. Als wir beim Frühstück saßen und aus dem Fenster auf die wachsenden Schneeanhäufungen schauten, machte meine Mutter eine Bemerkung darüber, dass der Gehsteig ganz zugeschneit sei und dass es lange dauern würde, den Schnee wegzuschaufeln. Ich stimmte ihr zu und widmete mich dann wieder meinem Brötchen. Nach dem Frühstück fing ich an, meinen freien Tag zu genießen, legte mich auf die faule Haut und guckte

Fernsehen. Während ich mich entspannte, wuselte meine Mutter irgendwo im Haus herum. Einige Zeit später stürzte sie plötzlich wutschnaubend auf mich zu. Sie rackere sich mit dem Hausputz ab, schrie sie, und das Mindeste, was ich tun könne, sei ja wohl, dass ich ihrer Bitte nachkomme und den Gehsteig vom Schnee säubere. Dieser Angriff versetzte wiederum mich in Wut, weil ich mich zu Unrecht beschuldigt fühlte. Mir war nicht nur entgangen, dass sie das Haus putzte, ich war auch sicher, dass sie mich nie gebeten hatte, ihr in irgendeiner Weise zu helfen. Ich gab zurück, dass ich selbstverständlich bereit sei, alles zu tun, um das man mich bitten würde – da aber dergleichen nicht zu vernehmen gewesen sei, hätte ich auch nichts getan. Daran entzündete sich eine Auseinandersetzung, die damit endete, dass meine Mutter nach draußen stürmte, und anfing, selbst Schnee zu schieben. Ich ging natürlich hinterher und nahm ihr die Arbeit ab, aber das Missverständnis hing eindeutig damit zusammen, dass ich ihre indirekte Aufforderung nicht verstanden hatte.

Diese Szene, in der eine Mutter immer wütender wird, weil sie sich abrackert, um das Haus zu putzen, während sich ihr halbwüchsiger Sohn träge auf dem Sofa rekelt und in die Glotze starrt, spielt sich zweifellos tagtäglich in unzähligen Familien ab. Viele Mütter wären vielleicht schon erleichtert, wenn sie wüssten, dass die Faulheit ihrer Söhne möglicherweise zum Teil auf einem Missverständnis beruht.

Natürlich entsteht dieser Fehlschluss nicht allein durch Worte. Man kann sagen, dass Scott die indirekte Aufforderung seiner Mutter missverstand und dass die Mutter irrtümlich unterstellte, ihr Sohn würde den Hinweis auf den voll geschneiten Gehsteig selbstverständlich als Aufforderung zum Schneeschippen verstehen. Doch darüber hinaus erwartete Scotts Mutter wahrscheinlich, dass ihr Sohn von allein merken würde, wie sehr sie sich abrackerte und von sich aus seine Hilfe anbieten und einen Beitrag leisten würde. Zu dem Denkmuster, das hinter indirekten Forderungen steht, gehört die Überzeugung, dass es nicht nötig sein sollte, den anderen um etwas zu bitten – weil er von sich aus erkennt, was getan werden muss, und entsprechend handelt.

Diese Sichtweise zeigt sich auch in einer weiteren Unterhaltung, die im Haus der uns schon bekannten Familie Loud aufgenommen wurde. Pat und Bill führen ein Gespräch mit ihrem Sohn Grant. An einem Punkt stellt Pat einen Vergleich zwischen Grant und seiner jüngeren Schwester an: »Delilah hat gestern vier- oder fünfmal die Küche aufgeräumt und einen Riesenberg Geschirr gespült. Wie viele Teller hast du gestern abgespült?«

»Wenn man mich darum gebeten hätte, das Geschirr zu spülen«, antwortete Grant, »hätte ich es gemacht.«

Für seine Mutter klang das vermutlich nach einer ziemlich lahmen Ausrede. Ich bezweifle auch, dass irgendjemand Delilah um die Hilfe gebeten hatte. Doch Grant empfand den Vorwurf seiner Mutter bestimmt als unfair und ärgerte sich genauso darüber wie Scott Sherman, als seine Mutter ihm wütende Vorhaltungen machte, weil er eine Aufgabe (den Schnee räumen) nicht nachkam, um deren Erledigung sie ihn (seiner Ansicht nach) nie gebeten hatte.

Viele Frauen berichten mir, dass ihre Söhne protestieren, wenn sie auf indirekte Weise zu etwas aufgefordert werden, während die Töchter keine Probleme damit haben. »Ich redete mit meinem Sohn genauso wie mit meiner Tochter«, erzählte eine Mutter, »aber sie reagierten unterschiedlich. Ich pflegte zu sagen: ›Hättest du nicht Lust, dein Zimmer aufzuräumen?‹ Meine Tochter konnte sich möglicherweise etwas Besseres vorstellen, aber sie hatte keine Einwände gegen die Form meiner Aufforderung. Mein Sohn reagierte jedes Mal wie von der Tarantel gestochen: ›Ich *habe nicht die geringste Lust,* mein Zimmer aufzuräumen‹, wütete er. ›Wenn du mich dazu zwingst, tue ich es, aber *ich habe keine Lust dazu.‹* Ich verstand nie, wieso er so aufgebracht reagierte. Ich fand meine Aufforderung völlig normal.« Es gibt für diese Feststellung eine einfache Erklärung: Die Art der Fragestellung dieser Mutter ist unter Mädchen und Frauen verbreiteter als unter Jungen und Männern.

.... Auch Männer können indirekt sein

Es ist wichtig, nicht zu vergessen, dass die meisten Amerikanerinnen zwar eher zu indirekten Aufforderungen neigen und diese ihrerseits auch richtig interpretieren, dass dieses Muster jedoch keineswegs universell gültig ist. Erstens kommen kulturelle Unterschiede ins Spiel. Ich habe in früheren Schriften darauf hingewiesen, dass Griechen und Amerikaner griechischer Abstammung, Männer ebenso wie Frauen, sehr stark dazu neigen, eine Aufforderung oder Bitte indirekt zu äußern.[62] Ob auf Grund kultureller Einflüsse oder einfach auf Grund der individuellen Persönlichkeit – es gibt sowohl Töchter als auch Söhne, die sich an der Indirektheit ihrer Mütter stören. Und es existieren auch Familien, in denen es eher die Väter sind, die zu indirekten Aufforderungen neigen, und in denen die Mütter direkter vorgehen. So war es zum Beispiel in der Familie von Sherry.

Sherry brachte ihre Eltern, die in den Achtzigern waren, zum Flughafen – eine etwa zweistündige Autofahrt. Als sie ungefähr die Hälfte der Strecke hinter sich hatten, fragte der Vater: »Musst du tanken?«

Sherry freute sich über die Frage, weil sie ihr Gelegenheit gab, sich als pflichtbewusste Tochter zu präsentieren, die alles gut vorausgeplant hatte: »Nein, das ist nicht nötig. Ich habe getankt, bevor ich euch abgeholt habe.«

Nach einer Weile meldete sich der Vater erneut zu Wort: »Wenn man seine Gallenblase verliert«, sagte er, »wird alles anders.« Im Jahr zuvor hatte er sich die Gallenblase entfernen lassen.

»Tatsächlich?«, antwortete Sherry. »Inwiefern?«

»Ach, in jeder Hinsicht«, meinte er. »Wenn man zum Beispiel zur Toilette muss, dann muss man es ziemlich schnell erledigen, sonst hat das katastrophale Auswirkungen.«

Jetzt konnte Sherry zwei und zwei zusammenzählen. »Ach deshalb hast du mich gefragt, ob ich tanken muss!«, rief sie. »Du wolltest, dass ich irgendwo anhalte!«

»Na ja, ich habe nur gedacht«, sagte er, »wenn du tankst, könnte ich die Gelegenheit dazu nutzen, um auf die Toilette zu gehen.« Sherrys Vater hatte es widerstrebt, seine Tochter direkt zum Anhalten aufzufordern, weil er nicht anmaßend erscheinen und möglichst wenig peinliche Details über seine körperlichen Bedürfnisse enthüllen wollte. Deshalb hatte er seine Bitte in eine neutrale Frage verpackt. Die Tochter hatte die versteckte Bedeutung nicht verstanden – auch wenn sie seinen Wunsch so schnell wie möglich erfüllte, nachdem sie begriffen hatte, was er meinte.

206

.... Geld oder Liebe

Bei vielen Streitpunkten, die in Familien auftauchen, geht es – im Grunde genommen – nicht um Sprache, aber da sie durch Sprache verhandelt werden, spielt es schon eine Rolle, wie Männer und Frauen in engen Beziehungen reden. Einer der wichtigsten Streitpunkte ist das Geld.

Nancy und Eric besitzen ein Sommerhaus an einem See. Obwohl beide sich darauf freuen, irgendwann einmal viele Wochenenden am See zu verbringen, fahren sie im Moment nur ein bis zwei Wochen im Jahr dorthin. In der übrigen Zeit vermieten sie das Haus, weil sie das Geld brauchen, um die Hypothekenzahlungen zu tilgen. Nancy hängt sehr an dem Haus und möchte gern mehr Zeit darin verbringen, verzichtet aber zum Wohl der Familie darauf. Eines Tages verkündet Eric, dass er einen Geländewagen kaufen will. Nancy ist fassungslos. Sie gerät in Versuchung, sich durch eine ebenso große Anschaffung zu rächen: »Wenn er das tut, sollte ich losgehen und mir auch etwas kaufen, das mir gefällt.« (Sie widersteht aber dieser Lust.) Sie denkt nur: »Es war idiotisch von mir, auf alles zu verzichten. Er tut es ja auch nicht.«

Nancy und Eric verbinden den Autokauf mit unterschiedlichen Standorten auf dem Bindungs- und Kontrollsystem. Was das Kontroll-Kontinuum betrifft, so ist Nancy der Ansicht, dass die Partner gleichberechtigt sind und sich deshalb mit dem anderen beraten sollten, wenn Entscheidungen anstehen, die beide betreffen. Doch Eric würde es als Unterdrückung – als unangenehme Kontrolle – empfinden, wenn er sich vor jedem Kauf mit seiner Frau absprechen sollte. Für ihn wäre das so, als müsste er seinen Chef um Erlaubnis bitten; er würde sich unterlegen fühlen. Seiner Ansicht nach sollte Nancy darauf vertrauen, dass er ihre gemeinsame Finanzlage berücksichtigt, wenn er eine Kaufentscidung trifft.

Nancy denkt außerdem: »Ich nehme Rücksicht auf die Familie, aber er kümmert sich nur um sich selbst.« In diesem Sinn ist das, was sie am meisten schmerzt, die Verletzung der Verbundenheit: »Ich würde eine derartige Entscheidung nie allein treffen, weil ich uns als Team betrachte. Wenn er eigenmächtig handelt, fühle ich mich im Stich gelassen. Wo ist mein Team?«

Es ist nicht so, dass Eric ihre Verbundenheit nicht schätzt. Es ist nur so, dass er diese Nähe nicht bedroht sieht, wenn er eine einsame Entscheidung trifft. (Man muss sich allerdings fragen, wie er reagieren würde, wenn Nancy ganz allein eine ähnliche Entscheidung träfe; wenn ihm das nicht passen würde, dann wäre sein Bedürfnis, nicht kontrolliert zu werden, ein Ausdruck von Hierarchie, nicht von Gleichheit.) Es geht also nicht nur um einen Machtkampf über die Kontrolle des Geldes, sondern auch um einen Bindungskampf, der sich um die Frage dreht, was diese spezielle Strategie für die Nähe bedeuten: Was sagen diese Verhaltensweisen über unsere Beziehung aus? Was sagen sie über unsere Liebe aus?

Nancy und Eric haben selten über Geld gestritten. Bei einem anderen Paar, Frieda und Denny, gehören Auseinandersetzungen darüber zur Tagesordnung. Ihre Erfahrung verweist auf ein weiteres Element, das solchen Streitereien oft zu Grunde liegt – der Hintergrund unserer Herkunftsfamilien, vor dem sich unsere derzeitigen Dramen abspielen.

In Friedas Familie war Verschwendung eine Form des Feierns, ein Ausdruck von Lebensfreude. In Dennys Familie galt Vergeudung als moralisch verwerflich. Dieser grundlegende Unterschied sorgt für ständige Streitigkeiten. Beide reagieren auf die wahrgenommenen Metamitteilungen über ihre Beziehung. Er denkt: »Du weißt genau, was ich davon halte, wenn man verschwenderisch mit Geld umgeht, und tust es trotzdem.« Und sie denkt: »Du weißt genau, wie viel mir das bedeutet, und trotzdem missgönnst du mir die Freude.«

Ihre Familiengeschichten bereiten auch noch in einem anderen übergreifenden Sinn den Boden für den Konflikt. Friedas Eltern haben immer voll Verachtung von Pfennigfuchsern gesprochen, so wie Dannys Eltern über Verschwender herzogen. Durch die Art und Weise, wie über andere Leute geredet wird, entwickeln wir in der Kindheit bestimmte grundlegende Meinungen und Wertvorstellungen von verschiedenen Verhaltensweisen. Kinder beschließen, dass sie sich später auf eine bestimmte Weise benehmen oder nicht benehmen wollen – um zu vermeiden oder zu erreichen, dass auf bestimmte Weise über sie geredet wird. Die Echos der elterlichen Urteile im Ohr fürchten sowohl

Frieda als auch Denny tief unten in ihrem Herzen: »Ich habe einen Menschen geheiratet, der unter gravierenden Charakterfehlern leidet. Was sagt das über mich selbst aus?« Keiner drückt diese innere Besorgnis aus, weil sie destruktiv erscheint. Doch dieses Schweigen hält sie davon ab, zum Kern ihrer Meinungsverschiedenheit vorzustoßen.

•••• Das Zuhause ist nicht geschlechtsneutral

Die unterschiedlichen Vorstellungen, die Männer und Frauen über die Bedeutung von Gesprächen haben, beeinflussen fast jedes Thema, einschließlich Geld. Wenn Eric eine größere Anschaffung macht, ohne sich vorher mit Nancy zu beraten, hat sie schließlich das Gefühl, dass sie in der Familie nicht so viel zählt wie er. Sie sieht sich selbst als Person, auf die weniger Rücksicht genommen wird, so als nähme sie einen niedrigeren Rang in der Familienhierarchie ein. Wenn zu einer Familie Kinder beiderlei Geschlechts gehören, können viele Strukturen des Familienlebens dazu führen, dass die Schwestern sich im Vergleich mit ihren Brüdern herabgesetzt fühlen; einige dieser Strukturen werden durch Sprache und einige durch Sprechweisen ausgedrückt.

Familie ist keine Institution, in der Chancengleichheit herrscht. Das Zusammenleben mit Geschwistern des anderen Geschlechts kann einem Intensivkurs in Ungleichheit entsprechen. Denken Sie an die vorhin erwähnte Studie, bei der beobachtet wurde, dass Väter gegenüber ihren Söhnen mehr Verbote erteilen und mehr negative Aussagen machen als gegenüber ihren Töchtern. Das ist nicht überraschend, da Jungen in jeder untersuchten Kultur körperlich aggressiver sind als Mädchen (obwohl sich Kulturen darin unterscheiden, ob sie Aggressionen bei Jungen – oder Mädchen – fördern oder unterdrücken). Dennoch könnte man dieses Muster als Hinweis darauf sehen, dass Jungen in Familien härter angefasst werden.

Brüder und Schwestern bemerken – und verübeln – die unterschiedliche Behandlung, die Geschwister des anderen Geschlechts erhalten. Jungen dürfen abends meistens so lange wegbleiben, wie es ihnen gefällt. Mädchen erhalten eine Sperrstunde. Die Schwes-

209

ter wird abends chauffiert. Der Junge nicht. Viele Mädchen, die mit Brüdern aufwachsen, sind der Ansicht, dass die Eltern den Jungen mehr Freiheiten gewähren oder größere berufliche Erwartungen in sie setzen. Das heißt nicht, dass alle Kinder, die Geschwister vom anderen Geschlecht haben, der Ansicht sind, ungleich behandelt zu werden. Es heißt nur, dass es bei vielen so ist, während es bei Kindern, die keine gegengeschlechtlichen Geschwister haben, nicht so ist.

Jean Berko Gleason stellte in ihrer Studie über die Art und Weise, wie Eltern mit ihren Kindern reden, auch fest, dass Eltern – Mütter und Väter – den Töchtern häufiger ins Wort fallen als den Söhnen. Mädchen haben oft Schwierigkeiten, sich in ihrer Familie Gehör zu verschaffen. Man sieht das an Unterhaltungen, die der Soziologe Samuel Vuchinich aus einer anderen Perspektive analysierte, nämlich unter dem Aspekt, wie Streitereien tendenziell enden.[63]

Im folgenden Beispiel unterhalten sich zwei Brüder und eine Schwester, alle in den Dreißigern, über ihre Eltern. Carl sagt, dass ihr Vater Jack glücklich sei, doch Sue und Ray sind anderer Meinung. Aus ihrer Warte ist er ein chronischer Nörgler. Schauen Sie, wie die Stimme der Schwester übertönt wird.

CARL: *Ich glaube, Jack ist im Grunde glücklich. Ich glaube, er braucht nicht viel, um zufrieden zu sein.*
SUE: Nur etwas, über das er meckern kann.
CARL: *Mein Gott, er – so schlimm ist er nun auch wieder nicht.*
RAY: *(lautes Protestgeheul) AH-H OOOOOHHH!*
SUE: (an Ray gewandt): Das habe ich ihm zu erklären versucht. Er hat nicht –
RAY: *(an Carl gewandt): Wenn du bei den Eltern bist, musst du sie irgendwie beruhigen, oder was auch immer.*
SUE: Ich hab gesagt – ich – ich ...
CARL: *Es ist einfach die Art, wie sie schon immer geredet haben, schon als wir klein waren, war es nicht anders.*

Das Gespräch setzt sich fort – zwischen Ray und Carl, während sich Sue in dem von Vuchinich wiedergegebenen Auszug nicht mehr beteiligt. Sue spricht Ray an, aber Ray wendet sich an Carl.

Ihre zwei Versuche, sich zu Wort zu melden, werden abgeschnitten; einen weiteren Versuch unternimmt sie nicht.

Man kann unmöglich mit Sicherheit sagen, dass Sue in dieser Familie keine Chance erhält, zu Wort zu kommen. Vielleicht waren in diesem Beispiel nur beide Brüder besonders aufgeregt und ganz wild darauf, ihre Gedanken loszuwerden. Vielleicht fährt ihnen in anderen Unterhaltungen die Schwester über den Mund. Meine eigenen Forschungen zeigen, dass Sprecher, die ich als stark involviert bezeichne, einander häufig ins Wort fallen und darauf vertrauen, dass der andere schon weiterreden oder sich zurückziehen wird, je nachdem wie dringend ihm sein Anliegen ist. Doch der Auszug erschien mir ein mögliches Beispiel für eine Form von Ungleichheit, die durch Gespräche und Dialoge in Familien entstehen kann.

Ganz gleich, wie sehr wir wünschen, dass es nicht so wäre – es spielt eine Rolle, ob man als Junge oder als Mädchen in einer Familie aufwächst, so wie auch die typischen Sprechweisen, zu denen Männer und Frauen tendieren, eine Rolle in fast jedem Gespräch spielen. Wenn wir verstehen wollen, was in Gesprächen zwischen Familienmitgliedern vor sich geht, müssen wir den Einfluss des sozialen Geschlechts berücksichtigen. So wie Unterschiede im Gesprächsstil zwischen Männern und Frauen sogar in den besten Beziehungen Irritation und Enttäuschung auslösen können, so können sie auch in den stärksten Familienverbänden zu frustrierenden Missverständnissen führen. Wenn wir die geschlechtsspezifischen Gesprächsmuster verstehen, können wir einige der frustrierenden Erlebnisse verhindern und starke Familien noch stärker machen.

6 »Ihr Gruftis lebt doch in der Vergangenheit«

Talk mit Teens

Lauren war mit ihrem dreizehnjährigen Sohn Dylan und seinen Freunden auf der Abschlussfeier seiner Mittelschule. Sie entdeckte einen Fussel in seinem Haar und streckte die Hand aus, um ihn abzuzupfen. Dylan zuckte zusammen und drehte ruckartig den Kopf weg: Seine Mutter behandelte ihn vor allen seinen Freunden wie ein Baby. Lauren war wie vom Donner gerührt. Unzählige Male in seinem Leben hatte sie ihrem Sohn mit dem mütterlichen Vorrecht der Nähe und dem Selbstvertrauen des elterlichen Ranges ins Haar gegriffen. Diese Reaktion war neu. Jetzt brach eine Ära an, in der er all ihre Gesten völlig anders deuten würde, als sie beabsichtigt waren. Nicht nur, dass er sich weigern würde, weiterhin als Kind behandelt zu werden – die Eltern, die er früher bewundert hatte, fingen an, ihm peinlich zu sein.

John Anning hatte es immer sehr genossen, zusammen mit seiner Tochter Emily lange Fahrradtouren durch das Hügelland ihrer kalifornischen Heimatstadt Redwood City zu machen. Doch als Emily in die siebte Klasse kam, weigerte sie sich, weiterhin einen Fahrradhelm aufzusetzen. Sie fand, dass es doof aussah. John erlaubte nicht, dass sie ohne Helm fuhr, was das Ende der Fahrradtouren bedeutete, die ihm so viel Freude bereitet hatten. Bald darauf kündigten John und seine Frau Linda an, dass die ganze Familie im kommenden Sommer nach New York reisen würde. Anstatt Freudensprünge zu machen, wie sie es noch vor einem Jahr getan hätte, brach Emily in Tränen aus und war ziemlich untröstlich, weil sie für ganze zwei Wochen von ihren Freunden getrennt sein sollte.

In einer anderen Familie war es die Mutter, die zu weinen anfing, als sie erkannte, dass sich der enge Verbund ihrer dreiköpfigen Familie aufzulösen begann. Eines Abends setzte sie sich wie gewöhnlich mit ihrem Mann vor den Fernseher und forderte ihren halbwüchsigen Sohn auf, sich wie üblich in ihre Mitte zu setzen. Obwohl er ihrer Bitte für einen kurzen Moment entsprach, dauerte

212

es nicht lange, bis er wieder aufsprang und verkündete, dass er keine Lust mehr habe, mit seinen Eltern fernzusehen. Er wolle den Abend lieber in seinem Zimmer am Computer verbringen. Mit diesen Worten verließ er den Raum und verabschiedete sich aus dem Familienverbund, der fortan nur noch zwei Köpfe umfasste.

Willkommen in der Welt der aufmüpfigen Teenager und ihrer verstörten Eltern!

···· Der Sturm vor der Ruhe

Ein Vater von sieben Kindern meinte, dass seine Frau und er die Zeit, in der alle Kinder aus den Windeln heraus und noch nicht in der Adoleszenz waren, als ihre »schönsten Jahre« betrachten. Die Nachteile des täglichen Windelwechselns liegen auf der Hand, doch die Probleme der Adoleszenz sind komplexer. Erstens brechen die Doppelbedeutungen der Fürsorge und der Kritik, die alles, was in einer Familie gesagt wird, komplizieren, plötzlich mit aller Gewalt hervor. Wenn Kinder anfangen, ihren eigenen Weg zu gehen, finden die Eltern es immer wichtiger, ihnen mit Rat und Tat zur Seite zu stehen. Doch die Kinder sehen das ganz anders. Die fünfzehnjährige Emily Anning beschreibt diese Perspektive, als sie die Mütter ihrer Freundinnen beobachtet: »Die Mütter versuchen, ihnen hilfreiche Ratschläge zu geben, die auch Kritik enthalten. Vor allem wenn meine Freundinnen spüren, dass ihre Mütter Recht haben, sind sie gekränkt und werden wütend.«

Die Aufgabe der Eltern wird immer heikler, wenn die Kinder ins Jugendalter kommen und sich verstärkt für die Welt außerhalb des Elternhauses zu interessieren beginnen. (Tatsächlich scheinen viele Teenager ihren ganzen Ehrgeiz darauf zu verwenden, so viel Zeit wie möglich außerhalb des Elternhauses zu verbringen.) Also fühlen die Eltern mehr denn je die Notwendigkeit, ihre Kinder zu beschützen und ihnen beizubringen, was sie wissen müssen, um in der Gesellschaft zu funktionieren. Doch gerade in dem Moment, in dem die Eltern es besonders wichtig finden, sie vor Schaden zu bewahren, sind Kinder am wenigsten offen für Schutz und Anleitung. Das führt dazu, dass es immer schwieriger wird, die richtige Balance zwischen Bindung und Kontrolle zu finden.[64]

Die Teenagerjahre können wie der Sturm vor der Ruhe sein – der Sturm, der durch Bindungs- und Kontrollkonflikte hervorgerufen wird, bevor die (relative) Ruhe einsetzt, wenn die Kinder ausziehen. Ich habe einen Vater von erwachsenen Kindern gefragt, wie er es findet, dass seine Kinder jetzt »groß« sind. Er meinte: »Es ist toll, weil ich einfach ihre Gesellschaft genießen kann und ihnen nicht mehr ständig irgendwas beibringen muss.« Dieser Vater freute sich auf die neue Art von Beziehung, die eher auf Gleichheit denn auf Hierarchie ausgerichtet war und die ihm erlaubte, einfach mit seinen Kindern zusammen zu sein und sich an ihrer Anwesenheit zu freuen, anstatt sie belehren, sich um sie kümmern und sorgen zu müssen.

In den ersten zwölf Lebensjahren des Kindes wachen die Eltern über ihren Schützling; man könnte sagen, dass sie sich in einem Fürsorge-Rahmen befinden. Werden die Kinder älter, verlagert sich der Schwerpunkt allmählich auf die Freude an ihrer Gesellschaft, auf einen Kontakt-Rahmen. Doch der Wechsel vollzieht sich nicht über Nacht. Man geht nicht abends im Fürsorge-Rahmen ins Bett und wacht am nächsten Morgen im Kontakt-Rahmen auf, so wie sich Dorothy plötzlich im Zauberland Oz anstatt in Kansas wiederfindet. Es gibt eine Phase, in der alles ein einziges Kuddelmuddel ist – die Eltern haben keine Ahnung, in welchem Rahmen sie sich gerade bewegen, in welchem Rahmen sie von ihren Kindern gesehen werden und in welchem sie sein sollten.

Die Teilnehmer in einem meiner Seminare diskutierten einmal über dieses Dilemma. Eine Frau, deren Kinder noch die Grundschule besuchten, wies darauf hin, dass Jugendliche gleichberechtigte Partner in einem Kontakt-Rahmen sein möchten, von den Eltern jedoch in einen Fürsorge-Rahmen gestellt würden. Die Stiefmutter eines Teenagers wandte ein: »Aber wenn du sie als gleichberechtigte Partner im Kontakt-Rahmen behandelst, wollen sie, dass du sie wieder im Fürsorge-Rahmen siehst – dich also um sie kümmerst.«

Eltern erhoffen sich von ihren Kindern, was die Kinder sich von den Eltern erhoffen – unbedingte Liebe und Anerkennung. Und die meisten Eltern (oder Großeltern oder andere erwachsene Bezugspersonen) können sich mehr oder weniger darauf verlassen, diese vorbehaltlose Zuneigung zu erhalten – bis die Kinder ins

Teenageralter kommen. Dann ist es plötzlich vorbei mit der Akzeptanz. Alles, was die Eltern sagen oder tun, ist jetzt falsch. »Wenn ich die kleinste Kritik übe«, berichtet die Mutter einer halbwüchsigen Tochter, »ist sie am Boden zerstört. Wenn ich das Gegenteil sage, wird sie wütend. Wenn ich nichts sage, deutet sie das als Missbilligung. Und wenn ich sie lobe, ist das offenbar das Schlimmste von allem. ›Du kannst das doch überhaupt nicht beurteilen!‹ kriege ich dann zu hören. ›Du bist total voreingenommen!‹« Ganz offensichtlich liegt hier ein akuter Fall von »Ich darf den Mund wohl überhaupt nicht mehr aufmachen« vor.

Auch Linda Anning erinnert sich, dass ihre Tochter Emily auf Lob genauso empfindlich reagierte wie auf Kritik: »Auf Anerkennung antwortete sie mit: ›Ich mag es nicht, wenn du mich für besonders klug oder schön oder begabt hältst.‹« Schließlich fand Linda heraus, dass Emily das Lob aus denselben Gründen ablehnte, aus denen sie ihre Hausaufgaben erstklassig erledigte – und sich dann weigerte, sie abzugeben. Sie wollte vermeiden, »etwas Besseres« zu sein als ihre Freunde. Sie fasste das Lob der Eltern als Versuch auf, einen Keil zwischen sie und ihre Freunde zu treiben. Auch Emily kämpfte darum, ein Gleichgewicht zu finden: Wenn sie schlauer war als ihre Klassenkameraden, war sie ihnen nicht nahe, und für sie war es das Wichtigste, nicht anders zu sein als ihre Freunde. (Mit Lindas Hilfe fand sie schließlich eine Möglichkeit, wie sie dazugehören konnte, ohne ihre Fähigkeiten zu verstecken: Sie gründete ein Tutorenprogramm für Schüler.)

Eltern für ihren Teil sind verletzt von dem Urteil, das ihre halbwüchsigen Kinder über sie fällen: »Hast du keine Jeans?«, fragte ein Junge seinen Vater, der sich seiner Ansicht nach zu konservativ kleidete. »Ich kann nicht mit dir an den Strand gehen«, verkündete eine Tochter ihrer Mutter. »Du rasierst deine Beine nicht.« Ich erinnere mich noch gut, dass ich als Teenager am liebsten im Boden versunken wäre, wenn meine Mutter Kaugummi kaute und es zwischen den Zähnen umklappte – *zwischen den Vorderzähnen!* Es war, als ob die Welt einen Scheinwerfer auf mich gerichtet hätte und meine Mutter mit mir zusammen in diesem Lichtkegel stünde, sodass jeder Fehltritt einer weltweiten Begutachtung ausgesetzt sein würde. Jugendliche beurteilen ihre Eltern sehr hart, weil sie sich selbst so hart von allen Seiten kritisiert fühlen. Doch für die Eltern verstärkt sich die schmerzliche Erfahrung, von einem Familienmitglied abgekanzelt zu werden, noch durch den Schock der Umkehrung: Das Kind, das sie immer beschützt und umsorgt haben, schwingt sich plötzlich zu ihrem Richter auf.

Es kommt in dieser Zeit zudem zu einer weiteren Umkehrung. Die Welt, in die Kinder hineingeboren werden, unterscheidet sich grundlegend von der ihrer Eltern. Eltern halten es für selbstverständlich, dass sie durch ihre größere Lebenserfahrung eine Perspektive haben, die ihrem Kind fehlt und von der es profitieren kann. In vielerlei Hinsicht ist das sicher richtig. Doch in anderer Dimension unterscheidet sich die Welt, in der die Eltern ihre Erfahrungen gesammelt haben, so stark von der des Kindes, dass ihre Erkenntnisse nicht immer nützlich erscheinen. Albert Macovski, Professor für Elektrotechnik und Radiologie an der Stanford University, erinnert sich, dass seine Eltern ihm dringend von seinem Plan abrieten, eine Laufbahn als Elektrotechniker einzuschlagen, weil es zu schwierig sei, in die Gewerkschaft der Elektriker aufgenommen zu werden. Seine Eltern waren polnische Einwanderer aus der Arbeiterschicht und sahen alles, was mit Elektrik zu tun hatte, nur in einem einzigen Rahmen. Die Welt des Ingenieurwesens und der Universitäten lag jenseits ihres Erfahrungshorizonts.

Obwohl eine Einwandererfamilie für diese Art von Irritation vielleicht besonders anfällig ist, führen die rasant voranschreitende technische Entwicklung und die ebenso rasante Veränderung der Gesellschaft in fast allen Familien dazu, dass sich Eltern und Kinder wie Angehörige zweier verschiedener Kulturen begegnen. In vielen amerikanischen Mittelschichtsfamilien ist der elfjährige Sprössling der »hausinterne« Fachmann für den Computer, während die Eltern häufig hilflos vor der neuen Technik sitzen. Mein neunzigjähriger Vater meinte: »Früher war es so, dass ich dir alles erklärt habe. Heute ist es so, dass du mir alles erklärst.« Je älter die Eltern werden, desto dramatischer wird diese Umkehrung, die ihren Anfang nimmt, wenn die Kinder in die Pubertät kommen.

.... »Spinnst du jetzt, oder was?«

»Irgendwann wirst du erkennen, dass ich nicht perfekt bin und
Fehler habe«, schrieb mir mein Vater kürzlich per E-Mail – diesem
magischen Medium, dass neue Kommunikationswege eröffnet –
»und dann wirst du enttäuscht sein.« Er reagierte auf die Liebe und
Anerkennung, die ich – wiederum – per E-Mail zum Ausdruck gebracht hatte. »Keine Sorge«, mailte ich zurück. »Ich weiß gewiss
um deine Fehler. Als Teenager habe ich nichts anderes gesehen.«

Während meines letzten Jahres am College (ich war zwanzig;
also kein Teenager mehr, aber noch nahe dran) teilte ich mir mit
zwei anderen Studentinnen eine Wohnung außerhalb des Campus.
Nach meiner Graduierung wohnte ich einige Monate im Haus
meiner Eltern, wohin man meine Post nachsandte. Eines Tages
traf ein Brief ein, der an »Jay Lovinger, c/o Deborah Tannen«
adressiert war. Mein Vater, normalerweise eine Oase der Ruhe und
Vernunft, geriet völlig außer sich.

Ich verstand nicht, worüber er sich aufregte, und erklärte ihm
die Situation: Jay war nicht mein Freund, sondern lediglich ein
guter Kumpel (eigentlich ein Kumpel meines Freundes, der im
Jahr zuvor graduiert hatte). Jay war zu einem Besuch auf den
Campus gekommen. Da meine Kommilitoninnen und ich nicht
mehr im Studentenwohnheim, sondern in einer eigenen Wohnung
lebten, stieg er bei uns ab und »pennte« auf unserer Wohnzimmer-
couch. Doch mein Vater fand diese Erklärung alles andere als beruhigend. Als ich ihn drängte, mir zu erläutern, was für furchtbare
Folgen es haben könnte, dass ich einen an Jay adressierten Brief
erhielt, entwarf er das folgende Szenario: Eines Tages würde ich
einen Jungen kennen lernen, den ich heiraten wollte. Der Postbote
würde den Eltern dieses Jungen erzählen, dass ich einen Brief bekommen hatte, der an einen Jungen in meiner Wohnung adressiert
war, und dann würden die Eltern die Heirat verbieten.

Mein Vater kann sich nicht mehr an diesen Vorfall erinnern.
Wenn ich heute davon erzähle, erklärt er lachend: »Das ist lächerlich«, was zweifellos genau dem entspricht, was ich damals dachte – obwohl mich seine (seltene) Wut ebenso wie seine Unlogik zu
jener Zeit völlig aus der Fassung brachten. Im Rückblick ist mir
heute klar, dass mein Vater sich in verschlüsselter Form auf eine

Weltordnung bezog, die zu seiner Zeit gültig gewesen war. In seiner Jugend unterhielten junge Männer und Frauen Freundschaften mit Angehörigen des gleichen Geschlechts und sexuelle Beziehungen zu Angehörigen des anderen Geschlechts. Dazwischen gab es nichts. Die Vorstellung, dass junge Frauen und junge Männer platonisch befreundet sein können, ergab für meine Eltern keinen Sinn; in ihrer Erfahrung gab es keine Anhaltspunkte dafür, dass ein solches Modell akzeptabel sein könnte. Also war eine Freundschaft mit einem Jungen ipso facto sexueller Natur und dieses ipso facto bedrohte meine Zukunftsaussichten. Für meine Eltern hing mein Glück davon ab, ob ich einen Ehemann fand oder nicht, und mein Marktwert als Ehefrau hing von meiner Jungfräulichkeit ab. Der Erhalt eines Briefes, der an einen Jungen in meiner Wohnung adressiert war, war eine Chiffre für eine sexuelle Beziehung. In meiner Welt der Sechzigerjahre (man schrieb das Jahr 1966) waren Freundschaften zwischen jungen Männern und Frauen üblich; Jungfräulichkeit war keine Voraussetzung für die Ehe und früh zu heiraten keine Garantie für Glück (ganz im Gegenteil, in Anbetracht einer Scheidungsrate von 50 Prozent bedeutete eine Ehe alles andere als eine lebenslange Glücksgarantie).

Mein Vater und ich konnten unseren Konflikt damals nicht lösen, weil es bei dem Disput um grundlegende Annahmen über das Wesen und die Funktionsweise der Welt ging. Anders ausgedrückt: Der Erhalt dieses Briefes rief grundsätzlich unvereinbare Bezugsrahmen für die Beziehungen zwischen Mann und Frau wach. Auch wenn wir uns im selben Raum befanden, standen wir in völlig unterschiedlichen Welten.

.... Jeder Teenager ist eine Insel

Ich erinnere mich noch lebhaft an den Zwischenfall mit diesem Brief, weil die Überspanntheit meines Vaters mich völlig verdatterte und auch erzürnte. Viele Streitigkeiten zwischen Eltern und Kindern im Jugend- oder jungen Erwachsenenalter lassen sich auf die Irrationalität zurückführen, die beide beim anderen sehen. Oft entsteht dieser Eindruck durch kollidierende Rahmen, also durch unterschiedliche Erwartungen oder Annahmen, die darauf beruhen, dass man in verschiedenen Welten aufgewachsen ist.

Bei einem weiblichen Teenager ist das unausgesprochene (oder ausgesprochene) Streitthema häufig Sexualität. Eltern sehen die sexuelle Verletzlichkeit ihrer Tochter, doch um sie zu beschützen, müssen sie ihre Freiheit einschränken – und das ist der Aspekt, gegen den viele Töchter rebellieren. Die Sexualität ist ein Bereich, in dem sich die ungleiche Behandlung der Geschlechter nicht leugnen lässt: Die fünfzehnjährige Emily Anning bringt es auf den Punkt: »Mit Jungen gehen Eltern weniger streng um. Jungen dürfen länger wegbleiben und überall hingehen. Bei Mädchen heißt es sofort: ›Bei wem trefft ihr euch, was sind das für Leute?‹ Jungen haben viel mehr Freiheit.«

Vor diesem Hintergrund gehören »Verabredungen mit Jungen« zu den größten Konfliktquellen zwischen weiblichen Jugendlichen und ihren Eltern. Fangen wir mit einem relativ harmlosen Beispiel an, einem Gespräch, das in einer Patchworkfamilie stattfand: Die vierzehnjährige Denise, ihr Vater Jim und Jims Frau Anna (die nicht die Mutter von Denise ist) führen eine Unterhaltung über das Thema »Jungen«. Es ist noch ein weiteres Familienmitglied anwesend – Jims 24-jährige Tochter aus seiner ersten Ehe –, aber sie nimmt nur am Rande an diesem Gespräch teil.[65]

Neben dem Rahmen spielen in diesem Gespräch die entstehenden Allianzen eine große Rolle. Denise steht im Mittelpunkt der Aufmerksamkeit – ist der Knotenpunkt der wechselseitigen Bindungen. Doch durch die entstehenden Allianzen ist sie in gewisser Weise auch isoliert. Während der gesamten Unterhaltung schließen sich zunächst der Vater, die Stiefmutter und die Halbschwester zu einer Gruppe zusammen, weil sie Erfahrungen mit dem Thema Verabredung haben, auf die sie sich stützen, um Denise zu beraten, aber auch weil sie bestimmte Annahmen im Hinblick auf diese Thematik miteinander teilen. Die Allianzen entstehen also durch Rahmungs- oder Interpretationsschemata: Sowohl durch die Rahmung der Erwachsenen als Personen, die Ratschläge erteilen, und durch die Rahmung von Denise als Person, die Ratschläge entgegennimmt (was sie in eine unterlegene Position bringt), als auch durch ihre gemeinsame Erfahrung und Überzeugung, wie die Welt funktioniert.

Die unterschiedlichen Auffassungen vom Wesen romantischer

Verabredungen zeigen sich anlässlich eines bevorstehenden Schulfestes: In der reinen Mädchenschule, die Denise besucht, soll ein Tanzabend stattfinden. Sie möchte mit einem ganz bestimmten Jungen hingehen, aber sie hat ihn noch nicht gefragt. Genau genommen hat sie bislang kaum ein Wort mit ihm gewechselt. Ihre Stiefmutter, ihr Vater und die Halbschwester sind sich alle einig: Sie sollte sich erst einmal mit dem Jungen unterhalten und dann erst entscheiden, ob sie ihn zu dem Fest einladen will oder nicht. Denise ist anderer Meinung. Sie geht offenkundig davon aus, dass es für ein Mädchen, das einen Jungen mag, nicht erforderlich oder zweckdienlich ist, mit ihm zu reden. Dieser fundamentale Unterschied im Rahmen – in den Annahmen und Erwartungen im Hinblick auf Beziehungen zwischen Männern und Frauen – führt dazu, dass sich das Gespräch wie ein Karussell ständig im Kreis dreht und immer wieder dieselben Worte wiederholt werden.

Sie als Leser werden die eine oder andere Annahme einleuchtender finden, je nachdem wie alt Sie sind oder welche Erfahrungen Sie mit Kindern dieses Alters haben. Eine Mutter war überrascht, als ihr die elfjährige Tochter verkündete, sie habe einen Freund, doch noch überraschter war sie, als sie erfuhr, dass die beiden noch nie miteinander gesprochen hatten. *Freund* bedeutete in diesem Fall, dass die Tochter – aus der Ferne – für diesen Jungen schwärmte. Diese Kategorie hat eine feste Bedeutung für Mädchen, die sich darüber unterhalten, welche Jungen sie interessant finden.

Doch zurück zum Gespräch mit Denise. Es beginnt, als Jim Denise fragt: »Wie sehen deine Pläne in Bezug auf Ben aus? Wenn du ihn heute nicht fragst, ist es witzlos.« Daraufhin sagt seine Frau Anna: »Denise kennt ihn doch gar nicht, Jim. Sie hat noch nicht mal mit ihm geredet.« Denise widerspricht: »Doch hab ich. Ein paar Mal.« Als Anna dann mit den Worten: »Worüber habt ihr euch unterhalten?« nachhakt, antwortet Denise mit der nichts sagenden Floskel: »Na ja, wie's so geht.«

»›Wie's so geht‹«, wiederholt Jim. »Und worüber noch?«

Zu seiner Enttäuschung räumt seine Tochter lachend ein: »Er guckt mich einfach nur an.«

Anna bekräftigt noch einmal ihren Standpunkt: »Ich wusste es. Sie sagt nicht mal – du sagst nicht mal ›hallo‹ zu ihm.«

Jim schlägt Denise vor, »einfach loszuziehen und sich zu amüsieren«, doch Denise will nicht allein zu der Party gehen. Anna weist darauf hin, dass Denise' Freundin Melissa dort sein wird, aber Denise erklärt, dass Melissa »mit einem guten Freund, einem uralten Kumpel« hingeht. Das gibt Anna Gelegenheit, ihre Annahme zu bestärken: »Siehst du! Sie *redet* also mit Jungen.«

Denise fragt dann alle anwesenden Erwachsenen – ihren Vater, ihre Stiefmutter und ihre Halbschwester –, wie denn deren erste Dates zu Stande gekommen sind. Sie erinnern sich alle, dass sie mit jemandem verabredet waren, den sie bereits kannten – mit einer Person, mit der sie sich schon einmal unterhalten hatten. Anna und Jim geben Denise dann weiterhin Ratschläge, die auf dieser Prämisse beruhen. Jim erinnert sie: »Bis jetzt hast du noch nicht mit ihm geredet, obwohl ich – wir dich schon seit einigen Wochen dazu drängen.«

»Woher willst du wissen«, fragt Anna, »dass er kein Schwachkopf ist, wenn du noch nie mit ihm gesprochen hast?« Später wiederholt sie: »Ich denke, du solltest erst einmal mit ihm reden, bevor du entscheidest, ob du ihn zu der Party einladen willst, Denise.«

Jim bietet einen konkreten Plan an: »Vielleicht solltest du Folgendes tun – Angenommen, du würdest dich heute Abend mit ihm *unterhalten,* und damit meine ich nicht so was wie ›Hallo, wie geht's‹, sondern dass du ihn festnagelst und ihr beide über alles Mögliche redet. Wir haben euch ja genug Themen vorgegeben. Und dass du ihn anschließend vielleicht, na ja, zum Beispiel anrufst?« An Anna gewandt fragt er: »Was meinst du dazu? Dann könnte sie ihn anrufen, und fragen, ob er mit ihr zu der Fete gehen möchte.«

Anna kommt mit ihrer Antwort wieder auf ihren Hauptpunkt zurück: »Ich glaube, sie muss mit ihm reden.«

Die Unterhaltung nimmt einen fast komischen Charakter an, als die Erwachsenen ihre Worte gegenseitig wiederholen, sich gegenseitig in ihren Ansichten bestärken und sich ganz allgemein zusammenschließen, um ausgehend von ihrem Verständnisrahmen Ratschläge an Denise zu geben: Mädchen und Jungen lernen sich kennen, indem sie miteinander reden. Und erst dann (nicht vorher) laden sie einander zum Tanzen ein. Doch den Erwachsenen gelingt es nicht, Denise von ihrer Meinung zu überzeugen, und sie erfahren auch nichts darüber, warum Denise sich weigert oder ob dieses Verhalten in ihrem Freundeskreis üblich ist.

Beim Lesen des Transkripts wünschte ich die ganze Zeit, dass die Erwachsenen einmal aufgehört hätten, Denise ununterbrochen Ratschläge zu erteilen, und etwas mehr Zeit darauf verwendet hätten, sie nach ihrer Welt zu befragen. Warum sie es nicht taten, ist leicht nachzuvollziehen; das liegt im Wesen von Prämissen oder Annahmen – sie erscheinen uns so selbstverständlich, dass wir sie nicht hinterfragen und nicht daran denken, sie zu erklären. Doch das ist einer der Schlüssel zu Gesprächen zwischen Erwachsenen und Teenagern: In dem Maß, in dem Eltern mehr Erfahrung haben, ist es ganz richtig, dass sie Ratschläge erteilen. Aber in dem Maß, in dem die Welt, in der die Jugendlichen sich bewegen, eine andere ist als die der Erwachsenen (sogar eine andere Welt als die, in der die Erwachsenen einmal Teenager waren), ist es hilfreich, wenn auch der Erwachsene seine halbwüchsigen Kinder bittet, ihm (so gut sie können) zu erklären, wie ihre Welt aussieht. Wenn Eltern einmal zugehört und verstanden haben, nach welchen Gesetzen diese Welt funktioniert, sind sie eher in der Lage, Tipps zu geben, die vielleicht tatsächlich angenommen werden.

Am Ende löste Denise das Problem auf ihre Weise – indem sie sich auf fast geniale Weise die moderne Technik des Telefons zu Nutze machte. Sie rief den Jungen tatsächlich an, aber über eine Konferenzschaltung, bei der eine Freundin stumm mithörte. Als Denise erfuhr, dass der Junge bereits eine Verabredung für das Fest hatte, ging sie genauso wie ihre Freundin Melissa mit einem Jungen zum Tanzen, den sie schon lange kannte. Denise nahm also den Rat des Vaters und der Stiefmutter an, indem sie den Jungen, der sie interessierte, anrief, und indem sie mit einem Jungen, den sie bereits kannte, zum Tanz ging. Doch sie versuchte nicht, den ersten Jungen besser kennen zu lernen, bevor sie ihn fragte, und sie fand den Mut, ihn anzurufen, indem sie die Hilfe einer engen Freundin in Anspruch nahm, und zwar in einer Form, die den Erwachsenen nicht in den Sinn gekommen war.

In Anbetracht der Einigkeit, mit der die drei Erwachsenen sich verbündeten – nicht absichtlich, sondern nur deshalb, weil sie die gleichen Erfahrungen mit Verabredungen hatten und ähnliche Annahmen über Beziehungen zwischen Männern und Frauen –, kann man nachempfinden, dass ein Jugendlicher sich manchmal wie das einsame Mitglied einer Sippschaft fühlt, in der alle anderen eine fremde Sprache sprechen.

•••• Die Ängste vor dem ersten Date

Wie gesagt: Angesichts des komplexen Zusammenspiels von sozialen Zwängen, dem Wunsch des Mädchens, von Gleichaltrigen beachtet und anerkannt zu werden, und der Verantwortung der Eltern, ihr Kind vor vorzeitigen sexuellen Erfahrungen zu schützen, ist das Verhältnis zu Jungen eines der konfliktreichsten Themen, wenn ein Mädchen ins Teenageralter kommt.

Der Dokumentarfilm *An American Love Story,* der ein Jahr im Leben von Karen Wilson, Bill Sims und ihren beiden Töchtern mit der Kamera verfolgt, bietet eine der seltenen Gelegenheiten, in einen Streit über genau dieses Thema hineinzuhören. In Kapitel 5 habe ich die Unterhaltungen wiedergegeben, in denen Karen die zwölfjährige Chaney befragt, die gerade von ihrem ersten »Date« zurückkommt – einem kurzen Spaziergang im Park mit einem Jungen. Hören wir jetzt in die Gesprächsverhandlungen hinein, die sich vor dieser Verabredung über mehrere Tage hingezogen hatten. Alla Yeliseyeva, eine Studentin in einem meiner Seminare, untersuchte, was Karen und Chaney während dieser schwierigen Phase zueinander sagten. Mutter und Tochter bezogen sich dabei auf völlig unterschiedliche Rahmen – auf komplett andere (und damit kontroverse) Annahmen darüber, wie sich Chaney bei dem Treffen mit diesem Jungen verhalten würde.

Anders als Denise im obigen Beispiel hatte sich Chaney mit »dem Jungen« (wie er durchgehend genannt wird) schon öfters unterhalten, ihn aber noch nie allein getroffen. Chaneys beste Freundin Nelly hatte den Kontakt zwischen den beiden hergestellt, die sich dann im weiteren Verlauf übers Telefonieren kennen lernten. Jetzt hat Chaney ein persönliches Treffen arrangiert: Sie hat mit dem Jungen einen Termin abgemacht, an dem er sie zu Hause besuchen will. So weit sind sich Mutter und Tochter über den Gang der Ereignisse einig. Doch es zeigt sich, dass sie sehr unterschiedliche Vorstellungen davon haben, was als Nächstes geschehen wird. Karen geht davon aus, dass es sich eher um eine Art Verabredung zum Spielen handelt: Zwei Kinder treffen sich im Haus des einen in Anwesenheit eines Elternteils. In Chaneys Vorstellung handelt es sich eher um eine Art Rendezvous zwischen Erwachsenen: Der Junge holt das Mädchen zu Hause ab und geht mit ihr aus.

Diese grundverschiedenen Rahmen treten zum ersten Mal hervor, als Karen fragt, wann denn der Junge zu Besuch komme. Gleich darauf meint sie: »Ich lerne ihn doch kennen? Dann sollten wir wohl lieber ein paar von den Snacks übrig lassen, die Daddy für uns alle gekauft hat.« Chaneys Antwort trifft die Mutter unvorbereitet:

Chaney: Wir bleiben nicht hier.
 Karen: Was soll das heißen?
Chaney: Häh?
 Karen: Was soll das heißen – ihr bleibt nicht hier? Wer hat gesagt, dass du mit dem Jungen ausgehen darfst?
Chaney: huh-uh! [*lacht*]
 Karen: hah-ah! [*lacht*]

Mutter und Tochter lachen zwar zusammen, doch das Lachen hält nicht lange an. Es wird schnell klar, wie verschieden und unvereinbar ihre aufeinander prallenden Rahmen sind. Chaney sagt: »Ich dachte, du hättest es erlaubt.«

»Davon habe ich nichts gesagt«, klärt Karen die Situation. »Ich habe nur gesagt: ›Bring ihn mit, wir sehen uns den Jungen mal an.‹«

In dem Versuch, dem Wunsch der Tochter, nicht zu Hause zu bleiben, entgegenzukommen, schlägt Karen vor, dass sie die beiden ja begleiten könnte – ein akzeptabler Vorschlag, wenn sich zwei Kinder zum Spielen treffen, aber in Anbetracht von Chaneys Vorstellung von ihrer Verabredung absolut daneben.

»Nein, bitte verfolge uns nicht!«, jammert Chaney – und stellt damit die Bedeutung von »begleiten« (ein Bindungsmanöver) in den neuen Rahmen von »verfolgen« (ein Kontrollmanöver).

Karen weist auf die Diskrepanz hin: »Ich will dich *begleiten,* nicht verfolgen.«

Doch Chaney weist den Vorschlag hartnäckig zurück: »Nein, bitte, bitte begleite mich nicht. Bitte nicht!«

Frustriert sagt Karen: »Ich weiß nicht, was du dir vorgestellt hast.« Die unausgesprochene Antwort lautet: ein Rendezvous. Da

Chaney nicht von dieser Träumerei abweicht und Karen nicht von ihrer Auffassung, dass Chaney noch zu jung für diese Art von Verabredung sei, dreht sich die Verhandlung ebenso im Kreis wie die Unterhaltung zwischen Denise und ihrer Familie über das Schulfest.

In den widersprüchlichen Rahmen für Chaneys Verabredung verbergen sich noch zwei weitere grundverschiedene Annahmen: Im Rahmen der Fürsorge ist Karen der Ansicht, dass sie da sein muss, um ihre Tochter zu beschützen, die mit ihren zwölf Jahren immer noch ein Kind ist, auch wenn sie älter aussieht. Doch wenn Chaney eines weiß, dann das, dass sie ihre Mutter nicht dabei haben will. Gleichzeitig ist Karen wahrscheinlich verletzt, weil Chaney sich von ihr distanziert. Diese widersprüchlichen Rahmen beeinflussen Karens Prämisse, dass Chaney und ihr Gast zu Hause bleiben müssen, im Gegensatz zu Chaneys Prämisse, dass ihr Zuhause der letzte Ort ist, an dem diese äußerst wichtige Begegnung stattfinden soll.

Die Frage wird in diesem Gespräch nicht geklärt. Da die unterschiedlichen Auffassungen keine Meinungen sind, sondern Annahmen – Erwartungen, die man für selbstverständlich hält –, sind sie schwer in Worte zu fassen. Sie liegen im Weg wie Steine, über die Mutter und Tochter immer wieder stolpern.

»Gibt's an deinem Zuhause, an uns irgendwas auszusetzen?«, fragt Karen.

»Ich will nicht hier bleiben«, antwortet Chaney, obwohl die Aussage eigentlich keine Antwort auf die Frage ist.

»Ja, aber warum nicht?«, drängt Karen.

»Weil *ihr* hier seid«, sagt Chaney ehrlich.

»Wir könnten uns im Hintergrund halten«, schlägt Karen vor.

Das stellt Chaney nicht zufrieden: »Auch dann seid ihr trotzdem noch *da*.«

»Du willst, dass wir weggehen und dich mit dem Jungen allein im Haus lassen?«, fragt Karen ungläubig.

»Das habe ich nicht gesagt«, entgegnet Chaney, was stimmt, denn sie hat gesagt, dass sie mit dem Jungen weggehen will – und zwar allein.

Der folgende Austausch fängt die gegensätzlichen Annahmen ein, die allen Äußerungen von Karen und Chaney zu Grunde liegen. Die Aktivitäten, die Karen vorschlägt, werden alle von dem Rahmen bestimmt, dass sich zwei Kinder treffen wollen. Chaney weist Karens Vorschläge zurück, weil sie nicht zu dem Rahmen passen, in dem Chaney die Verabredung sieht – nämlich als Date.

In dem Versuch, zu erklären, warum sie lieber mit dem Jungen allein weggehen möchte, anstatt sich zu Hause mit ihm zu unterhalten, stellt Chaney eine rhetorische Frage: »Warum soll er dann kommen, wenn wir nichts zusammen machen dürfen?«

Karen versucht, verschiedene Aktivitäten vorzuschlagen. »Ihr könntet Mensch-ärgere-dich-nicht spielen.«

»Oh, nein!« Chaney hält nichts von dieser Idee.

»Ihr könntet etwas essen«, fährt Karen fort. »Ihr könntet Musik hören, ihr könntet fernsehen.«

Chaney nimmt diese Vorschläge mit Sarkasmus auf. »Oh, ja, das wäre echt cool!«

»Das tut ihr doch sonst auch immer, oder?«, fragt Karen.

»Ja, wenn wir allein zu Hause sind.« Chaney klingt nicht sehr überzeugt.

Karen versucht immer noch, Chaney dazu zu bewegen, ihre Grundannahme zu erklären, und fragt: »Okay, was ist so wichtig daran, ob wir hier sind oder nicht?«

Chaney kann das nicht erklären und beendet das Gespräch, so wie Jugendliche Gespräche mit Erwachsenen häufig beenden: »Nichts«, sagt sie. »Ich – ach, egal«, fügt sie hinzu und verlässt den Raum.

Chaney will (oder kann) ihrer Mutter nicht erklären, warum sie auf keinen Fall mit dem Jungen zu Hause bleiben will, aber auch Karen erklärt nicht, weshalb sie dagegen ist, dass die Tochter mit dem Jungen in den Park geht. Karen erinnert Chaney nur immer wieder: »Du bist erst zwölf Jahre alt.« Aus Karens Sicht ist damit hinlänglich bewiesen, dass Chaney noch nicht allein – ohne Aufsicht – mit einem Jungen zusammen sein darf.

Weil diese Meinungsverschiedenheit durch widersprüchliche Rahmen entsteht – durch unterschiedliche Annahmen über die Art der »Verabredung«, die Chaney haben sollte – führt das Reden darüber nur dazu, dass beide immer wütender werden, weil weder die Mutter noch die Tochter die Grundlagen ihrer jeweiligen Annahmen in Worte fasst. Was Karen nicht sagt, weil es ihrer Ansicht nach vermutlich auf der Hand liegt, ist, dass Chaney, wenn sie mit einem Jungen allein ist, der Gefahr einer sexuellen Annäherung ausgesetzt sein könnte, für die sie noch zu jung ist. Was Chaney nicht sagt, ist, dass die Anwesenheit beschützender Eltern die Metamitteilung aussendet, dass sie noch ein Kind ist, obwohl sie sich doch gerade erwachsen fühlen möchte. So wie viele Teenager hat sie wahrscheinlich das Gefühl, dass sie nicht sie selbst sein kann, nicht so, wie sie wirklich ist, wenn ihre Eltern sie beobachten. (Wie wir in Kapitel 5 gesehen haben, tauchte der Junge letzten Endes gar nicht auf, als die ganze Familie darauf wartete, ihn zu Hause in Empfang zu nehmen. Stattdessen stand er an einem anderen Tag unangemeldet vor der Tür – und Chaney machte einen Spaziergang mit ihm.)

»Bring doch deine Freunde mit zu uns«
.... Weggehen oder zu Hause bleiben?

Der Kampf um das Weggehen oder Zuhausebleiben wird in vielen Familien mit pupertierenden Kindern ausgetragen. Eine Mutter, die für ihre Kinder immer wundervolle Geburtstagsfeiern zu Hause veranstaltet hat, ist wie vor den Kopf geschlagen, als ihr Sohn darauf besteht, seinen Geburtstag mit einigen Freunden auf der Bowling-Bahn zu feiern – und sie nicht dabeihaben will. Eine andere Mutter, deren Tochter darauf beharrt, ihre Freunde im örtlichen Starbucks-Café zu treffen, schlägt vor: »Ich kann euch doch auch hier einen Kaffee kochen« – und fängt sich einen Blick abgrundtiefer Verachtung von ihrer Tochter ein, für die es nicht um den Kaffee geht, sondern darum, aus dem Haus zu kommen.

All diese Konflikte entstehen, weil sich die Eltern im Fürsorgerahmen bewegen – was genau der Rahmen ist, dem die Kinder entfliehen wollen. Eltern möchten, dass ihre halbwüchsigen Kinder zu Hause bleiben, weil sie dort in Sicherheit sind. Doch Teenager haben das Gefühl, zu Hause nicht sie selbst sein zu können; die bloße Tatsache, dass die Eltern da sind, bedeutet, dass man wie ein Kind behandelt wird – was genau die Metamitteilung ist, die das Kind (besonders im Hinblick auf die Freunde) um jeden Preis vermeiden möchte.

Die Eltern sorgen sich nicht nur um die Sicherheit der Kinder, sondern müssen auch noch den Schock verdauen, dass sie von ihren Sprösslingen, deren Liebe sie für selbstverständlich gehalten hatten, zurückgewiesen werden. Wenn ein Jugendlicher aus dem Haus stolziert, sich weigert, am Familienurlaub teilzunehmen, oder sich in seinem Zimmer verkriecht und die Tür zuknallt, werden Eltern jäh in ihre eigene Jugend zurückversetzt.[66] Plötzlich steht ihnen wieder vor Augen, wie sie sich von den Gleichaltrigen, die das höchste Ansehen in der Gruppe genossen, abgewiesen fühlten, und trotz aller Anstrengungen nicht zu genügen schienen. Der Vater fühlt sich wieder wie der picklige Außenseiter, dem das hübsche Mädchen die kalte Schulter zeigt, oder er ist wieder der plumpe Junge, den die anderen Jungen immer als Letzten für ihre Ballmannschaften auswählten. Die Mutter sieht sich wieder als das Mädchen, das übergangen wird, wenn die beliebteren Mädchen eine Pyjamaparty feiern, oder wie das Mauerblümchen, das von niemandem zum Tanz aufgefordert wird.

Ein Monster im Haus
.... Mütter und halbwüchsige Töchter

Obwohl die Teenagerzeit für fast alle Familien schwierig ist, gibt es einen speziell für Mütter und Töchter reservierten Kreis der Hölle. Die Folksängerin und Songschreiberin Peggy Seeger fängt dieses einzigartige Drama, vor allem die Situation, in der die Tochter ständig ausgeht, in ihrem Song »Different Tunes« ein[67].

> Warum erzählst du mir nicht, wohin du gehst?
> Ich wünschte, du würdest zu Hause bleiben.

Seeger ist selbst Mutter einer Tochter (und zweier Söhne – von daher kennt sie die Unterschiede in den Kämpfen). Sie erklärt, dass sich ihr Song sowohl auf ihre Erfahrung mit ihrer eigenen Tochter als auch auf »Unterhaltungen mit anderen Müttern und deren halbwüchsigen Töchtern stützt. Alle Mütter sagen dasselbe: Irgendwann zwischen elf und sechzehn verwandelten sich ihre Töchter in Ungeheuer«. Doch die Einschätzung beruht auf Gegenseitigkeit: »Die Mehrheit der Töchter beschrieb ihre Mütter als furchtbar, aufdringlich, tyrannisch, voreingenommen und Ähnliches mehr – mit anderen Worten: als Monster.« (Zum Trost merkt

Seeger an, dass in den meisten Fällen, einschließlich ihres eigenen, der Krieg nach etwa drei oder vier Jahren in gegenseitigem
Frieden endet – doch bis dahin können drei oder vier Jahre Krieg
schrecklich viel Leid verursachen.)

Seegers Song stellt den Gegensatz zwischen den Standpunkten
von Mutter und Tochter dar. Die vorher zitierten Zeilen gehören
zu einer Strophe, in der die Mutter beschreibt, wie sie ihre heranwachsende Tochter sieht:

Von Kopf bis Fuß in Schwarz gekleidet,
stundenlange Gespräche am Telefon.
Warum erzählst du mir nicht, wohin du gehst?
Ich wünschte, du würdest zu Hause bleiben.
Du schaust mich so leer und kalt an,
dein Blick zerreißt mir mein Herz
Wo ist das Kind, die Freundin, die ich hatte,
die Tochter, die mir war ein Morgenstern?

Wie Seeger es beschreibt, trauert die Mutter um den Verlust an Nähe
(Wo ist die Freundin, die ich hatte?). Diese Nähe ist genau das, was
die Tochter mit Bestimmtheit von sich weist, wie der Refrain zeigt:

Ich kann für mich alleine sorgen,
Ich bin kein Baby mehr. Lass mich allein.

Die Tochter lehnt zwar die Zeichen der Zuneigung und Verbundenheit ab, durch die sie in den Rahmen des Kindes gestellt wird,
aber sie will dennoch die Fürsorge, auf die Kinder Anspruch haben. Die Stimme der Mutter sagt:

Sie schüttelt mich ab, wenn ich versuche, sie zu berühren,
während sie sich an alle Jungs heranschmeißt.
Ich kann nicht denken, wenn ich diese Musik höre,
sie kann ohne diesen Sound nicht leben.
Ich bin in der Küche, mache das Essen,
spüle das Geschirr, bin im Dreck.
»Mum«, sagt sie dann, »hast du meine Satinbluse gesehen
und meinen Reißverschluss angenäht?«

Die Mutter fragt sich: »Wo ist mein Kind?«, und die Tochter protestiert: »Ich bin kein Kind mehr.« Die Mutter trauert nicht nur um den Verlust an Nähe zu ihrer Tochter, sondern macht sich auch Sorgen um deren Sicherheit – insbesondere im Hinblick auf sexuelle Gefahren. Diese beiden Sorgen greifen ineinander, wenn die Tochter das Haus verlässt. Seeger beschreibt es so:

Wohin gehst du? Wann wirst du zurück sein?
So willst du ja wohl nicht losgehen?

Mit dem letzten Satz ist normalerweise gemeint, dass der Rock zu kurz, die Hose zu eng oder die Bluse zu durchsichtig ist – kurzum, dass alles zu sexy wirkt.

Seegers Song fängt die Verletzung ein, die auf beiden Seiten durch den Zusammenprall der Rahmen ausgelöst wird. Die Tochter möchte wie eine gleichberechtigte Erwachsene behandelt werden, während die Mutter sie immer noch als schutzbedürftiges Kind sieht.

»Sie denken, wir tun es die ganze Zeit«
.... Liebe oder Promiskuität

Einiges spricht dafür, dass dieselben kollidierenden Rahmen in Familien auf der ganzen Welt zu ähnlichen Erschütterungen führen. Peggy Seeger zog ihre Tochter in London auf. Ein Aufsatz der schwedischen Soziolinguistinnen Karin Aronsson und Ann-Christin Cederborg gewährt uns einen Einblick in die Situation in Schweden, die offenbar ähnlich ist.[68]

Die Gespräche, die Aronsson und Cederborg untersuchten, fanden während familientherapeutischer Sitzungen statt, an denen ein vierzehnjähriges Mädchen namens Lisa, ihre Mutter und eine Therapeutin teilnahmen. Ein Großteil des Streits dreht sich um Lisas Freund Erik. Außerdem beschwert sich die Mutter, dass Lisa »schreckliche Aggressionen« habe, »sehr wütend wird« und sich weigere, die Regeln zu befolgen, die ihre Mutter aufstellt (sie fährt zum Beispiel mit dem Bus um 23 Uhr nach Hause, anstatt wie angewiesen den Bus um halb neun zu nehmen).

Die Wissenschaftlerinnen weisen darauf hin, dass die Auseinandersetzungen über Uhrzeiten und Regeln zwei verschiedene Geschichten widerspiegeln, anhand derer Mutter und Tochter Lisas Beziehung zu Erik interpretieren: Die Mutter sieht die Handlungen der Tochter als Teil einer Promiskuitätsgeschichte, während die Tochter sie als Elemente einer Liebesgeschichte betrachtet. *Geschichte* ist in diesem Zusammenhang ein anderer Begriff für Rahmen – für Annahmen und Erwartungen, die dem, was gesagt und getan wird, eine übergreifende Bedeutung geben. Lisa sieht sich als Heldin einer Liebesgeschichte und deutet ihre eigenen Handlungen entsprechend dem Verhalten einer erwachsenen Frau in einer hingebungsvollen Liebesbeziehung – oder Ehe. Sie will der Kontrolle ihrer Mutter entfliehen. Die Mutter, die das Tun der Tochter als Beweis für deren Promiskuität sieht, bewegt sich in einem Fürsorgerahmen und ist auf die sexuelle Verletzlichkeit der Tochter ausgerichtet.

Diese unterschiedlichen Erzählstränge oder kollidierenden Rahmen erklären viele der Konflikte, die sich bei Lisa und ihrer Mutter in den Therapiesitzungen zeigen. Die Mutter macht sich beispielsweise Sorgen, dass der siebzehnjährige Erik die Tochter »in bestimmten Beziehungen ausnutzt, vielleicht auch sexuell«. Doch der Akt des Beschützens rahmt Lisa als eine Person, die nicht auf sich selbst aufpassen kann – aus Lisas Sicht eine Beleidigung. Ihre Mutter spricht es offen aus: »Sie ist so schwach, dass sie nicht Nein sagen kann.«

Lisa reagiert ebenso leidenschaftlich wie unsachlich: »Du tickst doch nicht ganz richtig!« Etwas präziser protestiert sie: »Er kann mir nichts befehlen. Ich tue, was ich will.«

Doch die Mutter bleibt eisern: »Er hat enormen Einfluss auf dich.«

Ein weiterer Streitpunkt ist die Zeit, die Lisa mit Erik verbringt. »Ich finde es wirklich merkwürdig, dass es so oft sein muss«, sagt die Mutter.

Lisa entgegnet: »Du siehst deinen Mann doch auch jeden Tag.« Mit anderen Worten, Lisa rahmt sich und Erik als Liebende, die mit einem Ehepaar vergleichbar sind.

Ein weiterer Aspekt, der sich für Mutter und Tochter unterschiedlich darstellt, ist die Dauer der Beziehung. »Ich bin schon total lange mit Erik zusammen«, sagt Lisa. Doch sie beendet den Satz mit einem verlegenen Lachen: »Volle drei Monate.« Und das ist der Punkt, an dem die Promiskuitätsgeschichte die Liebesgeschichte verdrängt, weil die Mutter hinzufügt: »Verglichen mit den anderen Jungs ist das allerdings eine Ewigkeit.«

Zeit hat auch noch in anderer Hinsicht eine unterschiedliche Bedeutung für Mutter und Tochter. Die Mutter glaubt, dass es bestimmte Zeiten gibt, in denen die Tochter nicht mit ihrem Freund zusammen sein sollte, zum Beispiel spät in der Nacht (was auch der Grund ist, weshalb die Tochter mit dem Bus um halb neun nach Hause kommen soll) und während der Schulzeit. Die Tochter protestiert, dass sie ihren Freund nur in den Freistunden besucht (schließlich heißen sie Freistunden, damit man tun und machen kann, was man will) und nur wenn er krank ist (obwohl sie unter dem Druck der Mutter einräumt, dass er in letzter Zeit ziemlich oft »krank« war).

Die Unstimmigkeiten bezüglich der Zeit spiegeln auch die Besorgnis der Mutter wider, dass Lisa mit Erik ins Bett geht. Aus Lisas Sicht »spielt die Tageszeit dafür keine Rolle«. Sie erzählt der Therapeutin, dass sie sich entschieden habe, nicht mit Erik zu schlafen, und sie die Kraft besitze, Nein zu sagen, aber »Mum denkt, dass wir es die ganze Zeit miteinander tun«. Lisa, die weiterhin von ihrem eigenen Rahmen ausgeht, sieht sich als liebende Erwachsene, die durchaus in der Lage ist, selbst zu entscheiden, wann sie ihren Freund treffen will. Die Mutter, die sich im Rahmen der Fürsorge bewegt, sieht Lisa als Kind, das tagsüber in der Schule sein sollte und das nachts größeren sexuellen Gefahren ausgesetzt ist.

Aronsson und Cederberg wissen nicht, ob Lisa mit Erik tatsächlich geschlafen hat, obwohl sie anmerken, dass ihr Protest implizieren könnte, dass die beiden es tun, nur nicht »die ganze Zeit«. Was Lisa wütend macht, sind zum einen die Metamitteilungen der mütterlichen Missbilligung und zum anderen die ihrer Ansicht nach irrationalen Prämissen der Mutter, die annimmt, dass Sex irgendwie von der Tageszeit abhängig sei. Doch wonach sollen Eltern sich richten, wenn nicht nach der Zeit, die ihre Töchter außer Haus verbringen, und nach der Art, wie sie sich verhalten – ob offen rebellisch oder gehorsam und respektvoll? Trotzdem führen diese Anhaltspunkte nicht immer zu richtigen Schlussfolgerungen.

Zwei Schwestern, die inzwischen in den Fünfzigern sind, berichteten mir lachend, wie ihre Eltern sie völlig falsch eingeschätzt hatten. Die eine von den Schwestern war das »gute Mädchen«. Sie war brav und gehorsam, trug die Kleidung, die ihre Eltern für richtig hielten, und hatte ordentliche Verabredungen mit anständig gekleideten Jungs, die sie zur abgemachten Zeit abholten und nach Hause brachten. Die andere Schwester war das »böse Mädchen«, das im Dauerkrieg mit den Eltern lag, weil sie in den alten, abgetragenen Hemden ihres Vaters herumlief und sich die ganze Nacht in Greenwich Village herumtrieb. Was die beiden Schwestern im Rückblick (sie wurden in den Sechzigern erwachsen) zum Lachen brachte, war, dass das brave Mädchen während der akzeptierten Uhrzeiten Sex mit ihren proper gekleideten Freunden hatte, während die böse Schwester die anrüchige Zeit eher keusch im Kreis mehrerer Freunde verbrachte, die bis in die frühen Morgenstunden in halbdunklen Cafés saßen, um Gedichten und Folksongs zu lauschen. (Die Geschichte hat ein Happyend, denn beide Schwestern haben sich – soweit ich das beurteilen kann – prächtig entwickelt.)

Heute kann ich den Standpunkt der Mütter sehr gut begreifen: Die Gefahr, dass junge Mädchen sexuell ausgenutzt werden, erscheint so groß, dass ich laut rufen möchte: »Wartet, wartet einfach! Ihr habt noch jede Menge Zeit, einen Freund zu finden und euch zu verlieben, wenn ihr älter werdet.«

Doch ich erinnere mich auch noch sehr gut, wie ich als Jugendliche gedacht habe. Die einzigen, die mich verstanden, waren meine Freundinnen – und die Beatles, die jene geliebte Zeile sangen, die zum Ausdruck brachte, was ich empfand:»She's leaving home after living alone for so many years.« Exakt! Die Beatles hatten kapiert, dass man im Grunde allein war, wenn man »zu Hause« lebte. Meine Eltern hatten einander, aber ich hatte niemanden, für den ich wichtiger war als alle anderen Menschen auf der Welt – und niemanden, so schien es mir, der dieselbe Sprache sprach wie ich.

Im Rückblick denke ich, dass es schon viel genützt hätte, wenn ich Grund zu der Annahme gehabt hätte, dass meine Eltern verstanden, wie ich fühlte, aber ich habe nie versucht, es ihnen zu erklären. Ich kann mich auch nicht erinnern, dass sie mich je danach gefragt hätten. Den Standpunkt des anderen zu verstehen, ist ein

Ziel, doch in unseren vorliegenden Gesprächen zwischen Teenagern und Erwachsenen tritt es nirgends in Erscheinung. Die Jugendlichen sind darauf fixiert, der Kontrolle und Missbilligung ihrer Eltern zu entgehen, und die Erwachsenen sind verständlicherweise darauf konzentriert, ihre Kinder zu einem Verhalten zu bewegen, dass ihrer Sicherheit dient. Vieles würde sich einfacher gestalten, wenn die Erwachsenen sich bemühen würden zu verstehen, warum ihre Kinder so handeln und fühlen, wie sie es tun, und wenn sie ihnen zeigen würden, dass sie Verständnis dafür haben.

Der Sound der Vergangenheit
Wie es klingt, wenn zwei Rahmen
.... zusammenkrachen

Nicht nur weibliche Jugendliche verwandeln ihre Familien in Kriegsgebiete. Jungen tun es ebenfalls, wenn auch das strittige Verhalten tendenziell ein anderes ist – es geht meist weniger um Sexualität und mehr um Regelverstöße, doch selbst dabei spielen Uhrzeiten sowie die Freunde und was mit ihnen unternommen wird, eine große Rolle. Hören wir einmal in einen Streit hinein, der in einer australischen Familie stattfand.[69] David Lee, ein Professor von der University of Queensland, analysierte einen Streit zwischen der Mutter Noeline, ihrem Lebenspartner Larry und dem Sohn Michael, der aus einer früheren Beziehung von Noeline stammt.

Der Streit bricht aus, als Noeline, Larry und Michael eine Fete zu Michaels sechzehntem Geburtstag planen. Auch hier sind, wie Lee aufzeigt, kollidierende Rahmen entscheidend für den Ausbruch des Konflikts. In diesem Fall führen unterschiedliche Lebenserfahrungen zu widersprüchlichen Vorstellungen von einer Party. Der Ärger beginnt im Laufe eines freundschaftlichen Gesprächs über die bevorstehende Party, als Michael erwähnt, dass er seinen älteren Bruder Paul bitten wolle, zu kommen und an der Tür aufzupassen, »damit keine uneingeladenen Gäste auf der Party aufkreuzen«. Noeline versichert ihm: »Das wird nicht nötig sein. Die kannst du leicht wieder ausladen.« Dieser fundamentale Unterschied liegt allen nachfolgenden Äußerungen zu Grunde. Und Michael drückt gleich am Anfang die Überzeugung aus – die sich durch das gesamte Gespräch zieht –, dass das, was die Erwachsenen sagen, sich auf eine Welt bezieht, die längst der Vergangenheit angehört: »Das ging vielleicht vor zwanzig Jahren, Mum«, sagt er. »Heute hast du im Handumdrehen vierzig Leute mehr auf der Party, wenn du keinen Türsteher hast.«

Schon an dieser Stelle zeigt sich, warum der Konflikt nicht leicht zu lösen sein wird. Michael unterstellt, dass man bei einer Fete eine Person braucht, die ungebetene Gäste an der Tür vertreibt. An der Art, wie Michael das Thema anspricht, erkennt man, dass es sich um eine Prämisse handelt – um etwas, das er für selbstverständlich hält. Als er – etwas früher im Gespräch – die Frage stellte: »Und kann ich auch einen Diskjockey haben? Geht das in Ordnung?«, ist er sich bewusst, dass der Vorschlag möglicherweise auf Ablehnung stößt. Der DJ ist ein Thema, über das man verhandeln muss. Im Gegensatz dazu scheint er nicht vorauszusehen, dass sich irgendwelche Probleme daraus ergeben könnten, wenn er Paul bittet, an der Tür aufzupassen. Für ihn ist das ein selbstverständlicher Bestandteil seines »Partyrahmens«.

Doch Noeline teilt diese Vorstellung nicht. Der sich entwickelnde Streit lässt sich auf diesen Auslöser zurückführen. Während ihr Gespräch sich zu wiederholen beginnt wie ein Endlosband, hält Michael hartnäckig an der Überzeugung fest, dass seine Eltern die Welt, in der er sich bewegt, nicht verstehen, weil sie ihre Erfahrungen in einer anderen gemacht haben.

Wenn man in den anschließenden Streit hineinhört, entdeckt man alle in Kapitel 3 beschriebenen Taktiken, die der Lösung familiärer Konflikte in die Quere kommen: Die Beteiligten werden sarkastisch, laut und beleidigend, anstatt Annahmen deutlich zu erklären und zwischen Mitteilungen und Metamitteilungen zu unterscheiden.

Noeline greift Michaels Vorschlag an und bezweifelt, dass es notwendig ist, Paul an der Tür Wache stehen zu lassen: »Findest du es nicht ein bisschen übertrieben«, sagt sie, »wenn du behauptest, einen Türsteher für eine private Feier zu brauchen?«

Statt mit weiteren Erklärungen antwortet Michael mit Sarkasmus (»Okay. Dann eben nicht. Lassen wir die Tür doch einfach offen.«) und einer versteckten Drohung: »Ihr werdet es sehen. Ihr – ihr glaubt, dass ich dumm bin. Aber wenn ihr – ihr werdet Augen machen, ihr werdet schon sehen. Wartet's nur ab.« Was Michael wirklich ärgert, ist die Metamitteilung (»Ihr glaubt, dass ich dumm bin«). Sein Ärger ist berechtigt. Er sagt den Erwachsenen, was auf seiner Party nötig oder angemessen ist, und sie bezweifeln seine Worte.

In einem späteren Gespräch fragt Larry, wie viele Leute Michael einladen will, und gibt seiner Befürchtung Ausdruck, dass es zu körperlichen Auseinandersetzungen kommen könnte. »Dies ist unser Zuhause, verdammt noch mal«, konstatiert Larry. »Wir werden auf keinen Fall zulassen, dass es hier zu irgendwelchen Schlägereien oder zu sonst einem Krawall kommt.« Er fügt hinzu, dass die Party im Fall drohender Auseinandersetzungen abgeblasen wird, »denn die Polizei kommt nur ein oder zwei Mal. Wenn man sie ständig ruft, kommt sie irgendwann nicht mehr. Dann musst du selbst sehen, wie du mit dem Ärger fertig wirst«.

Michael reagiert erneut mit Sarkasmus und stellt Larrys Szenario als lächerlich dar: »Oh, ja, klar, in meinem Zimmer wird vermutlich ein Bandenkrieg ausbrechen, oder was?« Michael versichert hier, wie im gesamten Gespräch, dass es zu keinerlei Gewalt kommen wird, doch durch seinen Sarkasmus sorgt er dafür, dass Larry eher verschnupft als beruhigt reagiert.

Als Noeline dann direkt fragt: »Warum brauchst du eigentlich einen Rausschmeißer an der Tür?«, versucht Michael, es zu erklären: »Also angenommen, ich lade drei Leute ein, und sie bringen noch jemanden mit. Einen Typ, den ich nicht mag ...«

Larry sieht da kein Problem: »Sag ihnen doch einfach, dass sie keine Freunde mitbringen sollen. Du bist schließlich der Gastgeber.« Noeline wiederholt Larrys Worte und verbündet sich dadurch mit Larry gegen Michael. »Sag ihnen, sie sollen keine Freunde mitbringen.«

Der Rat von Noeline und Larry klingt durchaus vernünftig, ist aber offenbar undenkbar für Michael: »Wie soll ich das denn machen?« Larry fängt jetzt an zu brüllen. »Der Platz reicht niemals aus, wenn jeder Gast noch irgendwelche Leute mitbringt.« Das ist ironischerweise genau das, was Michael mit dem Türsteher im Sinn hat. Doch anstatt das zum Ausdruck zu bringen, gibt Michael zur Antwort: »Vergiss es, Alter. Du bist ein Idiot.« Durch die Beleidigung, kann Michael sich ausrechnen, was als Nächstes ge-

236

schieht. Noeline schreit ihren Sohn an, weil er Larry als Idioten bezeichnet hat. Daraufhin verlässt Michael den Raum.

Michaels Ausbruch erinnert an den von Lisa, die ihrer Mutter mitteilt, sie »ticke nicht ganz richtig«. Und als er aus dem Zimmer geht, verhält sich Michael genauso wie Chaney, die ihrer Mutter nicht erklären konnte, weshalb sie mit dem Jungen lieber weggehen wollte, anstatt mit ihm zu Hause zu bleiben. Ich schätze, dass Jugendliche ausfallend werden – oder verstockt oder schweigend reagieren –, weil sie ihre Rahmen nicht so erklären können, dass die Eltern es verstehen. Michaels Frustration in diesem Gespräch ist verständlich, weil seine Eltern, die darauf beharren, dass er die Anzahl der Gäste auf seiner Party beschränkt, sich gleichzeitig weigern, seine diesbezüglichen Vorschläge anzunehmen.

In einem späteren Gespräch wird der Rausschmeißer noch einmal thematisiert. »Mensch, auf deiner Party drüben im Park hatten wir auch keinen Türsteher«, sagt Noeline.

»Party im Park?«, antwortet Michael. »Wie alt war ich da, Mum? Acht? Neun?«

»Sechs«, sagt Noeline.

Als Noeline auf eine Feier zu sprechen kommt, die stattfand, als Michael sechs Jahre alt war, gibt sie klar zu erkennen, dass sie im Grunde keinen Anhaltspunkt dafür hat, um was für eine Art Fete es ihm jetzt geht. Für Michael klingt es absurd, doch Eltern, die sich seit Jahren um ihre Kinder kümmern und Geburtstagsfeste für sie organisieren, gehen verständlicherweise davon aus, dass die Vorgehensweisen, die bis jetzt immer geklappt haben, auch weiterhin funktionieren werden.

Als Nächstes sagt dann Noeline, sie wolle nicht, dass irgendwas im Haus durch die Schlägereien zu Bruch gehe. Michael protestiert: »Ich habe bloß gesagt, dass man jemanden braucht, der an der Tür steht und ungebetene Gäste wegschickt. Das war alles. Ich habe nie irgendwas von Schlägereien gesagt.«

.... Ein einziges Wort gibt den Ausschlag

Wodurch *wurde* der Gedanke an eine Schlägerei ins Spiel gebracht? Wie David Lee in seiner Analyse dieses Streits ausführt, lag es an einem einzelnen Wort.

Erinnern Sie sich daran, als Noeline sagte: »Findest du es nicht ein bisschen übertrieben, wenn du behauptest, einen Rausschmeißer für eine private Feier zu brauchen?« Durch das Wort *Rausschmeißer* hat Noeline auf ihre Weise zum Ausdruck gebracht, dass sie Michaels Vorschlag für unsinnig hält. (Zu einem ähnlichen Mittel griff Michael, als er sagte, Larry würde wohl gleich einen »Bandenkrieg« prognostizieren, wodurch er Larrys Besorgnis ins Lächerliche zog.) Rausschmeißer arbeiten in Bars und Nachtlokalen, um Störenfriede zu entfernen, wenn Schlägereien ausbrechen oder auszubrechen drohen. Deshalb schleicht sich durch Noelines Gebrauch des Wortes *Rausschmeißer* und die damit verbundenen Assoziationen die Vorstellung einer Schlägerei ein. Für Michael war das Ganze zweifellos sehr frustrierend. Er konnte nur – zutreffend – sagen, dass es sich bei diesen ausgedachten Randalen um ein reines »Fantasieprodukt« handelte, dessen Ursprung er aber nicht genauer erklären konnte.

Die Ursache der Irritation – die Assoziationen, die mit dem Wort *Rausschmeißer* zusammenhängen – wird nicht angesprochen oder aufgespürt, deshalb kocht der Streit erneut auf, ohne gelöst zu werden. So besteht Noeline weiterhin auf ihre Handlungsausrichtung: »Wenn ich eine Party geben würde und an meiner Haustür taucht jemand auf, den ich nicht eingeladen habe, würde ich einfach hingehen und sagen: ›Du kannst nicht reinkommen.‹ Kannst du das nicht auch machen?« Und Michael kann wiederum nur antworten: »Ihr lebt doch in der Vergangenheit.« Als Noeline ihn drängt, eine Liste der Leute zu machen, die er einladen will, schreibt er »NIEMAND« und geht aus dem Zimmer.

Als ich dieses Transkript las, hatte ich die Beteiligten am liebsten geschüttelt und sie gezwungen, ihre Rahmen auf den Tisch zu legen, also ihre unterschiedlichen Annahmen in Worte zu fassen. Michael weiß (oder glaubt) auf Grund der Erfahrungen, die er in seiner Welt gemacht hat, dass die einzig vernünftige Methode, unerwünschte Gäste von der Party fern zu halten, darin besteht, dass eine andere Person als er selbst an der Tür steht und sie wegschickt. Noeline und Larry gehen davon aus, dass es nur eine einzige Ursache gibt, weshalb man einen Außenstehenden an der Tür postiert – nämlich damit er Typen verscheucht, die sich prügeln oder Sachschäden verursachen wollen.

Vielleicht spielt hier auch noch eine unausgesprochene Assoziation mit: Die Vorstellung von Jungen, die sich in größeren Gruppen bewegen, rufen Bilder von Gewalt wach, so wie das Szenario, dass ein Mädchen allein mit einem Jungen unterwegs ist, schnell sexuelle Konnotationen wachruft. Unabhängig davon ist es in diesem Fall, dass Noeline und Larry nicht wirklich zuhören. Aber nützt das Zuhören überhaupt etwas, wenn man von einer Welt hört, die man partout nicht kennt und sich überhaupt nicht vorstellen kann?

Bei Michael, Noeline und Larry handelt es sich um eine Arbeiterfamilie aus Australien. Doch die widersprüchlichen Rahmen, auf welche die Familienmitglieder beim Thema Party stießen, haben erstaunliche Ähnlichkeiten mit denjenigen, die zum Kampfesfeld einer Familie aus der oberen Mittelschicht in McLean, einem reichen Vorort von Washington, wurden. Da niemand an der Tür stand, um uneingeladene Gäste zu verscheuchen, platzte eine Teenie-Party aus allen Nähten – ganz so wie Michael es für seine Fete vorausgesagt hatte.

Als Terrys Tochter Kim die achte Klasse besuchte, wollte die Mutter – so wie jedes Jahr – eine Geburtstagsfeier für sie veranstalten. Doch die Party, die dann stattfand, war anders als alles, was Terry bis dahin erlebt hatte. Obwohl Kim nur dreißig Freunde eingeladen hatte, kamen sechzig zu der Feier. Und Terry und ihr Mann hatten keine Chance, die Eskapaden von sechzig Teenagern, die im ganzen Haus ausschwärmten, im Auge zu behalten. Außerdem hatten sie es hier mit vorpubertären Jungen zu tun, die sich den Mädchen gegenüber genauso verhielten wie gegenüber anderen Jungen. Um zum Beispiel mit einem Mädchen ins Gespräch zu kommen, versuchten sie es mit Essen zu bewerfen. Es war ein fürchterlicher Abend – der erschreckend deutlich machte, dass mit dem Anbruch der Pubertät für Kinder und Eltern ein Leben beginnt, von dem die Eltern wenig Ahnung haben.

Auf wessen Seite stehst du?
Wie Jugendliche die Beziehungen
.... von Erwachsenen beeinflussen

Ein weiterer Schlüssel zu Michaels Dilemma bei der Interaktion mit seiner Mutter Noelene und ihrem Partner Larry sind die Ausrichtungen oder Allianzen der Beteiligten. Wenn alle drei in einem Raum anwesend sind, hält Noelene zu Larry, indem sie fragt, warum Michael einen Rausschmeißer braucht, und vor Gewalttätigkeiten warnt. Noeline und Larry präsentieren sich Michael gegenüber als ein Team, das sich gegen ihn zusammenschließt. Aber als Michael aus dem Zimmer geht, verändert Noeline ihre Ausrichtung. Sie schreit nun Larry an: »Mein Gott nochmal, er darf doch wohl seinen Geburtstag feiern!« Larry gibt ihr zur Antwort, ebenfalls brüllend: »Natürlich darf er! Aber wenn hier eine Million Leute rumlaufen, haben wir dafür nun mal eindeutig zu wenig Platz.«

»Natürlich haben wir nicht so viel Platz«, kreischt Noeline zurück. Und stellt sich dann auf eigentümliche Weise auf die Seite ihres Sohnes, indem sie droht, die Familie zu verlassen. »Irgendwann«, sagt sie, »packe ich meine Sachen und verschwinde von hier. Das ist mein Ernst. Woanders kann's nur besser werden – hier gibt's ja ständig Theater.«

Als Larry (ruhig) sagt: »Ich weiß nicht warum.« wiederholt Noeline seine Worte, aber laut: *»Ich* weiß nicht *warum.«*

Wie so viele Familienmitglieder, die miteinander zanken, weiß auch Noeline nicht, warum jede Kleinigkeit zum Streit führt. Es ist schmerzlich zu sehen, wie sie zwischen Larry und Michael gerät, zwischen ihren Lebenspartner und ihren Sohn. Aber aus Michaels Perspektive ist es auch schade, dass er gar nicht mitbekommt, wie sich die Mutter auf seine Seite schlägt. Solche Bündnisse bereiten allen Kindern in allen Familien Kummer, aber in Patchwork-Familien haben sie eine besondere Bedeutung. Für Michael ist es zweifellos besonders schmerzlich, wenn die Mutter zu ihrem Lebensabschnittsgefährten Larry hält und er sich ausgeschlossen fühlt – denn er kennt seine Mutter ja länger.

Unterschiedliche Ansichten über das richtige Verhalten gegenüber den Kindern führen besonders häufig zu Spannungen und Streitigkeiten in Familien. In der einen von mir schon erwähnten

Fernsehdokumentation schildert die Mutter Karen Wilson, wie ihre ältere Tochter Cicily aufs College kam und sich dort unglücklich fühlte. Der Vater Bill neigte dazu, der Tochter zu erlauben, die Ausbildung abzubrechen. Doch Karen bestand darauf, dass Cicily mindestens das erste Jahr durchhalten sollte, bevor sie auf ein anderes College, das in der Nähe der Eltern lag, wechselte. Karens eigene Geschichte spielte bei dieser Forderung eine Rolle; ihre Eltern gaben ihr damals die Erlaubnis, von einem College abzugehen, auf dem es ihr nicht gefiel; in der Folge hatte sie ihr Studium nie wieder aufgenommen und abgeschlossen. »Über die Frage, ob sie wieder nach Hause kommen soll«, sagte sie, »habe ich mit Bill viel mehr gestritten als mit Cicily.«

Karen Wilson und ihr Mann Bill Sims führten eine gute Ehe.[70] Tatsächlich war es die anhaltende Verbundenheit der beiden, die der TV-Serie ihren Titel *An American Love Story* gab. Stellen Sie sich vor, wie problematisch die Anwesenheit von pubertierenden Kindern ist, wenn sich die Eltern sowieso schon im Kriegszustand befinden. Ein Mann, der von der Mutter seiner halbwüchsigen Tochter geschieden war, meinte, dass er und seine Exfrau supervorsichtig sein müssten, wenn sie sich über die Erziehung ihrer Tochter stritten, weil sie beide dazu neigten, ihre Tochter dabei völlig aus den Augen zu verlieren: Sie werde zu dem »Schlachtfeld«, auf dem die Eltern ihre eigenen Fehden austrügen. »Kinder sollten als Streitthema tabu sein«, erklärte er, »weil dabei so viel auf dem Spiel steht.«

Mutter und Vater im gemeinsamen Kampf – .... gegeneinander

Wenn zwei Erwachsene mit einem Teenager zusammenleben, sind die Auseinandersetzungen zwischen ihnen besonders kompliziert, weil drei Leute an ihnen beteiligt sind – und folglich drei getrennte Beziehungen: jeweils eine zwischen einem Erwachsenen und einem Jugendlichen, aber auch eine zwischen den beiden Erwachsenen selbst. Wobei die Beziehungen zwischen den Erwachsenen durch ihre unterschiedlichen Reaktionen auf das adoleszente Kind unweigerlich verändert werden.

Bei Streitigkeiten zwischen Eltern und Jugendlichen ist es schwierig, genau auszumachen, wie die Dinge außer Kontrolle geraten. Nur selten erhält man die Chance, noch einmal zu dem Gespräch zurückzukehren und zu überprüfen, was gesagt wurde. Wieder einmal bietet die Fernsehdokumentation über die Familie Loud eine solche Gelegenheit – ein kurzes Sichtbarwerden der wechselnden Allianzen zwischen einem heranwachsendem Jugendlichen und seinen Eltern.

Die Unterhaltung, die ich dabei im Auge habe, ist besonders faszinierend, weil die Eltern – oberflächlich betrachtet – gemeinsam Front gegen ihren halbwüchsigen Sohn machen.[71] Doch wenn man das Gespräch näher untersucht, zeigt sich, dass die Eltern auf einer subtilen Ebene gegeneinander arbeiten. Dieses Muster nimmt eine spezielle Bedeutung an, wenn man weiß, dass Bill und Pat beschlossen haben, sich scheiden zu lassen. Während ein Elternteil versucht, den Sohn festzunageln, versucht der andere, ihm einen Ausweg zu eröffnen. Wenn man diesen Austausch verfolgt, wird sichtbar, wie liebevolle Eltern durch wechselnde Allianzen und kollidierende Rahmen bei der Interaktion mit ihrem halbwüchsigen Sohn die Orientierung verlieren können. Das Beispiel wirft auch ein Licht darauf, wie wichtig es für Eltern ist, auf ihre gegenseitigen Sprechweisen gezielt zu achten und nicht nur auf die des Kindes.

Bill und Pat Loud führen eine Unterredung mit ihrem sechzehnjährigen Sohn Grant (dem dritten von fünf Kindern). Der Sommer vor seinem letzten Jahr an der High-School neigt sich dem Ende zu. Bill hatte Grant einen Ferienjob in seiner Baufirma besorgt. Doch Grant geht nicht jeden Tag zur Arbeit; er kommt nur an drei Tagen in der Woche, aber selbst das ist ihm zu viel, und er will ganz aufhören. Pat zufolge (die tagsüber bei den Kinder bleibt) liegt Grant auch zu Hause nur auf der faulen Haut, übt höchstens mal mit seiner Band.

Bill und Pat missbilligen beide das Benehmen ihres Sohnes, aber Pat konzentriert sich auf Grants Gebaren in der Familie, während Bill sich auf sein Verhalten bei der Arbeit konzentriert. Die Eltern äußern ihre Einwände auch auf unterschiedliche Weise. Pat spricht direkt an, was ihr gegen den Strich geht, während Bill versucht, Frieden zu stiften, indem er Pats Kritik abmildert, aber auch seine eigene auf indirektere Weise anbringt.

.... »Es ist nicht so, dass ich nicht arbeiten will«

Eltern und Sohn sitzen am hauseigenen Swimmingpool im kalifornischen Santa Barbara. Bill sagt: »Ich habe mit deiner Mutter geredet und ihr gesagt, dass du keine große Lust hast, weiter zu arbeiten.«

»Mhmm«, brummelt Grant.

Für Eltern von Jugendlichen, insbesondere von männlichen Jugendlichen, klingt diese Antwort vielleicht vertraut. (Eine Frau, die mit fünf Teenagern zusammenlebt – ihren Kindern und Stiefkindern – meinte, sie habe sich zu einer Expertin für die Grunzlaute ihrer halbwüchsigen Söhne entwickelt. Das sei eine Kunst, erklärte sie, eine Kunst, die sie immer daran erinnere, wie sie gelernt habe, die Lautäußerungen ihrer Babys zu entschlüsseln, als sie noch nicht sprechen konnten.)

Bill redet fort auf eine Weise, die verständnisvoll und unterstützend klingt, in der aber auch unmissverständlich eine unterschwellige Botschaft der Kritik mitschwingt. »Ich mache dir keine Vorwürfe«, sagt Bill. »Ich denke, es ist eine sehr ehrliche Reaktion. Es ist nichts falsch an diesem Gefühl. Es ist ganz natürlich, wenn man keinen Bock zum Arbeiten hat.«

Grant ignoriert das scheinbare Entgegenkommen. Er konzentriert sich allein auf den Vorwurf und bestreitet ihn: »Dad«, protestiert er, »ich – es ist nicht so, dass ich nicht arbeiten will, es ist einfach ...«

Grant kann seine Selbstverteidigung nicht zu Ende bringen, weil Pat sich einmischt und ihrerseits ins Horn stößt: »Welche Art von Arbeit schwebt dir denn so vor, Grant?«, fragt sie. »Vor dem Fernseher hocken und Musik hören? Gitarre spielen? Autofahren? Essen, Schlafen?« Ihre Worte strotzen vor Sarkasmus (jene Strategie, der wir schon häufiger begegnet sind) und lassen keinen Zweifel daran, was Pat wurmt.

Jetzt möchte man hören, was Grant zu seiner Verteidigung zu sagen hat, aber man wartet vergebens, das sich der Vater einschaltet: »Nein, ähm, also hör mal zu, Grant«, sagt er, »du bist ein guter Junge. Wir sind stolz auf dich.«

Grant antwortet weder auf den einen noch auf den anderen Vorwurf: weder auf den des Vaters, dass er keine Lust zum Arbeiten habe, noch auf den der Mutter, dass er nichts Konstruktives leiste, wenn er zu Hause sei. Auch den Trost des Vaters, »Wir sind stolz auf dich«, akzeptiert er nicht, sondern er entgegnet: »Ich weiß genau, dass ihr es *nicht* seid.«

Dieses Muster wiederholt sich während des gesamten Gesprächs. Einige Sprecherwechsel später bestätigt Bill indirekt, dass er nicht wirklich stolz auf seinen Sohn ist. »So wie ich es sehe«, erklärt Bill, »arbeite ich wie ein Verrückter, damit alle genug zu essen haben und über die Runden kommen, sie ihr Benzin bezahlen und Auto fahren und überhaupt alles tun können, was ihnen gefällt. Verstehst du? Ich arbeite wie ein Pferd. Ich arbeite zwölf, vierzehn Stunden am Tag. Nicht, dass ich – es macht mir nichts aus. Weißt du, *mir macht der Job Spaß*. Das ist so, seit ich zwölf bin.«

»Tja, darin unterscheiden wir uns«, sagt Grant, »denn das ist bei mir anders. Mir macht Arbeit keinen Spaß.«

Hier taucht ein weiteres Muster auf, das wir aus Kapitel 3 kennen – ein Muster, das in den meisten fruchtlosen Streitigkeiten zu entdecken ist. Grant greift einen beiläufigen Aspekt auf, den sein Vater erwähnt hat, und vermeidet den Kernpunkt. Als Bill sagte, der Job mache ihm Spaß, hat er einfach versucht, den Eindruck zu vermeiden, dass er sich beklagen will oder selbstmitleidig ist. Sein Hauptaspekt war, dass Menschen arbeiten *müssen,* um ihren Lebensunterhalt zu bestreiten, und dass Grant jetzt alt genug ist, um mit anzupacken. Grant ignoriert diese Aussage, indem er sich darauf konzentriert, ob sein Vater Spaß an der Arbeit hat oder nicht. (Wobei er sich selbst widerspricht, denn kurz zuvor hat er ja erklärt: »Es ist nicht so, dass ich nicht arbeiten *will*.«)

Bill reagiert erneut, indem er mit scheinbarer Akzeptanz und Anerkennung über Grants Ehrlichkeit spricht. »Nun, das ist eine gesunde, normale Reaktion«, sagt er. Doch dann wird deutlich, dass er dieses Verhalten doch nicht billigt: »Aber wenn du nicht arbeiten willst, dann solltest du auch auf alles verzichten, was durch Arbeit möglich wird. Freizeit macht erst Spaß, wenn man sie sich verdient hat.«

Dann kommt Bill auf das zu sprechen, worauf er hinauswollte: »Aber Patty und ich haben über dein konkretes Problem geredet, dass du in diesem Sommer *überhaupt nichts* tun willst. Was ja in Ordnung ist. Völlig in Ordnung.«

Bill stellt seine Missbilligung in den Rahmen, dass er nur das

Beste für Grant will – dass Grant seine Freizeit nicht genießen kann, wenn er nicht arbeitet. Und Bill bezeichnet Grants Arbeitsunlust als ein »Problem«. Wenn er also (am Anfang) erklärt, diese Unlust sei eine »ganze normale Reaktion« und (am Ende) noch einmal betont, das sei »völlig in Ordnung«, weiß Grant, dass es nicht wirklich in Ordnung ist und sein Vater diese Reaktion ganz und gar nicht gutheißt. Wie Grant seine Zeit verbringen sollte, ist eindeutig eine Frage, bei der Grant und seine Eltern von völlig unterschiedlichen Rahmen – von widersprüchlichen Annahmen – ausgehen.

Grant protestiert daraufhin: »Ich habe nie gesagt, dass ich in diesem Sommer überhaupt nichts tun will.« Also fragt Bill ihn, was er denn machen möchte. Grant antwortet ausweichend: »Ich war den ganzen Sommer über beschäftigt.«

Anstatt zu fragen, womit er beschäftigt war, bietet Bill wieder eine oberflächliche Bestätigung an: »Ich bin sehr stolz auf dich. Ich bin *verdammt* stolz auf dich«, bevor er seine Frage wiederholt: »Aber was möchtest du denn tun, Grantie?«

Es ist bemerkenswert, dass Bill seinen Sohn gerade dann mit »Grantie«, also mit einem Kosenamen anspricht, wenn er ihn am schärfsten kritisiert. Doch auch diesmal gibt Bill seinem Sohn keine Gelegenheit zu antworten, sondern er reagiert an seiner Stelle, und deutet an, dass Grant nur eines möchte, nämlich mit seiner Band Musik machen. Grant gibt das indirekt zu, als er den Einwand des Vaters vorwegnimmt: »Jedes Mal wenn ich das bejahe, hältst du mir einen langen Vortrag, von wegen, das sei keine Art seinen Lebensunterhalt zu verdienen«

Grant weiß, dass seine Eltern das, was er wirklich tun möchte, nämlich Musik machen, nicht billigen. Wieder einmal ist es seine Mutter, welche die Sache auf den Punkt bringt. Sie wertet seine Pläne, eine Profiband zu gründen, damit ab, dass die Freunde, mit denen er Musik macht, gar nicht mehr in der Stadt sind: »Da jetzt sowieso alle weg sind, können wir diese Bandgeschichte zu den Akten legen.« Anschließend lässt sie eine ernsthafte Kritik los: »Also, wenn du einfach zu Hause herumhängst, daran habe ich einiges auszusetzen. Vor allem möchte ich mal wissen, ob es sich einfach um ein Riesenmissverständnis gehandelt hat oder ob du uns offen ins Gesicht gelogen hast, als du sagtest, dass du am Donnerstag nicht mehr arbeiten bräuchtest. Dad hat auf dich gewartet.«

»Ich habe gesagt, dass ich nicht wüsste, ob ich noch mal wiederkommen sollte«, entgegnet Grant.

»Ach so«, antwortet Pat ironisch. »Wie kommt es bloß, dass ich mich immer irre?«

Da niemand sich »immer« irrt, impliziert Pats Frage, dass Grant zumindest manchmal ebenfalls danebenliegen muss – und dass es, vielleicht, dieses Mal so sein könnte. Doch ihr Mann löst die Spannung auf, indem er einen Witz macht: »Tja, Liebling, irgendwann ist es bei jedem so weit.« Beide lachen darüber und lassen die Frage, ob Grant bei der Arbeit zurückerwartet wurde oder nicht, unter den Tisch fallen.

Pat greift dann das Thema wieder auf, das ihr am meisten am Herzen liegt: Grants Verhalten, wenn er zu Hause ist. Sie sagt: »Wenn du nach Hause kommst, klimperst du immer nur auf deiner Gitarre herum.«

»Das stimmt nicht«, sagt Grant.

Pat räumt ein: »Okay, du isst 'ne Menge und schläfst viel.«

»Nein, tue ich nicht«, widerspricht Grant.

»Und du hockst vorm Fernseher«, fügt Pat hinzu.

»Nein, tue ich auch nicht.«

»Und du rührst keinen Finger im Haushalt«, fährt Pat fort. »Du setzt dich ins Auto, benutzt Vaters Tankkarte und fährst in der Gegend herum. Jetzt werde ich wütend.«

Immer lauter werdend schimpft Pat: »Du bist ein verwöhntes Balg, ein schreckliches Riesenbaby.«

An diesem Punkt schreitet Bill ein, um die Wirkung der mütterlichen Rage abzumildern. »Na ja«, widerspricht er, »er ist ein guter Junge, und ich glaube, dass ähm –«

Obwohl Pat und Bill oberflächlich betrachtet gemeinsame Front gegen Grant machen, arbeiten sie in Wahrheit gegeneinander, denn beide mischen sich jedes Mal ein, wenn der andere den Sohn auffordern will, Rede und Antwort zu stehen.

•••• Die furchtbare Drohung

Schließlich fordert Bill seinen Sohn heraus: »Grant«, sagt er, »wenn du dort nicht arbeiten willst, dann ist das okay, aber ich finde, du solltest zu Mark oder woanders hinziehen und selbst für deinen Lebensunterhalt aufkommen.« Mit diesen Worten, die er auf seine ruhige, beschwichtigende Art ausspricht, stößt Bill die stärkste Einschüchterung aus, die ein Elternteil überhaupt äußern kann: Er droht Grant im Grunde an, ihn zu Hause rauszuschmeißen.

Doch fast im selben Moment zieht Bill seinen Erpressungsversuch wieder zurück. Er sagt: »Na ja, vielleicht ist es auch in Ordnung, wenn du hier bleibst, aber du musst morgens raus und ...«

Grant fällt ihm ins Wort: »Dann ist es besser, ich bleibe nicht hier.«

Weder Bill noch Pat fragen ihn, was er damit meint. Stattdessen sagt Bill: »Na gut, Grantie, das ist – ich meine, es ist *dein* Leben, ich kann dir keine Vorschriften machen. Meiner Meinung nach machst du einen *großen* Fehler, wenn du dich nicht an den Plan hältst und nicht wie abgemacht fünf Tage die Woche arbeitest, wie alle anderen auch.«

An dieser Stelle bringt Grant seine gegensätzliche Annahme zum Ausdruck: »Der Plan war, dass ich drei Tage die Woche arbeite, *was* ich die ganze Zeit *gemacht habe*.«

»Das ist *dein* Plan« widerspricht Bill. »Nicht meiner. Und die Leute brauchen dich fünf Tage.«

Endlich ist das ungelöste Problem auf dem Tisch. Grant behauptet, dass er den Job, den sein Vater ihm besorgt hat, nur drei Tage in der Woche machen sollte, während Bill von einem Fulltime-Job ausgeht.

Hier wird deutlich, dass diesem Konflikt unterschiedliche Annahmen im Hinblick auf das Arbeitsethos zu Grunde liegen. Das zeigt sich im weiteren Verlauf des Gesprächs. Bill fragt: »Was ist falsch daran, fünf Tage zu arbeiten? Anders geht es nun mal nicht, Grant. Und da einem gar nichts anderes übrig bleibt, kann man es doch lieber gleich positiv angehen.«

Grant ist anderer Ansicht: »Ich glaube, dass es durchaus noch etwas anderes gibt, als fünf Tage Zement zu schaufeln.«

Bill antwortet: »Ja, aber dafür hast du ja noch zwei Tage. Du hast volle zwei Tage frei.«

»*Oh, volle zwei Tage!*«, höhnt Grant. »Machen wir uns doch nichts vor, Dad.«

Hier liegt der Hund begraben. Aus Bills Perspektive muss ein

Mann arbeiten, um seine Familie zu versorgen. Basta. Für Bill ist es normal, dass man fünf Tage die Woche arbeitet und zwei Tage frei hat. Für Grant ist es unakzeptabel, fünf Tage seines Lebens mit etwas zu vergeuden, das sowohl anstrengend als auch bedeutungslos ist (wie eben »Zement schaufeln«). Deshalb klingt eine Formulierung wie »volle zwei Tage frei« in seinen Ohren absurd: Das Wort »voll« ist für ihn wie der Versuch, Essig als Wein anzupreisen – also nichts als Schönrederei.

Und was passiert wohl jetzt, nachdem Bill den wahren Unterschied zwischen sich und Grant offen dargelegt hat? Genau. Pat schreitet ein und kommt wieder auf ihren zentralen Kritikpunkt zu sprechen – auf Grants Verhalten, wenn er zu Hause ist: »Also, machen wir uns nichts vor, du hast nicht versucht, irgendeine andere Beschäftigung zu finden.«

Das Gespräch endet damit, dass Bill einen Handel vorschlägt. »Ich mache dir einen Vorschlag, Grant. Es sind nur noch zwei Wochen. Lass uns das Ganze bis zum ersten September durchziehen, und dann ist Schluss. Wie wär's? Du arbeitest noch zwei oder drei Wochen fünf Tage die Woche, und dann hörst du auf. Dann hast du noch zwei Wochen für dich. Ich unterstütze dich, Grant, wenn du dann verreisen oder irgendwohin fahren willst, denn am 15. September fängt ja die *Schule* wieder an.«

»Meinst du, das weiß ich nicht?« fragt Grant.

»Also, da bin ich aber froh«, sagt dann Pat, »dass du bereit bist, es noch einmal zu versuchen. Ich hatte schon befürchtet, dass du anders darüber denkst.«

Grant sagt nicht, ob er dem Handel zustimmt oder nicht, auch wenn seine Mutter so redet, als ob er es getan hätte.

.... Hör einfach zu

In diesem Beispiel führen grundverschiedene Rahmen dazu, dass alle Beteiligten am Ende frustriert sind. Ein Grund, weshalb Grant und seine Eltern so wenig Fortschritte machen, ist, dass sie einander nicht wirklich zuhören. Alle Behauptungen, die nicht in ihren jeweiligen Rahmen passen, weisen sie einfach zurück. Auch wenn ihre Rahmen – ihre Vorstellungen über die Arbeit und den Wert unterschiedlicher Aktivitäten wie etwa Musikmachen – weiterhin aufeinander prallen würden, wäre es konstruktiver, wenn sie ihre Annahmen in Worte fassen würden.

Wenn Sprecher sich zusammenschließen, wiederholen sie häufig die Worte des anderen. Man zeigt zum Beispiel, dass man zuhört, indem man repetiert, was der andere gesagt hat – oder dessen Gedanken noch einmal mit eigenen Worten zusammenfasst. Wenn beide den Standpunkt des anderen verstehen, haben sie eine solide Ausgangsbasis. Dass man sich bei Auseinandersetzungen so häufig im Kreis zu drehen scheint, hängt unter anderem damit zusammen, dass die Beteiligten immer nur ihre eigenen Aussagen wiederholen. Wenn jede Seite einmal den Standpunkt der anderen Partei mit eigenen Worten nacherzählt, verschwindet dieser Wiederholungszwang. Man muss zu einem anderen Thema übergehen – zum Beispiel zu der Frage, wie man das Problem lösen könnte.

In diesem Beispiel betrachteten Bill und Pat das Verhalten von Grant aus leicht voneinander abweichenden Perspektiven. Obwohl sie gemeinsam Front zu machen schienen, hielten beide Grant im Grunde davon ab, auf die Kritik des jeweils anderen Elternteils zu reagieren. Beide wären besser vorangekommen, wenn sie dem anderen die Chance gegeben hätten, seinen Aspekt zu Ende zu führen, und wenn sie Grant mit Vehemenz zu einer Antwort gezwungen hätten.

Am Ende verpflichtete sich Grant weder dem einen noch dem anderen Elternteil gegenüber zu einer Änderung seines Verhaltens. Es ist wichtig, dass am Schluss einer Diskussion noch einmal *alle* Beteiligten aussprechen, auf welche Vorgehensweise man sich geeinigt hat.

Nach diesem Gespräch blieben die Kameras bei Bill und Pat, die weiter miteinander reden. Ihre Unterhaltung zeigt, dass beide unsicher sind, wie gut sie ihren eigenen »Job« als Eltern erfüllen. Bill meint: »Tja, ich glaube, das war ein sehr erfolgreiches Gespräch, Patty. Ich glaube, wir haben uns wacker geschlagen. Meinst du nicht auch?« Pat bestätigt: »Ja, das hast du sehr gut gemacht, Bill, das muss ich wirklich anerkennen. Hier hast du endlich mal was richtig gemacht.«

Autsch! Diese letzte Bemerkung hat natürlich eine lange Vorgeschichte. Bei dem Gespräch ging es nicht nur um die Annehmbarkeit von Grants, sondern auch von Bills Verhalten. Ich bezweifle, dass Kinder ahnen, in welchem Ausmaß Eltern selbst das Gefühl haben, sich auf schwankendem Boden zu bewegen. Wenn zwei Elternteile miteinander reden, dann suchen sie Beachtung von dem anderen, während sie gleichzeitig darüber verhandeln, ob sie das Verhalten ihres Kindes annehmbar finden oder nicht.

Bill offenbart die Motive für seinen Ansatz, der darin besteht, die Ruhe zu bewahren und die Situation zu entschärfen, wenn Pat wütend wird. »Na ja«, sagt er, »ich muss immer daran denken, wie es war, wenn mein Vater mit mir in solchen Situationen geredet hat. Weißt du, er fing immer an zu weinen und wurde so fürchterlich ernst, und ich habe mich immer gefragt: Wieso weint er so? Weißt du, man – man hört nicht zu, wenn die Leute ihre Gefühle nicht unter Kontrolle haben.« Pat teilt Bills Sorge – und Selbstkritik: »Das stimmt. Du weißt ja, ich werde einfach laut und wütend und ...« Darüber müssen beide lachen und festigen damit ihren Zusammenhalt als Team, ihre gemeinsame Haltung gegenüber dem Sohn.

Mütter und Väter haben guten Grund, sich mehr Gedanken denn je darüber zu machen, ob sie ihrer Elternrolle gerecht werden. Die Parameter für »richtiges Verhalten« werden ständig diffuser, da immer mehr Eltern voll berufstätig sind und außerhalb der Familie arbeiten, während es gleichzeitig innerhalb der Familie vermehrt Einflüsse gibt, die sich ihrer Kontrolle entziehen, wie das Fernsehen oder das Internet.

.... Der »Ich-leugne-alles«-Ansatz

Wenn wir noch einmal zum Standpunkt des Sohnes zurückkehren, ist auffällig, wie wenig Grant von seiner Welt preisgab. Die meiste Zeit über redeten seine Eltern – nicht überraschend, da sie diejenigen waren, die sich über ihn beklagen wollten. Werfen wir also einen genaueren Blick auf die verbalen Manöver, die Grant anwendete, um auf die Kritik seiner Eltern zu reagieren. Grants Haupttaktik im gesamten Gespräch war simples Leugnen. Er stritt einfach alles ab. Hier einige seiner Antworten auf einen Blick:

Dad, ich – es ist nicht so, dass ich nicht arbeiten will.
Ich habe nicht gesagt, dass ich in diesem Sommer überhaupt
nichts tun will.
Das stimmt nicht.
Nein, tue ich nicht.
Das stimmt nicht.

Indem Grant einfach alles abstreitet, anstatt sich inhaltlich zu verteidigen, gibt er seinen Eltern wenig an die Hand, auf das sie eingehen können. Die Eltern für ihren Teil fordern ihn weder auf, mehr zu sagen, noch warten sie seine Antworten ab. Durch ihre Teamarbeit stellen Bill und Pat doppelt sicher, dass Grant keine Gründe für sein Verhalten nennt und sich weigert, das zu tun, was seine Eltern wollen.

Grants Verneinungen können von seinem Rahmen aus betrachtet durchaus gültig sein: Er will arbeiten, etwas tun und Verantwortung übernehmen – aber es muss ein Job sein, der ihm persönlich bedeutungsvoll erscheint. Aus Sicht seiner Eltern macht es keinen Unterschied, ob man sich vor der Arbeit drückt, bis man »sich selbst gefunden« hat, oder ob man sich einfach so drückt. Punktum. Wenn diese grundverschiedenen Rahmen in Worte gefasst worden wären, hätten die Eltern Grant vielleicht dabei helfen können, eine Arbeit zu finden, die ihm sinnvoll erscheint, oder von ihm verlangen können, dass er einen finanziellen Beitrag leistet und selbst einmal die Erfahrung macht, wie es ist, wenn man Geld verdienen muss.

Der Aikido-Ansatz
.... Nicht abstreiten, sondern bestärken

Grant Loud ist eines von fünf Kindern, die alle im Teenageralter sind, mit Ausnahme von Lance, dem Ältesten, der gerade zwanzig geworden ist. Lance ist vor kurzem von einem Aufenthalt in New York zurückgekehrt – und ist arbeitslos. Im Gegensatz zu dem »Gespräch« mit Grant, das Pat und Bill gemeinsam führten, setzten sich Pat und Lance allein, ohne Bill, zu einer Unterredung zusammen. Lance reagierte allerdings ganz anders als Grant. Während Grant jeden Vorwurf, den seine Eltern gegen ihn richteten, abstritt, benutzte Lance eine ausgeklügelte Taktik, die ich die Aikido-Methode nenne.

Aikido ist eine Art der Selbstverteidigung, bei der man die Kraft des Angreifers ausnutzt und gegen ihn selbst richtet – man weicht nicht einfach geschickt seinen Schlägen aus, sondern sorgt dafür, dass der Angreifer sich selbst durch die Wucht seines Schlages verletzt. Anders ausgedrückt: Wenn jemand mit aller Kraft auf Sie losgeht und Sie sich in die Richtung des Angriffs rollen und dann im letzten Moment ausweichen, wird der Angreifer gegen die Wand krachen oder auf den Boden stürzen und sich selbst mit der ganzen Wucht des gegen Sie gerichteten Angriffs verletzen. Auf genau diese Weise geht Lance vor, indem er die Vorwürfe der Mutter akzeptiert, übertreibt und ihr damit allen Wind aus den Segeln nimmt.

Pat beginnt mit einer ganz ähnlichen Frage wie der, die sie und Bill auch an Grant gestellt haben.[72] »Und du«, fragt sie, »wie sehen deine Pläne aus? Ich möchte es einfach nur wissen. Aus reiner Neugier.«

Natürlich fragt Pat nicht aus »reiner Neugier«. Ich schätze, sie drückt sich auf diese Weise aus, um nicht zu provozierend zu klingen. Lance macht keinen Versuch, sich zu verteidigen. »Tja«, meint er, »ich weiß wirklich nicht, was ich darauf sagen soll.«

Pat erinnert Lance an seine eigenen Worte: »Du hast einer Menge Leute erzählt, dass du nach Hollywood gehen willst.«

Lance versucht nicht, zu behaupten, dass sein Plan eine gute Idee ist. »Ich weiß, das war dumm.«

So wie Grant davon träumt, eine Band zu gründen, fantasiert Lance davon, einen Film zu drehen. »Ich würde gern den Film drehen, den ich mir heute ausgedacht habe – das wird echt *der* Hammer.«

Pat schüttet das Eiswasser ihrer realistischen Einschätzung über die Träumerei: »Für mich klang das Ganze ein bisschen, nun ja, vielleicht redundant? So als hättest du das schon einmal gehofft.«

Jetzt kommt die Aikido-Technik zur Anwendung: Anstatt die Kritik der Mutter abzustreiten, nimmt Lance sie vollständig an: »Ach Gott, ja«, erwidert er. »Genauso kam es mir ehrlich gesagt auch vor.« Dann erklärt er: »Aber weißt du, ich hatte ursprünglich diesen originellen Plot geschrieben, in dem mein Freund Alonzo die Hauptrolle spielen sollte, aber dann wollte er nicht mehr.«

Pat weiß genug über das Leben von Lance, um eine pointierte Frage zu stellen: »Kein Wunder, wenn er von hier wegzog!«

Wieder der Einsatz von Aikido: »Ja, ich weiß«, stimmt Lance erneut zu. »Du hast Recht, natürlich hast du Recht; es ist tatsächlich alles meine Schuld.«

Dann verstärkt Lance den Gegendruck auf seine Mutter. Er verwandelt ihre konkrete Kritik an einem Einzelaspekt in ein vernichtendes Urteil über seinen gesamten Charakter: »Aber trotzdem, du kennst mich«, sagt er, »du lebst seit zwanzig Jahren mit mir zusammen, und du weißt, dass ich's vermasselt habe.« Ganz im Geiste von Aikido wendet Lance die Missbilligung von Pat in etwas um, das ihm gefällt, anstatt sie abzuwehren: »Du kannst mich bemitleiden. Ich meine, ich finde es gut, wenn man Mitleid mit mir hat.«

»Ich bemitleide dich nicht«, sagt Pat. »Ich bin nur ein kleines bisschen müde.«

Jetzt dreht Lance den Spieß um, indem er seiner Mutter mitteilt, dass ihr Ansatz ineffektiv sei. »Aber es hat keinen Sinn, sich wegen irgendwas erschöpft zu fühlen«, sagt er. Und als sie ihre Haltung neu rahmt, indem sie erklärt: »Ich warte schon so lange darauf, dass du dir irgendeine Beschäftigung suchst«, wiederholt er einfach seinen Rat: »Ich weiß. Aber siehst du, es hat keinen Sinn, sich erschöpft zu fühlen.«

Es ist aufschlussreich, dass Lance ganz anders vorgeht als sein Bruder – aber am Ende dieselbe Wirkung erzielt. Pat ist einer Lösung ihres Problems durch das Gespräch mit Lance kaum einen Schritt näher gekommen. Es ist schwieriger, wütend auf jemanden zu werden, der die Aikido-Methode einsetzt, weil er keine konkreten Angriffsflächen bietet, gegen die man anstürmen könnte. Doch die Herausforderung für Pat bleibt die gleiche, nämlich sich auf die Frage zu konzentrieren, was Lance künftig zu tun gedenkt.

.... Den toten Punkt überwinden

In all diesen Beispielen von Eltern und ihren halbwüchsigen Kindern konnte man den Konflikt zum Teil auf unterschiedliche und schwer in Worte zu fassende Annahmen über die Welt zurückführen. Wenn grundliegend andere Rahmen den Schlüssel zum Verständnis eines Streits liefern, dann kann eine Neurahmung den entscheidenden Schlüssel für seine Lösung (oder zumindest für den ersten Schritt) bieten.

Was wir zu tun bereit sind oder nicht, wird davon beeinflusst, wie wir die Bedeutung dieser Aktivität einschätzen. Normalerweise ist es die Metamitteilung und weniger die Handlung als solche, die darüber bestimmt, wie wir reagieren. Nehmen wir die häufig von Jugendlichen vorgebrachte Klage, dass die Eltern an ihnen herumnörgeln. Ich möchte zunächst aufzeigen, welche Mechanismen dabei bei Paaren ablaufen, und erläutere dann, wie man die daraus gewonnen Einsichten nutzen kann, um Konflikte mit Jugendlichen zu lösen.

Viele Männer antworten auf die Frage, was sie an ihrer Ehe störe, mit »Sie nörgelt an mir herum«. Frauen bringen diesen Vorwurf umgekehrt selten vor. Eine der häufigsten Klagen, die ich von Frauen über die Männer in ihrem Leben (und von Eltern über ihre halbwüchsigen Kinder) höre, ist, dass die Erfüllung gegebener Versprechen immer wieder auf die lange Bank geschoben wird. »Er hat angefangen, mir ein Bücherregal zu bauen«, berichtete eine Frau. »Ich habe mich gefreut, weil wir es wirklich sehr gut gebrauchen können. Aber irgendwie kommt er nicht dazu, das Regal fertig zu stellen, sodass ich jetzt nicht nur kein Bücherregal habe, sondern auch schon monatelang über herumliegende Bretter und Nägel stolpere. Er sagt, er macht es, wenn er Zeit hat, aber wenn er rauskriegen will, wie irgendein neues Computerspiel funktioniert, dann hat er immer Zeit!«

Was macht Frauen zu Nörglerinnen und Männer zu widerspenstigen Drückebergern? Als der Mann sich erbot, die Regale zu bauen, fühlte die Frau sich geliebt. Doch als er die Fertigstellung immer wieder hinausschob, fühlte sie sich betrogen: »Er liebt mich nicht so sehr, wie ich dachte. Ihm liegt gar nicht so viel an unserer Beziehung, wie ich geglaubt habe.« Oder noch schlimmer: »Oh, verflixt, ich habe einen Drückeberger geheiratet. Ich bin wohl doch nicht so toll, wie ich dachte.« Diese ganzen Zweifel führen dazu, dass die Frau den Mann mit besonderer Dringlichkeit daran erinnert, die Arbeit zu beenden.

Doch jetzt beginnt sein Radarsystem zu piepen. »Ich habe diese

Arbeit angefangen, weil ich meine Frau liebe und etwas für sie tun wollte und weil ich dachte, dass es Spaß machen würde. Aber jetzt nörgelt sie dauernd an mir herum. Das verdirbt den Spaß. Wenn ich sofort springe, sobald sie etwas will, bin ich ein Pantoffelheld. Also werde ich keinen Handschlag an diesem verdammten Bücherregal tun, bis ich selbst wieder Lust dazu habe.« Je mehr sie ihn drängt, die angefangene Arbeit zu Ende zu bringen, desto mehr verstärkt sich sein Gefühl, dass er der Gefahr, zum Pantoffelhelden zu degenerieren, nur entgehen kann, indem er nicht tut, was sie will. (Das ist die wechselseitig sich bestärkende Spirale der komplementären Schismogenese, die ich in Kapitel 3 erörtert habe; beide werden durch die Sprechweise des jeweils anderen zu immer extremeren Formen des provozierenden Verhaltens getrieben.)

Eine Neurahmung kann Wunder wirken! Ironischerweise hätte die Frau bessere Aussichten, den Mann zu dem gewünschten Verhalten zu bewegen, wenn sie ihn nicht ständig dazu anhalten würde. Dann hätte er mehr Raum, um sich »aus freien Stücken dafür zu entscheiden«, es zu tun. Sogar die widerspenstigsten Menschen – Teenager – kann man durch eine Neurahmung zu Verhaltensänderungen bewegen. Hier ein Beispiel.

Jennifer wollte gerne zusammen mit einer Gruppe befreundeter Jungen und Mädchen einen Ausflug machen und auswärts übernachten. Ihre Mutter wusste, dass der Vater diesen Plan nicht gutheißen würde. Früher hätte sie sich für Jennifer eingesetzt, doch dadurch geriet sie jedes Mal in eine sehr unangenehme Position zwischen ihrer Tochter und ihrem Mann. Deshalb sagte sie Jennifer, sie solle ihren Vater selbst um Erlaubnis bitten. Doch die Mutter gab ihr einen Tipp: »Er regt sich auf, wenn du das Geschirr nicht gleich nach dem Essen spülst. Und er regt sich darüber auf, wenn du deine Hausaufgaben vor dir herschiebst. Deshalb wäre es vielleicht ganz gut, du würdest diese Arbeiten erledigen, bevor du mit ihm redest. Dann ist er in besserer Stimmung.« Jenny hielt sich an den Rat und es funktionierte. Durch den neuen Rahmen wandelte sich für Jenny die Bedeutung ihrer Hausaufgaben und Haushaltspflichten. Sie sah sie jetzt als Teil ihrer eigenen Strategie, die sie einsetzte, um etwas zu bekommen, das sie wollte, und nicht als lästige Pflichterfüllung, auf die ihre Eltern drängten.

Auch bei Eltern kann es zu Verhaltensänderungen kommen,

wenn sie ihre eigene Sichtweise einer Situation verändern. Eine andere Mutter fühlte sich ebenfalls zwischen ihrem Mann und ihrem halbwüchsigen Kind hin- und hergerissen. Der Vater befand sich in einem Dauerzustand der Missbilligung, weil sein Sohn nicht in der Lage zu sein schien, sein Potenzial zu nutzen. Er machte keine Hausaufgaben, hockte zu lange vorm Fernseher, blieb zu lange mit den falschen Freunden weg. Aus der Perspektive des Vaters musste der Sohn sich endlich mal am Riemen reißen, und er wurde auch nicht müde, ihm das zu erzählen. Doch aus Sicht des Sohnes kritisierte und nörgelte der Vater nur ständig an ihm herum.

Beide Elternteile trafen sich mit den Lehrern des Sohnes, als dessen Schule einen Tag der offenen Tür veranstaltete. Die Mutter war auf die Begegnung vorbereitet. Sie hatte ihren Sohn gebeten, einmal aufzuschreiben, wie er die einzelnen Lehrer einschätzte und was sie seiner Meinung nach über ihn sagen würden. Der Junge ordnete seine Lehrer in drei Gruppen: Ganz oben auf seiner Liste standen die Lehrer, die er mochte und bei denen er sich ziemlich sicher war, dass sie gut über ihn reden würden; dann kam eine mittlere Kategorie, und ganz unten standen die Lehrer, mit deren Fächern er ziemliche Probleme hatte. Über eine Lehrerin schrieb er: »Sie hasst mich.« Wie zu erwarten, verlief das Gespräch mit dieser Lehrerin nicht besonders erfreulich. Sie sagte, der Junge habe anfangs recht gute Leistungen gebracht, doch im Laufe des Schuljahres seien immer mehr Probleme aufgetreten, und er zeige zu wenig Engagement. Als die Mutter zuhörte, stieg ihr Blutdruck stetig an – nicht weil sie sich Sorgen um die schulische Laufbahn ihres Sohnes machte, sondern weil sie spürte, wie der Ärger ihres Mannes mit jeder negativen Äußerung dieser Lehrerin weiter anwuchs. Sie schaute auf die Notizen, die ihr Sohn gemacht hatte und entschied sich für eine drastische Maßnahme. »Also, ich will Ihnen sagen, wie mein Sohn die Sache sieht«, sagte sie zu der Lehrerin. »Er hat mir gesagt, dass Sie ihn hassen.«

Daraufhin machte die Lehrerin einen pikierten Rückzieher und ging in die Defensive: »In der Klasse sind dreiundzwanzig Schüler«, erläuterte sie. »Ich kann mich nicht um jeden Einzelnen persönlich kümmern.« Die Mutter achtete allerdings weniger auf die Reaktion der Lehrerin als vielmehr auf die ihres Mannes. Und bei ihm zeigte die Maßnahme eine überraschende Wirkung. Als er

256

sah, wie sich die Lehrerin in Anbetracht der ehrlichen Einschätzung seines Sprösslings versteifte, stellte er sich auf die Seite seines Sohnes, anstatt auf die der Lehrerin: »Mir ist an Sammy etwas aufgefallen«, erklärte er, »mein Sohn bringt bessere Leistungen, wenn er gelobt wird.« Indem die Mutter ihn zu dieser neuen Allianz anstiftete, hatte sie gleichzeitig für einen neuen Rahmen gesorgt, durch den ihr Mann das Verhalten seines Sohnes mit mehr Verständnis und weniger Vorurteilen betrachten konnte.

Neurahmung ist der Schlüssel zu einer Veränderung, weil dadurch der gewohnte Ablauf durchbrochen wird. Viele Eltern missbilligen das Verhalten ihrer halbwüchsigen Kinder, doch je stärker sie ihre Enttäuschung zum Ausdruck bringen und ihnen sagen, was sie anders machen sollen, desto mehr fühlen die Kinder sich kritisiert. »Ich kann denen sowieso nie was recht machen«, denken sie. »Also versuch ich's gar nicht erst.«

Eine weitere Methode, den Kreislauf zu durchbrechen, habe ich in Kapitel 3 erörtert: Anstatt zu versuchen, die unlogischen Behauptungen von Teenagern durch Gegenargumente zu entkräften, könnten Eltern versuchen, herauszufinden, warum ihre *Kinder* diese Aussagen jedoch logisch finden. Manchmal hilft es auch, wenn Eltern einfach weniger reden und mehr zuhören. Und um zu zeigen, dass sie zugehört haben, könnten sie versuchen, den Standpunkt der Jugendlichen nachzuerzählen. Vielleicht würden die Kinder Verbote der Eltern eher akzeptieren, wenn sie den Eindruck hätten, dass die Eltern ihnen zugehört und ihre Sichtweise verstanden haben, auch wenn sie am Ende nicht damit übereinstimmen. (Mit demselben Recht können Eltern verlangen, dass die Teenies die Argumente ihrer erwachsenen Gesprächspartner wiederholen.)

Es mag seltsam erscheinen, aber eine weitere Methode, die eingefahrenen Wege zu verlassen, besteht darin, eher mehr Anerkennung zu zeigen als weniger. Candice Carpenter, Mitbegründerin und Leiterin von iVillage.com, eines online-Netzwerks, in dem Frauen sich gegenseitig unterstützen und Erfahrungen austauschen, gibt folgendes Beispiel: Einige Frauen diskutierten via Internet über ihre Probleme mit Jugendlichen. Sie kommen zu der Abmachung, dass sie einen Monat lang keinerlei Kritik an ihren halbwüchsigen Kindern üben wollten. Man könnte denken, dass dadurch alles nur noch schlimmer wurde. Wieso sollten Kinder sich ohne Anleitung und Anregung zum Positiven wandeln? Doch das Gegenteil war der Fall. Nach Ablauf von vier Wochen hatte sich das Verhalten aller Kinder zum Besseren gewandelt. Die Mütter hatten den Kreislauf von Missbilligung und Trotzreaktion durchbrochen.[73]

Natürlich ist es unrealistisch, dass man sich jeder Form von Kritik enthält, aber diese Strategie ist immerhin eine von vielen Möglichkeiten, wie Eltern aus der Sackgasse kommen können. John Anning entdeckte eine weitere Methode, um die anhaltenden Frustrationsspiele mit seiner Tochter Emiliy zu beenden. »Sie wusste, dass sie mich auf die Palme bringen konnte«, erinnert sich John, »wenn sie erklärte, sie würde vielleicht nicht aufs College gehen, sondern einfach bei Burger King arbeiten, ein Baby kriegen und sich tätowieren und piercen lassen. Dann schrillten bei mir sofort sämtliche Alarmglocken. Ich reagierte empört, nach dem Motto: ›Und das nach allem, was wir für dich getan haben!‹ Jedes Mal versuchte ich, ihr die Idee auszureden, und jedes Mal endete das Ganze in einem Streit.« Doch einmal biss John nicht an. »Ich sagte einfach: ›Ja, das könntest du tun. Ich werde dich immer lieben und unterstützen, egal was du machst, auch wenn du dir vielleicht einige Möglichkeiten offen lassen solltest.‹« Voilà. Als sie die erwünschten Reaktionen nicht mehr erhielt, hörte Emily auf, derartige Erklärungen abzugeben. John durchbrach den Kreislauf, indem er sich auf Emilys Szenario einließ, anstatt ihr zu widersprechen – eine Variante der Aikido-Technik.

Auch Teenager können ihrerseits neue Strukturen entwickeln. Mit fünfzehn sagte Emily Anning über sich selbst als Zwölfjährige: »In der siebten Klasse hielt ich mich für erwachsen und total cool. Ich hielt mich für älter, als ich tatsächlich war. Ich dachte, ich sei reif genug, um alles zu tun, wozu ich Lust hatte, und nahm es übel, wenn meine Mutter mir etwas verbieten wollte. Je aufmüpfiger ich mich benahm, desto mehr wollte sie mich beschützen. Mir wurde klar, dass meine Eltern mir mehr Freiheit lassen und mir mehr erlauben würden, wenn ich sie nicht bekämpfte.«

Das Neurahmungen einen Ausweg aus einem Disput eröffnen können, der durch grundverschiedene Annahmen ausgelöst wird, ist eine Lehre, die für alle Gespräche gilt – vor allem für Unterredungen, die im Dampfkochtopf der Familie stattfinden.

Zwischenspiel II

»Nenne mich bei meinem richtigen Namen«

In unserem Namen steckt unsere Persönlichkeit. Da wir uns von unseren Familien sehnlichst wünschen, so gesehen zu werden, wie wir wirklich sind, wollen wir, dass sie uns bei unserem richtigen Namen nennen.

Besonders Jugendliche neigen dazu, sich in ihrer Familie fehl am Platz zu fühlen. Sie glauben, dass die Erwachsenen, mit denen sie zusammenleben, sie nicht *wirklich* wahrnehmen, nicht verstehen, wer sie tatsächlich sind. Manche Jugendliche ändern ihre Namen oder wandeln sie ab, weil sie darin eine Möglichkeit sehen, ihre wahre oder angestrebte Identität anzunehmen. Jungen wollen dann nicht mehr Bobby, Lenny, Richie oder Billy genannt werden, sondern ab sofort nur noch Bob, Len, Dick oder Bill sein. Mädchen nehmen neue Namen an oder verändern manchmal nur die Schreibweise. Aus Debbie wird Debi, aus Kelly Keli und aus dem i-Punkt ein kleiner Kringel.

Von fünf bis neunundzwanzig hieß ich Debby. Als ich fünfundzwanzig war, begann mich dieser Name zu nerven. Damals bereitete ich mich an der Wayne State University auf meinen Magisterabschluss in Englischer Literatur vor. Die Ehefrau eines meiner Professoren hieß Deborah. Wie ich sie um die Würde ihres vollen Namens beneidete! Mir kam es vor, als ob sie sich das Recht, Deborah genannt zu werden, erworben hätte, wie die grandiose Schauspielerin Deborah Kerr. Vermutlich war sie erwachsen, ernsthaft, vollkommen – oder einfach nur ein Glückspilz. Da ich Debby genannt wurde, kam ich mir kindisch, albern und unwichtig vor, wie Kerrs allerliebste kleine Schauspielerkollegin Debbie Reynolds. Allerdings konnte ich mit meinem Gardemaß von 1 Meter 75 kaum als niedlich durchgehen. Doch ich fühlte mich lange Zeit außer Stande, meinen Rufnamen oder mein Selbstgefühl zu ändern.

Mit neunundzwanzig sah ich endlich meine Chance. Nachdem ich mich von meinem ersten Ehemann getrennt hatte, zog ich für mein Studium an der Graduate School weit weg, nach Kalifornien. Ich nahm meinen Mädchennamen wieder an und bat alle darum, Deborah zu mir zu sagen. Es war ein mühsames Ringen – viele wollten sich nicht umstellen. Die schwerste Überzeugungsarbeit musste ich bei meinen Eltern leisten. Sie bemühten sich redlich, obwohl sie auch jetzt noch (fünfundzwanzig Jahre danach) mitunter rückfällig werden.

Eigenartigerweise fühle mich heute, wo ich nach eigenem Empfinden eindeutig Deborah bin, durchaus wohl, wenn meine Eltern, andere Verwandte und wirklich gute alte Freunde Debby zu mir sagen – aber nicht bei anderen Leuten. Wenn andere mich so nennen, werde ich zornig. Auf mich wirkt das entweder plumpvertraulich oder wie eine Geringschätzung. Ich weiß, solche Reaktionen sind irrational. Viele Deborahs werden Debby genannt; wie soll ein Fremder wissen, dass ich das nicht mag? Doch die Kurzform dieses Namens löst in mir Gefühle aus, die stärker als diese Logik sind.

Wie gesagt, ich war ab dem fünften Lebensjahr Debby. Davor hieß ich Diane. Wie das? Meine Mutter kann es nicht ertragen, wenn ich diese Geschichte in ihrem Beisein erzähle, denn dann bekommt sie Gewissensbisse. Aber hier ist sie:

Bei meiner Geburt hatte mein Vater für mich als dritte Tochter nach meinen Schwestern Naomi und Miriam den Namen Deborah ausgesucht. Und meine Mutter war damit einverstanden. Aber als sie dann in der Klinik lag, bekam sie Besuch von ihrer älteren Schwester, die meinte, Deborah klinge zu hart. Warum nicht etwas Sanfteres wählen, beispielsweise Diane? Davon überzeugt, ließ meine Mutter offiziell den Namen Diane eintragen. Mein Vater, der auf biblische Namen fixiert war, fand sich damit nie ab. (Er hatte sogar schon den Namen für eine vierte Tochter parat: Rachel.) Doch er brauchte vier Jahre, um sich durchzusetzen; es gelang ihm gerade noch rechtzeitig, mich im Kindergarten als Deborah anzumelden.

Eine Namensänderung scheint eine einfache Angelegenheit, zu sein. Aber beim bloßen Gedanken daran beschleicht mich ein seltsames Unbehagen, das ich aus Kindertagen kenne. Denn zu den frühesten Erinnerungen zählt meine Bestürzung, dass zwei größere Jungen – Stevie Rattien, der drei Häuser weiter wohnte, und Bobby Berger von gegenüber – sich weigerten, den Wechsel mitzumachen. Ich erinnere mich kaum noch an Stevie oder Bobby –

aber die Enttäuschung über ihre Ablehnung, mich bei meinem nun richtigen Namen zu nennen, vergesse ich nicht.

Deborah hat mir immer besser gefallen als Diane, hauptsächlich, weil dieser Name besser zu denen meiner Schwestern passte. Doch ist es schon manchmal befremdlich für mich, wenn ich daran denke, dass ich nicht immer diesen Namen hatte. Ich erinnere mich nicht mehr daran, was ich empfand, als mir meine Eltern eröffneten, dass ich nicht mehr Diane hieß. Kam es mir so vor, als ob sie mir damit sagten, sie würden das kleine Mädchen, das ich war, nicht mögen und sich stattdessen ein anderes kleines Mädchen wünschen? Ich weiß noch, dass ich mich beraubt fühlte, weil ich kein eigenes Lied mehr hatte. Meine Schwester Miriam, genannt Mimi, hatte Maurice Chevalier, der für sie sang: »You are the sweetest little cutest little Mimi.« (Du bist die süßeste, die niedlichste kleine Mimi.) Als Diane hielt ich »Danny Boy« für mein Lied, denn Danny konnte ja auch eine Kurzform für Diane sein. Als Debby besaß ich nun kein Lied.

Eine junge Frau, der es gelang, ihren neuen Namen durchzusetzen, wird von ihrer Schwester, Micah Perks, beschrieben.[74] Perks stellt in ihrer Biografie *Pagan Time* ihre jüngere Schwester Beky anfangs als schüchtern, fügsam und still dar. Später schildert Perks, wie sie als Erwachsene gemeinsam mit der Schwester die Mutter besucht. Die jüngere Schwester hat sich zwischenzeitlich in eine selbstbewusste Erwachsene verwandelt:

Meine Mutter schlägt vor, dass wir zum See gehen. Meine Schwester sagt Nein. Sie hat gelernt zu widersprechen ... und zwar energisch. Niemand nennt sie mehr Beky, sie heißt jetzt Bekah. Sie lässt sich nicht mehr in die Babyrolle drängen – man reize sie damit lieber nicht!

Bekahs selbstbestimmtes Leben ist eng mit der Tatsache verknüpft, dass sie sich bewusst für ihren richtigen Namen entschieden und ihn auch durchgesetzt hat.

Eine der herzzerreißendsten und packendsten Lebensgeschichten, die in den letzten Jahren bekannt wurden, war das Schicksal von David Reimer. In *Der Junge, der als Mädchen aufwuchs* zeichnet John Colapinto das Leben dieses Mannes nach, der im

Alter von neun Monaten bei einem operativen Eingriff sein Geschlechtsorgan verlor. Die Ärzte sagten seinen Eltern, das Kind habe keine Chance, ein glückliches oder normales Leben zu führen. Dann machte ihnen ein Arzt an der weltberühmten Johns Hopkins University Hoffnung: Nach einer Geschlechtsumwandlung könne der Junge als ein glückliches normales Mädchen aufwachsen. Als er achtzehn Monate alt war, wurden ihm die Hoden operativ entfernt. Von da an steckten die Eltern ihn in Mädchenkleidung, gaben ihm Mädchenspielsachen und nannten ihn Brenda Lee (Ich bin in diesem Buch schon auf die Geschichte eingegangen). Aber das Leben des Kindes war eine Qual. Andere Mädchen machten einen großen Bogen um Brenda, weil sie ihnen zu wild war, und die Jungen ließen sie links liegen, weil sie keine Lust hatten, mit einem Mädchen zu spielen. Mit fünfzehn erfuhr Reimer die Wahrheit über seine Geburt. Und als Erstes fragte er: »Welchen Namen hatte ich?«

Mit fünfunddreißig erzählte Reimer in der Oprah-Winfrey-Show von dieser Erinnerung.[75] Ich kannte die Geschichte, weil ich Colapintos Buch gelesen hatte. Aber als ich David persönlich die Frage wiederholen hörte, die er damals gestellt hatte, schnürte es mir die Kehle zu. Es war eine schlichte Frage, aber es schwingt so viel darin mit, das jeden Menschen überwältigen würde. In der Frage nach dem Namen steckte nämlich eine weitere: Wer war ich? Wer war ich, bevor mir diese schrecklichen Dinge angetan wurden, um zu verschleiern, wer ich bin? David fuhr fort: »Einen Körperteil zu verlieren, ist *eine* Sache. Etwas Anderes ist es, wenn dich Menschen in etwas verwandeln wollen, was du nicht bist und dich dann davon überzeugen wollen, dass du es *doch* bist.« Diese Gewissheit drückte er mit der Frage aus: »Welchen Namen hatte ich?«

David ist der Name, den Reimer selbst für sich wählte, als er sein Leben als junger Mann wieder aufnahm; denn er wollte damit Mut beweisen, genau wie der biblische David, der entgegen allen Erwartungen einen Riesen bezwang. Dieser Akt zeugte von einer ungeheuren inneren Stärke des Jugendlichen, der dem Druck aller Erwachsenen widerstand, die ihn zu einer weiteren Operation hinsichtlich der Geschlechtsumwandlung überreden wollten. Ganz tief drinnen hatte David wohl immer gespürt, wer er wirklich war.

Andere sehen im Ablegen des Geburtsnamens eine Möglichkeit

zur inneren Wandlung. Ein Beispiel dafür ist die autistische Donna Williams. In ihren Büchern *Ich könnte verschwinden, wenn du mich berührst* und *Wenn du mich liebst, bleibst du mir fern* erklärt Williams, dass ihr Autismus sie daran hinderte, die Sprache anderer Menschen richtig zu deuten oder ihre eigenen Gefühle zum Ausdruck zu bringen.[76] Darum nahm sie zwei Persönlichkeiten an: Carol und Willie. Diese beiden betrachtete sie als ihre »handelnden Personen«, die für sie sprechen sollten. Willie ging zu den Vorstellungsgesprächen; Carol konnte den Arbeitsplatz halten. Willie las sich viel Faktenwissen an, um andere zu beeindrucken; er war stark, fürchtete sich vor nichts und verlor nie die Kontrolle. Carol lächelte, hielt den Kopf schräg und plapperte munter drauflos. »Als Carol«, erklärt Williams, »brauchte ich nie zu begreifen, was vor sich ging. Ich musste nur gut aussehen.« Es war ein langwieriger und äußerst schwieriger Prozess, bevor Williams durch die Hilfe eines Therapeuten darauf verzichten konnte, sich hinter Willie und Carol zu verschanzen und sich selbst als Donna der Welt zu stellen.

Als junge attraktive Frau wurde Williams zu einem beliebten Objekt der sexuellen männlichen Begierde. Als Carol erlaubte sie Männern, Sex mit ihr zu haben und hielt dabei Distanz, indem sie nicht Donna war. Eine andere Frau, die jemand anders wird, wenn sie unerwünschten Sex hat, ist Sue Silverman.[77] Wie sie in den Erinnerungen (*Because I remember Terror, Father I remember You*) an ihre Inzesterlebnisse schildert, wuchs sie als eine Abfolge verschiedener Namen auf. Um den Missbrauch durch den Vater überhaupt zu verkraften, wurde Sue in ihrer Vorstellung jemand anderes, wenn jener sie belästigte; ihr Körper wurde Dina, und Sue entzog sich ihm. Als sie älter war, wurden die nächtlichen Besuche des Vaters brutaler und mündeten in Vergewaltigungen. Von da an, fand Sues Vater, wenn er sie nachts heimsuchte, Celeste vor. Silverman schreibt:

Lösche Celeste aus. Lösche Dina aus. Lösche mich aus – die, die ich zu sein scheine –, und dann ist da noch ein anderes Mädchen, ein kleines Mädchen, jemand anders, aber das ist die eine Person, die ich nicht sehen kann. Dieses kleine Mädchen ist ein schwacher Klecks, so durchsichtig wie ein Schatten; sein Körper versteckt sich in einem Blütenblatt, oder sein Herz hält sich tief in einem Felsen verborgen. Denn dieses kleine Mädchen muss sich versteckt halten. Es ist viel zu gefährlich herauszukommen.

Dieses kleine Mädchen ist Sue. Als Erwachsene bekam Silverman Hilfe von einer Therapeutin. Wie jene das Problem sehen und ihr helfen konnte, drückt Sue folgendermaßen aus: »Endlich erinnert sich jemand an meinen wahren Namen und ruft: ›*Sue, komm nach Hause!*‹«

Sowohl für Donna Williams als auch für Sue Silverman waren die Namen, die die Eltern ihnen gaben, ihre echte Identität, die sie sich mühsam zurückerobern mussten. Für andere wurden die Namen, die ihnen die Eltern gaben, Metaphern für das Gefühl, dass die Eltern sie nicht als die sahen, die sie wirklich sind (oder sein möchten), sondern als die, die ihre Eltern haben wollten.

Ein Mann beklagte sich, dass sein Sohn als College-Student nach der Rückkehr aus seinem Auslandsstudienjahr in Frankreich seinen Namen von Andrew in Guy (nicht mit englischer, sondern französischer Aussprache, also »Gie«) geändert hatte. Entgeistert meinte der Vater: »Ich habe ihn Andrew getauft, und ich finde den Namen völlig in Ordnung. Auf gar keinen Fall sage ich »Gie« zu ihm.« Als ich das hörte, konnte ich die Not des Vaters nachvollziehen: Der Name, den sein Sohn gewählt hatte, klang für amerikanische Ohren ungewohnt und affektiert und hatte nach Ansicht des Vaters nichts mit dem Sohn gemein, den er aufgezogen und geliebt hatte. Aber ich konnte mir auch den Standpunkt des Sohnes vorstellen: »Er kann mich einfach nur als den sehen, den er in mir sehen will.«

Letztendlich sagen derartige Beispiele viel über Familienstrukturen aus. Eltern geben uns unsere Namen. Diese verraten uns, wie sie uns sehen, was sie von uns erwarten. Wenn wir aufwachsen, entwickeln wir eigene Ideen darüber, wer wir sind – oder wer wir werden möchten. Und wir wollen, dass die Menschen, die weiterhin die größte Macht über uns haben – unsere Familie –, erkennen, wer wir sind, und uns sagen, dass wir so, wie wir sind, in Ordnung sind. Selbst wenn wir eigene Wege gehen, die sie nicht für uns gewählt hätten – und selbst wenn die Namen, die sie uns persönlich gegeben haben, nicht die sind, die wir für uns selbst ausgesucht hätten.

7

»Ich bin immer noch deine Mutter«

Mütter und erwachsene Kinder

Mit zweiundsechzig steht Doris in einem Hotelzimmer und begutachtet die Kleider, die sie für diesen Besuch bei ihren Eltern mitgenommen hat. Jedes Mal, wenn sie nach einem Kleidungsstück greifen will, zieht sie die Hand zurück, als ob sie ihre Mutter raunen hört: »*Das* willst du anziehen?« Mit dieser Bemerkung hatte die Mutter auf alles reagiert, was sie in den letzten drei Tagen getragen hat. Alle Sachen, die Doris noch beim Kofferpacken schön fand, kommen ihr jetzt schäbig, unförmig, unpassend vor. Sie ist wie gelähmt, unfähig, überhaupt etwas auszuwählen. Die Lektion ist klar: Ganz gleich, wie alt wir sind – auch wenn wir selbst schon einige Jahre auf dem Buckel haben – die Missbilligung unserer Mütter schmerzt (und kann leicht in Wut umschlagen).

Aber schalten wir mal auf den Standpunkt der Mutter um. Ein Witz beschreibt vier Jüdinnen, die sich auf Jiddisch unterhalten. »Oj!«, bekundet die Erste ihr Missfallen. Die Zweite setzt noch eins drauf: »Oj weh.« Die Dritte ergänzt: »Oj, weh is mir!« Die Vierte weist ihre Freundinnen zurecht: »Meine Lieben, wir hatten uns doch geeinigt, dass wir nicht über unsere Kinder sprechen wollen.« Dieser Witz macht deutlich, dass beide Seiten zu leiden haben – so wie die Mütter den Kindern, bereiten auch die Kinder den Müttern eine Menge Kummer.

Mütter beschweren sich, dass ihre Kinder ihnen nicht genügend Aufmerksamkeit schenken, alles Mögliche falsch machen und überempfindlich reagieren, sodass die Mütter das Gefühl haben: »Ich darf den Mund überhaupt nicht mehr aufmachen.« Dieselben Themen zeigen sich in den Klagen der erwachsenen Kinder über Mütter, aber mit umgekehrtem Vorzeichen: Mütter sind zu fordernd, mischen sich ein und sind vor allem zu kritisch, sogar (oder besonders) dann, wenn sie behaupten: »Ich meine es doch nur gut mit dir!«

Es ist leicht, die eine oder die andere Sichtweise nachzuvollziehen, je nachdem, mit wem man redet und wer man ist. Es ist dagegen schwer, beide Seiten gleichzeitig zu verstehen und stets im Bewusstsein zu behalten. Doch es ist von wesentlicher Bedeutung, dass wir uns zumindest im Rückblick und bei der Metakommunikation bemühen, beide Wahrnehmungsformen zu berücksichtigen, um mögliches Leid zu minimieren. Damit vermeidet man den Schmerz, der dann entsteht, wenn Mütter und ihre erwachsenen Kinder ihre Positionen in dem Koordinatensystem von Kontrolle und Bindung einnehmen, das ich in Kapitel 3 beschrieben habe. In einer Familie kommt dem Verhältnis zwischen Mutter und Kind gewissermaßen die zentrale Bedeutung zu, durch die wir andere Beziehungen innerhalb der Familie verstehen können. In der Mutter-Kind-Konstellation vermischen sich nämlich die ineinander verschlungenen Bedürfnisse nach Bindung, Anerkennung und Kontrolle.

•••• Die oberste Richterin

Ich fragte Marge, eine Frau mit erwachsenen Kindern, nach ihren Eltern. Sie beantwortete die Frage mit einem halben Dutzend Beispielen für die nicht enden wollende Krittelei ihrer Mutter. Die Schnelligkeit, mit der diese Erinnerungen aus Marge hervorsprudelten, verriet mir, dass sie diese schon oft erzählt hatte. Alle Bemerkungen, an die sie sich erinnerte, hatten denselben Aussagekern: Ihre Mutter hatte an Marges äußerer Erscheinung etwas auszusetzen.

Marges Mutter sagte beispielsweise: »Warum fragst du Sally nicht, wo sie ihre Schuhe kauft? Die sehen sehr hübsch aus.« (Subtext: Deine Schuhe sind hässlich; Sally versteht sich aufs Einkaufen, du nicht.) Die Mutter verbündete sich auch mit den Frauenmagazinen. Überall lagen Zeitschriftenausschnitte mit Fotos von zurechtgemachten Frauen herum. Marge wartete geradezu auf Äußerungen ihrer Mutter wie »Diese Frisur tragen junge Frauen jetzt; ich glaube, die würde dir auch stehen«. (Subtext: Deine Frisur ist eine Katastrophe; du gehst nicht mit der Mode.) Wenige Wochen bevor die Mutter starb, machte sie Marge ein seltenes Kompliment: »Ich sehe, dass du endlich am Po abgenommen hast.« Aber am nächsten Tag, als Marge einen anderen Rock trug, nahm sie das Lob wieder zurück: »Ach so, da habe ich mich wohl getäuscht.«

Marges Mann hatte einmal versucht, seiner Schwiegermutter zu erklären, warum ihre Bemerkungen Marge kränkten. »Von deinem Standpunkt aus«, räumte er ein, »gibst du ihr nur gute Ratschläge. Aber Marge fasst es als Beweis dafür auf, dass sie deiner Meinung nach alles falsch macht.« »Das stimmt!«, pflichtete die Mutter ihm bei. »Sie fasst alles als Kritik auf!«

Marge selber unternahm einen Versuch, ihre Interaktionen zu verändern. Als die Mutter einmal vierzehn Tage lang zu Besuch kam, sagte Marge: »Du bist doch nur zwei Wochen hier. Warum versuchen wir nicht einfach, eine schöne Zeit miteinander zu verbringen?« Die Mutter reagierte eher jammernd, wie Marge es sich schon gedacht hatte: »Aber ich habe doch nur zwei Wochen!« Anders ausgedrückt, ich habe nur zwei Wochen, in denen ich dich geradebiegen, dich auf den richtigen Weg bringen, dir helfen kann, mehr aus dir zu machen. So fingen Mutter und Tochter wieder von vorn an.

Die beiden hatten sich in dem Netz von Missverständnissen verfangen, das entsteht, wenn nicht zwischen Mitteilung und Metamitteilung unterschieden wird. Marges Mutter – wie viele Eltern – war auf die Mitteilungs-Ebene fokussiert: »Ich habe doch nur gesagt, dass dir die Frisur gut stehen würde. Was regst du dich denn so auf?« Marge hörte die Metamitteilung: »Ich glaube nicht, dass dein Haar, so wie es ist, gut aussieht; ich finde dich nicht attraktiv.« Und in einer dauerhaften Beziehung – und dauerhaft sind alle Konstellationen innerhalb einer Familie – versteht sich jeder Hinweis nicht nur aus dem aktuellen Kontext heraus, sondern auch aus einer langen Geschichte von Kommentaren, die die Beziehung zementieren. Da Marge jahrelang erlebt hatte, dass der Mutter ihr Aussehen nicht gefiel, war sie darauf geeicht, jede neue Bemerkung auf die Liste der Kritikpunkte hinzuzufügen.

Marge und ihre Mutter rangen auch darum, eine Position auf dem Kontrollkontinuum zwischen Hierarchie und Gleichheit und auf dem Bindungskontinuum zwischen Nähe und Distanz zu finden. Marges Mutter war auf Nähe fixiert. »Ich versuche dir zu helfen, weil mir etwas an dir liegt.« Sie hätte auf der Straße keinen Fremden angehalten, ihm einen Magazinausschnitt gezeigt und gesagt: »Ich glaube, diese Frisur würde Ihnen gut stehen.« Aber wie viele Menschen, die in der Hierarchie weit oben stehen, dachte die Mutter bei ihren »Tipps« anscheinend gar nicht an die Ebene der Metamitteilungen und auch nicht an die Macht, die sie über ihre Tochter hatte: Von einem Fremden können wir Missbilligung viel leichter ertragen als von der Mutter, denn das Urteil unserer Eltern hat Vorrang vor allen anderen.

Möglicherweise fühlte sich Marges Mutter bei ihren Verbesserungsvorschlägen machtlos. Sie sah alle diese Aussichten für ihre Tochter, sich hübscher zu machen, und Marge schlug sie einfach in den Wind. Wahrscheinlich war es gerade diese Erfahrung der Hilflosigkeit, die sie so unerbittlich werden ließ – und die ihr beispielsweise das Gefühl gab, sie müsse diese zwei Wochen unbedingt ausnutzen und Marge dabei helfen, mehr aus sich zu machen. Es entbehrt auch nicht der Ironie, dass sie gerade in dem Moment, in dem sie sich sicher am Nähepol des Bindungskontinuums wähnte, weil sie Marge zu einer positiven Veränderung verhelfen wollte, ihr Tochter zum Distanzpol trieb, weil diese wütend und verletzt auf die Bemerkungen der Mutter reagierte.

Wir hüten diese winzigen Verletzungen wie Familienerbstücke: Gesprächsfetzen, in denen die Missbilligungen unserer Eltern zum Ausdruck kommen, werden gleich einem Monatsstein in einen Ring gefasst. Wir pressen sie uns ans Herz, sodass wir weiter die scharfen Kanten spüren, zeigen sie aber auch stolz herum, als Beweis für die erlittenen Blessuren.

.... Komm her – geh weg

Manchmal sind Mutter-Tochter-Beziehungen ein endloses Tauziehen zwischen dem Wunsch nach Nähe und der Wut darüber, dass diese Verbundenheit nicht gleichbedeutend mit Anerkennung ist. Sarah Vowell, eine Rundfunkmoderatorin, schildert in ihrer Erzählung »American Goth«, wie sie als Jugendliche von ihrer Mutter eine Dauerwelle verpasst bekam[78]:

Ich sitze still und leise an meinem Schreibtisch und »kümmere mich um meinen eigenen Kram«, wie es immer so schön in den Rap-Songs heißt, als meine Peinigerin unheildräuend in der Tür auftaucht. Ich weiß, sie schleift mich jetzt gleich ins rappel-

*volle Badezimmer, drückt mir den Kopf unter den Wasserhahn,
blendet mich mit gleißendem Licht, zwängt um meinen Hals einen Plastikumhang und nähert sich mir mit der Schere. Sie
schüttet mir jede Menge Chemikalien über den Kopf und zwingt
mich, still dazusitzen und unter dem Plastik zu verdorren, während mir die Säure die Haut verätzt. Und deshalb zucke ich zusammen, als ich vom Schreibtisch aufblicke und sie mit der
Schere da stehen sehe.*

*»Hallo, Mama«, sage ich. »Du willst mir wohl die Haare schnei-
den?«*

Vowell erinnert sich, dass sich ihre Mutter, eine ehemalige Frisö-
rin, für sie schämte, als sie ein kleines Mädchen war, denn da glich
sie einer wandelnden Peinlichkeit bestehend aus »angestoßenen
Schuhen, strähnigem Haar und lauter Fusseln«. Jetzt, als Erwachsene, ist Vowell nicht mit sich zufrieden. Wegen ihres jugendlichen
Aussehens und der hohen, kindlichen Stimme verkörpert sie so
sehr »das harmlose kleine Unschuldslamm«, dass man ihr nicht
mit dem gebührenden Respekt begegnet. Fest entschlossen, sich
ein »bedrohlicheres« Image zuzulegen, wendet sie sich an eine
Gruppe von Gruftis, die eine Typveränderung anbieten. »Gruftis«,
erklärte Vowell, »das sind die bleichen, schwarz gekleideten Vam-
pirtypen.« Vowell beneidete diese jungen Leute um ihr Aussehen.

Während der Verwandlung ist Vowell willens und in der Lage,
alles klaglos über sich ergehen zu lassen; »sie fummeln an mir herum – pieksen und stechen und malen mich an«. Von einer entsprechenden Bereitschaft hätte die Mutter nur träumen können.

*Ich sitze auf einem Stuhl und Monique dreht mir Locken, wäh-
rend Terrance mit meinem Lippenstift herummacht und Mary
mir die Fingernägel schwarz lackiert. Auf einmal merke ich,
wie gut mir diese liebevolle, wohl durchdachte Zuwendung tut.*

Und dann geht ihr ein Licht auf:

*Was, wenn meine Mutter die ganze Zeit mich nur dazu bringen
wollte, dass ich mich hinsetze und sie an meinem Haar herum-
spielen kann, nicht weil sie mich quälen wollte oder weil es ihr*

peinlich war, wie ich aussah, oder weil ihr der Beruf fehlte? Was, wenn sie das für mich tun wollte, um mir ihre Liebe zu beweisen? Wenn sie mir die ganze Zeit nur das Gefühl vermitteln wollte, das ich jetzt von diesen Fremden bekomme?
Ich dachte, sie sei die Unterdrückerin und ich das Opfer, aber die Wahrheit kann auch eine andere sein.

Sarah Vowell veranschaulicht das Paradox von Mutter-Tochter-Beziehungen: das Paradox von Bindung und Kontrolle, die Komm-her-geh-weg-Dynamik, die manche Töchter dazu bringt, die Mütter jeden Tag anzurufen und sich dann über sie aufzuregen. Von Fremden konnte Vowell die Zuwendung freudig annehmen – die gleiche Behandlung von ihrer Mutter wusste sie nicht zu würdigen. Sie konnte darin nur mütterliche Kritik an ihrem Aussehen und eine Einmischung sehen. Ironischerweise akzeptierte Vowell, dass die Gruftis sie bemutterten, gerade weil es ihr nicht so wichtig war, was die von ihr dachten, und weil sie keine gemeinsame Geschichte hatten.

.... *»Du bist immer noch mein Kind«*

Noch heute können die Bemerkungen unserer Eltern die Qual jener Teenager-Jahre wieder in uns wachrufen. Cheryl zum Beispiel hatte es so eingerichtet, dass sie am Muttertag zusammen mit ihrer Mutter einkaufen ging, denn sie wusste, dass sie ihr damit eine große Freude machte. Doch im Laufe des Tages fragte sich Cheryl: »Was habe ich mir bloß dabei gedacht?« Als die Mutter in einer Umkleidekabine bemerkte: »Diese Hose schmeichelt dir nicht!«, brachen all die schmerzlichen Gefühle der Jugendzeit wieder mit aller Macht über Cheryl herein, so als hätte die Mutter mit ihrem gut gemeinten Urteil die Schleusentore geöffnet.

Viele Erwachsene fallen im Haus ihrer Eltern oder Großeltern wieder in kindliche Verhaltensweisen zurück. Eine Bekannte von mir, die so selbstsicher und supertüchtig ist, dass sie mich einschüchtert, erzählte mir einmal, dass ihre Mutter ihr immer noch Fleisch vorsetzt, obwohl sie ihr im Laufe der Jahre unzählige Male mitgeteilt hat, dass sie Vegetarierin geworden ist. Neugierig fragte ich sie, wie sie denn darauf reagiere. »Ich esse es natürlich«, war die überraschende Antwort. So selbstbewusst diese Frau draußen in Welt auftreten mag, zu Hause wird sie wieder zum Kind, das sich der Autorität der Mutter unterwirft.

Auch erwachsene Männer fügen sich ihren Müttern. Aaron ist fünfundfünfzig. Seine fünfundachtzig Jahre alte Mutter kommt ihn besuchen. Aaron bereitet das Essen vor, die Mutter leistet ihm in der Küche Gesellschaft. Als er in den Topf langt und mit den Fingern eine Bohne herausfischt und sie sich in den Mund stopft, gibt ihm die Mutter was auf die Finger. Lachend erzählt mir Aaron davon und setzt hinzu: »Sie weiß, was richtig und falsch ist, und das war falsch.« Ich sage: »Und du hast natürlich gelacht.« Nach kurzer Pause hake ich aber nach: »Oder warst du sauer?« »Gelacht habe ich später«, antwortet er. »Als es passierte, habe ich mich aufgeregt.«

.... Wer macht wem das Leben schwer?

Niemand stellt die schwierige Kommunikation zwischen Müttern und Töchtern besser dar als die Schriftstellerin Amy Tan. In ihrem Roman *Töchter des Himmels* beschreibt sie die Gefühle von Waverly Jong, die kreuzunglücklich ist, nachdem sie am Abend zuvor den amerikanischen Mann, den sie heiraten will, mit ihrer chinesischen Mutter bekannt gemacht hat.[79] Der einzige Kommentar der Mutter war ein spöttisches: »Hat viele Flecken im Gesicht!«, was sich auf Richs Sommersprossen bezog. Nach einer schlaflosen Nacht marschiert Waverly zum Haus ihrer Mutter, fest entschlossen, sie zur Rede zu stellen, wegen ihrer »boshaften, hinterhältigen Unterdrückungstaktik«. Doch sie findet die Mutter schlafend vor. Sie wirkt so hilflos und klein, dass Waverly Angst hat, die Mutter könnte tot sein. Als diese aufwacht und fragt, was denn los sei, weiß Waverly nicht, was sie tun oder sagen soll: »Ich wusste nichts zu erwidern. In Sekundenschnelle hatte meine Wut über ihre Kraft sich in Verblüffung über ihre Unschuld und Angst wegen ihrer Verletzlichkeit verwandelt.«

Waverly stellt die Mutter zur Rede, doch das Gespräch nimmt nicht den erwarteten Verlauf. Die Mutter behauptet arglos, nur die

Wahrheit gesagt zu haben: Rich habe doch Sommersprossen. Mit einem Gesicht, das »ganz eingefallen vor Kummer« wirkt, jammert sie: »Du glaubst also, deine Mutter ist so boshaft. Du bildest dir ein, dass ich immer irgendwelche fiesen Sachen unterstellen will. Dabei tust du das selbst! Ai-ya! Für so böse hältst du mich also!« Am Ende fühlt sich Waverly schuldig, weil sie die Mutter verletzt hat: »Oh, ihre Kraft! Ihre Verletzlichkeit! – Ich fühlte mich wie gebeutelt, zwischen Verstand und Gefühl hin und her gerissen.«

Wie treffend Tan die Macht der Mütter über ihre Töchter darstellt – Macht, die zum Teil aus dem sehnlichen Wunsch der Töchter entsteht, den Beifall der Mutter zu erheischen! Aber wie stellt sich die Situation von der anderen Seite der Urteile und Ratschläge her dar? Kinder haben Macht über Mütter, weil Mütter für alle Fehler ihrer Kinder verantwortlich gemacht werden. Und das erklärt zum Teil, warum Mütter so versessen darauf sind, ihre Kinder zu verbessern.

.... Die Mütter sind immer an allem schuld

»Rabenmutter« steht auf dem Schild, das eine Kindergärtnerin Mrs Johnson anheftet – diese Szene ist aus dem Musical A ... My Name is Alice, das Erfahrungen von Frauen zum Inhalt hat.[80] Die arme Mrs Johnson hockt auf einem Kindergartenstühlchen, während die Kindergärtnerin mit Tochter Janie an dem großen Schreibtisch sitzt und den Stab über der Mutter bricht. Sie habe Janie zutiefst blamiert, sagt die Kindergärtnerin, weil sie Pepperidge-Farm-Kekse zum Kuchenbuffet mitgebracht habe, nichts selbst Gebackenes wie die Mütter anderer Kinder. Und sie hält Janies Kunstwerk hoch – ein aus einer Putzmittelflasche gebasteltes Schwein – als unwiderlegbaren Beweis, dass das Kind seelische Probleme habe, an denen ihre Mutter die Schuld trage!

Doch nicht nur die Lehrer und Betreuer der Kinder ziehen die Mütter für das Fehlverhalten ihrer Sprösslinge zur Verantwortung. In einer Untersuchung über das Erteilen und Beherzigen von Ratschlägen geben Andrea DeCapua und Lisa Huber Beispiele für ungefragt erteilte und nicht erwünschte Hinweise von fremden Leuten.[81] In einem Beispiel ging eine ältere Frau auf eine junge

Mutter zu, die in einer Warteschlange stand, und sagte: »Das Baby ist aber dick, das muss abnehmen! Achten Sie eigentlich darauf, womit Sie es füttern?«

Fremde fühlen sich bemüßigt, auf Mütter zuzugehen, wenn diese sich mit ihren Kindern in der Öffentlichkeit zeigen – und sparen nicht mit Erziehungstipps. Da die Mütter ständigen unerwünschten Ratschlägen ausgesetzt sind, werden sie anfällig für die Kritik – auch von Fremden –, dass sie ihrer Aufgabe nicht gerecht werden. Und solche Urteile können echte Selbstzweifel auslösen. Eine Mutter, die oft solche Äußerungen wie die oben erwähnte von Fremden zu hören bekam, machte sich ernsthaft Sorgen um das Übergewicht ihres sechs Monate alten Kindes, nur weil es wie so viele Babys von Geburt an Pausbacken hatte.

Mütter spüren solche Kritik selbst dann, wenn sie nicht ausgesprochen wird (oder unbeabsichtigt ist). Und Mütter haben eher als Väter das Gefühl, dass das schlechte Benehmen ihrer Kinder auf sie selbst zurückfällt – vielleicht weil andere Menschen die Mutter für verantwortlicher halten als den Vater. Der Unterschied in der Reaktion einer Mutter und eines Vaters kam im folgenden Gespräch zu Tage.[82]

Sheila erschrak über den Wutanfall ihrer knapp dreijährigen Tochter, der sich gegen Sheilas Tante richtete. »Fandest du das nicht auch schrecklich blamabel, wie sie Tante Jane angebrüllt hat?«, fragte sie ihren Mann Dan.

Nach kurzer Pause sagte Dan: »Nein.«

Sheila fuhr fort: »Mir ist das furchtbar peinlich, wenn sie so ausrastet.«

»Mir nicht«, war Dans schlichte Antwort.

»Es wirkt ja so, als ob wir schlechte Eltern wären.«

»Ich finde nicht, dass wir schlechte Eltern sind«, versicherte ihr Dan. »Ich glaube, wir sind gute Eltern, und sie ist eine typische Zweijährige.«

Sheila dachte laut nach: »Jetzt, wo sie beinahe drei ist, ist sie viel eher wie eine Zweijährige.«

Dan brachte beide zum Lachen mit seiner Antwort: »Ja, mein Eindruck ist, dass drei nicht viel besser ist als zwei.«

Achten Sie mal darauf, wie unterschiedlich Dan und Sheila die Trotzreaktion ihres Kindes beurteilten. Sheila war es peinlich; sie fühlte sich blamiert, denn sie sorgte sich, dass ihre Tante aus dem Betragen des Kindes mangelnde Erziehung herauslesen würde; sie nahm an, dass Dan genauso empfand. Aber wie so oft in Gesprächen zwischen den Geschlechtern war das keineswegs so. (In diesem Fall erwies sich der Gegensatz als willkommen, da Dan Sheila beruhigen und die Situation mit Humor meistern konnte.)

Da Mütter sehr wohl wissen, dass man ihnen das schlechte Betragen der Kinder anlastet, werden sie in dem festen Entschluss bestärkt, ihren Kindern bessere Manieren beizubringen. Sie sind auf den Empfang der Metamitteilung eingestellt – was sagt das Benehmen der Kinder über mich als Mutter aus? Eine der größten Herausforderungen für die Mütter erwachsener Kinder ist, sich nicht für alles und jedes, was ihre erwachsenen Kinder tun, verantwortlich zu fühlen.

.... Managerin des Familienunternehmens

Dass man Mütter so kritisch beurteilt, liegt zum Teil daran, dass man so viel von ihnen erwartet. Nicht immer in der Geschichte der Menschheit entsprach es der Regel, die Verantwortung für die Kindererziehung allein den Müttern zuzuschreiben, vielfach wurde diese Aufgabe mit Verwandten und Nachbarn geteilt. Dass eine einzelne Mutter das gesamte Erziehungsunternehmen allein führt, ist eine Erscheinung neueren Datums. Wie Arlie Hochschild in ihrem Buch *Der 48-Stunden-Tag* nachweist, übernehmen in amerikanischen Haushalten Mütter den Löwenanteil bei der Kindererziehung, auch wenn beide Eltern ganztags arbeiten.

Die Autorin Stephanie Coontz erinnert sich an ein Erlebnis, das sie während eines Besuchs bei Freunden auf einer hawaiianischen Insel hatte.[83] Sie saß mit einer Gruppe von Müttern da und behielt ihr Kleinkind im Auge, das mit anderen Kindern spielte. Plötzlich merkte sie, dass sie als einzige Mutter ständig aufsprang, um sich um ihr Kind zu kümmern, wo immer es auch gerade hingekrabbelt war. Die anderen Mütter dagegen behielten allein im Auge, was sich jeweils im Umfeld ihrer Füße abspielte. Sie beaufsichtigte jeweils das Kind, das dort auftauchte. Auf diese Weise entspannt sich sowohl die Mutter-Kind-Beziehung als auch die gesamte Gruppe.

Amerikanische Mittelschichtsmütter haben oft das Gefühl, man erwarte von ihnen, rund um die Uhr auf dem Posten zu sein. Eine Mutter reagierte betroffen, als sie eine Nachricht ihrer halbwüchsigen Tochter von der Mobilbox ihres Handys abrief: »Mom, ich bin im Krankenhaus. Wir haben einen Unfall gehabt. Es geht uns gut. Aber ruf mich an! Sofort! Wieso ist dein Handy nicht eingeschaltet?«[84] Erst nach anfänglichen Selbstvorwürfen und Gewissensbissen war der Mutter aufgegangen, dass ein eingeschaltetes Handy den Unfall nicht verhindert hätte. Sie hatte sich den Unmut der Tochter zugezogen, weil sie eine Stunde lang unerreichbar war. Dank der neuen Technologie erwartete man von ihr, »ständig disponibel zu sein und prompt zu reagieren, jeden Augenblick, Tag und Nacht«.

Na, wo ist sie denn ...?
.... Die unsichtbare Mutter

Paradoxerweise kann gerade die ständige Verfügbarkeit von Müttern zu einer Art Unsichtbarkeit führen. Vielleicht nimmt man das, was die Mutter macht, für selbstverständlich (sie ist schließlich immer da), im Gegensatz zur Zuwendung des Vaters, die als etwas Besonderes erscheint, weil er so beschäftigt, seine Zeit so kostbar und seine Anwesenheit eine Ausnahme ist.

Ich erinnere mich, wie überrascht ich über die Art und Weise war, in der mein erster Mann, ein Grieche, mit seinen Eltern umging. Wenn er mit dem Vater sprach, verwendete er das respektvolle »Sie«, während er die Mutter duzte.

Was sagt ein solcher Gegensatz über Mütter aus? Bedeutet er, aus der Perspektive des Bindungskontinuums, dass man sich der Mutter so nahe fühlt, dass man darauf verzichtet, zu einer solchen förmlichen und damit distanzierten Sprache zu wechseln? Oder bedeutet er, aus der Sichtweise des Kontrollkontinuums, dass die Mutter nicht dieselbe Wertschätzung verdient wie der Vater? Ich vermute, er beinhaltet beide Aspekte.

Dieses Muster ist nicht nur bei Griechen zu entdecken. In einer Untersuchung, die sich auf Tonbandaufzeichnungen in amerikanischen Familien stützt, analysierten Susan Ervin-Tripp, Mary

Catherine O'Connor und Jarrett Rosenberg »Kontrollakte«, das heißt, sie sollten herausfinden, wie Menschen sprechen, wenn sie andere dazu bringen wollen, ihren Wünschen zu entsprechen. Die Forscherinnen stellten fest, dass »Macht und Respekt altersabhängig waren« – jedoch nicht, wenn es um Mütter ging. Wenn Kinder die Mütter um einen Gefallen baten, sprachen sie meistens ohne einen Ton der Achtung. Auch hier könnten wir wieder den Schluss ziehen, dass Kinder ihre Mütter entweder geringer schätzen, oder dass sie sich ihnen besonders nahe fühlen – oder dass sie (wie die Wissenschaftlerinnen meinen) die Erwartung entwickelt haben, die Mutter werde ihre Wünsche schon erfüllen.

Mütter sind immer zur Stelle und stets funktionsfähig, weshalb sie oft gar nicht wahrgenommen werden. Lesen Sie in einem Gedicht mit dem Titel »Epiphanies« von jenem Augenblick, in dem Sie eine Erkenntnis gewinnen, die ihr Leben oder die Art, wie Sie darüber denken, schlagartig verändern wird.[85] Der Dichter Stephen Fellner (oder die Person, der er in seinem Gedicht eine Stimme gibt) wartet auf eine Erscheinung und fragt sich, wie er sich ihr gegenüber präsentieren sollte:

Würde sie von mir wollen, dass ich sie mit überschwänglicher Begeisterung begrüße, so als hätte ich Prozac genommen, oder würde sie lieber unbemerkt vorüberziehen, unerwähnt wie der Rat deiner Mutter, den du für selbstverständlich hältst?

Was mir hier besonders auffällt, ist die Art, wie dieses Gedicht die Ermutigung einer Mutter beschreibt: als ersehnt – so ersehnt wie eine Erscheinung. Dennoch bemerkt oder erwähnt man die Hilfe nicht; man akzeptiert sie nur wie ein angestammtes Recht.

Shari Kendall ließ eine Familie – die Mutter heißt Elaine, der Vater Mark und die zehnjährige Tochter Beth – vier Gespräche beim Essen zu Hause auf Tonband aufzeichnen und konnte einige der vielen Rollen nachweisen, die dabei von der Mutter übernommen wurden.[86] Darunter gab es diese: Chefköchin (sie beaufsichtigte die Essenszubereitung); Gastgeberin (sie bot das Essen an und trug es auf); Betreuerin (sie half Beth); Ausbilderin (sie zeigte Beth, wie man einen Taco zubereitet); Gouvernante (sie überwachte Beths Tischmanieren und erinnerte sie jeden Abend, das

Tischgebet zu sprechen und sich zu entschuldigen, wenn sie den Tisch verließ); Vermittlerin (sie hielt das Gespräch in Gang); moralische Instanz (als Beth ihr von den Tagesereignissen berichtete, fällte Elaine Urteile über die darin vorkommenden Personen); Gesprächspartnerin (sie unterhielt sich mit Mark und Beth); Privatsekretärin (sie organisierte Beths Sozialleben); und Managerin (sie sorgte dafür, dass Beth pünktlich und mit der richtigen Ausrüstung zu ihren Reitstunden kam). Es ist faszinierend, Elaine bei der Bewältigung dieser vielfältigen, oft widersprüchlichen Aufgaben zuzuhören. Zum Beispiel reden die drei über die Lage eines Restaurants und schon im nächsten Moment schaltet Elaine übergangslos von einer Gesprächspartnerin auf Gouvernante um:

ELAINE: *... ich glaube, an der anderen Ecke liegt noch eines, auf der Höhe von Jackson.*
BETH: *Ja, aber nicht direkt bei Jackson.*
ELAINE: *Sondern? Weißt du wo?*
Wisch dir bitte das Kinn ab!
BETH: *Da, wo dieser Laden ist, der so ähnlich wie Chicken heißt. Boston Chicken vielleicht?*

Elaine ermahnt Beth, sich die Essensreste vom Kinn abzuwischen, ohne die Unterhaltung über das Restaurant nur für einen Moment zu unterbrechen.

In einer anderen Sequenz führt Elaine ein Gespräch mit Mark weiter, während sie Beth dabei hilft, sich auf eine Reitstunde vorzubereiten. Die Familie spricht über eine ziemlich entfernt gelegene Stadt:

ELAINE: *Sie kann nicht weiter weg sein als jener Ort in Ohio, zu dem wir damals gefahren sind.*
MARK: *Nein, ungefähr sechs Stunden.*
BETH: *Entschuldigt mich bitte.*
ELAINE: **Ja, nimm deine Vitamine und geh rauf und putz dir die Zähne, denn um viertel nach musst du von hier weg.**
BETH: *Erinnert ihr euch noch, wie ich in Ohio Whiskers geritten habe?*

Kendall weist darauf hin, dass die gleichzeitige Bewältigung dieser Aufgaben viel Energie erfordert. Die Belastung wird klarer, wenn wir die vielen Rollen von Elaine mit den zweien vergleichen, die Mark übernimmt: Gesprächspartner für seine Frau und Spielkamerad für die Tochter.

.... Verletzende Vergleiche

Da Mütter wissen, dass sie oft übergangen werden, reagieren sie manchmal höchstempfindlich auf Bemerkungen, aus denen sie eine mangelnde Wertschätzung seitens der Kinder herauszuhören glauben. Während einer Autofahrt erzählte der große Andy seiner Mutter, wie toll er Mrs Harris, die Mutter seines Freundes, fand. Dabei zuckte die Mutter insgeheim zusammen: Die Saat einer irrationalen Eifersucht war ausgestreut und fing an zu wachsen. Fand er etwa, Mrs Harris sei eine bessere Mutter als sie? Ihr Unbehagen vergrößerte sich, als er sagte: »Mrs Harris ist die netteste Frau auf der ganzen Welt.« »Was bin ich denn?«, platzte die Mutter heraus. »Leberragout?« Andy sah sie ehrlich überrascht an. Er hatte doch von Mrs Harris gesprochen. Von seiner Mutter war überhaupt nicht die Rede gewesen.

Wir alle vergleichen uns im Geist mit anderen, erstellen Listen von Eigenschaften und geben uns Plus- oder Minuspunkte, wenn wir über andere urteilen. Wenn jemand schlecht über einen Dritten redet (er war laut, sie war kleinlich), ziehen wir uns insgeheim daran hoch (ich hätte das nicht gesagt; ich bin nicht laut, ich bin nicht kleinlich – oder, was unangenehmer ist, ich hätte das auch sagen können; hoffentlich hält man mich nicht für laut oder kleinlich). Und wenn wir hören, wie ein anderer gelobt wird, fragen wir uns insgeheim, ob wir ein ähnliches Lob verdienen würden (und haben Angst, dass wir es nicht verdienen). Diese Reaktionen sind so weit verbreitet, dass es in der türkischen Sprache einen feststehenden Ausdruck gibt, um solchen Ängsten vorzubeugen. Wer einen Abwesenden lobt, fügt sehr häufig ein *Sizden iyi olmasin* hinzu, »möge sie oder er nicht besser sein als du«, um Anwesende zu beschwichtigen. Da es im Englischen keine solche vernünftige Redewendung gibt, dachte Andy gar nicht daran, seine Mutter zu beruhigen. Die aber fühlte sich ausgeschlossen, als sie hörte, wie ihr Sohn Mrs Harris in den Himmel hob.

Vergleiche können tief verletzen. Viele Eltern wollen ihre Kinder dazu bringen, sich besser zu benehmen, indem sie ihnen andere Kinder als gute Beispiele vorhalten. Damit pflanzen sie ihnen aber meist nur eine Abneigung gegen das Kind ein, das als Vorbild dienen soll. Die Ironie will es, dass in vielen Fällen auch das vorbildliche Kind keineswegs der Idealvorstellung entspricht. Der Unterschied entsteht durch das Wesen der engen Beziehung, in der man alles wie durch ein Vergrößerungsglas sieht: Das fremde Kind kennen die Eltern nur vom äußeren Schein, die Fehler des eigenen dagegen aus nächster Nähe und durch tägliche Beobachtung. Mein Vater erzählte von so einem Vorfall, in dem er selbst als Vorbild für ein anderes Kind diente – obwohl er nur eine Show abzog.

Als Erwachsener lernte mein Vater einen Vetter näher kennen, den er nur einmal vorher in Polen gesehen hatte, wo sie beide aufwuchsen. Dieser Vetter hegte seit jenen Tagen immer noch einen Groll gegen meinen Vater, denn noch lange danach hatte der gemeinsame Großvater meinen Vater als leuchtendes Beispiel gepriesen: »Warum bist du nicht so fromm wie Eli?« bekam der Vetter ständig zu hören. Doch der Großvater irrte sich in seiner Wahrnehmung.

Mein Vater lebte mit der Familie seiner Mutter in Warschau. Der Vetter wohnte in Kielce, wo der Vater meines Vaters herkam. Als mein Vater sechs Jahre alt war, besuchte seine Mutter mit ihm die väterliche Familie. Der günstige Eindruck entstand, als der Vetter (der normalerweise kein Käppi trug) versuchte, meinem Vater das Gebetkäppchen vom Kopf zu reißen. Mein Vater schilderte es so: »Um zu zeigen, wie doof ich das fand, holte ich aus und versetzte ihm einen Schlag.« Das Komische daran war, dass mein Vater normalerweise auch kein Käppi trug. Aber als die Mutter ihn mit zu den Verwandten seines verstorbenen Vaters nahm, hatte sie ihn vorgewarnt, dass der Großvater ein sehr frommer Mann sei. Darum solle er lieber ständig eine Jarmulke tragen. Als er sich gegen den Vetter zur Wehr setzte, fürchtete er nur den Zorn seiner Mutter, nicht den des Allmächtigen.

In Familien, in denen mehrere Generationen eine enge Beziehung haben, können Vergleiche nicht nur Mütter, sondern auch

Großmütter einbeziehen. »Was hast du eigentlich gegen mich?«, fragte Loraines Großmutter. Loraine war sprachlos. »Wie meinst du das?«, gab sie zurück. »Ich lade dich jeden Sommer zwei Wochen zu uns ein. Ich schicke dir Geschenke und besuche dich. Wie kannst du behaupten, dass ich was gegen dich habe?« »Ihr nehmt deine Eltern und Schwiegereltern jedes Jahr mit in den Urlaub, mich nie!« Ich bezweifle, dass die Großmutter mit Loraine verreisen wollte, wenn sie nicht das Beispiel von Loraines Großzügigkeit gegenüber ihren Eltern und Schwiegereltern vor Augen hätte. Es ging ihr ja weniger darum, dass sie mit Loraine und ihrem Mann verreisen wollte, als dass sie sich in deren Gunst gegenüber den anderen zurückgesetzt fühlte.

Nina verreiste auch mit den Eltern und zwar in den Südwesten. Bei einem Juwelier entdeckte sie eine Halskette, die ihrer Ansicht nach ihrer Schwiegermutter gefallen würde und beschloss, sie für sie zu erstehen. Die Mutter wirkte gekränkt. »So eine Kette habe *ich* nicht«, bemerkte sie. Also fühlte sich Nina verpflichtet, der Mutter auch eine zu kaufen. Aber sie ärgerte sich. Schließlich hatte sie die Mutter, nicht die Schwiegermutter mit auf diese Reise genommen. Ein Geschenk für ihre Schwiegermutter war gewissermaßen ein Trostpflaster. Bei genauerer Betrachtung hätte die Mutter selbst darauf kommen müssen. Aber Reaktionen auf Vergleiche sind nun mal emotional und nicht rational. Hier kommt es zu plötzlichen Schwankungen innerhalb von Familienbeziehungen, die wir ständig ausgleichen wollen – oder genauer gesagt, die wir zu unseren Gunsten ändern wollen.

Da viele Frauen ihre Beziehungen, auch die zu ihren Kindern, an den Positionen messen, die diese auf dem Kontinuum zwischen Nähe und Distanz einnehmen, fühlen sie sich verletzt, wenn sie etwas hören, das auf eine größere Intimität der Kinder zu angeheirateten Verwandten oder gar Bekannten schließen lässt.

Doreen war glücklich und zufrieden mit ihrer Arbeit als Büroleiterin bei einer selbstständigen Immobilienmaklerin. Zuerst empfand Doreen es als ein großes Plus, als ihre Tochter Connie sich in den Bruder ihrer Arbeitgeberin verliebte und die beiden heiraten wollten. Doreen freute sich auch darüber, dass sich Connie und ihre künftige Schwägerin, Doreens Chefin, so gut verstanden. Aber als der Hochzeitstermin näher rückte, ging Doreen das gute Verhältnis zwischen ihrer Tochter und ihrer Chefin zunehmend auf die Nerven. »Ist das nicht toll, dass sie die Flitterwochen auf Hawaii verbringen wollen?«, fragte Doreens Chefin beiläufig. Aber Connie hatte ihrer Mutter nichts davon erzählt. Immer wieder bezog sich die Chefin auf Dinge, in die Connie Doreen nicht eingeweiht hatte. Doreen fühlte sich derart ausgeschlossen, dass sie erwog, ihre Stelle zu kündigen. Dann würde sie wenigstens nicht täglich damit konfrontiert werden, dass die Tochter mit der Schwägerin-in-spe Gespräche führte, die sie selbst gerne mit ihr gehabt hätte.

•••• Die Mutter als Kommunikationszentrale

Allianzen innerhalb der Familie entstehen auch in Gesprächen. Wer sagt was zu wem? Die Mutter ist dabei die Kommunikationschefin. Alle Informationen laufen über sie, und das macht sie zur Nabe des Familienrades. Wie die Tochter Cicily in dem Dokumentarfilm *An American Love Story* feststellte: »Dad macht nicht viele Worte. Mom findet gar kein Ende.« Diese Verteilung der Sprechrollen kommt in Familien häufig vor.

Einmal fragte ich eine Gruppe von College-Studenten, mit wem sie reden, wenn sie daheim anrufen. Die überwiegende Mehrheit gab dabei die Mutter an. Der Vater, so war zu vernehmen, komme nur ans Telefon, wenn sie beispielsweise Geld bräuchten – mit anderen Worten, wenn es um den Austausch von Fakten in der Berichtssprache ging. Die Schriftstellerin Jane Bernstein erinnert sich in ihrem Essay *My Real Father*, dass sie in ihrer Collegezeit Briefe an beide Eltern richtete (»Liebe Mutter, lieber Vater«), aber nur die Mutter ihr antwortete.[87] Selbst wenn sie die Eltern besuchte, sprach die Mutter für den Vater:

Während des Besuchs sagte manchmal meine Mutter: »Dein Vater freut sich, dich zu sehen.« Oder: »Dein Vater meint, du siehst gut aus.«
Als ob er in einem anderen Land leben würde und eine fremde Sprache spräche und die Mutter seine einzige Dolmetscherin wäre.

In ihrer Jugend ärgerte sich Bernstein darüber. Als sie älter war, machte es sie traurig.

Kinder entscheiden häufig von sich aus, sich der Mutter als Vermittlerin in der Kommunikation mit dem Vater zu bedienen. Denken Sie daran, wie die zwölfjährige Chaney die Erlaubnis haben wollte, mit einem Jungen auszugehen. Sie wusste, dass sie zuerst mit ihrer Mutter darüber reden musste: »Wenn ich Mommy dazu bringe, mir das zu erlauben, dann überredet sie Daddy.« Am Ende (wie wir gesehen haben) ging Chaney dann auch mit dem Jungen aus. Hinterher wollte sie wissen, wie ihr Vater reagiert hatte. Also fragte sie die Mutter: »Was hat Daddy denn gesagt?«[88] Und das, obwohl der Vater zu dem Zeitpunkt der Frage selbst zu Hause war.

Viele erinnern sich an abwesende Väter, die meistens bei der Arbeit waren, aber auch zu Hause selten in Erscheinung traten, weil sie im Bastelkeller, in der Garage oder im Arbeitszimmer verschwanden. (Jane Bernsteins Vater war »immer weg – entweder arbeitete er an seinem Schreibtisch oder er guckte sich Sport im Fernsehen an«.) Selbst wenn Väter körperlich anwesend waren, sind sie in der Erinnerung der Kinder meist stumm. Eine Studentin sagte zu mir, dass ihr Vater erst nach der Scheidung damit anfing, bei ihr anzurufen, um sich persönlich nach den Neuigkeiten zu erkundigen, die er vorher über die Mutter bekommen hatte.

Vielleicht ist es gar nicht so, dass die Väter nicht mit den Kindern reden möchten; vielleicht wissen sie einfach nur nicht, wie sie solche Gespräche führen sollen, die Mütter ansonsten mit den Kindern haben – besonders mit Töchtern? Oder vielleicht haben sie auch das Gefühl, dass es nicht notwendig ist, weil sie ja wissen, dass die Frauen für die Informationen zuständig sind und sie weitergeben. Der Bühnenautor Jeffrey Solomon beschreibt in seinem Theaterstück *MotherSON,* wie eine Mutter sich damit abfindet, dass ihr Sohn schwul ist.[89] In einer Diskussion nach der Aufführung erzählte Solomon, mit vierzehn habe er sich eingestanden, dass er schwul sei, mit vierundzwanzig habe er es seiner Mutter gesagt – und mit sechsundzwanzig endlich seinem Vater eröffnet. Das Stück dramatisiert zahlreiche Gespräche mit der Mutter, die darum ringt, die Identität des Sohnes zu verstehen und zu akzeptieren und schließlich stolz auf ihn ist.

Ein Zuschauer fragte Solomon nach der Reaktion seines Vaters.

Der Autor antwortete, dass der Vater nie mehr über seine Homosexualität sprechen wollte, nachdem er es von ihm erfahren habe. Dann setzte er noch hinzu: »*Ich* wollte auch nicht mehr mit ihm darüber reden!« Dabei schüttelte sich Solomon, als wenn er die Vorstellung abstoßend fände. Viele schwule Männer haben mir berichtet, dass sie ihr erstes Coming-out bei ihren Müttern hatten. Danach verließen sie sich darauf, dass die Mütter es den Vätern weitersagten. Laut Shari Kendall sind die liebende, verständnisvolle Mutter und der nicht akzeptieren wollende Vater, den die Mutter herumkriegen muss, (was manchmal gelingt, manchmal auch nicht) Standardfiguren – die auch gewisse Klischees abdecken – in schwul-lesbischen Filmen.[90]

Wenn Kinder ein Problem haben und es einem Elternteil anvertrauen, dann ist es höchstwahrscheinlich die Mutter – auch wenn der Vater selbst das Problem ist. Eine Mutter beklagte sich über diese Situation in ihrer Familie: »Wenn Carly sich über ihren Vater aufregt, dann kommt sie damit zu mir.« Ich frage sie: ›Warum erzählst du das nicht Daddy?‹ Und sie antwortet: ›Das kann ich nicht.‹« Aber die Mutter hat damit Schwierigkeiten. »Es macht mich ganz kirre, wenn ich zwischen meine Tochter und meinen Mann gerate.« Sie löste das Problem, indem sie ihre Tochter ermunterte, den Vater direkt zu konfrontieren, während sie selbst anwesend blieb, um eventuell helfend einzugreifen.

Eine solche Szene hätte sich etwa so abspielen können: Nach dem Essen bleiben die drei am Tisch sitzen. »Warum erzählst du deinem Vater nicht, was du mir gesagt hast?«, schlägt die Mutter vor. Widerstrebend, mit gesenktem Blick und sehr zögerlich kommt die Tochter der Aufforderung nach – ermutigt durch das Drängen der Mutter, aber auch durch ihre beruhigende Nähe. Die Mutter ermuntert sie zu weiteren Äußerungen und drängt den Vater, der Tochter Gelegenheit zu geben, ihre Erklärungen zu Ende zu führen und weiter auszuholen. Schließlich, so sagte mir diese Mutter, lernte die Tochter, sich direkt mit dem Vater auseinander zu setzen.

Durch das neue Kommunikationmedium E-Mail wird sich dieses Muster womöglich ebenfalls ändern. Eine Frau berichtete, dass sie regelmäßig mit ihrem Vater »rede«, seit sie E-Mail habe. Das kann ich aus eigener Erfahrung bestätigen. Mein Vater lernte mit neunzig Jahren, wie man dieses Medium benutzt. Jetzt tauschen wir unsere Erfahrungen und Erlebnisse häufig per E-Mail aus – was über Telefon nicht möglich wäre. Mein Vater ist in mündlichen Unterhaltungen schweigsam, schriftlich aber wortgewandt, denn dann kann er seine Gedanken sammeln und seine Worte bewusst wählen. Außerdem hat er, wenn er an seinem Computer sitzt, den Kommunikationskanal für sich allein. Wenn ich anrufe, gibt er den Telefonhörer meist schnell an meine Mutter weiter; nur wenn sie nicht da ist, lässt er sich zu längeren Berichten hinreißen.

Pass auf, was du sagst
.... **Wer hütet Familiengeheimnisse?**

Eine Familie ist wie eine kleine Firma mit einer großen PR-Abteilung, an deren Spitze oft die Mutter steht. So wie Unternehmen (und Politiker) häufig eher wegen ihrer Vertuschungsversuche in Schwierigkeiten geraten, als wegen der Informationen, die sie geheim halten wollten, so müssen auch Privatpersonen feststellen, dass die Geheimhaltung einer Information oft unangenehmere Auswirkungen hat als ihre Enthüllung. Doch wer zu einer Familie gehört, muss Geheimnisse bewahren können. Auf diese Weise lernt man früh, wie Informationsmacht zur Schaffung von Allianzen beiträgt.

Rosalind erinnert sich, dass sie als Kind jeden Tag in ihr Tagebuch schrieb, was sie getan hatte und es regelmäßig ihrer Mutter zeigte. Einmal am Neujahrstag, als Rosalind in der dritten Klasse war, beschloss ihre Mutter, dass die Familie zur Feier des Tages statt in der Küche im Wohnzimmer frühstücken sollte. Die kleine Rosalind schrieb also brav ins Tagebuch: »Heute Morgen haben wir im Wohnzimmer gefrühstückt, das war sehr ungewohnt.« Als sie das ihrer Mutter zeigte, reagierte diese mit Betroffenheit. Sie tadelte Rosalind, weil so ein falscher Eindruck von der Familie entstehen könne und ließ sie das »un-« durchstreichen.

Der Vorfall prägte sich Rosalind unauslöschlich ein, denn sie hatte die Wahrheit geschrieben und sollte dennoch glauben, dass sie etwas Unrechtes getan habe. Schlimmer noch, die Mutter hatte sie gezwungen, eine Lüge hinzuschreiben: Es war überhaupt nicht üblich, dass die Familie im Wohnzimmer frühstückte. Rückblickend betont Rosalind, wie unwahrscheinlich es doch ist, dass jemand das Tagebuch einer Drittklässlerin liest. Das hätte doch auch ihre Mutter wissen müssen. War sie etwa leicht hysterisch? Ich bezweifle, dass Rosalinds Mutter sich tatsächlich einbildete, die Nachbarn würden das Tagebuch der Tochter lesen. Eher wird sie gedacht haben, dass ihre Tochter noch oft im Leben in Situationen kommen würde, in der sie der Welt Bilder von ihrer Familie zeichnen musste. Indem die Mutter Rosalind den Wortlaut im Tagebuch ändern ließ, erteilte sie ihr eine Lektion in der Darstellung ihrer Familie: »Vergiss nie«, lautete die Botschaft, »welchen Eindruck du anderen von unserer Familie vermittelst und sorge dafür, dass er nicht schlecht ist – ungeachtet der Tatsachen.«

Viele Eltern geben ihren Kindern zu verstehen, sie sollten keine Familiengeheimnisse ausplaudern. Die Talkshow-Moderatorin Diane Rehm schreibt in ihren Erinnerungen *Finding My Voice,* dass sie als Kind glaubte, ein Doppelleben zu führen: eins in der Familie und eins außerhalb.[91] Draußen sprach sie Englisch und zu Hause Arabisch. Doch das war nicht alles. Am meisten litt Diane unter dem diffusen Gefühl, dass sie außerhalb der Familie aufpassen musste, was sie äußern durfte, ohne genau zu wissen, was tabu war. »Ständig wurde ich ermahnt, nichts über unsere Familie zu erzählen, und ich fühlte mich unbehaglich, hatte Angst, dass ich etwas Unerlaubtes sagen und das Verbot ohne eine Absicht übertreten würde.«

Zu erkennen, welche Informationen in der Familie bleiben sollen und welche nach außen dringen dürfen, ist für alle Kinder eine schwere Aufgabe. Ich weiß noch, wie ich mich schämte, als meine Spanischlehrerin auf der Junior High School jeden von uns auf Spanisch fragte: »Wo kämmst du dir die Haare?« Alle Kinder, die vor mir drankamen, antworteten entweder *»en el baño«* (im Bad) oder *»en mi dormitorio«* (in meinem Zimmer). Als ich an die Reihe kam, sagte ich, ohne zu zögern *»en la cocina«* (in der Küche). Prompt kommentierte die Lehrerin: »Wenn du meine Tochter wärst, würde ich das nicht zulassen.« Beschämt stammelte ich: »Aber ich brauche so lange fürs Kämmen, weil meine Haare so lang sind und in der Küche steht das Radio.« (Meine Haare reichten mir damals bis zur Taille.) Die Lehrerin schien diese Erklärung widerwillig zu akzeptieren. Doch ich hatte das Gefühl, unwissentlich ein peinliches Familiengeheimnis gelüftet zu haben, das mit einem Ekel erregenden Mangel an Sauberkeit verbunden war, dessen ich mir bis dahin nicht bewusst gewesen war.

Wenn wir erwachsen werden und immer mehr Erfahrungen bei dem Wechsel zwischen Außenwelt und Familie sammeln, lernen wir auch nach und nach, wie man Informationen handhabt – was man ausplaudern darf und was man verschweigen muss. Dabei leiten die Eltern uns an. Aber für viele, wie für Rosalind und Diane Rehm, bedeutet das Erwachsenwerden auch, dass sie die Informationen, die unsere Eltern geheim halten wollten, infrage stellen, weil den Geheimnissen etwas Belastendes innewohnt – eine Metamitteilung der Scham.

Pass auf, du bist das Aushängeschild
.... unserer Familie!

Wenn man etwas geheim halten muss, erscheint es als etwas Furchtbares – und es ist so schrecklich, dass man es niemandem erzählen darf. Dies ist ein immer wiederkehrendes Thema bei vielen Lesben und Schwulen, die eine ungeheure Erleichterung verspüren, wenn sie endlich ihr Coming-out haben, wenn sie ihre sexuelle Orientierung nicht mehr unter Verschluss halten müssen. Manchmal erlegen die Eltern ihren Söhnen und Töchtern in dieser Hinsicht unfaire Bedingungen auf. Ein schwuler junger Mann vertraute sich zum Beispiel seiner Mutter an, die das zwar akzeptierte, ihn aber bat, es nicht im größeren Familienverband zu erzählen. Doch bleibt das Befremden: Wenn sein Schwulsein in Ordnung war, warum sollte es dann geheim bleiben? Schlimmer noch, als er aufs College ging, traf er dort seine Vettern wieder. Er konnte aber keine engen Beziehungen zu ihnen knüpfen, da er sein Privatleben vor ihnen verbergen musste, um sein Versprechen gegenüber der Mutter zu halten.

In gewissem Sinne musste dieser junge Mann zwischen der Loyalität gegenüber der Mutter und der Loyalität sich selbst gegenüber wählen. Vom Standpunkt der Mutter aus repräsentierte er sie im größeren Familienkreis, daher war es aus ihrer Sicht wichtig, ihn darum zu bitten, eine Rolle zu spielen, die ihr angenehm war: Er sollte sich so darstellen, dass *sie* in einem günstigen Licht erschien. Mütter bitten ihre Kinder häufig, bestimmte Aspekte ihres Lebens nicht zu enthüllen, da sie meinen, es sei peinlich für sie. Eine Frau war beispielsweise bekümmert darüber, ihrer Familie zu eröffnen, dass ihr Sohn seine Stelle als Börsenmakler verloren hatte und arbeitslos war. Allerdings fühlte sie sich rehabilitiert, als sie verkünden konnte, dass er ein Jurastudium aufgenommen hatte. Als er das wieder abbrach, weil das Fach ihm nicht lag, wartete die Mutter jahrelang, bevor sie ihren Verwandten davon erzählte.

Meine eigene Mutter musste ihren Verwandten binnen zwei Wochen mitteilen, dass sich zwei ihrer drei Töchter von ihren Ehemännern getrennt hatten. Als auch die dritte Tochter die Scheidung einreichte, flehte meine Mutter sie an, es noch eine Weile für sich zu behalten. Sie konnte sich nicht dazu durchringen, innerhalb so kurzer Zeit drei derart kompromittierende Neuigkeiten bekannt zu geben.

Sei glücklich – mir zuliebe
.... Das Kind als Wiedergutmacher

Eltern halten ihre Kinder nicht nur für ihre Vorzeigeobjekte (was ein zutreffender Eindruck ist, wenn man bedenkt, wie über Eltern geurteilt wird), viele sehen im Leben der Kinder auch eine Gelegenheit, eigene Versäumnisse nachzuholen. In manchen Fällen kommen diese den Wünschen – oder auch Verpflichtungen – gerne nach, in anderen weisen die Heranwachsenden sie zurück. Einige meiner Kolleginnen hatten Mütter, die es bereuten, den Beruf nach der Heirat aufgegeben zu haben, und die ihre Töchter ermutigten, nicht den gleichen Fehler zu begehen. So weit ich weiß, sind meine Freundinnen froh, diesem Rat gefolgt zu sein. Eine Tochter, die es ablehnt, die verpassten Chancen ihrer Mutter wettzumachen, ist die Heldin eines schottischen Theaterstücks von Liz Lochhead, *Perfect Days*.[92]

Barbs ist eine beruflich erfolgreiche Frau; sie ist geschieden und wünscht sich sehnlichst ein Kind. Die Mutter von Barbs will nichts von der Unzufriedenheit ihrer Tochter wissen und erzählt dieser unbekümmert, »dass sie auf die Frage einer Freundin geantwortet habe: ›Unsere Barbs ist rundum glücklich.‹«

»Bin ich nicht«, widerspricht Barbs.

»Bist du wohl!«, beharrt die Mutter. Und sie erläutert, warum die Tochter ihrer Ansicht nach glücklich sein *muss:* »Ich wünschte, ich hätte deine Möglichkeiten gehabt. Einen tollen Beruf. Reisen. Und eine eigene Wohnung. Ich wünschte, ich hätte etwas mit meinem Leben angefangen, statt meine Zeit zu vergeuden und dich und Billy großzuziehen.«

Barbs entgegnet ihrer Mutter: »Ich lehne es ab, so zu tun, als ob ich glücklich wäre, nur damit du glücklich darüber bist, wie glücklich ich bin.«

Barbs' Mutter wünschte sich für ihre Tochter die Aussichten, die sie selbst nicht gehabt hatte. Eine andere Frau, Norma, fühlte, dass ihre Mutter sie um die Alternativen beneidete, die sie selbst nicht gehabt hatte. Als Norma beschloss, einen Sommer in London zu verbringen, sprach die Mutter das offen aus: »Ich war auch nie in London, was willst du denn da?« Außerdem wollte diese Mutter, dass Norma wie sie heiratete und Kinder bekam. Sie gab zu verstehen, sie sei krank vor Sorge, weil Norma mit achtunddreißig noch ledig war. Norma tat genau das, was Barbs verweigerte: Sie gab vor, glücklich mit ihrem Leben als Single zu sein, um die Mutter glücklich zu machen. Aber es klappte nicht. Normas Mutter war fest davon überzeugt, dass die Tochter furchtbar einsam und unfreiwillig kinderlos sei, daher ignorierte sie resolut alles, womit Norma ihr das Gegenteil beweisen wollte. Die Mutter änderte ihre Meinung nie, denn diese Meinung beruhte nicht auf Normas Leben, sondern auf ihrem eigenen.

.... Die Mutter als Trösterin

Bis jetzt habe ich erläutert, wie Metamitteilungen über Bindung und Kontrolle die Kommunikation zwischen erwachsenen Kindern und deren Eltern erschweren, insbesondere mit Müttern. Das heißt jedoch keineswegs, dass derartige Probleme kennzeichnend für die meisten Mutter-Kind-Verhältnisse wären. In der Wahrnehmung, Erinnerung oder Vorstellung vieler Menschen ist das Mutterbild fast sakrosankt, weil die Zuwendung der Mutter quasi den Inbegriff des Trostes darstellt.

Ich habe Menschen jeden Alters weinen sehen, sogar Sechzigjährige und Achtzigjährige, wenn sie sich an ihre verstorbenen Eltern erinnerten, vornehmlich aber an ihre Mütter. Bei Familientreffen stimmte meine Tante Millie oft »My Yiddishe Mama« an und rührte mit diesem Lied über die selbstlose Liebe einer Mutter alle Anwesenden zu Tränen. In Taiwan durchsuchte ein Jugendlicher, der seine Familie bei einem Erdbeben verloren hatte, verzweifelt die Trümmer nach einer scheinbaren Kleinigkeit – einem Bild seiner Mutter.[93]

Fotos aus der Kindheit können viele Erinnerungen heraufbeschwören. Aus der Sicht des Erwachsenen zeugen sie von einer Zeit, die ein großes Gefühl der Geborgenheit umfasste – zumeist verbunden mit der unerschütterlichen mütterlichen Zuwendung.

In dem Song »The Portrait«, aus dem Musical *A ... My Name is Alice,* erzählt eine Frau davon, wie sie ein Bild aus ihrer Kinderzeit betrachtet, das sie zusammen mit ihrer Mutter zeigt. Im Gedenken an die tote Mutter besingt sie ein Ritual, das vielleicht mehr als jedes andere die Vorstellung von der Mutter als Beschützerin versinnbildlicht: Es ist die alltägliche Harmonie des Zubettbringens. Dabei bekräftigt die Mutter, sie habe ihre Tochter lieb – und lässt sie dann im Dunkeln allein. So selbstlos und aufopfernd die mütterliche Fürsorge auch sein kann, so verlässt sie uns auch von einem auf den anderen Moment.

Aber wie viele von uns haben tatsächlich jene vollkommene Liebe empfangen – oder können sie selbst geben? Vielleicht rührt die starke Sehnsucht danach von der Erkenntnis her, dass wir nie wahrhaft bedingungslose Liebe von unserer Mutter (oder irgendeinem anderen Menschen) bekommen haben – und auch wir nicht in der Lage sind, sie unseren Kindern zu geben.

Ich unterhielt mich mit einem Bekannten darüber, wie seine Mutter ihre eigene pflegte. »Liebe war dabei nicht im Spiel gewesen«, konstatierte er, »sondern nur das reine Pflichtgefühl.« Ich fragte nach dem Grund. »Ihre Mutter, also meine Großmutter hat sie nicht geliebt«, antwortete er. »Sie hatte sie nicht mal gern. Ihren Sohn mochte sie, aber nicht ihre Tochter.« Diane Rehm erinnert sich, dass ihre Mutter »eine verbitterte, zornige, depressive

Frau war, die kaum so etwas wie eine positive emotionale Bindung zu mir und meiner Schwester hatte.«[94]

Nach den Erinnerungen von Kindern zu urteilen, gibt es nichtsdestotrotz Mütter, die ihren Kindern viel Zuspruch geben können. Ein Mann, der seiner Mutter unerschütterliche Liebe, Hilfe und Selbstaufopferung attestiert, ist der schwarze südafrikanische Schriftsteller Mark Mathabane.[95] Er verbrachte seine Kindheit in den Townships von Alexandra in Johannesburg – mit den Eltern, die beide nicht lesen und schreiben konnten. Auf die Frage in einer Talkshow von Diane Rehm, wie es ihm in Anbetracht dieser Umstände gelang, Schriftsteller zu werden, antwortete Mathabane: »Die Saat dieser Liebe zum Lernen und Lesen wurde gelegt, als meine Mutter uns alle um das Feuer versammelte – meist litten wir Hunger, denn es gab nichts zu essen – und uns faszinierende Geschichten erzählte, in lebhaften Bildern, höchst unterhaltsam und lehrreich.« Die Mutter hatte die feste Absicht, ihren Kindern eine Ausbildung zu geben, auch wenn sie selbst keine hatte. Diese Entschlossenheit legte den Grundstein für Mathabanes unglaublichen Erfolg.

John Steinbeck beschreibt in seinem Roman *Früchte des Zorns*, wie es eine Mutter schafft, Eigenschaften von Hilfe, Akzeptanz und Geborgenheit, die wir mit dem Konzept Familie assoziieren, zu verkörpern[96]:

Sie schien sich ihrer Stellung bewusst zu sein, schien sie anzuerkennen und zu begrüßen, ihre Stellung als Bollwerk der Familie, eine Stellung, die ihr nicht genommen werden konnte. Und da der alte Tom und die Kinder weder Furcht noch Schmerz erfahren konnten, wenn sie, die Mutter, es nicht wusste, hatte sie es sich längst abgewöhnt, für sich selbst Schmerz und Furcht zu empfinden. Und da sie alle, wenn etwas Frohes geschah, auf sie blickten, um zu sehen, ob die Freude auch sie berührte, war es ihr zur Gewohnheit geworden, aus den unzulänglichsten Dingen Frohsinn zu gewinnen ... Sie schien zu wissen, dass, wenn sie schwankte, die Familie erschüttert war, und dass, sollte sie jemals wirklich tief in ihrem Innern unsicher sein oder verzweifelt, die Familie fallen und ihr Lebenswille zerstört sein würde.

Ich sah diese Art Stärke in meiner griechischen Schwiegermutter (der Mutter meines ersten Ehemannes), die mir sagte, dass sie immer darauf achtete, gefasst und ruhig zu wirken, wenn sie sich von ihren Söhnen verabschiedete: Zwei gingen nach Deutschland, um zu studieren, und einer wanderte in die Vereinigten Staaten aus. Erst wenn sie außer Sichtweite waren, ließ sie den Tränen freien Lauf.

.... Meine Mutter, mein Fels in der Brandung

Hope Edelmans Buch *Motherless Daughters* traf für viele Frauen, die mir davon erzählten, einen Nerv. »Sie fehlt mir jeden Tag« ist eine Bemerkung, die ich von vielen Frauen hörte, deren Mütter gestorben sind. Was ihnen fehlt, ist ein Mensch, der Anteil an den banalsten Dingen in ihrem Leben nimmt. In einer Talkshow sagte eine Anruferin über ihre verstorbene Mutter: »Sie war mein Fels in der Brandung. Ich habe sie angerufen, um ihr zu erzählen, dass ich Toilettenpapier zum Sonderpreis eingekauft hatte.«[97]

So seltsam so ein Detail erscheinen mag, es passt genau zu dem, was Karen Henwood herausfand, als sie Mütter und deren erwachsene Töchter in Großbritannien über ihr Verhältnis befragte.[98] Sie antworteten mit Worten, die Nähe zum Ausdruck brachten. Und Nähe hieß für sie, sich persönliche Dinge anzuvertrauen, einschließlich der Nebensächlichkeiten, »die zu belanglos wären, um sie anderen zu erzählen«.

Interesse an den winzigsten Details des eigenen Lebens signalisiert eine Metamitteilung von Zuwendung – und gerade diese Anteilnahme scheint in dem Trost einer Mutter verkörpert zu sein. Das Interesse an kleinen Aspekten des eigenen Lebens wird verstanden als Darstellung einer weit reichenden und alles umfassenden Art von Güte und Warmherzigkeit. Sue Silverman, die sich bei ihrer Mutter selten geborgen fühlte, fängt diesen Aspekt des mütterlichen Trostes in ihrer Biografie *Because I Remember Terror, Father, I Remember You* ein. Silverman erinnert sich, wie sich ihre Mutter einfach zurückzog, Krankheit vorschützte, wenn der Vater sie sexuell belästigte und vergewaltigte. Aber sie hält eine einzige Begebenheit in liebevoller Erinnerung, in der die Mutter ihr wirklich eine Mutter war, »die Mutter, die in diesem Moment zuhören konnte, die Mutter, die wusste, wie man ›es tut mir Leid‹ flüstern konnte, die furchtlose Mutter«.

Nun zu den Umständen, die zu dieser seltenen Aussage gehörten. Silverman war Anfang zwanzig und lebte allein. Ein Mann hatte gerade eine Liebesbeziehung mit ihr abgebrochen. Überwältigt von Schmerz saß sie auf dem Sofa mit dem Telefon neben sich, »als ob mir das als einziges von der Beziehung geblieben wäre ... Ich hatte Angst, ins Bett zu gehen ... und plötzlich hatte ich das Gefühl, dass ich die Stimme meiner Mutter hören müsste.« Silverman wählte die Nummer ihrer Mutter, obwohl es mitten in der Nacht war. Zu ihrem größten Glück und wie durch Zauberei war die Mutter bereit zu sprechen und zuzuhören. Nach einigen Versuchen, die Tochter aufzumuntern (»Eines Tages findest du den Richtigen«, »Du bist doch ein tolles Mädchen«), ging ihr auf, wie groß das Leid der Tochter war, und sie sagte einfach: »Ach, das tut mir ja so Leid!« Silverman notiert dazu: »Es tut ihr *Leid!* Genau das hatte ich hören wollen, um durch die Nacht zu kommen, um bis zum Morgen beschützt zu sein.«

Diese wenigen Worte gaben ihr ein Gefühl von Trost und Geborgenheit, denn sie bedeuteten, dass die Mutter verstand, was die Tochter empfand, und dass sie Anteil daran nahm. Das hieß, dass Sue doch nicht so mutterseelenallein auf der Welt war, wie sie dachte, als die Liebe zerbrach (und wie sie sich die ganze Kindheit hindurch gefühlt hatte).

Der Zuspruch einer Mutter kann allerdings auch das Gegenteil bewirken. Ein Ehepaar musste die Tochter aus dem College nach Hause holen, weil sie psychische Probleme hatte. »Das muss schrecklich schwer für dich sein«, sagte die Mutter. Doch die Tochter war zornig statt getröstet. Ich vermute, dass sich ihre Probleme durch die mitfühlende Art der Mutter eher verstärkten.

Die Sympathiebekundung oder Zuwendung der Mutter kann den Nerv von Bindung und Kontrolle treffen. Man fühlt sich nicht nur mies, weil das Mitleid der Mutter das eigene Problem noch größer erscheinen lässt, sondern empfindet auch noch Schuld, weil man der Mutter von seinem Problem erzählt und ihr dadurch Kummer bereitet. Das erlebte eine Frau, die seit einiger Zeit unglücklich mit ihrem Arbeitsplatz war und vergeblich nach einer besseren Stellung gesucht hatte. Eine andere Firma hatte ihre Bewerbung abgelehnt. »Ich bringe es nicht über mich, das meiner Mutter zu erzählen«, gestand sie. »Irgendwas an ihrem Mitleid zieht mich immer runter.« Belastend daran ist, dass die Mutter die Enttäuschung so tief empfindet, dass alles nur noch schlimmer wird. Die Metamitteilung lautet: »Sämtliches, was meine Mutter so schwer trifft, muss auch sehr schwer wiegend sein.«

Eine ähnliche Erfahrung macht Carol: Wenn sie ihrer Mutter von einem Problem erzählt, bekommt sie am nächsten Tag zu hören: »Ich habe die ganze Nacht kein Auge zugetan, weil ich mir solche Sorgen um dich mache. Dein Leid macht mich ganz unglücklich.« Ich vermute, dass die Mutter mit dieser Aussage Nähe zeigen will: »Ich fühle mit dir; ich weiß, was du durchmachst, du bist nicht allein auf der Welt.« Doch die Bemerkungen der Mutter verstärken nur Carols Kummer, denn sie bürden ihr zusätzlich zu ihrem eigenen Unglück auch noch den Gram der Mutter auf. Jetzt muss sie sich nicht nur um ihr eigenes Problem sorgen, sondern auch darüber, dass die Mutter ihretwegen nicht schlafen konnte. Am Ende tröstet *sie* die Mutter und versichert ihr, dass alles gar nicht so schlimm sei.

Nicht alle Kinder sprechen auf Mitleidsbekundungen – oder andere mütterliche Kommunikationsarten – auf die gleiche Art an. Im Wissen um das Vorhandensein solcher Empfindlichkeiten muss jedes Mutter-Kind-Paar seine eigene Toleranzschwelle für das Trostspenden finden und feststellen, wie viel Zuwendung erwünscht und erwartet wird. Manche fühlen sich durch eine geringere Anteilnahme besser getröstet: »Das ist schwer, aber du schaffst das bestimmt.« Andere erwarten eine intensive Aufmerksamkeit. Das richtige Mischungsverhältnis findet man nur durch Metakommunikation. Man kann im Grunde auch fragen: »Fühlst du dich durch meine Reaktionen besser oder schlechter?« Oder: »Was kann ich sagen oder tun, um dir zu helfen?«

• • • • Die Kehrseite des Tröstens ist das Strafen

Durch das Bindungs- und Kontrollsystem, auf dem alle Familienbeziehungen ihren Platz haben, gestaltet sich das Trösten zu einem zweischneidigen Schwert. Der verbale Akt der Aufheiterung liegt beim Nähepol des Bindungskontinuums, weil der Zuspruch aus der Intimität erwächst und neue Vertrautheit schafft. Doch er liegt auch beim Hierarchiepol des Kontrollkontinuums, wenn die Person, die Trost spendet, es aus einer Position der Stärke heraus tut. Da dieses Paradox der Mutter-Kind-Beziehung innewohnt, ist die Beschwichtigung gewissermaßen die Quintessenz einer mütterlichen Sprechweise.

Doch die mütterliche Zuwendung besteht nicht nur im Trocknen vom Tränen, auch die Bestrafung ist von ungeheuer großer Wichtigkeit. Obwohl das Strafen eines Kindes eindeutig am Hierarchiepol des Kontrollkontinuums angesiedelt ist, schafft es auch Verbundenheit. Betrachten wir einmal, wie sich diese beiden verbalen Akte bei der kleinen Natalie niederschlagen.

Natalie hatte zwei Lieblingsszenen, die sie mit der Mutter spielte. In der einen, der sie niemals überdrüssig wurde, ist das Kind unartig, und die Mutter droht Strafe an. In der anderen Szene ist das Kind den Tränen nahe und wird von der Mutter getröstet. Diese Szenen geben uns Aufschluss über die Macht und besondere Dynamik der Mutter-Kind-Beziehung, wie sie sich aus der Perspektive einer Dreijährigen (und unser ganzes Leben lang) darstellt.

Zu dem Zeitpunkt der Gesprächsaufzeichnung war die kleine Natalie traurig, weil ihre Freundin Annie weggezogen war; die Mutter hatte versucht, sie aufzumuntern. Kurz darauf wollte die Mutter Natalie ins Bett bringen, als das Kind plötzlich vorschlug: »Du bist das Kind. Frag mich: ›Wo ist Annie?‹ und dann sage ich: ›Sie ist weggezogen‹.«

Mit hoher Kleinmädchenstimme fragt daraufhin die Mutter: »Wo ist Annie?«

»Sie ist weggezogen, mein Schatz«, gibt Natalie zur Antwort und nimmt dabei den Tonfall an, in dem ihre Mutter sie gemeinhin tröstet. Und so wie die Mutter vor ein paar Tagen Natalie beruhigt hat, versichert Natalie jetzt der Mutter (die die Rolle der Natalie übernommen hat), dass sie jetzt ja eine neue Freundin gefunden hat: »Sarah muss jetzt Mutter und Kind mit dir spielen.«

In einer weiteren Szene vertauscht Natalie ebenfalls die Rollen. Voraus ging ein wichtiges Telefongespräch, dass Natalies Mutter zu führen versuchte, während ihre Dreijährige brüllte, um Aufmerksamkeit zu erringen. In höchster Verzweiflung drohte die

Mutter: »Wenn du so schreist, während ich telefoniere, musst du vor die Tür!«

Ein paar Tage später schlägt Natalie der Mutter vor: »Ich telefoniere und du machst Krach!«

Die Mutter tut ihr den Gefallen und heult herum: »Mommy, Mommy, Mommy! Komm mal!«

Woraufhin Natalie mit einem strengen Ton in der Stimme zu verstehen gibt: »Wenn du so schreist, musst du vor die Tür.«

Der Umstand, dass Natalie gerade diese beiden Szenen zum Nachspielen mit der Mutter auswählt, zeigt, wie wichtig Trost, aber auch Schimpfsequenzen in ihrem Leben sind.

Zwar können wir unseren Müttern nicht unser Leben lang wie Natalie die Texte vorgeben, die sie sprechen sollen oder sie zum Rollenspiel auffordern, doch ich glaube, dass die darin innewohnende Dynamik weiterhin alle unsere Gespräche mit der Mutter und unseren erwachsenen Kindern durchzieht und bestimmt. Und nicht selten passiert es, dass Mütter und erwachsene Kinder die Rollen tauschen, wenn diese wiederum ihre Mütter trösten, vielfach indem sie für sie sorgen.

Viele Kinder, besonders Töchter, empfinden das Leiden ihrer Mütter als eine Last, die sie die Verpflichtung spüren lässt es lindern zu müssen. Stacey rief ihre Eltern aus dem Skiurlaub an und vernahm, dass beide guter Dinge waren. Als sie erzählte, wo sie war, scherzte der Vater: »Mach bloß weiter solche Touren. Wenn du erst Rentnerin bist, hast du dafür keine Zeit mehr.« Alle drei lachten darüber. Bevor Stacey das Gespräch beenden wollte, sagte sie noch: »Es ist so schön, wenn ihr so fröhlich seid.« Prompt schlug die Mutter einen klagenden Ton an, als hätte sie Angst, weniger Macht über die Tochter zu haben, wenn diese sie als heiter erlebte. »In den letzten Tagen war ich nicht glücklich«, bemerkte sie düster und legte die Gründe dar. Staceys eigene Ausgelassenheit war wie weggeblasen, sie fühlte sich nur noch hilflos, wie immer, wenn die Mutter deprimiert war und sie nichts dagegen tun konnte.

In ihren Lebenserinnerungen *Tochter der Königin von Saba* schildert Jacki Lyden, wie sie und ihre beiden Schwestern wiederholt ihre psychisch kranke Mutter aus der einen oder anderen desaströsen Lage retten mussten.[99] Gleichgültig wie oft sich die Schwestern gelobten, der Mutter nicht mehr beizustehen, wenn diese psychiatrische Hilfe zurückwies, brachten sie es einfach nicht über sich, die Mutter in ihrem Elend allein zu lassen. Jacki Lyden zitiert eine ihrer Schwestern: »Ich hatte das Gefühl, dass ihre Probleme die meinen waren ... Wenn ich aufwachte, war sie bei mir. Wenn ich einschlief, war sie bei mir.«

Die Autorin empfindet ähnlich. Sie beschreibt eine Szene, in der die Mutter in einer ihrer manischen Phasen wieder einmal nicht vorhandenes Geld in eines ihrer vielen unsinnigen Einkäufe investiert hat:

Eines Samstags schaute ich bei meiner Mutter vorbei und traf sie in der Küche an, umgeben von pyramidenförmig aufgebauten purpurfarbenen Kaffeetassen. Sie lächelte mich an. Auf jeder Tasse hatte sie kunstvoll ihr Motto eingravieren lassen. »Denk an mich«, war auf allen zu lesen. »Denk an mich, denk an mich, denk an mich.« Fünfhundertmal. »Denk an mich.« Ach, Mutter, als ob wir je an etwas anderes denken könnten!

Da die Mutter psychisch krank war, mussten sich Lyden und ihre Schwestern bereits früher als die meisten Kinder um die Mutter kümmern. Immer wenn ein Elternteil krank ist, ob geistig oder körperlich, kommt es zu diesem Rollentausch. Für die meisten Erwachsenen vollzieht sich die Umkehrung allmählich, mit zunehmendem Alter der Eltern. Marcia bekam diese Veränderung zu spüren, als sie ihre Großmutter im Pflegeheim besuchte. Sie empfing Marcia mit den Worten: »Ich habe meiner Mutter gesagt, dass es mir hier nicht gefällt, aber sie meinte nur, sie könne mir nicht helfen; ich müsse mich eben daran gewöhnen.« Zuerst dachte Marcia, die Großmutter habe sich ein Gespräch mit der eigenen, längst verstorbenen Mutter eingebildet. Aber dann begriff sie, dass die alte Dame sich auf ein reales Gespräch mit der erwachsenen Tochter – Marcias Mutter – bezog, die für ihre Betreuung zuständig war.

So wie Mütter unsichtbar sein können, ihre Leistungen als selbstverständlich hingenommen werden, so fühlen sich manchmal auch Töchter verkannt. Da Judy Rechtsanwältin war, erwartete die Mutter von ihr, dass sie sich stundenlang mit ihren Steuern und Verträgen befasste und ganz allgemein als ihre persönliche Rechtsberaterin fungierte. Hin und wieder musste

Judy dazu ihren Ehemann, ebenfalls Rechtsanwalt, hinzuziehen, da er sich auf einigen Gebieten besser auskannte. Anschließend durfte sie feststellen, dass sich die Mutter bei dem Schwiegersohn bedankte, doch nie bei ihr. Einmal sagte sie sogar: »Ich muss mich bei Arnie bedanken. Bei dir muss ich das nicht!« Ein anderes Mal hatte Judy besonders viel Zeit und Mühe auf eine Angelegenheit verwendet, die sie zu Gunsten der Mutter hatte lösen können. Die Mutter begann einen Satz mit: »Dank ...«, und Judy war sicher, sie würde nun endlich einmal »danke« sagen. Stattdessen ergänzte die Mutter: »... kenswerterweise hat sich ja nun alles geklärt.«

.... Mach's noch einmal, mach es besser!

Auch Carolyn fand, dass ihre Anstrengungen von Elsa, ihrer Mutter, nicht gebührend gewürdigt wurden. Sie hatte sich außerordentlich bemüht, ihrer Mutter ein herrliches Wochenende in New York zu bereiten, doch dann nahm ihr die Mutter einen einzigen Misston übel.

Carolyn hatte Zimmer in einem schönen neuen Hotel gebucht, Karten für ein Theaterstück nach dem Geschmack der Mutter besorgt und sie zum Essen in sorgfältig ausgewählten Restaurants ausgeführt. Aber an dem einen Abend schmeckte Elsa das Essen nicht, und sie ließ es zurückgehen. Die Serviererin brachte ihr ein neues Gericht und fragte, ob denn nun dieses zu ihrer Zufriedenheit sei. Elsa brummte »Nein – aber egal!«, woraufhin Carolyn meinte, ihre Mutter bringe die Serviererin in Verlegenheit: »Entweder lässt du es wieder zurückgehen, oder du beschwerst dich nicht weiter.« Der Augenblick ging vorüber, aber im späterem Dankesbrief machte Elsa ihn zum Hauptanliegen. Außerdem legte sie einen Scheck für ihren Anteil an den Kosten bei.

Carolyn fand, dass ihre Mutter ihre Anstrengungen vollkommen zunichte gemacht hatte; nicht nur durch den Scheck, der die Idee des Geschenks aufhob. Am schlimmsten traf Carolyn die Beschuldigung, die Mutter angefahren zu haben, obwohl sie nur eine kleine harmlose Bemerkung hatte fallen lassen. Was hatte die Mutter zu dieser Fokussierung bewogen?

Carolyn ließ mich den Brief ihrer Mutter sehen. »Warum musstest du mich beim Dinner am Sonnabend so anfahren?«, schrieb Elsa. »War ich wirklich so unhöflich zu der Serviererin? Egal, in Zukunft übe ich hoffentlich mehr Zurückhaltung und du mehr Nachsicht.« Eigentlich bittet sie Carolyn darum, nachsichtiger, also nicht so grundlegend kritisch zu sein. Sie versteht nicht, warum ihre Tochter so viel Aufhebens um eine Lappalie machen und alles verderben musste.

Gerade weil wir uns sehnlichst wünschen, dass unsere Mütter – und unsere Töchter – eine gute Meinung von uns haben, gewinnt jede Bemerkung, die keine völlige Zustimmung ausdrückt, so sehr an Bedeutung, dass sie alles andere überschattet.

Ich hörte zu, wie sich zwei Frauen miteinander unterhielten. Die eine fragte die andere, wie sie stricken gelernt habe. Die Antwort ging mir nicht mehr aus dem Sinn: »Meine Mutter hat mit dem Stricken angefangen, als ich klein war. Sie hat sich einen Pullover gestrickt. Als ich Teenager war, schenkte sie ihn mir, aber er passte mir nicht, er war zu eng. Aber ich brachte es einfach nicht über mich, die wunderschöne teure Wolle zu verschwenden. Darum habe ich das Stück aufgeribbelt und in meiner Größe neu gestrickt. Dafür habe ich extra stricken gelernt.« Was für eine eindrucksvolle Metapher, dachte ich: Eine Tochter ribbelt die Strickarbeit ihrer Mutter auf, um sich daraus einen Pullover zu stricken, der ihr besser passt. Genauso erzählen mir erwachsene Töchter, sie seien entschlossen, eine bessere Mutter zu werden als ihre eigene. Aufribbeln und neu stricken: Wenn man es richtig macht, bekommt man schließlich eine Mutter-Kind-Beziehung, die besser passt.

Für viele Frauen sind eigene Kinder eine Möglichkeit, die Mutter-Kind-Bindung herzustellen, die sie selbst nie hatten oder die sie verloren haben. Ein Beispiel ist Elizabeth Kim, Autorin der Lebenserinnerungen *Ten Thousand Sorrows*. Kim lebte mit ihrer Mutter in einem winzigen koreanischen Dorf, isoliert vom Rest der Familie und der örtlichen Gemeinschaft, weil sie das uneheliche Kind eines amerikanischen Soldaten war. Im Alter von sechs Jahren musste Kim durch die Ritzen eines Korbes, in dem sie sich versteckt hielt, mitansehen, wie der Großvater und der Onkel ihre Mutter erhängten, weil die sich weigerte, die gemischtrassige Tochter in die Sklaverei zu verkaufen. Kim landete in einem Waisenhaus und wurde schließlich von einem amerikanischen Ehepaar adoptiert. Sie bekam auch dort keine Liebe, sondern wurde mit siebzehn gezwungen, einen Mann zu heiraten, der sie täglich schlug. Kim sah nur einen Weg, ihrem grenzenlosen Elend zu entfliehen. Sie wurde gegen den Willen ihres Ehemanns schwanger, weil sie mit einem Kind das liebende und schützende Band neu knüpfen wollte, das sie sechs Jahre lang mit ihrer koreanischen Mutter gehabt hatte. Der feste Wille, die kleine Tochter zu beschützen, verlieh ihr den Mut, den prügelnden Ehemann zu verlassen.

Diese bewegende Geschichte macht deutlich, dass eine Mutter-Kind-Bindung nicht nur die Macht hat, das Kind, sondern auch die Mutter zu trösten. Ich habe mehr als eine Mutter-Tochter-Beziehung erlebt, die eine undurchdringliche Mauer gegenüber der Außenwelt bildete. Ich traf auf Mütter, die derart in ihre fast erwachsenen Töchter vernarrt waren, dass sie in Gegenwart der Töchter nur Augen für sie hatten. In vielerlei Hinsicht verhalten sich diese Mütter wie verliebte Frauen. Sie erzählten mir, sie würden nichts für das Wochenende planen, da die Töchter (oder auch Söhne) ja überraschend zu Besuch kommen könnten. Sie sagten andere Verabredungen ab, wenn ein erwachsenes Kind sich plötzlich anmeldete. Ich habe über diese Verhalten nachgedacht. Ich glaube, es verrät, wie überwältigend die Liebe und Hingabe einer Mutter sein kann – für die Mutter wie für das Kind.

.... Auch Mütter dürfen sich verändern

Richard wusste genau, was er seiner Mutter zum Muttertag schenken wollte. Als sie an diesem Tag nicht zu Hause war, pflanzte er in ihren Garten ihre Lieblingsblumen. Am Abend kam die Mutter heim. Statt seine Arbeit gebührend zu bewundern, sagte sie nur: »Ach, weißt du, ich verreise ja jetzt sehr oft und habe darum nicht mehr so viel Freude am Garten wie bisher. Und so ein Garten macht eine Menge Arbeit mit all dem Jäten und Gießen. Wenn du unbedingt willst, kannst du das ja übernehmen.«

Richard war verletzt, fühlte sich nicht gewürdigt und schmollte. Obwohl er gerade erst von einer Geschäftsreise zurückgekehrt war und sich bald einer Operation unterziehen sollte, war er früh aufgestanden, um zum Haus seiner Mutter zu gehen und in ihrem Garten tätig zu werden. Er hatte das Gefühl, das sie seine Anstrengung gering schätzte und sein Opfer nicht anerkannte. Zu dem Zeitpunkt sagte er nichts, aber ein paar Tage danach stellte er sie zur Rede: »Ich finde, du spielst alles immer zu sehr herunter, es ist völlig in Ordnung, sich über etwas zu freuen und das auch zum Ausdruck zu bringen.« Dabei kam er auf ihre Reaktion angesichts seiner Pflanzarbeit zu sprechen. »Aber ich habe doch nur die Wahrheit gesagt«, antwortete sie. Entsprechend verlief das Gespräch für ihn unbefriedigend.

Obwohl Richard dachte, er habe ganz offen mit der Mutter gesprochen, drückte er sich viel zu abstrakt aus. Der Satz »Du spielst alles immer zu sehr herunter« kann alles bedeuten. Ich glaube, die Mutter hätte ihn besser verstanden, wenn er sie direkt mit seinen Empfindungen konfrontiert hätte, beispielsweise mit Äußerungen wie »Deine Worte haben mich verletzt. Ich habe mir große Mühe mit deinem Garten gegeben, und ich hatte das Gefühl, dass du meine Anstrengungen nicht würdigst«. Er hätte auch sagen können: »Ich war verwirrt. Ich hatte das Gefühl, einerseits wolltest du, dass ich den Garten pflege, und andererseits gabst du mir zu verstehen, dass dir nichts mehr daran liegt. Deshalb fühlte ich mich hinterher nicht besonders gut.« Wenn Richard sich präzise auf seine Wahrnehmungen bezogen hätte, wäre die Reaktion der Mutter wohl für beide akzeptabler ausgefallen.

Allerdings bin ich auch davon überzeugt, dass Richards Mutter ihm mitteilen wollte, dass er ihr seine Liebe nicht mehr auf diese Weise zeigen solle. Denn ihr Leben hatte sich verändert; vielleicht weil sie, wie sie ja sagte, öfters als früher unterwegs war und den Garten aus diesem Grund nicht mehr so genießen konnte. Vielleicht hatte sie auch angesichts ihres Alters einfach nicht mehr ein so großes Interesse daran. Mit über siebzig fand sie Gartenarbeit möglicherweise zu anstrengend. Oder sie hat mit fortschreitendem Alter das Gefühl, dass ihre Lebenszeit nicht mehr unbegrenzt sei und sie deshalb Wichtigeres tun möchte als unbedingt Unkraut zu zupfen oder Blumen zu wässern.

Richard fühlte sich nicht entsprechend gelobt, doch in gewisser Hinsicht hörte er seiner Mutter auch nicht richtig zu, merkte nicht, dass sie ihr Dasein mit zunehmendem Alter umstrukturierte. Das wäre ihm sicher eher aufgegangen, wenn sie offen miteinander gesprochen hätten. Manchmal sollte man doch bei Geschenken vorher nachfragen: »Ich möchte dir zum Muttertag eine Freude machen. Möchtest du, dass ich dir den Garten herrichte, oder möchtest du an diesem Tag lieber etwas Anderes unternehmen?« Eltern beklagen sich oft darüber, dass die erwachsenen Kinder ihnen eine eigene Veränderung nicht zubilligen. Kinder wollen nicht, dass die Eltern aus dem Haus wegziehen, in dem sie aufgewachsen sind oder die ehemaligen Kinderzimmer als Arbeits- oder Bügelzimmer nutzen. Sie weigern sich, die Kartons mit ihren Spielsachen aus dem Keller oder vom Boden zu holen und regen sich auf, wenn die Eltern den alten Krempel wegwerfen wollen. Wir sehen die Eltern eher als Hüter und Bewahrer unserer Kindheit, an der wir festhalten wollen, statt die Opfer zu sehen, die sie für uns gebracht haben und vielleicht nicht länger bringen möchten – wenn sie zum Beispiel nicht mehr einsehen, warum sie ihr Schlafzimmer oder Esszimmer zum Arbeitszimmer umfunktionieren sollen, nur damit wir unser Kinderzimmer behalten können.

Meine Mutter, meine Freundin

Die Komikerin Judy Carter gab folgende Anekdote zum Besten:

> *Meine Beziehung, die dreizehn Jahre gedauert hatte, ging einfach so zu Ende. Sie meinte: »Lass uns Freunde bleiben.« Ich antwortete: »Okay, Mom.«*[100]

Dieser kurze Dialog sagt etwas sehr Wichtiges über Mütter und Töchter aus.

Ruth Wodak und Murial Schulz führten eine vergleichende Untersuchung über die Beziehungen zwischen Müttern und Töchtern in den Vereinigten Staaten und Österreich durch. In den USA, aber nicht in Österreich, so fanden sie heraus, ist es typisch, dass Töchter die Mütter als beste Freundinnen bezeichnen. Beste Freundinnen zeichnen sich dadurch aus, dass sie sich alles, insbesondere Geheimnisse erzählen. Durch die Doppelrolle ist ein

Konflikt vorprogrammiert. Freundinnen sind tendenziell gleichrangig, Macht und Autorität sind ähnlich gelagert. Doch Eltern haben in letzter Instanz mehr Entscheidungsgewalt als Kinder – was bei kleineren Kindern ganz offensichtlich ist, aber auch bei erwachsenen Kindern immer noch in gewisser Weise so bleibt, da eine emotionale Abnabelung nie vollständig funktioniert. Weiterhin bleibt die finanzielle Macht der Eltern ein nicht zu unterschätzender Faktor.

Einer Amerikanerin, die in Japan lebte, wurde das deutlich vor Augen geführt. Als sie in einem kleinen Restaurant in Kyoto arbeitete, freundete sie sich mit der Inhaberin an, die sie zum Essen einlud, ihre Schürze ausbesserte und ganz allgemein auf sie Acht gab. Eines Tages bekam die Amerikanerin Besuch von einem Verwandten. Diesem stellte sie die Restaurantbesitzerin vor: »Das hier ist meine Freundin.«

»Freundin?«, versetzte die Japanerin betroffen. »Ich bin doch wie eine Mutter zu dir!«

Für die Amerikanerin hatte das Wort Freundin alle positiven Assoziationen von Nähe, die sie ausdrücken wollte. Hätte sie von ihrer Chefin gesagt, sie sei wie eine Mutter, hätte das in ihren Ohren wie Kritik geklungen. Doch in Japan beinhaltet das Mutter-Kind-Verhältnis Nähe und Zuwendung ohne die negativen Untertöne, die es für Amerikanerinnen bekommen hat.

Colleen hatte ihrer Freundin Gretchen etwas Erfreuliches zu berichten: Ihre Tochter wollte heiraten und ausziehen. Da Gretchen ein gutes Verhältnis zu ihren erwachsenen Kindern hatte, fragte Colleen, ob sie ihr nicht ein paar gute Tipps geben könne. Ja, das konnte Gretchen. Sie meinte einfach: »Bevor du etwas zu deiner Tochter sagst, lege es auf die Goldwaage.«

Dieser Rat erinnerte mich an eine Geschichte, die ich von einer anderen Frau zu hören bekam. Eine Freundin, die sich nie über ihre Mutter beklagt hatte, stellte mir auf ihrem fünfzigsten Geburtstag ihre Eltern vor. Ich nutzte die Gelegenheit, die Mutter zu fragen, wie sich ihr Verhältnis zu den beiden Töchtern verändert hätte, nachdem beide erwachsen und selbst Mütter geworden waren. Sie antwortete, dass sie jetzt ihre Meinung für sich behalte, wenn die Töchter etwas planten, was ihr missfalle. Sie gebe nur noch Ratschläge, wenn sie darum gebeten werde.

Außerdem, meinte die Mutter meiner Freundin, benehme sie sich wie ein Gast im Haus der Töchter. »Ich gehe nicht in die Küche, sehe in den Kühlschrank und sage: ›Was hat das hier zu suchen, das gehört aufs Regal!‹ Das haben meine Mutter und meine Schwiegermutter mit mir gemacht. Sie kamen mich besuchen und versuchten, mich permanent zu belehren: ›Das Bild passt da überhaupt nicht hin!‹ Oder: ›Die Vase ist aber hässlich!‹ Oder: ›Warum hast du das Bad denn in dieser Farbe gestrichen?‹ ›Ich weiß, wie sehr mich das gestört hat, also tue ich es meinen Töchtern nicht an.«

Manche Eltern würde es sehr verletzen, sich bei ihren Töchtern »wie Gäste« benehmen zu müssen, denn es scheint der Bedeutung von Familie zu widersprechen. Betrachtet man es auf dem Kontinuum zwischen Nähe und Distanz, könnte man es als Mangel an Nähe betrachten. Aber wenn man bedenkt, dass man es auch mit dem Kontinuum zwischen Gleichheit und Hierarchie zu tun hat, kann man darin die simple Anerkennung einer besonderen Macht sehen, die man als Mutter besitzt – und sich vornehmen, sie diskret einzusetzen.

8

»Hilf mir – lass mich in Ruhe!«

Geschwister auf Lebenszeit

Eine Bekannte von mir fragte mich, über welches Thema ich gerade schreibe. »Über Familienkommunikation«, erwiderte ich.

Sie schien interessiert.

»Besonders über Familien und erwachsene Kinder«, fügte ich hinzu.

»Ach ja – wie man mit Eltern, die älter werden, umgeht. Das ist gut!«, stimmte sie lebhaft zu.

»Eigentlich mehr über erwachsene Geschwister«, stellte ich klar.

»O Gott«, rief sie ganz aufgeregt. »Da sprichst du aber was an!« Und dann folgte eine zehnminütige Schimpftirade, in der sie sich detailliert über ihre Schwester und ihren Bruder auslieβ.

Es gibt wenig derart enge – oder hierarchische – Beziehungen wie die zwischen Geschwistern. Diese Vertrautheit zeigt sich zum Beispiel an Formulierungen wie »er ist wie ein Bruder für mich« oder »wir sind wie Schwestern«, was zum Ausdruck bringen soll: »Wir fühlen uns vollkommen wohl, wenn wir zusammen sind; wir wissen alles übereinander – so sehr lieben wir uns.«

Das gemeinsame Aufwachsen schmiedet Geschwister zusammen, die gemeinsame Kindheit knüpft tiefe Bindungen. So denkt die Ich-Erzählerin in einer Kurzgeschichte von Joan Silber unwillkürlich an ihre Schwester Tina, als sie jemanden braucht, mit dem sie über ihren Freund sprechen kann: »Auf der Rückfahrt im Auto hatte ich eine fürchterliche Auseinandersetzung mit Gene gehabt. Ich konnte nicht beurteilen, wie ernst sie war und wollte Tina sofort anrufen und ihre Meinung dazu hören.«[101] Gerade für Frauen ist die Schwester eine allzeit verfügbare Vertraute für Beziehungsgespräche, in denen sie herausfinden, was sie von anderen Menschen und Ereignissen in ihrem Leben halten.

Allerdings ist auch keine andere Beziehung derart hierarchisch wie die zwischen Geschwistern. In vielen Sprachen gibt es nicht allein Wörter für »Schwester« und »Bruder«, sondern auch welche, die die Altersstufen der Geschwister und somit deren entsprechenden Rang zum Ausdruck bringen. So heißt beispielsweise auf Sinhala, der Sprache Sri Lankas, ein jüngerer Bruder *malli*, ein älterer *ayiya*, eine jüngere Schwester *nanggi* und eine ältere *akka*. In chinesischen Familien reden sich Geschwister nicht mit dem Namen, sondern mit Titeln an, die die Reihenfolge der Geburt anzeigen: Drittältester Bruder, Fünftjüngere Schwester und so weiter. Dieses Namenssystem versinnbildlicht, an welcher Stelle in der Geschwisterhierarchie man steht; es bestimmt zudem die Beziehungen unter den Geschwistern selbst dann noch, wenn sie längst erwachsen sind.

Sogar Zwillinge können miteinander wetteifern, wer besser ist und wer Recht hat. Keith hatte einen Freund, Jesse, der ein Zwilling war. In seiner Gesellschaft fühlte sich Keith so wohl, dass er ihn zu einem Segelwochenende mit seiner Familie einlud. Dabei lernte Keith den Freund von einer anderen Seite kennen: Jesse hatte an allem, was Keith tat, etwas auszusetzen, teilte kleine Seitenhiebe aus und rebellierte ständig gegen ihn. Auf dem Segelboot, wo das Leben aller in Keiths Händen lag, weil er das Boot steuerte, war dieses Verhalten nicht nur lästig, sondern auch gefährlich. Als Jesse merkte, dass er den Freund irritierte, sagte er betroffen: »Ich behandele dich so wie meinen Zwillingsbruder.«

Diese Wettbewerbshaltung könnte durch mehrere äußere Umstände ausgelöst worden sein, wie zum Beispiel durch den Familienkontext oder durch das Publikum der übrigen Verwandten. Vielleicht spielte auch die Hierarchie eine Rolle, die sich daraus ergab, dass Keith die Rolle des Kapitäns und Jesse die eines Crewmitglieds einnahm. Was auch immer der Auslöser dafür gewesen sein mag, dass er den Freund wie einen Zwillingsbruder behandelte, es bedeutete in jedem Fall eine Entfernung vom Gleichheitspol des Kontinuums und eine Annäherung an den Hierarchiepol.

Geschwister werden in dieselbe Familie hineingeboren, aber die Familie ist bei jeder Geburt anders organisiert. Die Eltern bekommen zum ersten Mal ein Kind oder haben schon Erfahrung; sie wohnen in anderen Wohnungen oder leben in anderen Verhältnissen; sie haben mehr oder weniger Geld – und wenn Stiefgeschwister hinzukommen, dann strukturiert sich die Familie noch einmal um. Auch Krankheit oder der Tod eines Elternteils oder eines Kindes verändern die Familie unwiderruflich. Eltern sprechen mit Mädchen anders als mit Jungen, und sie reden mit älteren Geschwisterkindern wiederum anders als mit jüngeren. Ältere oder jüngere Geschwister erfahren unterschiedliche Sprechweisen innerhalb der Familie, wobei diese Sprachmuster prägend sind – sie beeinflussen die Art und Weise, wie wir uns weiterhin artikulieren werden und wie wir reagieren, wenn andere sprechen.

.... Lebenslang im Gefolge

Bessie Delany sagte von ihrer älteren Schwester: »Weißt du, Sadie ist manchmal nicht mit mir zufrieden. Sie wirft mir dann so einen Große-Schwestern-Blick zu.«[102] Bessie war 101, als sie das sagte, Sadie 103. Dieser kurze zeitliche Abstand zwischen den Geschwistern Delany war so bedeutsam, dass er über ein Jahrhundert lang ihre Beziehung prägte.

J. D. Dolan beschreibt in seinen Erinnerungen mit dem Titel *Phoenix*, wie er und seine erwachsenen Schwestern – alle älter als er selbst – die Rollen beibehielten, die sie als Kinder eingeübt hatten.[103] So kamen sie zum Beispiel alle zur Beerdigung des Vaters heim und begleiteten die Mutter zum Bestattungsinstitut, in dem diese einen Sarg auswählen musste:

> *Joanne, die älteste, führte Mom von Sarg zu Sarg und unterhielt sich leise mit ihr. Manchmal drehte sie sich um und stellte eine Frage ...*
> *June wirbelte in dem Ausstellungsraum herum wie ein Boot, das sich aus der Verankerung gerissen hatte.*
> *Janice starrte einen der Särge an und wickelte sich eine dunkelbraune Haarsträhne um den Finger ...*

Joanne nahm ihren Platz an Mutters Seite ein, half ihr, eine Auswahl zu treffen. Die anderen beiden Schwestern »trieben ziellos umher«, von allen Pflichten entbunden, denn sie wurden nicht gebraucht. Das Nicht-Gebraucht-Werden ist nur einen Schritt vom Ausgeschlossensein entfernt:

*Wir gingen alle zusammen in das kleine Büro des Bestatters zu-
rück, wo Joanne die Dinge in die Hand nahm und einige prakti-
sche Details der Beerdigung durchging (»Und was ist der
Unterschied zwischen den beiden Särgen? Ist der hier wasserdicht?«) Sie überschlug die Kosten und traf die notwendigen
Entscheidungen. June saß betont lässig da, rauchte eine Zigarette und warf nur einmal in fast feindseligem Ton eine Frage
ein: (»Welcher Sarg ist wasserdicht?«), als ob wir versucht hätten, sie auszuschließen.*

Jahre später trafen sich die Geschwister wieder, nachdem der älteste Bruder bei einer Explosion schwere Verbrennungen erlitt
(und an den Folgen starb). Zwei Wochen lang wachten der Autor
und seine Schwestern in der Klinik am Krankenlager des Bruders,
dessen Zustand sich stündlich verschlechterte. Wieder beschreibt
Dolan, wie alle die Positionen einnahmen, die ihnen durch die
Rangfolge der Geburt zugefallen waren:

*Manchmal schien es, als hätte uns diese Katastrophe auf uns
selbst zurückgeworfen, als ob wir in den kleinen Rollen unserer
Kindheit lebten – Joanne als die große Schwester, die Friedensstifterin; Janice, das Sandwich-Kind, mit dem Frust des mittleren Kindes; June, die jüngste, deren Naivität in eine Art Le-
bensenttäuschung umgeschlagen war; und ich, das Baby, das
man schnell abfertigen musste, damit man schnell nach draußen und spielen gehen oder – wie jetzt – wegfahren konnte.*

Bei all dem versammelten sich die Geschwister dennoch zusammen mit der Mutter im Krankenhaus und hielten dort Wache, bis
ihr Bruder John starb. Obwohl die Verhaltensmuster, die durch die
Stellung in der Geschwisterfolge und durch die individuellen Persönlichkeiten entstanden waren, auch in dieser schrecklichen Situation für Spannungen sorgten, erlebten sie den Verlust gemeinsam als Familie.

Auch wenn tragische Ereignisse die jeweiligen Familienmuster
besonders krass hervortreten lassen, zeigen sich die Sprechgewohnheiten, die unsere Positionen in der Familie widerspiegeln,
ebenso in unbedeutenden Alltagssituationen. Eines Abends saßen

drei erwachsene Töchter mit der Mutter in einem Restaurant. (Ihr Gespräch wurde mit dem Wissen und Einverständnis aller Anwesenden von einer der Schwestern auf Band aufgezeichnet.)

Als die jüngste Schwester (nennen wir sie Yvonne) fragte: »Teilt sich jemand ein Gericht mit mir? Ich glaube, allein schaffe ich keins«, hatte die älteste (nennen wir sie Olga) eine bessere Lösung parat: »Nimm doch den Rest mit nach Hause und iss es morgen Mittag. Das mache ich auch immer.« Keine meldete sich, um sich etwas mit Yvonne zu teilen, darum erwog sie, sich einen Salat zu bestellen. Daraufhin erklärte Olga: »Ich glaube, Salat gibt es sowieso immer zu jeder Speise dazu.«

Auch die Mutter erinnerte sich nun, dass sie am Vorabend ihre Mahlzeit nicht geschafft hatte. Sogleich bekam sie von Olga denselben Rat wie Yvonne: »Dann iss die Reste zum Mittag. Das mache ich auch immer.« Yvonne erklärte, sie habe erst spät zu Mittag gegessen, sie werde sich nun doch für einen Salat entscheiden – aber erst, nachdem die Mutter auf Olgas Bemerkung hin gesagt hatte: »Ich esse einen Salat«. Daraufhin fragte Olga geradezu ungläubig: »Mehr wollt ihr nicht essen? Habt ihr denn wirklich gar keinen Hunger?« Von den vier Frauen kommentierte nur die älteste Tochter die Bestellungen der anderen und zwar in einer unverblümt direkten Art (»Nimm es mit nach Hause«). Die mittlere Schwester hüllte sich bei diesen Vorgaben in Schweigen. In ihrer Sandwich-Position zieht sie es oftmals vor, Gesprächen schlichtweg zu lauschen.

Fürsorgliche Ratschläge werden vielfach als das Vorrecht älterer Geschwister betrachtet, jüngere lehnen sich häufig dagegen auf. Eine Frau rief ihren jüngeren Bruder an, um sich nach seinen finanziellen Problemen zu erkundigen und ob es ihm gelungen sei, ein Darlehen aufzunehmen. »Ich bin seine Schwester«, sagte sie zu einer Freundin. »Er steckt in ernsthaften Geldschwierigkeiten. Ich verschließe davor nicht die Augen. Natürlich rufe ich ihn an und frage ihn nach seinen Problemen.« »Nun, was hat er gesagt?«, fragte die Freundin. »Er ist ausgerastet«, erwiderte sie. »Er hat mir gesagt, ich soll aufhören, mich als seine Mutter aufzuspielen. Das saß! Ich habe gesagt, dass ich es ja nur anspreche, weil ich es gut mit ihm meine.«

Jüngere Geschwister können sich sowohl über den wohlmeinenden Vorschlag eines älteren Bruders als auch über den einer Schwester ärgern. Doch wenn er von einer älteren Schwester erteilt wird, denkt man unwillkürlich an die Mutter. Wie die Reaktion dieses Bruders zeigt, verfangen sich ältere Schwestern in ähnlichen Verhaltensformen, die wir bei den Müttern beobachtet haben. Die ältere Schwester ist wie die Mutter auf die Fürsorge fokussiert. Doch der Bruder interpretiert ihre Sorge als Kritik und Einmischung. Jüngere Geschwister scheinen oft zu den Eltern oder den älteren Brüdern und Schwestern zu sagen: »Hilf mir!« Und gleich darauf: »Lass mich in Ruhe!«

Rita, die ältere von zwei Schwestern, holt die Mutter jeden Sonntag mit dem Auto zur Kirche ab, obwohl sie eine dreiviertel Stunde zum Haus der Mutter braucht, eine weitere halbe Stunde zur Kirche und für den Heimweg noch einmal so viel Zeit. Ihre Schwester Jeanette dagegen wohnt nur wenige Autominuten vom Haus der Mutter entfernt und würde nicht Stunden opfern müssen, um die Mutter zum Gottesdienst zu fahren. Doch als Rita ihrer Schwester Jeanette vorschlägt, die Mutter abzuholen, lehnt diese das strikt mit der Begründung ab, dass die Mutter sie manchmal warten lasse.

So egoistisch das klingen mag, hinter dieser Antwort steckt eine andere Geschichte. Auf Nachfragen gibt Jeanette zu, dass sie ihren Mann nicht bitten kann, seine möglichen Sonntagspläne für ihre Mutter zu ändern. Da Jeanette sich darauf verlassen kann, dass Rita die Mutter abholt, bereitet sie lieber der Schwester Unannehmlichkeiten, als sich mit ihrem Mann auseinander zu setzen. Der Unmut der Schwester ist ein Preis, den Jeanette nur zu gern für ein harmonisches Verhältnis mit ihrem Mann bezahlt. Von einer zuverlässigen, resoluten älteren Schwester wird oft erwartet, dass sie in die Bresche springt, ganz einfach, weil sie durch ihre übernommene Rolle eben zuverlässig ist.

Ritas Frust dürfte typisch für ältere Geschwister sein, die merken, dass sie sich immer noch stärker um die Eltern und die jetzt erwachsenen Geschwister kümmern sollen als die anderen. Doch auch jüngere Geschwister haben ihre Probleme.

•••• »He, ihr, wartet auf mich!«

Vor ein paar Jahren halfen mir meine beiden älteren Schwestern. Naomi, die älteste, wollte mir einen Tisch schenken, den sie nicht mehr brauchte. Als Mimi (zwei Jahre älter als ich) und ihr Mann Naomi besuchten, nahmen sie den Tisch mit zu sich nach Hause. Ein paar Wochen später kam Mimi mit ihrem Lieferwagen bei mir vorbei und brachte das Möbelstück mit. Bald nach ihrer Ankunft beschlossen Mimi und mein Mann, den Tisch sofort ins Haus zu holen. Rasch schlüpften sie in ihre Mäntel und waren zur Tür hinaus. Ich zog mir die Schuhe an und folgte ihnen, aber bis ich auf die Veranda trat, kamen sie schon mit dem Tisch zurück. Hilflos und überflüssig stand ich herum und jammerte: »He, wartet doch auf mich!«

Dann mussten Mimi und ich laut loslachen. Dieser Ausruf versetzte uns beide in die Kindheit zurück, in der mir Mimi immer eine Nasenlänge voraus gewesen war. Ein Situation fiel mir wieder ein – ich war damals zu klein, um mich noch daran zu erinnern, aber ich hatte sie immer wieder in einem selbst gedrehten Super-8-Film gesehen: Bald nachdem wir eine Filmkamera angeschafft hatten, nahm uns mein Vater beim Spielen im Prospect Park auf: Mimi, vier Jahre alt; den Nachbarjungen Michael, so alt wie Mimi; und mich, gerade zwei geworden. Michael und Mimi tollen fröhlich zwischen zwei alten und großen Bäumen herum. Ich will mitspielen, kann aber nur mit Mühe mit den beiden Schritt halten. Während Michael und Mimi schon wieder fröhlich zur Familie zurückrennen, umkreise ich mit großen Mühen gerade den zweiten Baum.

Und da haben Sie die Szene, die immer wieder abläuft, wenn man größer wird (so wie meine Eltern immer wieder gern diesen Film vorführen): Das eine Geschwisterkind eilt zielbewusst voraus, während das jüngere unbeholfen hinterhertrottet. Diese Konstellation aus Kinderzeiten kann jederzeit wieder präsent werden, ganz gleich in welchem Alter man sich befindet.

.... Die Rache der kleinen Schwester

Maureen fühlte sich ihrer älteren Schwester Meg unterlegen. Meg hatte ihr immer gezeigt, wie man was macht, und ihr geholfen, Dinge besser zu bewerkstelligen. Wenn die Mutter abwesend oder krank war, kochte Meg und putzte das Haus. Als Erwachsene wurde Maureen allmählich selbstbewusster und übernahm schließlich eine Führungsposition in einem großen Pharmaunternehmen. Aber in Megs Anwesenheit fiel sie prompt in die alte Rolle zurück: Sie fühlte sich hilflos und nahm es Meg dann übel, dass diese sie aus dem Gleichgewicht brachte.

Meg war bei der jüngeren Schwester zu Besuch. Eines Morgens kamen beide Schwestern gleichzeitig zum Frühstücken in die Küche. Kurz darauf wollte Maureen das Kaffeewasser aufsetzen, aber der elektrische Wasserkocher war bereits eingeschaltet. Ihre ältere Schwester war wieder einmal schneller als sie gewesen. In Maureen fing es ebenfalls zu kochen an. Wie konnte Meg es wagen, die Regie in ihrer Küche zu übernehmen, wenn sie dabei war? (Wäre Meg vor Maureen aufgestanden, hätte es ihr nichts ausgemacht, wenn die Schwester für sich selbst Frühstück gemacht hätte.) Maureen konzentrierte sich auf die Anmaßung, die es in ihren Augen darstellte, dass Meg das Kommando übernahm. Sie reagierte so heftig, weil sie sich durch Megs Verhalten in die Kindheit zurückversetzt fühlte, als Maureen alles falsch und Meg anscheinend alles richtig gemacht hatte. Meg hatte womöglich eine Metamitteilung der Nichteinmischung beabsichtigt (»Ich will nicht, dass du mich bedienst«), aber Maureen nahm eine ganz andere Metamitteilung wahr: »Ich bin hier der Boss – wie überall sonst auch. Ich kann alles besser als du.«

Maureen erwähnte ihre Gefühle nicht. Stattdessen freute sie sich, einen kleinen Fehler zu entdecken. »Hast du Leitungswasser genommen?«, fragte sie.

»Ja«, antwortete Meg.

Daraufhin meinte Maureen: »Wir trinken hier kein Leitungswasser. Es schmeckt so komisch. Wir nehmen Mineralwasser.« Sie hob den Wasserkocher hoch, leerte ihn, füllte ihn mit Mineralwasser aus der Flasche und schaltete ihn wieder an. Der Augenblick ging ohne weitere Worte vorüber, aber Maureen jubilierte innerlich, wenn auch schuldbewusst, dass sie Meg einen Fauxpax nachgewiesen hatte. Er lieferte ihr einen Vorwand, die Handlung der großen Schwester völlig ungeschehen zu machen und sie zu wiederholen.

Als Maureen mir davon erzählte, erklärte sie, dass sie niemals etwas in einer fremden Küche tun würde, ohne um Erlaubnis zu bitten und nach der üblichen Vorgehensweise zu fragen. »Soll ich Wasser kochen?« »Soll ich diesen Kocher nehmen?« »Nimmst du Leitungswasser oder Mineralwasser?« Obwohl Maureen die Nachfragen offensichtlich für rücksichtsvoll hält, würden andere sich über dieses Verhalten möglicherweise genauso ärgern wie Maureen über Megs direktes Handeln. Maureen betrachtet sich zwar als aufmerksam, aber sie achtet auch darauf, niemandem einen Grund zu geben, sie zu korrigieren – um nicht in die Lage des Verbessertwerdens zu kommen, die ihr als jüngerer Schwester so gegen den Strich ging. Anders ausgedrückt: Sie hält sich, obwohl sie erwachsen ist und in den eigenen vier Wänden und am Arbeitsplatz das Sagen hat, immer noch an das Drehbuch, das sie als jüngere Schwester ausweist.

Wenn ich diese Szene aus Megs Perspektive betrachte, kommt mir Maureens Reaktion furchtbar ungerecht vor. Von Meg als der Älteren erwartete man, dass sie die kleinere Schwester bemutterte. Jetzt nimmt Maureen ihr übel, dass sie die Rolle erfüllt, die man ihr aufgezwungen hat. Und das ist bei älteren Schwestern noch öfter der Fall als bei älteren Brüdern.

Ein Beispiel für dieses Muster stammt aus der TV-Serie, welche die Familie Loud aus Santa Barbara in Kalifornien porträtierte. Delilah ist mit sechzehn nicht das älteste Kind, sondern die älteste Schwester. Es gibt noch zwei ältere Brüder, die zu Hause leben: den neunzehnjährigen Kevin und den siebzehnjährigen Grant, den wir in Kapitel 6 kennen gelernt haben. (Lance wohnt nicht mehr zu Hause.) Es gibt auch eine Schwester, die ein Jahr jünger ist: Michelle. Doch wenn die Mutter verreist ist, übernimmt Delilah die Verantwortung für die Essenszubereitung. Als Pat (die Mutter) von der Reise zurückkehrt, berichtet Ehemann Bill: »Ach, Delilah hat den Laden geschmissen, sag ich dir. Das hat ihr richtig Spaß gemacht. Sie stellt sich einfach hin – weißt du, sie kommt ganz nach deiner Mutter – und sagt: ›Also, Michelle, du deckst den

Tisch, und Kevin, du kochst die Eier, und Grant, du brätst den Speck, und ich kümmere mich um den Toast. Dad, du presst den Orangensaft aus.‹«

Bill ist davon überzeugt, dass das Management Delilah Vergnügen bereitet hat; vielleicht stimmt das auch. Aber vielleicht hielt sie das Ganze auch nur für ihre Pflicht. Wie ungerecht wäre es, wenn Kevin, Grant und Michelle letztlich nicht anerkennen würden, dass Delilah die Arbeit der Mutter erledigte, sondern ihr übel nähmen, herumkommandiert zu werden. So ergeht es der älteren Schwester in vielen Familien: Wenn man ihnen die Verantwortung für den Haushalt überträgt, erwartet man von ihnen, sich wie die Mütter zu verhalten.

Eltern im Allgemeinen und Mütter im Besonderen bekommen das zweischneidige Schwert von Bindung und Kontrolle zu spüren. Wenn man Sorge für Menschen trägt, hat man seine Ansichten darüber, wie sie ihre Leben führen sollten; aber wenn man diese Meinung offen ausspricht, lässt sich das auch als Einmischung oder Kontrolle statt als Fürsorge auslegen. Ältere Schwestern werden oft zum mütterlichen Dienst im Kleinformat gezwungen und sollen auf jüngere Geschwister aufpassen. (Ältere Brüder sollen in der Regel jüngeren etwas beibringen oder sie beschützen. Man erwartet aber seltener von ihnen, dass sie sie hüten.) Aus der Verantwortung und Fürsorge für jüngere Geschwister kann sich die Gewohnheit entwickeln, ihr Verhalten zu beurteilen und ihnen zu sagen, wie sie Dinge besser machen können bis ins Erwachsenenalter hinein.

Die fünfzigjährige Rose, eine ältere Schwester, erzählte mir von den Spannungen während einer Familienfeier. »Ich fühlte mich die ganze Zeit irgendwie unwohl«, meinte sie, »weil ich nicht alle glücklich machen konnte. Dann fügte sie noch hinzu: »Ich weiß wohl, dass das sehr egoistisch von mir ist.« Egoistisch weil sie sich um sämtliche Familienmitglieder Sorgen machte? Irgendwie schon – wer es für seine Pflicht hält, alle glücklich zu machen, stellt sich selbst in den Mittelpunkt der Familie. Aber es handelt sich dabei um eine Sonderform der Ichbezogenheit, wenn man die angestrebte Macht zum Wohl der anderen einsetzt – um eine wohl wollende Diktatur. Genau das ist Elternschaft. Und das Vermächtnis wird oft an das älteste Kind, besonders an die älteste Schwester, weitergegeben.

•••• Das Familiendrehbuch

Die Beziehungen in der Familie geben uns eine Straßenkarte an die Hand, an der wir uns ein Leben lang orientieren. Manchmal führt sie uns ans Ziel, manchmal in eine Sackgasse.

Auch Arbeitsstätten bezeichnet – und erlebt – man oft als Familie. Denn häufig buhlen die Mitarbeiter um die Gunst und das Wohlwollen des Chefs, so wie Geschwister um die Zuwendung der Eltern wetteifern. So war es auch nach den Schilderungen des Autors Brendan Gill beim *New Yorker* unter dem Chefredakteur William Shawn.[104] Gill erinnert sich, einmal ein Memo von Shawn erhalten zu haben, das mit »herzlichst« unterschrieben war. Dieses Wort erfüllte ihn mit großer Dankbarkeit, denn »wie alle in der Redaktion war ich von dem Wunsch – einem fraglos kindischen – beseelt, einer von Shawns Lieblingen zu sein, oder noch kindischer, sein größter Liebling zu sein.«

Von einem ähnlichen Hang wurde die Journalistin und Autorin Ana Veciana-Suarez getrieben! In ihrer autobiografischen Kurzgeschichte »Mi Papi« beschreib sie, wie sie einen Großteil ihres Lebens damit verbringt, alles daranzusetzen, den Vater nicht zu enttäuschen: »Ich musste seine Erwartungen übertreffen, besser als meine Geschwister sein, die Herausragende unter den Außerordentlichen, die eine, die er wahrnehmen würde, egal, auf welche Weise mir das gelingen würde.«[105] Zweifellos trug diese Motivation zu Veciana-Suarez' Erfolg als Journalistin und Romanautorin bei.

Unsere Familien sind wie Filter, durch die wir ein Leben lang auf äußere Situationen und Menschen reagieren. In einem meiner Seminare diskutierten Studenten über ein Beispiel des Soziologen Samuel Vuchinich, der Gespräche beim Abendbrot aufzeichnete, um zu untersuchen, wie Konflikte enden. In diesem Fall konnten sich zwei Schwestern nicht über einen historischen Aspekt einigen.[106] Jane meinte: »König Heinrich VIII. hat den Protestantismus begründet.« Alice widersprach: »Das waren die Calvinisten.« So ging es noch eine Weile hin und her, bis Jane die Diskussion mit den Worten »Tja – wie auch immer« beendete. Eine dritte Schwester brachte dann ein neues Thema ins Gespräch. Mein Kommentar zu diesem Beispiel bestand darin, dass ich den Dialog als Meinungsverschiedenheit und nicht als Streitgespräch bezeichnete. Ich begründete meine Ansicht mit dem Hinweis, dass der Disput nicht dasselbe emotionale Gewicht hätte wie andere Beispiele, in denen Familienangehörige über persönliches Wünsche uneins wären.

Ein Student war da anderer Auffassung. »Dieses Beispiel ging mir stark unter die Haut«, sagte er. »Wenn das Gespräch in meiner Familie stattgefunden hätte, wäre es emotional sehr aufgeladen gewesen.« Er erklärte, dass seine Brüder wie seine Eltern großen Wert auf Wissen legten und damit auch auf eine gewisse Form der Rechthaberei. Jedes Familienmitglied habe dabei seine eigene Domäne, in der es sich zum Experten entwickelt habe. Dieses jeweilige Wissen infrage zu stellen, sei eine ungeheuerliche Herausforderung; eines Irrtums überführt zu werden, sei eine tiefe Demütigung.

Vermutlich haben der Student und ich aufgrund unserer jeweiligen Geschwisterkonstellationen unterschiedlich reagiert. Ich habe nur Schwestern, er nur Brüder. Status unter Mädchen und Frauen erlangt man durch Unterhaltungen in der Beziehungssprache: Wer gehört dazu, wer nicht und wer vertraut wem etwas an. Der Status unter Jungen und Männern ist abhängig von Unterhaltungen in der Berichtssprache: Wer glänzt mit dem größten Allgemein- und Fachwissen.

Hier ein imaginäres Beispiel, wie sich eine entsprechende Dynamik unter Brüdern aufbauen kann. Nehmen wir an, die Jungen sehen sich ein Video an. Ein Bruder bemerkt möglicherweise, ein bestimmter Schauspieler habe doch die und die Rolle in einem anderen Film gespielt. Nun ist ein Wettstreit unter Brüdern ausgelöst worden. Ein Kommentar eines anderen Bruders: »Ja, aber davor hatte er eine Rolle in dem und dem Film.« Der dritte im Bunde setzt womöglich noch eins drauf: »Seine allererste Rolle war ...!« Eine dahingeworfene Bemerkung stachelt dazu an, das eigene Wissen zur Schau zu stellen. Der Bruder, der neue Infos in die Runde wirft, gewinnt, und wer die Fakten vertauscht, verliert.

Es gibt viele Brüder, die bei Familientreffen in einen Wettkampf treten – wer von ihnen weiß am meisten. Der Schriftsteller Michael Ondaatje beschreibt ein derartiges Brüderquartett in *Es liegt in der Familie*:

Simon war der älteste von vier Brüdern ... Es gab nichts, worüber man reden konnte, das nicht das Interessengebiet des anderen berührte. Ging es um so etwas Harmloses wie Blumen, dann äußerte sich Doktor William Charles Ondaatje, welcher der Direktor des Botanischen Gartens war, über jede Meinung abfällig und wies die anderen in ihre Schranken. Er hatte eben den Olivenbaum nach Ceylon eingeführt. Finanzen und Militär waren Matthew Ondaatjes Gebiete, Recht und Gelehrsamkeit setzten Philip de Melho Jurgens bissige Zunge in Gang.[107]

Ondaatje schildert eine amüsante Szene, wie die Brüder jeden Sonntag mit ihren Familien zu ihrem vierten Bruder Simon in die Kirche kommen, um nach dem Gottesdienst gemeinsam zu speisen. Aber jede Woche arten ihre Gespräche in Streit aus; jeder lässt seinen eigenen Wagen kommen und schafft seine hungrige Familie eiligst nach Hause, bevor irgendjemand die Chance erhält, etwas zu essen. Durch den brüderlichen Wettstreit kommt es jedes Mal zum Zerwürfnis, aber die Familienloyalität lässt sie jeden Sonntag einen neuen Versuch wagen.

•••• Wie lebenslanger Groll entsteht

Wie kommt es zu diesen Allianzen, die ein Leben lang fest und unveränderlich bleiben? Betrachten wir dazu einige Gespräche, die in Familien stattfanden, um zu sehen, wie Kinder sowohl Loyalität als auch lebenslange Unversöhnlichkeit entwickeln können.

In einigen Konflikten, die Samuel Vuchinich aufführt, treten Schwestern auf, die andere Familienangehörige verteidigen und dadurch die Situation entschärfen. Mit dem folgenden Beispiel veranschaulicht Vuchinich, wie eine Mutter den Streit zwischen Sohn und Tochter beendet, indem sie ihnen sagt, sie sollen aufhören, sich zu zanken.[108]

Der Konflikt beginnt, als die Mutter fragt: »Wäre es unhöflich von mir, wenn ich jetzt rauche?«

»Ja. So lange wir noch essen«, erwidert Ehemann Duke.

Der Sohn sekundiert dem Vater: »Du weißt, was ich vom Rauchen halte.«

Melissa, die Tochter, stellt sich auf die Seite der Mutter und gegen den Bruder. Sie wirft ein: »Muss der gerade sagen!«

Die Mutter reagiert, indem sie den Sohn in Schutz nimmt: »Er mag es nun mal nicht, wenn die Leute rauchen.«

Inzwischen fährt der Sohn die ältere Schwester an: *Was willst du damit sagen?*«

»Na, schau dir doch alle deine Freunde an«, kontert Melissa und will damit andeuten, dass er nichts dagegen hat, wenn seine Freunde rauchen.

»Wenn ich dabei bin, rauchen die nicht«, verteidigt sich der Bruder.

Dann spricht die Mutter ein Machtwort, um den Wortwechsel zu beenden: »*Melissa. Alle beide!*«

Vuchinich erklärt, dass »Alle beide!« die Kurzfloskel der Mutter für »Hört beide auf, euch zu zanken!« ist. Und dieser Einwurf zieht auch, denn alle wenden sich einem neuen Gesprächsthema zu. Mir fiel dabei auf, wie der Sohn und die Tochter jeweils die Partei des gleichgeschlechtlichen Elternteils ergriffen. Der siebzehnjährige Bruder verbündete sich mit dem Vater, indem er den Zigarettenwunsch der Mutter ablehnte. Die zwanzigjährige Tochter sprach dagegen zu Gunsten der Mutter. Aber die Mutter ließ nicht erkennen, ob sie diese Unterstützung akzeptierte; stattdessen griff sie ein und verteidigt den Sohn in seiner Anti-Raucher-Haltung. Dann pickt sie sich die Tochter heraus, weist sie zurecht, indem sie ausdrücklich ihren Namen ausruft, bevor sie den Sohn in einer allgemeineren Sprechform mit einbezieht: »*Melissa! Alle beide.*«

Vielleicht neigen die Eltern dazu, das jüngere Kind gegen das ältere in Schutz zu nehmen. (Oder vielleicht hat die Reaktion der Mutter damit zu tun, dass Melissa ein weibliches Wesen ist. Wenn man von Mädchen erwartet, Frieden zu stiften, dann bestraft man sie vielleicht auch härter fürs Zanken.) Jedenfalls demonstriert das Beispiel, wie Allianzen, die durch Gespräche zu Stande kommen, dazu führen, dass ein jüngeres Kind gegenüber einem älteren bevorzugt wird, auch wenn das ältere Kind sich mit der Mutter verbündete und diese verteidigte.

Vuchinich führt ein weiteres Beispiel an, in dem eine Tochter versucht, ein Mitglied der Familie zu schützen und sich damit in die Nesseln setzt.[109] In diesem Fall ist das Mädchen das jüngste

Kind. Der ältere Sohn ist achtzehn, der nächste Sohn zwölf und die Tochter gerade sechs. Aber achten Sie einmal darauf, wie vehement sie den jüngeren Bruder gegen den älteren verteidigt, und wie streng der Vater mit ihr ist.

Der Disput beginnt, weil der jüngere Bruder seinen Pflichten nicht nachgekommen ist und daraufhin das Zimmer verlässt. Anschließend sagt die Mutter zum Vater: »Ich dachte, du wolltest ihn dieses Jahr ins Sommerlager schicken.« Sofort haut der älteste Sohn Frank in die gleiche Kerbe: »Er muss ins Lager.« Frank verbündet sich mit der Mutter gegen den jüngeren Bruder. Schnell eilt die Tochter dem abwesenden Bruder Martin zu Hilfe: *»Du auch, also halt den Mund!«* Nun ruft der Vater mahnend aus: »Schluss jetzt!« Frank verstärkt aber die Attacke auf seinen jüngeren Bruder, indem er nachschiebt: »In ein Arbeitslager.« Die Tochter wiederum setzt die Verteidigung des abwesenden Bruders fort und schreit: *»Du auch!«*

»Ich habe doch gesagt, ihr sollt still sein, oder?«, mischt sich erneut der Vater ein. Die Tochter wendet sich jetzt direkt an den Vater: »Frank muss auch in ein Arbeitslager, Dad.«

An diesem Punkt gibt der Vater der Tochter einen leichten Klaps auf den Oberarm. Nach einigen Schweigesekunden fängt die Mutter ein neues Gespräch an. Die Tochter versucht nicht nur, sich mit der Mutter, sondern auch mit dem jüngeren Bruder zu verbünden. Aber wie die Tochter im vorigen Beispiel versucht sie, für andere einzustehen, die angegriffen werden. Und wie die andere Tochter, wird sie ebenfalls für ihre Bemühungen bestraft.

Wir wissen nicht, welche Vorgeschichten diese Familiengespräche bestimmten. Aber sie geben uns einen Einblick in die wechselnden Allianzen (den Verrat, die Vergleiche), die zwischen Geschwistern und Eltern gesprächsweise entstehen. In allen Fällen spielen das Alter und das Geschlecht eine Rolle, obwohl es nicht immer möglich ist, zwischen den beiden Einflüssen zu trennen. Es ist unschwer zu erkennen, dass die Schwestern, die gerügt werden, weil sie versuchen, Frieden zu stiften, Groll gegen die Geschwister hegen, die anscheinend milder behandelt werden. Obwohl die große Mehrheit von Gesprächen, die in einer Familie stattfinden, flüchtig und schon bald vergessen sind (und ich wette, dass diese dazugehören oder dazugehören würden, wenn man sie nicht aufgenommen hätte), kann der kumulative Effekt Einstellungen und reflexartige Reaktionen hervorrufen, die ein Leben lang anhalten.

.... Ungleiche Behandlung

Fast jedes ältere Geschwisterkind kennt das Gefühl, dass das jüngere vorgezogen wird, obwohl es manchmal schwer ist, genau zu sagen, in welcher Weise. Ein Beispiel dafür, wie das geschieht – subtil, aber eindeutig –, liefern uns die Aufzeichnungen der australischen Forscherin Alyson Simpson über die Gespräche in ihrer eigenen Familie.[110]

Wie wir in Kapitel 5 sahen, analysierte Simpson ein Gespräch, das im Kontext des familiären Alltags stattfand, nämlich bei einem Brettspiel. Ihr Fokus richtete sich auf die Fragen von Macht, Kontrolle und »geschlechtsspezifischer Subjektivität«, aber mich interessierte, wie man mit der älteren Schwester und dem jüngeren Bruder sprach. Neben der Mutter (Alyson) gehören zur Familie: der Vater, die sechsjährige Tochter Heather und der vierjährige Sohn Toby. Da Heather das ältere Kind und ein Mädchen ist, während Toby sowohl jünger als auch ein Junge ist, kann man unmöglich den Einfluss von Alter und Geschlecht ausklammern. Ich will mich auf das Alter konzentrieren – obwohl ich mir bewusst bin, dass das Geschlecht hier vielleicht auch eine Rolle spielt.

Die Familie spielt »Babar Ups' n' Downs« – es klingt wie das Spiel, das ich aus meiner Kindheit kenne und das in Amerika »Chutes and Ladders« heißt. Jeder Spieler bekommt ein Tier als Spielfigur, würfelt und rückt mit seinem Tier so viele Felder vor, wie er Punkte auf dem Würfel hat. Das Feld, auf dem eine Spielfigur landet, weist den Spieler an, wie er weiter mit der Figur verfahren soll.

Heather ist in Nöten. Sie ist nicht glücklich über die erzielte Punktzahl und will noch einmal würfeln, in der Hoffnung auf ein günstigeres Ergebnis. Die Mutter schimpft und erteilt ihr eine Lektion im Einhalten von Spielregeln: »Würfeln ist Glücksache, und das gehört nun mal zum Spiel.«

»Gar nicht!«, protestiert Heather bockig.

»Wenn du dich so anstellst, brauchst du ja nicht mitzuspielen, Heather«, warnt die Mutter.

Der kleine Bruder plappert der Mutter nach: »Die stellt sich an!«
»Ja, Toby, sie stellt sich an«, pflichtet die Mutter ihm bei.
»Glück im Spiel kann man nicht erzwingen.«

Die Mutter akzeptiert Tobys Wiederholung ihrer Kritik und verstärkt diese noch, indem sie sein Echo auf ihre Worte wiederholt. Sie verbündet sich also mit dem kleinen Toby gegen die sechsjährige Heather.

Vielleicht ermutigt durch den Beistand der Mutter greift Toby dessen Drohung wieder auf und macht daraus einen Befehl. »Du spielst nicht mehr mit!«, bestimmt er.

Die Mutter schimpft weiter mit der Tochter: »Heather, das ist nur ein Spiel! Wir haben doch schon darüber gesprochen.«

»Du spielst nicht mehr mit!«, wiederholt Toby.

Daraufhin bricht Heather in Tränen aus und schreit: »Das ist gemein!«

Die Mutter billigt zwar nicht ausdrücklich, dass der Sohn seine Schwester herumkommandiert, tadelt ihn aber deswegen nicht. (Tobys Wiederholung der mütterlichen Androhung erinnert an das vorige Beispiel, in dem ein älterer Bruder auf die Bemerkung der Mutter über den jüngeren Bruder sagt: »Er muss ins Lager!«)

Nun versucht Heather, wieder beruhigt, wie die Mutter mit dem Bruder zu reden. Immer noch beim Spiel zeigt Heather ihm, wie man zählt: »Eins-zwei-drei-vier-fünf-sechs.«

Und Toby wiederholt: »Eins-zwei-drei-vier-fünf-sechs.«

Die Mutter mischt sich ein: »Toby kann bis sechs zählen. Er kann sogar bis zehn zählen. Ja, er kann auch auf Griechisch bis zehn zählen.«

Anschließend wendet sich die Mutter dem Mann zu und erzählt, wie sie die beeindruckende Zählfertigkeit des Sohnes entdeckt hat: In einem Spielzcugladen, der sich auf Rechnen-Lernspiele spezialisiert hat, krähte Toby plötzlich: »Das ist ena.« Die Mutter wusste erst nicht, was er meinte, darum wiederholte er: »Das ist ena.« (Ena ist griechisch für eins.)

Jetzt fordert die Mutter Toby auf, seinem Vater diese Kenntnisse vorzuführen. »Weißt du, was acht auf Griechisch heißt, Toby?«, fragt sie ihn.

»Ja«, antwortet Toby.

»Und wie heißt es denn?«, hakt sie nach.

»Okto«, sagt Toby.

»Okto«, wiederholt die Mutter. »Das kann man sich leicht merken.«

An diesem Punkt meldet sich Heather zu Wort: »Okto ist leicht.« Und dann sagt sie zum Bruder: »Zähl bis okto, bis acht auf Griechisch, los, Toby!«

Hier verbündet sich Heather mit der Mutter, indem sie den Wunsch der Mutter wiederholt. Doch statt die Hilfe der Tochter zu würdigen, sagt die Mutter: »Lass ihn – er ist beschäftigt!« Anders ausgedrückt, sie stellt sich gegen Heather und schlägt sich auf Tobys Seite. Diese Abfuhr kommt überraschend, da die Mutter ja selbst Tobys griechische Zählkünste zur Sprache gebracht hat.

Das Spiel geht weiter, aber Heather spielt Toby gegenüber immer noch die Mutterrolle. Jener macht aber keinerlei Anstalten, der Schwester zu gehorchen.

»Zähle bis okto auf Griechisch«, fordert Heather Toby auf.

Tobys Antwort ist eindeutig: »Neinneinneinnein.«

Heather ermutigt ihn: »Aber Daddy würde es gern hören.«

Mit sechs Jahren redet Heather mit ihrem nur um zwei Jahre jüngeren Bruder wie ihre Mutter. Dabei fällt auf, dass die Mutter es hinnahm, dass der vierjährige Sohn gegenüber der älteren Schwester die Mutter markierte – und ihn darin sogar noch bestärkte. Doch als die Tochter dasselbe tat, erhielt sie weder Akzeptanz noch Bekräftigung von der Mutter.

Am Ende des Spiels ist Heather Siegerin. Die einzige Reaktion der Mutter: »Ich weiß gar nicht, ob du das verdient hast nach *dem* Theater.« Au weia ...

An diesem Gespräch ist aber auch gar nichts Ungewöhnliches. Es ist ganz alltäglich: Eine Familie spielt abends ein Gesellschaftsspiel, bei dem die Saat der Frustration für beide Geschwister gelegt wird. Aus der Warte der Schwester wird der kleine Bruder ihr vorgezogen. Nicht nur, dass ihre mütterliche Sprechweise abgelehnt, Tobys aber akzeptiert wurde – sie hatte auch Tobys Leistungen vor dem Vater herausstreichen wollen, wohingegen Toby versucht hatte, sie vom Spiel auszuschließen. Am schmerzlichsten aber war, dass die Mutter und der Vierjährige einen festen Bund gegen sie schlossen.

Ich präsentiere dieses Familiengespräch nicht als abschreckendes Beispiel. Ganz im Gegenteil, ich halte es für typisch. Derartige Gespräche mit schnellen Schlagabtäuschen finden beim Erwachsenwerden täglich statt. Sie legen den Grundstock für die Vorurteile und Verbrüderungen, die das Verhältnis der Geschwister untereinander ein Leben lang färben.

Es ist schwer, dieses Gespräch aufzunehmen, ohne Heather zu bedauern. Was könnte die Vorzugsbehandlung erklären? Heather war sicher schwierig, als sie eine zweite Chance verlangte und bockig wurde. (Aus der Bemerkung der Mutter: »Wir haben doch schon darüber gesprochen« wird ersichtlich, dass Heathers Eigensinn kein einmaliges Ereignis war.) Vielleicht denkt die Mutter, dass das jüngere Kind hilfebedürftig ist und das ältere dagegen nicht. Versucht sie vielleicht, eine allgemeine Unausgewogenheit zu korrigieren, weil Heather zu hart zu ihrem kleinen Bruder ist?

Vielleicht weiß die Mutter, dass Heather Toby tüchtig einheizt, wenn die beiden allein sind. Denn das tun viele ältere Geschwister mit den jüngeren, wenn die Eltern es nicht beobachten können.

Wenn keine Erwachsenen in Sicht sind, ist die Tyrannei älterer Geschwister manchmal ohne Grenzen. Ich erinnere mich an folgende Begebenheit aus Kindertagen: Mimi und ich teilten uns ein Zimmer. Eines Tages schlug sie mir einen Pakt vor. Keine von uns durfte ohne Erlaubnis der anderen die andere Hälfte des Zimmers betreten. Na gut. Ich willigte ein – bevor ich merkte, dass die Tür auf ihrer Seite lag. Ich hatte mich bereit erklärt, Mimis Gefangene zu werden, war bereit zu einem Vertrag, deren Einhaltung sie schadenfroh durchsetzte. Ich weiß nicht, was sie getan hätte, wenn ich einfach aus dem Zimmer gegangen wäre, denn ich habe mich ihr nie widersetzt. Mimis Wort war mir Befehl.

Ältere Geschwister wissen, dass sie aufgrund ihrer Größe, ihrer geistigen Überlegenheit und ihres Rangs Macht besitzen, die viele ausnutzen, um die jüngeren Kinder zu peinigen. Ein Bruder erzählte seiner jüngeren Schwester, dass ein Ungeheuer nachts in ihrem Schrank an die Wände klopfen würde. Höre sie etwa nicht das Rumoren? Für Erwachsene klingt das absurd, aber für das kleine Mädchen war die Feststellung ihres Bruders real – und damit wirklich furchteinflößend. Ein älterer Bruder, der gerne seinen jüngeren quälte, erwies sich als noch einfallsreicher: Er wurde selbst zum Schrankmonster. Als die Mutter den kleinen Bruder ins Bett brachte und das Licht löschte, hatte er sich schon längst im Schrank versteckt. Kurze Zeit später öffnete er die Tür mit einem Geheul. Der Vierjährige war aus dem Bett und unten im Flur, bevor er überhaupt schreien konnte.«

Fragt man Erwachsene, was sie ihren jüngeren Geschwistern angetan haben – oder wie ihnen von älteren Geschwistern mitgespielt wurde –, bekommt man ein breites Spektrum haarsträubender Grausamkeiten zu hören. Ein Bruder klemmte die kleine Schwester in einem Klappbett ein und hielt sie dort gefangen, bis die Eltern heimkamen. Ein anderer verwendete die Füße des kleinen Bruders als Zielscheiben, um auszuprobieren, wie gut er mit Darts treffen konnte. Er wusste, dass er seine Grenzen überschritten hatte, als ein Pfeil im Schienbein des Bruders stecken blieb. Und wehe dem kleinen Jungen mit *zwei* älteren Brüdern: »Wir haben ihn immer in einen Wäschekorb gesteckt«, erinnert sich der mittlere Bruder, »und diesen dann die Treppe runtergeschubst. Das fanden wir ganz toll.« Die Biegung der Treppe, in der der Korb hart anstieß, machte die Rutschpartie noch gefährlicher – zum Vergnügen der Zuschauer.

Obwohl Schwestern wie Brüder jüngeren Geschwistern das Leben zur Hölle machen können, sind es öfter (obwohl nicht ausschließlich) Brüder, die sich körperliche statt seelische Qualen ausdenken (oder bei großer Gemeinheit auch beide Varianten bevorzugen). Als Karens Eltern ihren Bruder Victor fragten, was er in ihrer Abwesenheit gemacht habe, antwortete er: »Ich habe mit Karen im Garten gespielt.« Die Eltern hatten keine Ahnung, welche Aktivitäten sich hinter dem harmlosen Wort »gespielt« verbargen.

Der vier Jahre ältere Victor hatte eine Rodelbahn für Karen gebaut, indem er die hügelige Gartenlandschaft mit dem Schlauch bewässerte und wartete, bis sich eine spiegelglatte Eisschicht gebildet hatte. Wenn Karen in der Bahn blieb, sauste sie über eine Steinmauer und fiel einen Meter tief in den Nachbargarten. Wenn sie aus der tückischen Kurve getragen wurde, landete sie ganz unten am Fuß eines Hügels, den sie ohne die Hilfe des Bruders nicht hinaufklettern konnte. Das wusste er wohl und ließ sie über längere Zeit dort unten versauern. Er selbst hätte sich nie auf diese Eisbahn getraut. Ich fragte die erwachsene Karen, ob sie ihrem Bruder dieses Spiel nachträgt. »Nein«, erwiderte sie, »ich habe ihn vergöttert.« Das gibt ungefähr wieder, was ich für meine Schwester Mimi empfand.

Mimi und ihre Schulfreundin Davina fragten mich kürzlich schuldbewusst, ob ich ihnen die Gemeinheiten verziehen habe, die sie mir zugefügt hatten. Besonders das eine Mal, wo sie mir die Augen verbunden und mich gezwungen hatten, Katzenfutter zu essen? Sie wunderten sich, dass ich ihnen nichts übel nahm. Ja, ich erinnerte mich nicht einmal daran. Aber woran dann? Dass Mimi und Davina – im Gegensatz zu mir abenteuerlustige und draufgängerische Kinder – mich gegen böse Jungen verteidigten. Oder dass die beiden im Sommerlager alle Schuhe stibitzten und die Senkel miteinander verknoteten, doch meine Schuhe in Ruhe ließen. Ich weiß noch, wie dankbar ich für ihren Schutz in der Öffentlichkeit war. Das wog schwerer als mein Kummer über ihre privaten Torturen.

Für viele ältere Geschwister ist das Recht, die kleineren zu martern – bis hin zur Gewalttätigkeit –, mit der Verpflichtung verbunden, sie vor Außenseitern zu beschützen. Curt, der von seinem Bruder John so heftig verhauen wurde, dass ihn ein Psychiater mit großer Sicherheit als ein misshandeltes Kind diagnostiziert hätte, erinnert sich, dass John »einem Kind die Seele aus dem Leib prügelte, das mich gehänselt hatte. Und das war derselbe John, der mich viel schonungsloser quälte als dieses Kind.« Im Licht des Bindungs- und Kontrollgitters können beide Kindheitserinnerungen, sowohl die der verübten (oder erlittenen) Misshandlung als auch die des gewährten (oder erhaltenen) Schutzes, zum Zusammengehörigkeitsgefühl innerhalb der Familie beitragen.

Der Mann, der als Kind im Wäschekorb die Treppe hinuntersauste, nimmt seinen Brüdern ebenfalls nichts krumm. Zwar hatte ihm die flotte Stolperpartie keinen Spaß gemacht, aber die Angst und die blauen Flecken waren der Preis, den er gern zahlte, um mit den älteren Brüdern spielen zu dürfen. »Er wollte die ganze Zeit bei uns sein«, berichtet heute der mittlere Bruder. »Er hat Zettel unter der Tür durchgeschoben und uns gefragt, ob er reinkommen darf.«

Der Wunsch nach Gemeinschaft kann beidseitig sein, obwohl ältere Geschwister diesen besser verschleiern können. Ein Mann erzählt von seinem jüngeren Bruder, mit dem er als Kind das Zimmer teilte: »Ich weiß noch, wie mein Bruder nach dem Zapfenstreich immer ›gute Nacht‹ sagte und ich dann ›schlechte Nacht‹ zurückgab, was ihn wirklich bedrückte; darum habe ich es ja auch gesagt. Aber jetzt merke ich, dass ich es nur von mir gab, weil ich wollte, dass er sich noch weiter mit mir unterhält. Bei meinem Bruder war das nicht anders, denn er konnte erst die Augen zumachen, wenn ich ›gute Nacht‹ gesagt hatte.« Also war das leicht sadistische Vergnügen des Älteren an dem Jüngeren eine Art Ritual, mit dem sie ihre Gespräche verlängern konnten. Es war ein Machtmanöver, das schon, aber auch ein Bindungsmanöver.

Die Schuldgefühle der älteren Geschwister sind später in vielen Fällen größer als das Ressentiment der jüngeren, denn als Erwachsene erkennen die älteren, wie hilflos die kleineren waren, und können besser einschätzen, was für furchtbare Auswirkungen ihr Handeln hätte haben können. Vielleicht sind die älteren Geschwister aber auch einfach von einer tieferen Motivation beseelt: dem Groll über die Ankunft eines Kindes, das sie selbst entthront und zu allem Überfluss auch noch von den Eltern bevorzugt behandelt wird.

···· Machtspiele

Allerdings muss man nicht das jüngere Kind sein, um bevorzugt zu werden, noch das ältere, um zu tyrannisieren. Eine Dreizehnjährige erzählte mir von ihrer Familie. »Es gibt eine Befehlskette«, sagte sie. »Wenn meine kleine Schwester etwas will, fragt sie mich, dann Dad, dann Mom. Mom ist der Boss.« Also befindet sich die jüngere Schwester am untersten Ende der Befehlskette. Aber das bedeutet nicht, dass sie keine Macht hat. Ganz und gar nicht. Die ältere Schwester wusste das nur zu genau: »Sie kann alles haben, was sie will, weil sie die Macht des Wutanfalls hat.« Wenn die Jüngere unkontrollierbar losheulte, bekam sie am Ende immer ihren Willen durchgesetzt. Was die Jüngere nicht durch institutionelle Macht erreichte – kraft der Autorität der Rangfolge –, strebte sie durch Interaktionsmacht an: indem sie eine Szene machte. Jüngere Geschwister haben viele Möglichkeiten, um Interaktionsmacht zu inszenieren. In der Familie meiner Mutter terrorisierte der jüngste ihrer drei älteren Brüder alle mit seinem Jähzorn. Ein anderes Mittel, um Interaktionsmacht zu erlangen, ist das Schweigen. Eine Frau erinnert sich, dass sie, obwohl jünger als ihre Schwester, große Macht über sie hatte, weil sie gern für sich blieb, die Schwester aber ihre Gesellschaft suchte. Wenn sie sich weigerte, mit der Schwester zu reden, trieb sie diese zur Verzweiflung.

Schweigen kann furchtbar grausam sein, und wie jede sprachliche Strategie vermag es zu einer Art »Familekt« werden – eine Form des Sprechens (oder Nichtsprechens), das von anderen Familienangehörigen weitergegeben, aufgegriffen und nachgeahmt wird. In seinen Kindheitserinnerungen schreibt J. D. Dolan, dass sein Vater sein Missfallen am liebsten durch ein beharrliches Schweigen ausdrückte.[111] Er hatte beispielsweise seit drei Jahren kein Wort mehr mit seiner älteren Schwester gesprochen, obwohl beide im selben Haus wohnten. Vor zwanzig Jahren entschied er, nicht mehr mit seinem Bruder zu reden. Und mit Joanne, seiner ältesten Tochter wechselte er keinen Satz mehr, als sie Abends später nach Hause kam, als er es ihr erlaubt hatte.

John, Dolans ältester Bruder, eignete sich diese Taktik an. Er schlug sich auf Joannes Seite und hörte auf, mit seinem Vater zu sprechen. Und Jahre später sprach John dann auch nicht mehr mit J. D. Als sich ihre Wege bei einem Besuch der Eltern kreuzten, ertappte sich J. D. dabei, wie er eine Krankheit vortäuschte, um seinen Bruder zum Reden zu bringen: »Ich glaube, ich kriege eine Arthritis.« Ohne ihn anzusehen, erwiderte John: »Vermutlich nicht, es wird schon wieder.« Anschließend verließ er das Zimmer.

»In dem Moment hasste ich meinen Bruder wirklich«, schreibt Dolan, »und ich hasste mich selbst für den schamlosen Kniff, den billigen Appell an sein Mitgefühl, auf den ich verfallen war, um auch nur den Versuch zu machen, mit ihm zu reden.« Das Schweigen hatte Macht über Dolan. Es ließ ihn auf eine Art sprechen, die nach eigener Einschätzung seiner unwürdig war.

Phyllis fand ihre Schwester leicht überdreht. Sie hörte, wie die achtjährige Carrie, die am Computer saß, ihrem vierzehnjährigen Bruder zurief: »Jason, komm mal! Das ist zu schwer! Ich kann das nicht!« Jason kam ihr netterweise zu Hilfe, aber als nächstes hörte Phyllis: »Blas mir ja nicht deinen Atem ins Gesicht!« Das kam ihr ungerecht vor. Zuerst bat Carrie ihren Bruder um Unterstützung, dann wurde sie zickig, weil er ihr half.

326

Aber »Blas mir ja nicht deinen Atem ins Gesicht« war ihre Art zu formulieren, dass er ihr zu nahe kam. Und das wiederum ist ein anderer Ausdruck dafür, dass er zu viel des Guten tat: Sie versuchte, auf dem Computer ein Selbstporträt zu zeichnen, und sie wollte, dass er ihr zeigte, wie man es macht, nicht, dass er es für sie erledigte. Und um sie obendrein noch zu beleidigen, hatte er sie zu dick porträtiert!

Älterer Bruder, jüngere Schwester: Weil er älter ist, erwartet man von ihm, dass er hilft, und das macht er auch meistens. Aber die Schwester ist ebenso ein beliebtes Opfer für die Scherze eines älteren Jungen – oder für kleine Grausamkeiten. Doch das Mitgefühl der Eltern gilt nicht immer zwangsläufig dem jüngeren Kind, besonders da sie nicht wissen, was vor sich geht, wenn sie nicht dabei sind.

»Ein Biest ist das!«, sagte eine Mutter von ihrer siebenjährigen Tochter Laurie. Als Beweis erzählte sie mir: »Wir waren zu Besuch bei meinen Schwestern, die Kindern spielten in einer Ecke des Wohnzimmers. Laurie fing plötzlich an zu weinen, wie immer, damit ich rüberkomme und ihren Bruder bestrafe. Aber eine meiner Schwestern hatte sie beobachtet: Laurie hatte ihn provoziert!«

Dieses Szenario erinnerte mich an die Taktik eines Pavians in Shirley Strums Buch *Almost Human*.[112] (Obwohl Paviane keine Menschen sind, kann die Dynamik ihrer Interaktionen meiner Ansicht nach menschliches Verhalten erhellen.) Olive, ein weibliches Jungtier, war von Toby, einem heranwachsenden Männchen, angegriffen worden, als beide allein waren und sie sich seiner nicht erwehren konnte. Später am Tag befand sich Olive wieder in Tobys Nähe, aber dieses Mal war Sean nicht weit entfernt. Beide Männchen im Blick, brach Olive in lautes Gezeter aus, als ob Toby ihr etwas getan hätte – was ja auch der Fall war, nur eben nicht jetzt. Sofort sprang ihr Sean bei und vermöbelte Toby. Möglich, dass die kleine Laurie sich ähnlich verhielt und ihren Bruder derart herausforderte, in Hörweite von Erwachsenen etwas zu tun, was er wahrscheinlich automatisch machte, wenn sie allein waren und sie ihm ausgeliefert war. Vielleicht steckte hinter Lauries Verhalten ihr Sinn für ausgleichende Gerechtigkeit, und der würde das Verhältnis zu ihrem Bruder – und zu anderen Menschen – vielleicht ein Leben lang prägen.

.... »Du konntest dir alles herausnehmen!«

Mein erster Ehemann hatte einen Onkel, den er noch nie und den sein Vater seit seiner Jugend nicht mehr gesehen hatte. Sie alle gehörten zu den über eine Million Griechen, die 1922 aus ihrer Heimat in Smyrna (jetzt Izmir) vertrieben wurden. In den Wirren dieser Zeit wurde die Familie getrennt: Der Onkel landete schließlich auf einem Boot, das ihn nach Algerien brachte, von wo er dann in die Vereinigten Staaten auswanderte und sich in New York niederließ. Der Vater meines Mannes flüchtete mit den Eltern nach Kreta, wo er für immer blieb. Er heiratete und zog seine Kinder groß – und auf Kreta lebte auch ich, als ich meinen ersten Mann kennen lernte.

Als ich von dort aus meine Familie in New York besuchen wollte, bat mich mein zukünftiger Mann, seinen Onkel zu besuchen. Das tat ich dann auch. Der Onkel schien erfreut, mich kennen zu lernen. Nachdem er mir ein paar Fragen über die Familie seines Bruders gestellt hatte, begann er, mir Geschichten aus ihrer gemeinsamen Kindheit zu erzählen. Doch das waren keine liebevoll-sentimentalen Erinnerungen, sondern Begebenheiten, bei denen er immer noch wütend wurde. Sein jüngerer Bruder sei das Lieblingskind der Eltern gewesen, so gestand er mir, und ihm als dem Älteren habe man immer an allem die Schuld gegeben. Der Bruder dagegen habe sich alles herausnehmen können und nie Ärger bekommen. Ich war überrascht, wie tief dieser Schmerz aus der Kindheit sitzen musste, wenn das der erste Gedanke an einen Bruder war, den er seit fünfundvierzig Jahren nicht mehr gesehen noch gesprochen hatte.

Dieses nagende Gefühl, ungerecht behandelt worden zu sein, trifft man häufig bei älteren Geschwistern an. Erwachsene sehen die Jüngeren oftmals als wehrlose Geschöpfe an, die nichts für ihre Missetaten können, und erwarten von den Älteren, dass sie sich bis zur Selbstaufgabe zurücknehmen. Letztlich geht es dabei um die Wahrnehmung von Macht: Die Schwächeren werden nicht dafür belangt, dass sie Macht ausüben, weil man bei ihnen keine vermutet. Aber diejenigen, die man im Besitz von Macht wähnt, stehen immer im Verdacht, sie zu missbrauchen – größere Geschwister insbesondere.

···· Bist du im Bild?

Da Eltern Streit schlichten und dabei auch das eine oder andere Kind bevorzugen, kann es nicht ausbleiben, dass Kinder um ihre Zuwendung und Anerkennung wetteifern. An anderer Stelle habe ich eine Unterhaltung zwischen drei erwachsenen Schwestern und ihrer Mutter in einem Restaurant erörtert. Kehren wir noch einmal zu jenem Gespräch zurück, das schon weiter vorangeschritten ist. Nun geht es darum, von welchen Familienmitgliedern die Eltern Fotos an der Wand hängen haben.

Die erwachsenen Kinder haben wiederum alle eigene Kinder: Yvonne hat eine Tochter namens Susie, Marians Tochter heißt Corrie, und Olga hat einen Sohn, Tommy, und eine Tochter namens Jill. An einer Stelle sagt Yvonne (die jüngste) zur Mutter: »Du hast Bilder von allen deinen Enkeln an der Wand hängen.« Aber die mittlere Schwester, Marian, berichtigt sie: »Nein, nur ein Foto von Susie.« Als Yvonne den Namen ihrer Tochter hört, bemerkt sie, falls das zutreffe, dann sei das ausgleichende Gerechtigkeit: »Denn lange Zeit hing da einzig eins von Corrie.« Die älteste Schwester, Olga, erwähnt dann ihren Sohn: »Du hattest auch mal eins von Tommy, glaube ich.« Dann verkündet Marian mit der Stimme einer Herrscherin: »Tommy und Jill und Corrie haben abgedankt.«

Fotos – wie viele davon Eltern in ihrem Zuhause ausstellen und wer darauf zu sehen ist – werden von Kindern sehr genau registriert, als ob man an ihnen ablesen könnte, wer am meisten geliebt wird. Als Jüngste von dreien kann ich mich noch an das Gefühl tiefer Trostlosigkeit erinnern, wenn ich als Kind stundenlang die alten Fotos ansah, die meine Eltern in einer Schublade verwahrten. Bild um Bild strahlte mir einzig meine älteste Schwester entgegen. Ich sah Naomi mit sieben auf einem Pony im Zoo von Brooklyn, Naomi mit sechs in ihrem Cowgirlkostüm, Naomi mit fünf, mit vier, mit drei Jahren. Ein ganzes Album enthielt nur Babyfotos von Naomi – und unter jedes einzelne hatte mein Vater ein kleines Gedicht geschrieben! Ich entdeckte sogar ein paar Bilder von meiner Schwester Mimi. Aber in der ganzen Schublade (die ich sehr gründlich untersucht habe) waren so wenig Bilder von mir, dass für mich eindeutig feststand, dass meine Eltern mich weniger lieb hatten als meine Schwestern.

Eine Mutter erzählte mir, dass sie es ihren Eltern übel nahm, so viele Fotos von ihrer Schwester und so wenige von ihr zu haben. »Ich habe aus dieser Erfahrung heraus sogar einmal eine Kollegin angebrüllt: ›Weißt du eigentlich, dass du sechzehn Bilder von deinem Sohn und nur eins von deiner Tochter bei dir hast?‹ Ich hatte mir geschworen, nie so zu verfahren – und jetzt mache ich das selber so bei meinen beiden Kindern.« Immer wenn sie gerade das Kleine fotografieren wollte, berichtete die Mutter weiter, war es gerade eingeschlafen. Sie entdeckte auch, dass Eltern, die mehr als ein Kind haben, immer seltener fotografieren, weil sie schlichtweg mehr zu tun haben, nicht weil sie ihre jüngeren Kinder weniger lieben. Doch das ändert nichts an den Metamitteilungen, die jüngere Geschwister aufnehmen, wenn sie die Fotos zählen.

Zwar durchwühlen erwachsene Kinder in der Regel nicht die Schubladen der Eltern, aber sie suchen die Wände und Kommoden in der Wohnung und am Arbeitsplatz ab, um zu prüfen, wie die Geschwister in der Gunst der Eltern abschneiden. Und wenn erwachsene Kinder selbst Eltern sind, müssen die Fotos der Enkel für eine Art Stellvertreterwettkampf herhalten.

Eine Frau fühlte sich verletzt, als sie sah, dass ihre Eltern ein Foto von ihrer Tochter, das sie bei einer Ballettaufführung zeigte, durch ein Bild des Neffen bei seiner Schulabschlussfeier ersetzt hatten. Eine Schwester ärgerte sich, weil sie beim Zählen der Fotos, die ihre Eltern an der Wand hängen haben, ihre Vorausahnung bestätigt findet: Von ihr gibt es weniger als von ihren Geschwistern. Auch in Stieffamilien wird der Fototest zu einem Gradmesser der Zuneigung: Die zweite Frau eines Mannes ist verstimmt, als sie in seinem Büro mehr Fotos von der Tochter aus erster Ehe findet als von der Stieftochter, die sie mit in die Ehe brachte.

Ellen, die einige Jahre lang im Ausland gelebt hatte, besuchte kurz nach ihrer Rückkehr in die Vereinigten Staaten ihre Eltern. Zu den Überraschungen, die sie dort erwarteten, zählten die Fotos ihres Bruders, die sich wie Unkraut nach einem Frühlingsregen vermehrt hatten. Ellen wusste, dass ihr Bruder in letzter Zeit mit Preisen und Auszeichnungen geradezu überschüttet worden war. Eigentlich hatte sie aber nicht damit gerechnet, von jedem dieser Anlässe ein Foto im Heim ihrer Eltern vorzufinden. Verunsichert zog sie sich für die Nacht ins Gästezimmer zurück, um dort über der Schlafcouch ein weiteres großes Porträt ihres Bruder hängen zu sehen, unter dem sie nun schlafen sollte. Pikiert drehte Ellen das Bild zur Wand um. Sie wusste, dass das albern war, aber jedes Foto ihres Bruders schien ihr ein Stück von der Zuwendung und Liebe der Eltern wegzunehmen.

Für Kinder bedeuten Eltern die Welt. Wenn wir uns als Erwachsene zu orientieren versuchen, klammern wir uns immer noch an die Straßenkarten, die wir in der Kindheit bekommen haben. Und die Fotos, die wir im Elternhaus finden, bleiben Wegweiser auf alten Lebenskarten.

.... Geschwister fürs Leben

Das Verhältnis der Geschwister untereinander hat Modellcharakter für die Zuneigung und Fürsorge, die wir im Erwachsenendasein entwickeln werden.

Bambi Schieffelin, eine Anthropologin, die bei den Kaluli auf Neuguinea arbeitete, beobachtete die zentrale Rolle der Geschwisterbeziehung – insbesondere das Verhältnis zwischen einer älteren Schwester und einem jüngeren Bruder –, wie sie in dem Kaluli-Wort *ade* zum Ausdruck kommt.[113]

Eine Kalulimutter wird eine ältere Tochter mit dem Hinweis auf *ade* ermuntern, mit ihrem jüngeren Bruder zu teilen und ihn wie eine Mutter zu umsorgen, denn mit dem Wort beschwört sie diese Beziehung und alle damit verknüpften Verpflichtungen herauf. Der Ausdruck lässt sich auf die Beziehungen zu älteren wie zu jüngeren Geschwistern anwenden oder kann an die Stelle des Eigennamens oder des Personalpronomens treten. So zeichnete Schieffelin beispielsweise auf, wie eine Mutter zu einer älteren Tochter sagte: »Weck *ade* nicht auf« und »Teile sie dir mit *ade*« (eine Banane). Sie nahm auch auf, wie eine Mutter dieses Wort benutzte, um einen jüngeren Sohn zu ermutigen, die ältere Schwester um Hilfe zu bitten. »Lass dich von *ade* tragen.«

Das *Ade-Verhältnis* zeichnet sich durch Pflichten und Rechte aus. Erstere sind an die Rolle der älteren Geschwister (besonders der älteren Schwestern) geknüpft und Letztere erwachsen den jüngeren Geschwistern (besonders jüngeren Brüdern, aber in manchen Fällen auch jüngeren Schwestern). Es dreht sich bei all diesen Konstellationen auch um Mitgefühl und menschliche Verbundenheit. Mütter verwenden den Ausdruck, um älteren Kindern das Teilen, Schenken und Umsorgen aus »Mitgefühl« für ein jüngeres, hilfloseres Kind nahe zu bringen. Und aus dieser Zuständigkeit können sich tiefe Gefühle entwickeln. »Bei Feierlichkeiten und Beerdigungen«, schreibt Schieffelin, »singen die Menschen davon, dass sie kein *ade* haben, was eine äußerst wirkungsvolle Form ist, um Trauer und Tränen auszulösen.«

Jüngere Geschwister zu haben, für die man verantwortlich ist, und ältere Geschwister, die verantwortlich für einen selbst sind, werden zur Metapher für die Verbundenheit mit anderen, für das Wissen, dass man nicht allein auf der Welt ist. Für Geschwister zu sorgen, erzeugt Nähe, und aus der Nähe entwickeln sich Rechte und Pflichten, die zwar die Freiheit einschränken, jedoch auch für das Zugehörigkeitsgefühl einer Familie emblematisch sind. Aus einem anderen Teil der Welt, dem südpazifischen Königreich Tonga, berichtet die Anthropologin Susan Philips, eine Schwester habe dort traditionsgemäß das Recht, alles von ihrem Bruder zu verlangen: Essen, materielle Güter und Geld für die Ausbildung ihrer Kinder.[114]

Wie gesagt, der Terminus *ade* bezieht sich in der Regel auf das Verhältnis zwischen einer älteren Schwester und einem jüngeren Bruder. Allerdings hörte Schieffelin ihn nie im Zusammenhang mit Brüdern, die über sechs Jahre alt waren. Andererseits verwendeten ihn Mütter, um schwesterliche Solidarität bis in die Pubertät der Töchter zu fördern, und Frauen benutzten ihn sogar noch, wenn sie die eigene Schwester um Hilfe baten.

Ade scheint sich auch gut als Bezeichnung für die lebenslange Beziehung zwischen Bessie Delany und ihrer älteren Schwester Sadie zu eignen. Im Alter von 103 Jahren bemerkte Sadie: »Ich habe zu Bessie gesagt, wenn sie 120 wird, dann muss ich eben 122 werden, damit ich mich um sie kümmern kann.«[115] Weiter erklärte sie: »Keine von uns hat je geheiratet, und wir haben fast unser ganzes Leben zusammengewohnt. Sie ist mein rechter Arm. Wenn sie vor mir stirbt, würde ich sicher auch nicht mehr leben wollen, denn mein Daseinsgrund ist, sie am Leben zu erhalten.«

Doch nicht nur unverheiratete Geschwister sind einander von

Herzen zugetan. Als Kind besuchte ich sehr gern meine Großtanten Gertrude und Anna in ihrer gemeinsamen Wohnung. Gertrude hatte ihr ganzes Leben bei Anna und deren Mann und Sohn gewohnt, ausgenommen in dem einen Jahr, in dem sie selbst verheiratet war. Dann aber starb ihr Ehemann, und sie zog als Witwe zu Anna zurück. Annas Sohn sagte einmal zu mir: »Meine Mutter und meine Tante Gertrude waren wie ein Ehepaar.« Er fand, dass nur das Wort Ehe ihre unverbrüchliche Treue zutreffend bezeichnete. In dieser Familie war es die jüngere Schwester Anna, die für die ältere Gertrude sorgte. Gertrude hatte in Europa studiert, bevor die Familie nach Amerika auswanderte. Anna war Geschäftsfrau und fand sich in der Neuen Welt leichter zurecht als Gertrude. Dank ihrer eher praktischen Fähigkeiten war sie in der Lage, sich um die ältere Schwester zu kümmern. Ich kannte sie nicht, als sie jung waren, aber ich sehe sie noch vor mir, beide alt, Händchen haltend und sich gegenseitig stützend, wenn sie vorsichtig die Straße überquerten.

Wie das Beispiel von Gertrude und Anna zeigt, können sich Geschwister ein Leben lang ganz nahe sein. Doch auch die Narben, die die Worte von Geschwistern hinterlassen, sind manchmal bleibend. Mein Vater zögert mit zweiundneunzig immer noch, wenn er für ein Foto lächeln soll. Dann muss er nämlich daran denken, wie seine ältere Schwester ihm immer zuraunte, wenn sie fotografiert wurden: »Mach den Mund zu! Du siehst hässlich aus, wenn du lächelst.« Dass ältere Geschwister so hart zu jüngeren sein können, liegt vielfach daran, dass sie deren wunde Punkte so genau kennen. Sie wissen um die Angst der Jüngeren, wenn sie zu dick sind oder eine Brille tragen müssen. Und da ein älteres Kind auch stets mehr weiß und kann, verspotten ältere Kinder die kleineren wegen ihrer Dummheit.

Dustin, dessen Intelligenz aus jedem Wort hervorblitzt, das er von sich gibt, erinnert sich an ein Gespräch mit der Betreuerin eines Sommerlagers, als er neun war. Die Betreuerin erwähnte einmal beiläufig, dass Dustin ein kluger Junge sei. Dustin gab ihr zu verstehen, dass sie sich irre: »Ich bin eher dumm.«

Überrascht fragte sie: »Hast du denn keine guten Schulnoten?«

»Doch, schon«, erwiderte er. »Die besten. Aber das bedeutet gar nichts.«

Kein weiteres Argument der Betreuerin konnte Dustin von der Überzeugung abbringen, die er für unumstößlich hielt: Er hielt sich weiterhin für dumm.

Woher hatte Dustin diese Idee, die den Tatsachen widersprach? Ganz einfach: von seinem älteren Bruder. Bei sich zu Hause wurde Dustin permanent mit Zetteln konfrontiert, auf denen stand: »Dustin ist ein Trottel.« Mitten in seiner Erzählung singt mir Dustin diesen Satz vor. »Irgendwie wusste ich ja, dass Allen mich aufzog«, bemerkt er dann. »Ich wusste, dass er mich nur ärgern wollte. Aber andererseits kam ich mir wirklich dumm vor.« Es dauerte viele Jahre, fast bis ins Erwachsenenalter, bevor es Dustin aufging, dass die Frotzeleien seines Bruders nichts mit der Realität zu tun hatten.

Dustin konnte erst sehr spät seine Vergangenheit beeinflussen, indem er sie umdeutete. Und durch eine Neurahmung wiederum können sich die Auswirkungen der Vergangenheit ändern.[116]

Pauline erzählte mir, dass ihr Vater sich immer aus dem Familienkreis ausgeschlossen fühlte. Der Kern, behauptete er, bestehe aus seiner Frau und ihren Schwestern. Ihr Vater beklagte sich, dass alle verstummten, wenn er hereinkam. Und weil sie zu reden aufhörten, sobald er auftauchte, war er überzeugt, dass sie über ihn geredet hatten. Pauline ging lange Zeit davon aus, dass ihr Vater Recht hatte, doch rückblickend hielt sie auch eine andere Deutung für möglich. Frauen, die ein Beziehungsgespräch führen, neigen dazu, zu verstummen, wenn jemand hereinkommt – nicht etwa, weil sie über die Person gelästert haben, sondern weil Beziehungsgespräche persönliche Themen behandeln und daher privat sind. Das Schweigen richtete sich vermutlich nicht gegen den Vater, obwohl sie nachvollziehen konnte, warum er das dachte.

Das Prinzip der Neurahmung half Pauline auch dabei, ein vermeintliches Versäumnis ihrer Mutter anders auszulegen. Paulines Mutter hatte für ihre jüngeren Schwestern Verantwortung getragen, wenn ihre Mutter arbeitete. Nachdem Paulines Mutter geheiratet und zwei eigene Töchter hatte, stellte sie ihre jüngeren Schwestern und auch deren Kinder immer noch über die eigene Familie, die sie wie eine Erweiterung ihrer selbst empfand. Pauline erinnerte sich, dass ihre Mutter einmal zwei Kleider kaufte, eins für sie und eins für ihre Cousine Marny, die Tochter der jüngsten Schwester der Mutter. Die Mutter überließ Marny die erste Wahl – und Marny wollte beide Kleider haben. Also bekam Marny beide, und Pauline ging leer aus. Obwohl Pauline die Erinnerung daran immer noch etwas kränkt, konnte sie den Vorgang anders bewerten, als sie ihn in einem neuen Rahmen betrachtete: Das Verhalten der Mutter hatte weniger mit ihren Gefühlen für Pauline zu tun, als mit der Verantwortung, die die Mutter als ältere Schwester fühlte.

Auch E-Mails eröffnen neue Kommunikationswege unter Geschwistern. Kira, eine Frau in den Vierzigern, telefonierte früher zweimal im Jahr mit ihrem Bruder. Jetzt haben beide E-Mail und sie tauschen mindestens einmal wöchentlich, manchmal bis zu viermal täglich Nachrichten aus. Anlässlich des neuen Mediums hat Kira den Mut gefunden, den Bruder sofort zu konfrontieren, wenn er ihre Gefühle verletzt. Wenn er früher etwas Beleidigendes zu ihr sagte, zog sie sich zurück. Jetzt erzählt sie ihm per Mail »Du hast mich gekränkt«, und erhält umgehend eine Entschuldigung. So schrieb er einmal: »Tut mir Leid, ich war ein Idiot. Ich bin immer noch nicht ganz erwachsen.« Wenn das geklärt ist, kann sie wieder normal mit ihrem neunzehn Monate jüngeren Bruder per Mail »reden«. Was für ein Gegensatz zur Vergangenheit, als die Erinnerung an seine Geringschätzung weiter schwelte und sie davon abhielt, ihn wieder anzurufen.

Unser Platz in der Geschwisterkonstellation beeinflusst ein Leben lang die Art und Weise, wie wir miteinander sprechen. Das Verständnis dieser Zusammenhänge eröffnet uns Einsichten, durch die Neurahmungen möglich werden: Dann können wir neu interpretieren, was unsere Geschwister sagen oder unsere eigene Sprechweise ändern, um die Beziehungen zu unseren Geschwistern neu zu gestalten und zu verbessern.

9

Fremde in der Familie

In Babylon wird neu gebaut

Der erste Kommentar, den Arthurs Mutter über dessen Zukünftige abgab, lautete: »Grace redet mehr als wir.«

Wir – das kleine Wörtchen, das einen Schutzwall um die Familie zieht und »uns« von »denen da draußen« – den Fremden – trennt. Arthurs Eltern, von schwedischer und englischer Abstammung, pflegen untereinander das, was ich einen höchst rücksichtsvollen Stil nenne. Danach ist es die erste Pflicht des Sprechers, sich anderen nicht aufzudrängen. Grace, die von ihrer frankokanadischen Mutter beeinflusst ist, hat einen Stil, bei dem ein Sprecher vorrangig Interesse und Begeisterung zeigen muss, er ist von größtmöglicher Involviertheit geprägt. In der Bemerkung der künftigen Schwiegermutter über den Unterschied im Gesprächsstil steckte ein kleiner Stein des Anstoßes, der sich erst nach jahrelanger gemeinschaftlicher Anstrengung von Arthur und Grace wegräumen ließ.

Offensichtlich finden manche es liebenswert, wenn man ihnen gleich einen Strauß aus Wohlwollen und Interesse entgegenstreckt, anderen ist das ein Dorn im Auge. Wenn zu viel Reden als störend empfunden wird, dann kann zu wenig auch verletzend wirken. Immer wenn Mildred ihren Sohn anrief, verkrampfte sie sich, sobald die Schwiegertochter ans Telefon kam. Ein typischer Dialog lautete: »Hallo, Jill. Wie geht's?« Jills Antwort: »Danke, gut. Ich gebe dir Harvey.« Mildred fand Jills Art herzlos, ja sogar brutal, wie sie ihren Sohn wissen ließ. Der sprach Jill daraufhin an, die den Vorwurf unbegründet fand.

»Ich habe doch höflich geantwortet«, meinte Jill. »Was ist denn gegen ›danke, gut‹ einzuwenden? Was will sie denn?« Mildred störte sich aber nicht an Jills Worten, sondern an dem, was sie nicht gesagt hatte – etwas Freundliches wie: »Ach, hallo, Mildred. Und wie geht's dir?« Mildred erwartete eine herzlichere Reaktion – irgendetwas, woraus erkennbar war, dass Jill sich freute, von ihr zu hören, irgendetwas, um das Gespräch ein paar Minuten in Gang zu halten, bevor sie den Hörer weitergab. Was Mildred ärgerte, war nicht so sehr die Mitteilung »danke, gut«, als vielmehr die Metamitteilung, die sie wahrzunehmen glaubte, nämlich dass Jill das Gespräch abkürzen – und sie möglichst schnell loswerden wollte.

Dolores beklagt sich bei Burt: »Deine Eltern interessieren sich nicht für mich. Sie fragen nie, was ich mache. Manchmal glaube ich, ich bin einfach nur Luft für sie.«

»Natürlich haben sie Interesse an dir«, versichert Burt. »Sie freuen sich bestimmt, wenn du ihnen was von deiner Arbeit erzählst.«

»Ich kann doch nicht ungefragt loslegen«, widerspricht Dolores.

»Ich wiederum fühle mich angegriffen, wenn deine Familie loslegt«, kontert er. »Sie feuern eine Salve von Fragen ab, und ich weiß gar nicht, worauf ich zuerst antworten soll.«

»Fang einfach irgendwo an«, rät sie ihm. »Du brauchst nicht alles zu beantworten; such dir einfach was aus.«

Obwohl Dolores und Burt davon überzeugt sind, dass sie darüber reden, was für Menschen ihre Eltern sind und wie ihre Schwiegereltern über sie denken, haben sich Dolores und Burt in dem Netz verfangen, das ich »Unterschiede im Gesprächsstil« nenne. Und wie die Fliege, die sich immer mehr im Spinnennetz verheddert, wenn sie sich zu befreien versucht, macht man das Problem eines unterschiedlichen Gesprächsstils manchmal immer schlimmer, wenn man anstrebt, es zu verbessern. Der Grund, warum Dolores' Eltern ihre Fragen gleich einem Maschinengewehr abfeuern, wenn sie mit Burt sprechen, liegt in seiner zögernden Art begründet. Doch er zögert, weil ihn das Tempo der Fragen irritiert. Mit seiner Verlangsamungstaktik will er Zeit herausschinden, seine Schwiegereltern bremsen. Aber das wissen sie natürlich nicht, darum strengen sie sich noch mehr an, die Frage zu finden, die ihn zum Sprechen bringt – Anstrengungen, die er als Angriff empfindet und die ihn in die Defensive drängen. Burts Eltern für ihren Teil sind zu dem Schluss gekommen, dass Dolores nicht gern über sich redet. Sie geben sich besondere Mühe, nicht aufdringlich zu erscheinen, um ihre vermeintliche Privatsphäre nicht zu verletzen.

Dolores und Burts Ehe wurde aus unterschiedlichen Metallen geschmiedet: Sie ist eine forsche New Yorkerin, deren jüdische Großeltern aus Polen und Russland eingewandert sind; er ist ein zurückhaltender Mann aus Minnesota, dessen skandinavische Abstammung weit zurückliegt, sich aber trotzdem niederschlägt. Die Legierung, die sich daraus ergibt, wird – größtenteils – durch ihre Unterschiede gestärkt. Mit kleinen Einschränkungen empfindet sie seine ruhige Art als wohltuend, und er erliegt meist ihrem extrovertierten Charme, auch wenn er sich manchmal davon überfordert fühlt. Aber ohne das Fundament romantischer Liebe reagieren ihre beiden Familien auf die Stilunterschiede mit großer Fassungslosigkeit statt mit nachsichtiger Faszination.

•••• Multikulturelles Sprechen

»Wäre die Welt nicht besser, wenn wir alle genau sagen würden, was wir meinen?«, fragt man mich oft. Darauf antworte ich: »Tun wir doch!« Wir sagen, was wir meinen. Aber wir sagen es in unseren eigenen Gesprächsstilen. Das klappt wunderbar, wenn wir mit jemandem reden, der einen ähnlichen Stil hat wie wir selbst, aber es stiftet Verwirrung, wenn wir mit anderen Gesprächsstilen konfrontiert werden.[117]

Gesprächsstil ist mein Terminus für die vielen Sprechweisen, die bestimmen, wie wir sagen, was wir meinen: Wie schnell oder wie langsam, wie leise oder wie laut wir sprechen; in welchem Tonfall oder mit welchem Klang; wie relativ direkt oder indirekt wir sind, wenn wir Wünsche äußern, Ratschläge erteilen oder Sorge ausdrücken; worüber wir Geschichten erzählen oder Witze machen; wie wir auf den Punkt kommen; und wie sich unser Faible für oder unsere Scheu vor Konfrontationen, Sarkasmus, Ironie und Unterbrechung gestaltet.

Der Gesprächsstil ist in der Regel unsichtbar. Wir ziehen keine Schlussfolgerungen über Sprechweisen, sondern über die Personen, die gesprochen haben. Wir gehen nicht von einem Gespräch weg und denken: »Mein Gott, war das aber mühsam! Wir hatten anscheinend unterschiedliche Vorstellungen davon, wie lang die Pause zwischen zwei Sprecherwechseln sein sollte. Der andere hat offenbar erwartet, dass sie eineinhalb Sekunden kürzer ist, als ich es gewohnt bin. Von daher war es schwierig für mich, auch mal zu Wort zu kommen.« Stattdessen fällen wir negative Urteile über die Absichten unserer Gesprächspartner (»Sie mag mich nicht«; »Er hat mich nicht zu Wort kommen lassen«); über ihren Charakter (»Er ist ein selbstbezogener Langweiler«; »Sie ist unglaublich schüchtern im Gespräch«) oder ihre Fähigkeiten. (Ich hörte mal eine junge, schnell redende Professorin über einen weltberühmten Gelehrten sagen, der eher langsam sprach: »Er ist nicht sonderlich helle.«) Unsere eigenen guten Absichten halten wir dagegen für selbstverständlich.

Wir entwickeln unseren Gesprächsstil, während wir aufwachsen und sprechen lernen. Er wird von sozialen Unterschieden beeinflusst, von dem ethnischen Hintergrund und dem Ort, in dem wir unsere Jugend verleben.

Ich habe Bücher darüber geschrieben, wie der Gesprächsstil Beziehungen aufbauen und zerstören kann. Doch nirgendwo wiegen die Auswirkungen von Stilunterschieden schwerer als in der Familie, wo so viel von der Qualität unserer Beziehungen abhängt. Missverstanden zu werden ist und bleibt frustrierend, egal, mit wem man redet. Aber wenn der Mensch, der die eigenen Absichten falsch deutet, sogar der Lebenspartner oder die Partnerin ist, der Mensch, den man als wichtigstes Bollwerk gegen die Probleme der Welt betrachtet, dann ist diese Erfahrung besonders schmerzlich.

Es mag mal eine Zeit gegen haben, als man innerhalb einer homogenen Gemeinschaft heiratete, aber immer mehr von uns heiraten oder leben mit Menschen aus anderen Kulturkreisen zusammen – was bedeuten kann, dass völlig unterschiedliche Lebenshintergründe aufeinander treffen. Wenn Eltern Kinder in einem anderen Land der Welt oder einem anderen geografischen Gebiet aufziehen als in dem, in dem sie selbst groß wurden, können Differenzen im Gesprächsstil die Quelle für generationsübergreifende Frustrationen sein. Multikulturelle Beziehungen können bedeuten, dass selbst die intimsten Gespräche anfällig für Missverständnisse werden.

Im Prinzip gehen wir offen und freundlich auf andere zu, betrachten jeden Menschen als Individuum. Aber öfter als wir uns eingestehen wollen, beurteilen wir andere über die gesellschaftlichen Gruppen, für deren typische Vertreter wir sie halten. Wenn Unterschiede im Gesprächsstil einen negativen Eindruck hinterlassen, zieht man leicht Schlussfolgerungen, die sich nicht nur auf das Individuum beziehen, das auf eine bestimmte Art gesprochen hat, sondern auf die ganze Gruppe, die wir mit dieser Einzelperson in Verbindung bringen. Anders ausgedrückt: Sprechweisen führen auch zu Klischeevorstellungen. Besonders dienlich ist dabei das Sprechtempo. Dazu folgende Anekdote über einen Mann aus Häme, einem Landstrich in Finnland:

Ein Mann aus Häme kommt in das Haus eines Nachbarn, sitzt eine ganze Weile da, bevor ihn der Nachbar fragt, warum er denn gekommen sei. Da antwortet der Besucher: »*Ich wollte dir sagen, dass dein Haus brennt.*«

Die finnischen Linguisten Jaakko Lehtonen und Kari Sajavaara erzählen diese Geschichte nicht, um Vorurteile gegen die Menschen aus Häme zu verstärken, sondern um zu illustrieren, dass das für die Bewohner von Häme typisch langsamere Sprechtempo ein Bild von ihnen entstehen ließ, das in die folkloristischen Aspekte von Geschichte eingegangen ist.[118]

Überall auf der Welt neigen Menschen oder sogar ganze Bevölkerungsgruppen dazu, langsamer zu sprechen als andere. Und überall werden die langsamer sprechenden von den schneller sprechenden Gruppen als dumm eingestuft und die schneller sprechenden als aggressiv empfunden. Lehtonen und Sajavaara bemerken, dass man in Deutschland mit den langsamer sprechenden Ostfriesen so verfährt, in Frankreich ist es die Einstellung gegenüber Belgiern, unter Schweizern richtet es sich gegen die Einwohner von Bern oder Zürich, und in Finnland betrifft es, wie wir gesehen haben, die Landsleute aus Häme – obwohl die Finnen ihrerseits bei den benachbarten Schweden im Ruf stehen, langsam und dröge zu sein.

In den Vereinigten Staaten findet man diese Aufteilung in dem Klischee vom zuvorkommenden, aber langweiligen Südstaatler und vom forschen, aggressiven New Yorker. Die rasant sprechende Professorin, die einen langsamer sprechenden Kollegen als »nicht besonders helle« einstufte, war in New York City geboren und aufgewachsen, wo man geistige Beweglichkeit mit schneller Sprechweise gleichsetzt.

Der Gelehrte, den sie so falsch einschätzte, stammte aus Neuengland, wo langsames Sprechen nicht als Dummheit, sondern als Zeichen von Nachdenklichkeit gilt.

.... Alles ist relativ

Unterschiede im Gesprächsstil sind immer relativ. Nie absolut. Ein und dieselbe Person kann in einem Gespräch wie ein Bulldozer auftreten und in einem anderen kein einziges Wort herausbringen. So merken Lehtonen und Sajavaara an, dass es Finnen schwer fällt, mit Schweden ins Gespräch zu kommen, aber Schweden dasselbe Problem mit Amerikanern haben.

Mein Kollege Ron Scollon wuchs in Detroit auf, ich in Brooklyn. Wenn er mit mir spricht und scheinbar zum Ende kommt, muss ich noch bis sieben zählen, sonst unterbreche ich ihn unabsichtlich. Suzanne Scollon, Rons Frau, ist Hawaiianerin chinesischer Abstammung; sie braucht noch längere Pausen als er. Wenn sie miteinander reden, ist es Suzanne, die protestiert: »Unterbrich mich nicht!« und: »Du stellst mir eine weitere Frage, bevor du mir überhaupt Gelegenheit gibst, die erste zu beantworten!« Ron und Suzanne Scollon haben bei den Athabaskanern in Alaska gearbeitet. Im Gespräch mit diesen Menschen verwandelte sich Suzanne in eine Konversationsdampfwalze, da die Athabaskaner noch längere Schweigepausen einlegen, als selbst Suzanne ertragen kann.

Doch damit ist die Geschichte noch nicht zu Ende. Die Scollons luden mich zu einem Workshop in Alaska ein, anschließend schickten sie mich mit dem Flugzeug in ein Dorf der Athabaskaner, nach Fort Yukon, das gerade noch innerhalb des nördlichen Polarkreises liegt. Sie waren neugierig, wie jemand wie ich, die eine angenehme Unterhaltung für das höchste der Gefühle hält, sich als Fremde in einer Umgebung fühlt, in der man nicht mit Unbekannten spricht. Wie sie erwartet hatten, war ich davon völlig entnervt. Nach stundenlangen fruchtlosen Versuchen, ein Gespräch anzufangen, gab ich auf und rief bei den amerikanischen Missionaren im Ort an.

Unterschiede im Gesprächsstil können reizvoll sein, wenn sich Menschen zum ersten Mal begegnen, denn Gegensätze ziehen sich bekanntlich an. Nach längerem Zusammenleben geben Unterschiede nicht mehr nur Anlass zur Faszination, sondern auch zur Frustration. Doch die unterschiedlichen Gewohnheiten im Sprachgebrauch, durch die man seine Intentionen zeigt und sagt, was man meint, werden besonders problematisch, wenn größere Familienverbände zusammenkommen.

Ein frisch verliebtes Paar zum Beispiel freute sich sehr, dass ihre jeweiligen Geschwister – sie hatte einen Bruder namens Gary und er eine Schwester mit Namen Leslie – sich kennen lernen sollten. Aber als Leslie und Gary sich zum ersten Mal begegneten, hatte Leslies Art, ihr Interesse an Gary zu bekunden, den gegenteiligen Effekt. Sie stellte eine Reihe von Fragen, die eine Metamitteilung von Begeisterung und Unkompliziertheit aussenden sollten. Die Metamitteilung, die Gary aber wahrnahm, ließ ihn Maschinengewehre assoziieren.[119]

Leslie begann das Gespräch, indem sie Gary fragte, woher er angereist war: »Kommst du aus Chicago?«

Gary antwortete zögerlich und knapp: »Ja.«

»Was machst du da?«, fragte Leslie als nächstes.

»Ich ... äh ... äh ... bin Anwalt«, antwortete er und brach ab.

»Spezialisiert auf ...?«, fragte sie. »Vertragsrecht? Prozesse?«

»Ich ... äh ... Vertragsrecht«, erwiderte er.

Leslie fragte mit hellem Ton und knapper Syntax, die für sie selbst implizierten: »Ich bin nett und unkompliziert. Antworte, was immer du magst.« Ihre Fragen zielten nicht auf spezifische Antworten, sie sollten nur Interesse signalisieren. Sie wollte ihrem Gegenüber Gelegenheit zur Selbstdarstellung geben, und nahm an, dass Menschen gerne reden, besonders über sich selbst. Tatsächlich wusste Leslie bereits (von ihrem Bruder), woher Gary kam und welchen Beruf er ausübte, aber aus ihrer Sicht zeigte sie durch diese Fragen auf freundliche Art, dass sie darauf brannte, seine Bekanntschaft zu machen.

Gary dagegen fühlte sich von Leslies Fragen nicht aus der Reserve gelockt, sondern in die Mangel genommen wie bei einem Verhör. Hinzu kommt, dass Gary nicht gerne von sich redet, zumal ihn die schrille und knappe Art der Fragen aus dem Konzept brachte. Die Metamitteilung, die er heraushörte, war weder Unkompliziertheit noch Freundlichkeit, sondern einzig und allein Aggressivität. Gerade die überfallartigen Fragen ließen ihn ins Zögern kommen – darum geriet er ins Stottern und schien sich nicht ausdrücken zu können, nicht einmal über seine eigene Arbeit. Diese Sprecherkonstellationen gaben dem Dialog einen seltsamen Rhythmus. Statt Frage-Antwort-Pause und erneut Frage-Antwort-Pause war er: Frage-Pause. Antwort-Frage-Pause.

Diese Unausgewogenheit ist ein Beispiel für die komplementäre Schismogenese, wie ich sie in Kapitel 4 beschrieben habe. Leslie und Gary reagierten beide auf den Sprachmodus des anderen, wobei sich beide gedrängt fühlten, ihren gewohnheitsmäßigen Stil immer weiter auf die Spitze zu treiben. Leslies Tempo ließ Gary zögern, auf Grund seines Zögerns strengte sie sich noch mehr an, die richtige Frage zu finden, um ihn anzuknipsen. Das ist typisch, wenn Stile verschieden sind: Da man nicht daran denkt, den eigenen Stil zu ändern, verschlimmert man die Sache nur. Darum ist die komplementäre Schismogenese eine sich gegenseitig verstärkende Spirale.

Gary und Leslie erkannten nicht, dass sie auf ihr gegenseitiges Verhalten reagierten. Ähnlich erging es einer amerikanischen Familie, die in einem Sommer einen Neffen aus Norwegen zu Gast hatte. Sie fand ihn mürrisch und wortkarg. Seine Tante redete immer mehr, in dem Bemühen, den Neffen dazu anzuregen, *irgendetwas* zu sagen. Es kam ihr nicht in den Sinn, dass er anfangen würde zu reden, wenn sie nur einmal still wäre. Und er merkte nicht im Geringsten, dass gerade sein Schweigen sie noch mehr anfeuerte.

Aber nicht nur das Tempo eines Gesprächs, sondern auch worüber und wie Leute reden, kann Konfusion stiften, wenn Familien mit unterschiedlichem Hintergrund aufeinander treffen. Man bietet kleine Appetithäppchen an, um Lust auf Interaktion zu wecken, aber wenn es eine ungewohnte Kost ist, kann einem davon auch schlecht werden.

Menschen, die in verschiedenen Ländern aufgewachsen sind, haben oft sehr verschiedene Vorstellungen von Themen, die sich für eine angenehme Plauderei mit Menschen eignen, die man gerade kennen lernt. Die Linguistin Heidi Byrnes hat festgestellt, dass für Deutsche die besten Gesprächsthemen Politik und Religion sind und es ihnen am meisten Spaß macht, darüber zu debattieren. Die meisten Amerikaner können sich nicht vorstellen, mit Menschen, die sie erst kurzfristig erlebt haben, über Religion und Politik zu diskutieren, teils weil sie das für zu persönlich halten, teils weil diese Themen vermutlich zu Streitgesprächen führen. In gewisser Weise zeigt dies, dass Streitgespräche sowohl ein Ausdruck von Kontrolle (sie fordern Konkurrenz heraus) als auch von

Bindung (Streiten ist etwas zu Intimes, um es mit einem Fremden zu tun) sind.

Byrnes fand heraus, dass amerikanische Austauschschüler verstummten, sobald deutsche Schüler mit ihnen über Politik oder Religion reden wollten. Das Ergebnis? Die deutschen Schüler schlossen daraus, dass Amerikaner keine Meinung haben, und die amerikanischen Schüler kamen zu der Ansicht, dass Deutsche keine Manieren haben. Ähnliches kann sich innerhalb einer Familie abspielen, wo die eine Hälfte gern über Politik Dispute entfacht, und die andere findet, dass nur noch eins furchtbarer ist, als über Politik zu reden, nämlich sich mit Menschen zu streiten, die man kaum kennt.

Eine Britin, die einen Amerikaner heiratete, erlebte eine vergleichbare Situation bei einem Familientreffen. Ihre britischen Verwandten fanden ihre neuen amerikanischen Familienmitglieder selbstentblößend bis zur Peinlichkeit, da sie ohne Umschweife persönliche Themen mit der neu erworbenen Verwandtschaft besprachen. Die Mutter der Britin war zum Beispiel schockiert, als die Mutter des Schwiegersohns anfing, sich über ihre Eheprobleme auszubreiten. Andererseits hatten seine Eltern den Eindruck, dass man mit den neuen britischen Verwandten nicht warm wurde, weil sie so reserviert und kalt waren, dass man keine Gemeinsamkeiten mit ihnen finden konnte. Aus der Perspektive des Bindungskontinuums fand die britische Familie, dass sich die Amerikaner auf eine für ihren Geschmack zu plump-vertrauliche Weise benahmen, geradezu unpassend, wenn man bedachte, dass man sich gerade erst kennen lernte; und die Amerikaner fanden ihre neuen britischen Verwandten zu distanziert, was unschicklich war, da man doch jetzt zu einer Familie gehörte.

Die Briten argwöhnten bei ihren neuen amerikanischen Verwandten eine ganz persönliche Schrulle, die jene dazu trieb, mit quasi wildfremden Leuten über höchst intime Dinge zu reden. Doch dieses Verhalten ist unter Amerikanern weit verbreitet, was Nichtamerikaner oftmals verblüfft. Manche finden es liebenswert, andere schwierig.

Fehlurteile sind immer betrüblich, aber wenn die Menschen, die man falsch einschätzt, Familienangehörige sind, steht einem im wahrsten Sinne des Wortes eine Menge Ärger ins Haus. Doch wenn man erkennt, dass das, was sich dahinter verbirgt, nicht unbedingt ein Zeichen für einen schlechten Charakter oder für eine böse Absicht ist, können Familien allmählich lernen, die Anstrengungen der Gegenseite zu würdigen, auch wenn sie nicht immer Anklang finden.

•••• Multikulti in derselben Kultur

In *Du kannst mich einfach nicht verstehen* habe ich detailliert beschrieben, wie schon das Aufwachsen als Mann oder Frau in gewisser Weise ein Aufwachsen in verschiedenen Welten darstellt und unterschiedliche Gesprächsstile zur Folge hat. Entsprechend kann es auch bei scheinbar gleicher Herkunft dennoch leichte Abweichungen auf Grund ethnischer, regionaler oder schichtspezifischer Einflüsse geben, oder einfach aus dem Grund, dass jede Familie ihren individuellen Stil entwickelt.

Selbst Partner, die erklärtermaßen aus dem gleichen Kulturkreis stammen, können verschiedene Auffassungen darüber haben, wie man Interesse bekundet. Vor einiger Zeit beklagte sich eine Journalistin bei mir: »Immer, wenn ich in Gegenwart von Fremden etwas berichten will – selbst etwas, das nur ich erlebt habe –, fällt mein Mann mir ins Wort. Er steuert Einzelheiten bei und erzählt die Geschichte am Ende selbst. Ich werde dann richtig sauer, weil er glaubt, ich kann nichts beschreiben.«

Ich bot ihr eine Erklärung an: »Vielleicht will er die Geschichte gar nicht *für* Sie erzählen, sondern *gemeinsam mit* Ihnen.«

»Das behauptet er auch immer«, erwiderte sie ohne Überzeugung. »Aber ich sage ihm immer, Geschichtenerzählen ist kein Mannschaftssport.«

Menschen mit einem stark involvierten Gesprächsstil sehen das anders, erklärte ich. Wenn man der Ansicht ist, dass ein guter Gesprächspartner sein Engagement zeigen muss, dann ist es viel lebendiger, dem geliebten Menschen ins Wort zu fallen und mit ihm zusammen zu sprechen, als stumm abzuwarten, bis er ausgeredet hat. Ein engagierter Partner wird sein Interesse zeigen, indem er seinen Teil zur Geschichte beisteuert. Vielleicht übernimmt der

Mann dieser Journalistin die Gesprächsführung, weil sie einen Rückzieher macht und damit ihm das Feld allein überlässt. Ich hatte den Eindruck, dass die Journalistin zu einem sehr rücksichtsvollen Stil neigte, während ihr Mann vermutlich zu einem sehr involvierten Stil tendierte.

Während ich diese Muster erläuterte, erwähnte ich auch, dass dieser Zusammenprall von Gesprächsstilen relativ häufig vorkommt, wenn Sprecher mit einem stark involvierten Stil wie Italiener, Armenier, Afro-Amerikaner, Russen oder New Yorker auf Sprecher mit einem höchst rücksichtsvollen Stil wie Deutsch-Amerikaner, Skandinavier oder Neuengländer treffen. »Tja«, meinte die Journalistin, »wir sind beide New Yorker Juden.«

Ich fragte: »Ist Ihre Familie deutsch-jüdisch und seine russisch oder polnisch?«

Das bejahte sie, und das war die Erklärung. Die Sprechgewohnheiten seiner Familie standen unter dem osteuropäischen und der ihrer Familie unter nordeuropäischem Einfluss.

Ein anderes Paar, das von der Annahme ausging, denselben Hintergrund zu haben, stellte fest, dass die Unterschiede in ihrem Gesprächsstil ausreichten, um Konflikte mit angeheirateten Verwandten auszulösen. Die bevorstehenden Feiertage riefen in Maria ungute Erinnerungen wach. Sie entstammte der ersten Generation einer mexikanisch-amerikanischen Familie aus Südtexas. Ihr Mann Eduardo war ein mexikanischer Amerikaner der zweiten Generation aus Kalifornien. Maria lud ihre Schwiegereltern gerne zu Weihnachten ein, aber es passte ihr nicht, dass die Schwiegermutter praktisch das gesamte Weihnachtsessen vorkochte und fix und fertig mitbrachte. Das schien zu implizieren, dass Maria nicht kochen konnte.

Maria versuchte, der Schwiegermutter durch die Blume zu sagen, was sie dabei empfand. »Du sollst dir doch nicht so viel Umstände machen«, sagte sie. »Ich habe jede Menge Essen da.«

Eduardos Mutter versicherte dann jedes Mal, dass sie gern Essen mitbringe. Maria könne ihre Vorräte ja an einem anderen Tag verwenden. Schließlich gab Maria ohne Umschweife zu verstehen, dass sie lieber selbst kochen wolle. Die Schwiegermutter akzeptierte das, aber Maria war wütend, dass sie zur Unhöflichkeit gezwungen worden war. Sie beklagte sich bei Eduardo: »Warum muss ich bei ihr mit der Tür ins Haus fallen?«

Eduardos Mutter wollte Maria nicht zu einer unverblümten Redeweise zwingen, weil sie ihre Schwiegertochter unbedingt in Verlegenheit bringen wollte. Sie hatte Marias zarte Andeutungen tatsächlich nicht verstanden, weil in ihrer Familie offener gesprochen wurde. Diese Unterschiede können ein persönliches Stilmerkmal oder typisch für den Familienstil gewesen sein, aber vielleicht sind sie auch durch ethnische Einflüsse entstanden. Obwohl Maria und Eduardo beide Amerikaner mexikanischer Abstammung sind, war die mexikanische Gemeinde in Texas geschlossener, während Eduardos Gemeinde in Kalifornien sich ethnisch gemischt hatte. Außerdem war Eduardos Familie schon eine Generation länger im Land.

Wenn es Maria nicht gefiel, ihre Schwiegermutter so direkt anzugehen, so hatte sie auch Einwände gegen die Art, wie Eduardo mit ihrer Mutter sprach. So erklärte er ganz ehrlich, als die Schwiegermutter ihn fragte, ob er sie am Weihnachtstag zu einigen anderen Verwandten fahren könnte: »Dafür ist keine Zeit.« Eine Bitte so schroff abzuschlagen, fanden Maria und ihre Mutter herzlos; er hätte zumindest seinen guten Willen zeigen und sagen sollen: »Ich würde dir ja gerne helfen. Warten wir mal ab, wie der Tag läuft. Mal sehen, ob wir's schaffen.« Er hätte sich immer noch weigern können, wenn es so weit gewesen wäre (seine zögernde Antwort hätte sie darauf vorbereitet), aber wenigstens hätte er seine Bereitschaft signalisiert.

Sprechweisen zu ändern ist schwer – es sei denn, man betrachtet sie eher als erlernten Stil und weniger als Charaktermerkmal. Wir fühlen alle, dass eine bestimmte Redeweise uns als eine bestimmt Art Mensch ausweist; eine andere Redeweise würde die Persönlichkeit verändern. Maria wollte nicht offen mit ihrer Schwiegermutter reden, weil sie sich dadurch tatsächlich unhöflich fand. Und Eduardo fühlt sich als Heuchler, wenn er etwas verspricht, obwohl er weiß, dass er es nicht halten kann. Wenn die beiden sich damit abfinden, dass sie unterschiedliche Gesprächsstile haben, können sie mit den Schwiegereltern anders sprechen, ohne sich zu kompromittieren.

Wenn Eltern ihre Kinder woanders als in der eigenen Heimat

aufziehen, können Eltern und Kinder verschiedene Auffassungen von höflicher und korrekter Redeweise haben: Für die Eltern ist Norm, was sie selbst als Kinder gelernt haben, während die Kinder die Normen des Ortes verinnerlichen, an dem sie aufwachsen.

Vincent schämte sich immer, wenn er mit seiner Mutter in einem Kaufhaus war und sie eine Frage stellen wollte wie »Wo ist die Schuhabteilung?« oder »Um wie viel Uhr schließen Sie?«. Typischerweise marschierte sie dann geradewegs auf den nächsten Verkäufer zu und fragte ihn – auch wenn der gerade eine andere Kundin bediente. Oft bekam sie darauf eine kühle Abfuhr: »Sie kommen an die Reihe, wenn ich diese Kundin bedient habe.« Seine Mutter grummelte dann etwas über »unhöfliches Verkaufspersonal«, aber Vincent fand, dass seine Mutter diese Behandlung verdient hatte. Sie hätte seiner Ansicht nach nicht dazwischenreden dürfen. Weder Vincent noch seine Mutter ahnten, dass das Missverständnis in regional unterschiedlichen Gesprächsstilen lag.

In New York City, wo Vincents Mutter aufwuchs und als junge Frau lebte, gilt es als vollkommen normal, ein Verkaufsgespräch zu unterbrechen, um eine kurze Frage zu stellen, die sich mit einem Satz beantworten lässt. Da der Frage-Antwort-Austausch nur einen Augenblick dauert, erscheint es New Yorkern als selbstverständliche *Höflichkeit*, einer Kundin Auskunft zu geben, statt sie unnötig warten zu lassen. Nach dieser Denkweise wäre es einfach unlogisch, jemanden warten zu lassen, bis ein ausgedehntes Gespräch zu Ende ist, wenn sich seine Frage im Nu beantworten lässt.

In Virginia dagegen, wo Vincent aufwuchs, gilt in dieser Situation ein höchst rücksichtsvoller Stil. Wer zuerst kommt, mahlt zuerst, das ist sein gutes Recht, ganz gleich wie lange andere deshalb warten müssen. Darum gilt es als Fauxpas, Kunden und Verkäufer zu unterbrechen. Für Vincents Mutter, wie für viele Sprecher mit einem involvierten Gesprächsstil, ist eine kurze Frage so wenig eine Unterbrechung, wie einem Tischnachbarn ins Ohr »Reich mir bitte das Salz« zu flüstern. Nur ein egozentrischer Mensch würde erwarten, dass man aufs Salz verzichtet, weil gerade ein Gespräch stattfindet.

Eine der Frustrationen beim Umzug in ein anderes Land oder einen anderen Landesteil ist, dass man seine Antennen nicht richtig eingestellt hat: Die Menschen reagieren unwirsch, wenn man glaubt, sich höflich zu verhalten, oder man bekommt nicht die erwartete Reaktion. Wenn man vom eigenen Kind falsch eingeschätzt wird (oder wenn man das Gefühl hat, die Eltern benähmen sich furchtbar daneben), muss man Gesprächsstile verstehen, um zu erkennen, was man grundlegend ändern muss – und um sich selbst zu beweisen, dass die geliebten Eltern und Kinder doch gute Menschen sind.

.... Von Fußangeln und Fettnäpfchen

Wenn Familien zusammenkommen, kann selbst die allerharmloseste Bemerkung ins Gewicht fallen, gerade dann, wenn die angeheirateten Verwandten sich alle erdenkliche Mühe geben, liebenswürdig zu sein oder einen guten Eindruck zu machen. Kommen die Ehepartner aus verschiedenen Kulturen, ergeben sich unendlich viele Möglichkeiten, die jeweilige Schwiegerfamilie ungewollt vor den Kopf zu stoßen.

Fragen oder Bemerkungen können leicht als Wünsche missverstanden werden. In diese Falle tappte ich bei den griechischen Eltern meines ersten Ehemannes. Bei einem meiner ersten Besuche wollte ich einfach nur unverbindlich mit ihnen plaudern und sagte: »Seltsam, seit ich hier bin, habe ich noch gar keine Trauben gesehen. Dabei denke ich bei Griechenland immer an Weintrauben.« Von da an gab es jedes Mal Trauben zum Nachtisch – große blaue, mit Kernen. Ich hatte sie nicht wahrnehmen können, weil es nicht die Jahreszeit für dieses Obst war. Sie schmeckten daher sauer und waren nur schwer zu bekommen. Ich mochte sie nicht, aber ich fühlte mich verpflichtet, sie zu essen, weil meine neuen Verwandten in ihrem Eifer, mir jeden Wunsch zu erfüllen, meine harmlose Bemerkung als indirekte Bitte aufgefasst hatten. Deshalb hatten sie weder Mühe noch Kosten gescheut, um die Trauben aufzustöbern.

Scheinbar todsicher ist das Rezept, einen guten Eindruck mit Komplimenten zu machen. Doch auf Grund kultureller Unterschiede kann man gerade damit ins Fettnäpfchen treten. Wer in Indien bewundert, was ein anderer hat, bekommt es geschenkt. So verlangen es die guten Sitten. Komplimente sind daher eine andere Art, um etwas zu bitten. Das erklärt die Reaktion einer Inderin, die ihren Sohn in Amerika besuchte, um ihre amerikanische Schwiegertochter kennen zu lernen.

Die jüngere Frau half der älteren beim Auspacken und bemühte sich, besonders aufmerksam und nett zu sein. Sie stieß lauter Entzückensschreie über die wunderschönen Saris und den handgefertigten Schmuck aus, den die Schwiegermutter aus dem Koffer zu Tage förderte. Die aber reagierte empört. »Was hat dein Bruder nur für eine Frau geheiratet?« beklagte sie sich bei ihrer in Indien gebliebenen Tochter. »Die will ja *alles* haben!«

Kulturelle Rituale für das Austauschen von Komplimenten können sehr subtil und unterschiedlich ausfallen. In *Töchter des Himmels* demonstriert Amy Tan, wie ein wohl meinender junger Amerikaner die chinesische Mutter seiner Verlobten beleidigt, weil sie nach altem Ritual ihre Kochkunst schlecht macht und er das für bare Münze nimmt:

> *Wie jede chinesische Köchin fand sie immer irgendetwas an ihrem Werk auszusetzen. An jenem Abend bemängelte sie ausgerechnet eine ihrer Spezialitäten, die sie immer mit besonderem Stolz auftischte: das gedünstete Schweinefleisch in eingelegtem Gemüse.*
>
> *»Ai! Da ist nicht genug Salz dran«, mäkelte sie nach dem ersten Bissen. »Ist ja ungenießbar.«*
>
> *Das war dann immer unser Stichwort, von dem Gericht zu kosten und es überschwänglich zu loben. Doch diesmal kam Rich uns zuvor: »Ach, das haben wir gleich, da fehlt nur ein bisschen Sojasauce.« Und damit kippte er einen ganzen Schwall von dem salzigen schwarzen Zeug über die Platte. Meine Mutter sah aus, als traute sie ihren Augen nicht.*[120]

Da dieser Unglückswurm von einem jungen Mann sich nicht in den Feinheiten der chinesischen Gesprächsrituale auskannte – wie sollte er auch –, trat er während des ganzen Essens von einem Fettnäpfchen ins andere. Erst erregte er Anstoß, weil er sich zu viel auf den Teller lud: Er bediente sich reichlich mit Krabben und Zuckererbsen, als die das erste Mal herumgingen, dabei hätte er sich doch aus Höflichkeit nur einen Löffelvoll auftun dürfen, bis alle etwas davon genommen hätten. Später nahm er zu wenig, was auch wieder falsch war. Einen Nachschlag lehnte er mit Dank ab, dabei hätte er seine Anerkennung zeigen und zweimal, dreimal, sogar viermal kleine Portionen nachnehmen müssen.

.... Spaß am Diskutieren

Wenn man sich zum gemeinsamen Essen im Familienkreis – dem eigentlichen Höhepunkt an Feiertagen – niederlässt, muss man nicht nur die Speisen, sondern auch seine Worte sorgfältig wählen. In vielen Familien lassen Diskussionen das Gespräch ersterben und müssen daher unter allen Umständen unterbunden werden. Andere Familien kultivieren die Lust an Frotzeleien. Man zieht sich gegenseitig gern auf, in einer Art dynamischem Wortwechsel. Eine meiner Studentinnen schilderte mir Folgendes:

> *Die Lieblingsbeschäftigung meiner Familie ist, sich zu bekabbeln und endlos zu diskutieren. In einer ziemlich typischen Unterhaltung zwischen mir und meinen Geschwistern geht es darum, wer von uns am dümmsten ist oder am meisten nervt. Sagte mein Vater etwa: »Der Tisch muss gedeckt werden«, entfachte das eine Diskussion unter uns Kindern. Wir forderten uns gegenseitig auf, sofort den Tisch zu decken, und ersannen triftige Gründe, warum wir selbst es leider nicht tun konnten.*

Die Studentin merkte allerdings an, dass sich der Wortwechsel stets unter Gleichrangigen abspielte: entweder unter den Geschwistern oder unter dem Vater und dessen Brüdern, nicht aber generationsübergreifend. Das muss man unbedingt bedenken, da alles, was in einer Familie gesagt wird, letztlich auf dem Koordinatensystem von Kontrolle und Bindung angesiedelt ist. Hierarchie und Nähe müssen ausgewogen sein. Wenn ein Außenstehender dazukommt und sich an den spielerischen Machtausübungen beteiligen will, begeht er womöglich einen fürchterlichen Fauxpas, wenn er diese nicht an einem der Töchter oder Söhne, sondern am Vater ausprobiert.

Wer selbst nicht aus einer diskussionsfreudigen Familie kommt, reagiert vielleicht schockiert – oder mit Angst – auf ein derartiges Spektakel. Charlotte, die im Mittleren Westen aufwuchs, erinnert sich, wie sie zum ersten Mal in Boston bei der Familie ihres italo-amerikanischen Ehemanns Tony zum Essen eingeladen war. Sie glaubte, mitten in eine Familienfehde hineingeraten zu sein, als ihr Worte und Hände um den Kopf flogen. Sie konnte Tonys Beteuerung kaum glauben, dass sich alle köstlich dabei amüsierten.

Als Tony Charlotte bei ihren Eltern besuchte, war er an der Reihe, sich zu wundern. Er wartete die ganze Zeit darauf, dass die Anwesenden sich im Gespräch zu einer einzigen plappernden Hydra vereinen würden, aber den ganzen Abend sprachen alle immer nur mit den unmittelbaren Tischnachbarn. Das bedeutete, dass die Unterhaltung völlig anders war: Der Lärmpegel war niedriger, der Informationsaustausch höher, es gab weniger Gelächter, und es gab kein lautes Geschichtenerzählen, bei dem alle wie gebannt lauschten. Das fand Tony nicht nur weniger lustig, es entsprach auch nicht seinen Vorstellungen von einer Familie als Einheit, in der sich die vielen Stimmen zu einem Chor vereinen.

.... Die Nach-Tisch-Sitten

Familien haben auch abweichende Vorstellungen vom Tischabräumen und was danach zu geschehen hat. Manchmal spiegelt sich in diesen Unterschieden die klassische Rollenverteilung wider. Ein moderner Mann, der aufsteht und den Frauen beim Abräumen des Tisches hilft, brüskiert möglicherweise die ältere Generation in einer Familie, in der die Männer sitzen bleiben – oder sich zum Zeitunglesen oder Fernsehen ins Wohnzimmer zurückziehen. Und die moderne Frau, die nicht daran denkt, ihren Mann – oder ihren Schwiegervater – von hinten und vorne zu bedienen, könnte die ältere Generation vor den Kopf stoßen, die das für die Pflicht der Ehefrau hält.

In einer Großfamilie marschieren die Männer und die Jungen immer nach Tisch hinaus, um Baseball zu spielen, während es die Frauen in die Küche zieht. Sie wollen sich lieber miteinander unterhalten und machen nebenbei den Abwasch. Natürlich gibt es auch Frauen, die lieber Baseball spielen, und Männer, die das Gespräch mit den Frauen einem Spiel vorziehen. Bei einer typischen Nach-Tisch-Szene finden wir den Vater und einen Schwager lesend im Wohnzimmer vor. Ein anderer Schwager arbeitet im Garten oder in der Garage, während die Frauen alle noch im Gespräch um den Tisch herum sitzen – bei ihnen ist ein einziger Mann, der sich lieber bei den Frauen aufhält.

In einer anderen Familie versammeln sich bei einem Treffen zwei Brüder, eine Schwester, deren Eltern, die jeweiligen Lebensgefährten und die Kinder. Der Kern der Familie versteht sich prima – aber die angeheirateten Partner sind eine andere Geschichte. Es ist wie bei einem Treffen der Vereinten Nationen, jeder befolgt Regeln eines Protokolls, das den anderen unbekannt ist. Als besonderer Gegenstand gegenseitiger Kritik erweist sich die Kindererziehung. Die italienische Schwägerin (die Frau des einen Bruders) überschüttet ihre Kinder mit Zärtlichkeiten, nimmt sie ständig in die Arme und küsst sie ab. Ihrer irisch-amerikanischen Schwägerin (im Familiensystem die Schwester) geht das gegen den Strich: Wo bleibt da die Disziplin? Wie sollen diese Kinder Rückgrat und Respekt entwickeln? So viele Streicheleinheiten können doch nicht normal oder gesund sein.

Gleichzeitig runzelt die japanische Schwägerin, die Frau des zweiten Bruders, die Stirn über die irisch-amerikanische Disziplinverfechterin, denn sie ist der Ansicht, diese sei zu streng mit ihren armen kleinen Kindern, die man gewähren und sich frei entfalten lassen muss, ohne dazwischenzufunken. Also lässt die Japanerin natürlich ihr Kind einfach herumlaufen und erregt damit den Unwillen aller Anwesenden.

. . . . »Die sind anders als wir«

In A. R. Gurneys Stück *The Dining Room* erklärt eine ältere Frau ihrem Enkel die feinen Tischsitten, an die man sich zu ihrer Zeit zu halten pflegte.[121] Als der Enkel sich nach Fingerschalen erkundigt, antwortet sie: »O ja, unsere Seite der Familie‹ verwendete immer Fingerschalen zwischen dem Salat und dem Dessert.«

»Unsere Seite der Familie« – Wie vollmundig das klingt! Denn

353

»unsere Seite« benutzte Fingerschalen. Die Bemerkung impliziert, »wir« waren etwas Besseres, Feineres, verdienten mehr Respekt. Wir hier oben, die da unten. Nichts hallt länger nach als die Andeutung, dass ein Clan einer höheren Gesellschaftsschicht angehört, also feiner als der andere sei.

Amerikaner reden selten über Klassenunterschiede, anders als Menschen in anderen Ländern. Doch die Unterschiede existieren auch in den Vereinigten Staaten und können verschiedene Sprechstile und Handlungsweisen nach sich ziehen. Wie bei allen Unterschieden im Gesprächsstil, nimmt man sie erst dann wahr, wenn so ein Unterschied ein Problem verursacht – und dann blinken sie auf wie eine Neonreklame. Manchmal sieht man nach einem Zusammentreffen mit angeheirateten Verwandten die eigene Familie mit anderen Augen als vorher – und wenn sich Klassen- oder kulturelle Unterschiede auftun, kann diese neue Sicht sehr beunruhigend sein, besonders wenn der Stil der eigenen Familie dort, wo man wohnt, nicht der Norm entspricht.

Silvia und ihr Mann führten ihren Bruder Harry und dessen Frau Rebecca, die von New York City nach Washington D.C. zu Besuch gekommen waren, in ein Nobelrestaurant aus. Als die beiden Paare das Lokal betraten, kam ein Kellner auf sie zu und wies ihnen einen Tisch im vorderen Raum zu. Sylvia fragte, ob sie keinen Tisch im schöneren, ruhigeren und frisch renovierten Hinterzimmer haben könnten. Er verneinte, also setzten sie sich an den zugeteilten Tisch.

Rebecca ging aber in das Hinterzimmer und sah nach. Sie erspähte einen freien Tisch, kam zurück und bat, dort sitzen zu dürfen. Sie erhielt die Erlaubnis, und so nahmen alle im anderen Raum Platz. Rebecca zog eine große Schau ab und schwenkte die Speisekarten, die sie vom ersten Tisch mitgenommen hatte. Ihr Auftritt erregte Aufsehen, da sie mit ihrem Umzug die örtlichen Benimmregeln verletzte. In Washington nahm man den Tisch, den man angeboten bekam, und wedelte nicht in der Öffentlichkeit mit den Armen herum (und schon gar nicht mit Speisekarten).

Kaum hatten sich alle niedergelassen, zündete sich Sylvias Bruder Harry eine Zigarette an; prompt sagte ihm eine Kellnerin im Vorbeigehen, dass sie sich im Nichtraucherzimmer befänden. Er zog eine gutmütig-zerknirschte Grimasse und zuckte resigniert mit den Achseln. »Aber er braucht einen Aschenbecher, um die

Zigarette auszudrücken«, rief Sylvia noch der Kellnerin hinterher, als Harry auch schon den Glimmstengel neben sich auf den Boden gelegt und ausgetreten hatte. Sylvia zuckte zusammen und sah automatisch in die Mienen der anderen Gäste. Sie fing gerade noch den angewiderten und moralinsauren Blick einer Frau am Nachbartisch auf, die ihr Missfallen nur allzu deutlich ausdrückte: Sie rollte mit den Augen und schüttelte mit dem Kopf.

Sylvia merkte, dass diese Fremde Harry verachtete, und sie wusste warum. Die Frau hielt – wie Sylvia selbst – den grün gefliesten Fußboden für einen privaten Raum, der ebenso zu respektieren war wie der Fußboden einer Privatwohnung. Aber Harry benutzte ihn wie den Zementfußboden einer U-Bahn-Station. Harry saß mit dem Rücken zu dem Gast; selbst wenn er sich nach einer Reaktion im Raum umgesehen hätte – was er nicht tat, weil er sich keines Fehlers bewusst war –, hätte er diese Frau nicht wahrnehmen können. Und gerade darum gebärdete sich die Frau wohl für ihren Tischherrn auch so auffällig, ebenso für Sylvia, die dadurch blitzartig erkannte, wie Menschen mit einem anderen Hintergrund ihren Bruder sehen mussten – als arrogant, egoistisch und mit schlechten Manieren.

Sylvia schmerzte es, dass ein geliebter Mensch zum Gegenstand der Verachtung wurde, wohl wissend, dass sein eigentlicher Charakter den anderen auf Grund der Fehlinterpretation seines Benehmens verborgen blieb. Sylvia weiß, dass Harry eine Seele von Mensch ist. Hätte er gehört, dass die Frau, die hinter ihm saß, in einer Notlage gewesen wäre, sie hätte sein tiefes Mitgefühl gehabt. Er würde keiner Fliege etwas zu Leide tun. Aber das konnte die entrüstete Dame nicht wissen.

So können sich auch unterschiedliche Gesprächsstile auswirken. Eine vermeintlich harmlose Verhaltensweise kann von Menschen, die andere Gesprächsnormen erlernt haben, als beleidigend ausgelegt werden. Ziehen Fremde in einem Restaurant solche falschen Schlüsse, ist das nebensächlich. Doch innerhalb der eigenen Familie richtet das ernsthaften Schaden an. Mit der Zunahme gemischter Familien mit unterschiedlichem Hintergrund steigt auch die Häufigkeit von Missverständnissen. Daher ist es dringend erforderlich, die Funktionsweise von Gesprächsstilen zu verstehen.

.... Lösungen

Paare, die seit Jahren zusammenleben, finden oft, dass sie sich an den Stil des anderen angepasst haben, sich in Kleinigkeiten einander angenähert haben. Solche Ehen sind wie ein Eintopf, der schon so lange vor sich hinköchelt, dass sich die Aromen miteinander vermischt haben und einen runden Geschmack ergeben. Aber das Verhältnis zu den Schwiegerfamilien – ganz zu schweigen von den Beziehungen der Schwiegerfamilien untereinander – haben diesen Zustand vielmals nicht erreicht, darum sind sie noch äußerst heikel.

Manche Paare geben aus diesem Grund einfach den Versuch auf, die größeren Familienverbände zusammenzubringen. Vicky und Zack haben beispielsweise jahrelang versucht, seine und ihre Familie über die Feiertage einzuladen, aber es ging nie gut. Ihre mitteilungsfreudigen Verwandten aus den Südstaaten hielten Zacks Verwandte aus dem Mittleren Westen für furchtbar langweilig und zurückhaltend.

Es kam zur komplementären Schismogenese. Die eine Seite hielt es für unhöflich zu reden, während eine andere Person sprach, weshalb sie höflich auf eine Pause warteten, in der sie etwas sagen konnten. Aber die andere Seite tat ihr Bestes, jedwede Pause zu vermeiden, um das Gespräch in Gang zu halten. Je mehr die Mittelwestler also zurückwichen, desto mehr mussten sich die Südstaatler anstrengen, einem eventuellen Stillstand vorzubeugen. Das Ergebnis: Ein gesprächstechnisches Desaster mit gegenseitigen Beschuldigungen. Am Ende beschlossen Zack und Vicky, die eine Hälfte der Familie zu Weihnachten und die andere zu Thanksgiving einzuladen.

Frustrationen können leicht abgebaut werden, wenn man erst einmal die Abweichungen im Gesprächsstil als Ursache erkannt hat. Schon durch geringfügige Anpassungen lassen sich Probleme vermeiden. So kann der Mann, der sich an den Geschichten seiner Frau beteiligen will, sich etwas zurücknehmen, oder die Frau akzeptiert oder würdigt sogar seine Beteiligung, statt wie eine Auster zuzuklappen, sobald er nur den Mund auftut. Aber selbst wenn sich beide nicht ändern, wird sie die Erkenntnis, dass sie beide unterschiedliche Gesprächsstile haben, aus dem Teufelskreis von

Verletzungen und Schuldzuweisungen befreien – von den Verletzungen, die durch Missverständnisse oder vermeintliche Geringschätzung entstehen, und von der Schuld, die sie einander oder der Beziehung zuschreiben.

Grace, deren Schwiegermutter bemerkte »Sie redet mehr als wir«, hat gelernt, gut mit ihren Schwiegereltern auszukommen, indem sie ihren gewohnten Sprechstil geringfügig abwandelte (auch wenn es ihr wie eine Verkrampfung vorkommt). Sie wirft jetzt einen Blick auf die Uhr, bevor sie zu reden anfängt, um sicherzugehen, dass sie das Gespräch nicht dominiert. Sie senkt die Stimme, wenn sie feststellt, dass sie vor lauter Aufgeregtheit lauter wird. »Obwohl ich das schon viel besser kann«, bemerkte Grace, »ist es wie das Erlernen einer Fremdsprache. Es fliegt mir nicht zu, ich muss sehr bewusst vorgehen, damit es mir gelingt.«

Grace betrachtet ihre veränderte Sprachstrategie durchaus als Segen. Da sie nun weiß, dass nicht jeder ihren überbordenden expressiven Stil als bezaubernd empfindet und sie gelernt hat, ihn bewusst zu modulieren, merkt sie, dass sie besser mit Mitarbeitern, Kunden und Freunden kommunizieren kann, deren Stile sich von ihrem unterscheiden.

Dolores und Burt arbeiteten an ihrem Problem, das sie mit dem vermeintlichen Desinteresse seiner Familie und er mit den rasanten Fragen ihrer Familie hatte. Sie beschloss, Burts Rat zu befolgen, und begann, ihren Schwiegereltern einfach ungefragt von ihrer Arbeit zu erzählen. Zu ihrer Überraschung hörten sie aufmerksam zu, fragten nach und sagten zu Burt, wie froh sie seien, dass Dolores nun endlich aufgetaut sei. Und Burt zwang sich, auch mal ein Gespräch zu unterbrechen – und war erstaunt, dass manchmal (nicht immer) zu reden aufhörten, seine Schwiegereltern ihm ihr Ohr schenkten und sogar das Wort überließen.

Epilog

Familien im Gespräch

Niemand kann uns so gut trösten und so tief verletzen wie die Angehörigen unserer Familie. Sie sehen unsere Stärken, und das tut uns gut, aber sie sehen auch unsere Schwächen. Und manchmal betrachten sie uns aus so kurzer Distanz, dass sie Fehler entdecken, wo andere ein Können vermuten würden.

Das gehört zu den Widersprüchen von Familie: Wir alle hoffen darauf, dass unsere Familie uns einen sicheren Hafen in einer feindlichen Welt bietet, eine Zufluchtsstätte vor den harten Urteilen Fremder, denen unser Wohl nicht wirklich am Herzen liegt. Doch gerade die Menschen, deren Anerkennung uns am wichtigsten ist, sind auch unsere schärfsten Kritiker.

Aber es gibt Hoffnung. Diese Hoffnung ist das Gespräch, so wie es gleichzeitig auch das Minenfeld ist, das wir durchqueren müssen, um die Sicherheit und Geborgenheit der Familie zu erreichen. Sowohl der Schmerz als auch der Trost spielen sich im Austausch von Worten ab – durch flüchtige Worte in beiläufigen Unterhaltungen, die wir im Alltag führen, und durch leidenschaftliche Worte, wenn wir versuchen, Probleme auszudiskutieren. Wenn wir anfangen wollen, die Fäden zu entwirren – den Trost zu vergrößern und den Schmerz so gering wie möglich zu halten –, so können wir das am besten, wenn wir die grundlegenden Gesprächsmechanismen verstehen, die dazu führen, dass Worte ermutigend, verletzend oder klärend wirken.

Wenn wir Gespräche von einer Last in eine Lust verwandeln möchten, müssen wir als Erstes lernen, Mitteilungen (die Bedeutung der gesprochenen Worte) von Metamitteilungen zu unterscheiden (was es für uns bedeutet, dass die Menschen, die wir lieben, bestimmte Worte auf diese Weise sagen – oder was es unserer Meinung nach für sie bedeutet). Machen Sie sich bewusst, auf welche dieser Ebenen Sie reagieren, und machen Sie es auch Ihrem Gesprächspartner klar, sobald Sie es erkannt haben. Verschwenden Sie keine Zeit – und emotionale Energien –, um über die Mitteilung zu streiten, wenn es im Grunde die Metamitteilung ist, die Sie auf die Palme bringt.

Der nächste Schritt besteht darin, dass man die Bedürfnisse nach Nähe und nach Kontrolle, die jedes Gespräch antreiben, erkennt und in ein ausgewogenes Verhältnis bringt. Wenn zwei Menschen einander nahe sind, haben die Worte und Taten des einen weit reichende Konsequenzen auf das Leben des anderen. Schon das Wissen um diese Auswirkungen bedeutet, dass man nicht völlig frei in seinem Handeln ist. Die Doppeldeutigkeit von Bindung und Kontrolle kann zu völlig unterschiedlichen Interpretationen desselben Verhaltens führen. Daran sollte man immer denken. Wenn Sie merken, dass sich Ihre Nackenhaare sträuben, weil der andere vermeintlich zu einem Kontrollmanöver greift (ein Versuch, Ihre Freiheit zu beschneiden), denken Sie daran, dass es auch ein Bindungsmanöver sein könnte (der Versuch, Nähe herzustellen). Wenn Sie umgekehrt selbst ein Bindungsmanöver im Sinn haben, sollten Sie daran denken, dass es möglicherweise als Kontrollmanöver aufgefasst wird.

Ein Vater, der sich umfassend über Rap-Musik zu informieren versucht, weil er seinem Sohn näher kommen möchte, versteht dann vielleicht, weshalb der Sohn keineswegs mit Begeisterung reagiert, sondern diesen Versuch vielmehr übel nimmt und als Verletzung seiner Privatsphäre auffasst. Und die erwachsene Tochter, die gekränkt ist, weil die Mutter an ihrer Wohnungseinrichtung herummäkelt, tröstet sich vielleicht mit dem Gedanken, dass die Mutter sich so verhält, weil sie es für ihre Pflicht hält, den Kindern zu helfen – auch wenn diese ihre Hilfe im Alltag nicht mehr brauchen.

Viele Eltern von erwachsenen Kindern denken »Ich darf den Mund überhaupt nicht mehr aufmachen«, weil alles, was sie sagen, als Kritik aufgefasst wird. Sie überlegen schon, ob es vielleicht Selbsthilfegruppen für Menschen gibt, die sich ständig auf die Zunge beißen müssen. Wenn sie erkennen, dass ihre Äußerungen ein besonderes Gewicht haben, fällt es ihnen leichter, sich mit hilfreich gemeinten Tipps, die man auch als Beanstandung erachten könnte, zurückzuhalten.

All das wird möglich durch das Mittel der Neurahmung. Wenn Ihr erwachsenes Kind jede beiläufige Bemerkung als Kritik aufzufassen scheint, liegt es nicht daran, dass es ihm nicht mehr wichtig ist, was Sie denken, sondern genau das Gegenteil ist richtig. Weil es Ihre Anerkennung so dringend braucht, achtet es auf jeden Hinweis – jede Metamitteilung – der Missbilligung. Durch einen neuen Rahmen kann man das eigene Verhalten ändern, weil man mit erweitertem Horizont über die Sprechweisen anderer reflektiert.

Neurahmung kann auch bedeuten, dass man eigenes Sprechen verändert, um besser miteinander auszukommen. Angenommen, eine Frau und ein Mann stecken in einer erbitterten Auseinandersetzung über eine Entschuldigung. Sie fordert eine, er weigert sich, eine zu geben. Sie kann nicht nachgeben, weil seine Weigerung, sich zu entschuldigen, aus ihrer Sicht bedeutet, dass es ihm egal ist, ob er sie verletzt hat. Er weigert sich, einen Fehler einzugestehen, weil er der Meinung ist, dass sein Handeln gerechtfertigt war. Außerdem glaubt er, dass er sich durch eine Entschuldigung eine Blöße gibt, die ihn auch anfällig für künftige Demütigungen macht.

Durch eine Neurahmung könnte jeder der beiden diesen toten Punkt überwinden. Wenn der Mann sein Verständnis von Entschuldigungen in einen neuen Rahmen stellt, könnte er sagen »Tut mir Leid« und damit einfach anerkennen, dass sein Handeln bestimmte Auswirkungen hatte, die einem geliebten Menschen Kummer oder Unannehmlichkeiten bereitet haben. Wenn die Frau ihr Verständnis von Entschuldigungen in einen neuen Rahmen stellt, müsste sie nicht mehr darauf beharren, ganz bestimmte Worte des Bedauerns zu hören. Sie könnte vielmehr darauf achten, ob der Mann auf andere Weise zum Ausdruck bringt, dass es ihm Leid tut, ihr Gram bereitet zu haben, und dass er willens ist, solche Verletzungen künftig zu vermeiden.

Durch Metakommunikation – das Reden über das Reden – kann man die Neurahmung fördern. Wenn also zwei Menschen in ihrem Streit über Entschuldigungen nicht mehr weiter kommen, können sie über die Metamitteilungen diskutieren, die in der ursprünglichen Kränkung und in der Metamitteilung des Entschuldigens enthalten sind.

Durch eine Metakommunikation wird es möglich, dass die beiden über die unterschiedlichen Positionen zu reden vermögen, die diese Metamitteilungen für sie auf dem Koordinatenkreuz von

Bindung und Kontrolle einnehmen. Zu den Gründen, weshalb sie sich bei ihrem Streit im Kreise drehen, gehört, dass sie auf unterschiedliche Achsen des Systems fokussiert sind. Wenn er glaubt, sie fordere eine Entschuldigung, um ihn zu demütigen, so zeigt das, dass er auf das Kontroll-Kontinuum zwischen Hierarchie und Gleichheit ausgerichtet ist. Wenn sie glaubt, seine Weigerung, sich zu entschuldigen, beweise seine Gleichgültigkeit, so weist das daraufhin, dass sie auf das Bindungs-Kontinuum hinsichtlich Nähe und Distanz konzentriert ist. Wenn dieser Unterschied einmal geklärt ist, können die beiden ihre Verhandlungen darauf ausrichten, beide Anliegen in Angriff zu nehmen: seine Angst, herumgeschubst oder gedemütigt zu werden, und ihre Angst, weggeschubst oder ignoriert zu werden.

In all diesen Fällen kann ein Verständnis der Mechanismen, die das Gespräch antreiben, dazu beitragen, die Beziehungen innerhalb der Familie zu verbessern.

Zu den Mustern, die Frustrationen im Gespräch auslösen, gehören auch geschlechtsspezifische Divergenzen. Ein Verständnis der abweichenden Gesprächsmuster von Männern und Frauen kann ebenfalls zu kleinen Veränderungen mit Riesenwirkungen führen. Zu solchen Mustern gehört zum Beispiel die tendenziell unterschiedliche Körperhaltung, die Mädchen und Frauen im Vergleich zu Jungen und Männern einnehmen, wenn sie sich zu privaten Unterhaltungen zusammensetzen. Während Frauen und Mädchen sich normalerweise direkt gegenübersitzen und Blickkontakt halten, setzen sich Jungen und Männer häufig in einem unterschiedlichem Winkel zueinander (oder parallel nebeneinander wie an einer Theke) und vermeiden ständigen Blickkontakt, werfen sich zwischendurch nur kurze Blicke zu. Eine Mutter, die das weiß, stellt vielleicht fest, dass sie mehr über die Ereignisse im Leben ihres Sohnes erfährt, wenn die beiden allein mit dem Auto unterwegs sind, als wenn sie ihn von der anderen Seite des Küchentisches mit Fragen löchert.

Manchmal möchte man Familienmitglieder vom anderen Geschlecht (oder Familienmitglieder aus einer anderen Kultur) dazu bringen, dass sie sich genauso verhalten wie man selbst, doch es kann schon hilfreich sein, wenn man einfach nur versteht, warum sie es nicht tun. Hier ein Beispiel:

361

Ida liebt ihre »Bücherfrauen«-Gruppe, die sich alle zwei Wochen trifft. Die Frauen in dieser Gruppe reden genauso viel über ihr Leben wie über ihre Lektüre. Bei einem Treffen haben sie überhaupt nicht über Bücher geredet, weil zu Beginn eine der Frauen eine andere fragte, wie es deren Mutter gehe, und erfuhr, dass sie gestorben war. Die Gruppe verbrachte den ganzen Abend damit, über das Thema Tod und Sterben zu sprechen – was der Frau, die ihre Mutter verloren hatte, Trost spendete, aber auch den anderen Teilnehmerinnen ein warmes Gefühl von Verbundenheit gab.

Ida möchte unbedingt, dass ihr Mann Bernie ähnliche Erlebnisse hat, und ermutigt ihn, einer Männergruppe beizutreten (er würde vielleicht sagen, dass sie ihn damit nervt). Schließlich findet er einige Männer, die sich regelmäßig zum Mittagessen verabreden, und fängt an, daran teilzunehmen. Doch das Glück lässt sich offenkundig nicht erzwingen, denn Bernies Gruppe scheint ihm einfach nicht dasselbe zu geben, was Ida von ihren Frauen erhält. Nach jedem Treffen fragt sie ihn, worüber er mit den anderen Männern geredet hat, und er berichtet, dass die Unterhaltung unpersönlich geblieben sei. Sie fragt, warum er den anderen nicht von dem einen oder anderen Problem erzählt habe, das ihm gerade am Herzen liegt, und er sagt, es habe einfach nicht gepasst. Manchmal verkündet er zufrieden: »Also heute habe ich wirklich was dazu gelernt.« Doch Enttäuschung tritt zu Tage, wenn er dann von irgendwelchen sachdienlichen Fakten erzählt, die ihm bis dahin unbekannt waren.

Ida handelt in bester Absicht, aber sie will Bernie zu einer Art von Interaktion bewegen, die typisch für Frauen ist. Wenn sie wüsste, dass Freundschaften von Männern und Frauen nach ganz unterschiedlichen Regeln funktionieren, müsste er nicht mehr fürchten, ihre Hoffnungen zunichte zu machen, und sie müsste nicht mehr fürchten, dass ihm etwas Wichtiges fehlt.

Es kann schon hilfreich sein, wenn man durch derartige Neurahmungen einfach nur versteht, warum Menschen, die man liebt, so reden (oder handeln), wie sie es tun – und warum sie ganz anders reden (oder handeln), wie man selbst in einer ähnlichen Situation reden oder handeln würde.

Der Linguist A. L. Becker fängt die Komplexität von Gesprächen in zwei Grundsätzen ein, die der spanische Philosoph José Ortega y Gasset aufstellte. Er zitiert Ortega[122]:

Alle Äußerungen enthalten zwei scheinbar widersprüchliche Gesetze. Das Erste lautet: »Jede Äußerung ist unzulänglich« – sie drückt weniger aus als beabsichtigt. Das andere – gegenteilige – Gesetz erklärt: »Jede Äußerung ist überschwänglich« – sie übermittelt mehr als geplant und schließt nicht weniges ein, was besser ungesagt geblieben wäre.

Unzulänglichkeit und Überschwang komplizieren jedes Gespräch in der Familie. Was wir sagen, ist unzulänglich, weil es unzählige Annahmen, Implikationen und unausgesprochene Sehnsüchte gibt, die unseren Worten zu Grunde liegen, von denen jedoch viele, weil sie unausgesprochen bleiben, nie verstanden werden.

Gleichzeitig schießen wir mit dem, was wir sagen, übers Ziel hinaus: Metamitteilungen, die wir gern verborgen hätten, sickern durch, oder die Menschen, mit denen wir reden, hören auf Grund ihrer persönlichen Erfahrungen, Annahmen und Assoziationen bestimmte Metamitteilungen, die wir nie ausgesandt haben.

Das Gespräch in der Familie ist ein fortgesetzter Balanceakt zwischen Überschwang und Unzulänglichkeit: Wir versuchen ständig, Bedeutungen zu ergänzen, die der andere nicht verstanden, die wir aber intendiert haben, oder Bedeutungen aufzuheben, die der andere verstanden, die wir aber nicht beabsichtigt haben. Wir können dieses Zuviel und Zuwenig nie vollständig vermeiden, weil jeder mit seiner ganz einzigartigen Beziehungsgeschichte und seiner individuellen Stellung innerhalb der Familie an ein Gespräch herangeht. Doch das Wissen um die Mechanismen, die in Gesprächen am Werk sind – von Metamitteilungen über Allianzen bis hin zum Koordinatenkreuz von Bindung und Kontrolle und zu Rahmungs- und Neurahmungsprozessen – stellt uns ein Vergrößerungsglas zur Verfügung, durch das wir die Ursprünge der Konfusionen erkennen können, und es gibt uns eine Sprache, mit der wir anfangen können, diese Verwirrungen aufzulösen.

Eine Frau sagte über ihre Schwester: »Wir können uns den ganzen Tag lang über absolut alles unterhalten. Wir haben die gleiche Geschichte, die gleichen Interessen und den gleichen Gesprächsstil.« Wenn es gut läuft, gehören Gespräche zwischen Familienmitgliedern zu den schönsten Erfahrungen überhaupt: Nirgends sonst fühlt man sich so ungezwungen und entspannt, wechselt mühelos von gewichtigen zu trivialen Themen, hat einen ähnlichen Sinn für Humor, kann einvernehmlich durcheinander reden oder zusammen schweigen, hat gemeinsame Interessen, die sicherstellen, dass die Person, mit der man spricht, nicht gelangweilt oder gleichgültig ist. Man lacht über interne Witze und erzählt sich Geschichten, die jeder schon hundertmal gehört hat, aber immer wieder lustig findet. Wenn wir verstehen, wie das Reden in Familien funktioniert, können wir zu Hause mehr solcher lohnenden Gespräche führen. Und diese Gespräche stärken wiederum die wichtigsten Beziehungen in unserem Leben – die zu unserer Familie.

Danksagung

Worte erscheinen immer armselig, wenn ich mit ihrer Hilfe den Menschen danken möchte, die zur Entstehung eines Buches beigetragen haben. Doch Worte sind alles, was ich habe, also werde ich sie trotzdem benutzen, um als Erstes jenen zu danken, die selbstlos frühe Entwürfe von einzelnen Kapiteln oder des ganzen Buches gelesen und kommentiert haben: Sally Arteseros, A. L. Becker, Karl Goldstein, Paul Gordon, Harriet Grant, Leslie Jacobson, Shari Kendall, Scooter Libby, Richard Lutz, Addie und Al Macovski, Michael Macovski, Patrick O'Malley, Miriam Tannen, Naomi Tannen und David Wise. David Wise hat die Entwürfe aller Bücher gelesen, die ich für eine breitere Öffentlichkeit geschrieben habe, angefangen mit *Das hab ich nicht gesagt!* Ich bin froh und dankbar, einen so treuen Freund zu haben. A. L. Becker, Harriet Grant, Michael Macovski und Naomi Tannen waren »Über-Leser«, die ebenfalls mehrere Fassungen gelesen und umgehend Antworten auf spezielle Fragen geliefert haben. All diesen lieben Menschen gilt mein tief empfundener Dank für ihre Klugheit und Großzügigkeit.

Wenn ich ein Buch schreibe, stoße ich bei allen möglichen Arten von Gesprächen auf Beispiele und Erkenntnisse – bei Unterhaltungen mit alten Freunden ebenso wie bei Plaudereien mit neuen Bekannten, bei gezielten Diskussionen ebenso wie bei einem zufälligen Schwatz. Für solche Hilfen danke ich Emily Anning, John Anning, Caren Anton, Kitty Bayh, A. L. Becker, Darlene Bookoff, Tom Brazaitis, Gay Daly, Gretchen Effler, Elizabeth Esswein, Amitai Etzioni, Ralph Fasold, Crawford Feagin, David Goldman, Karl Goldstein, Alfonso Gomez-Lobo, Harriet Grant, Joan Holmer, Imelda Idar, Erling Indreeide, Leslie Jacobson, Caleen Sinnette Jennings, Roberta Johnson, David Evan Jones, Christina Kakava, Shari Kendall, Steve Kuhn, Linda Lader, Linda Lehr, Kate Lehrer, Molly Myerowitz Levine, Philip LeVine, Hal Libby, Peter Lowenberg, Phyllis Loy, Addie Macovski, Al Macovski, Joshua Marx, Barbara McGrael, Larry McGrael, Barbara Meade, Sheila Meyer, Susan Morgan, Steve Norring, Manjari

Ohala, Michael Ondaatje, Clarence Page, Ilana Papele, Susan Philips, Dan Read, Deborah Schiffrin, Bill Schneider, Pam Sherman, Elinor DesVerney Sinnette, Rami Tal, Karen Tecott, Melissa Tully, Katharine Whitehorn, Karen Wilson und Haru Yamada.

Ich wüsste nicht, wie man ein Buch schreibt, wenn ich nicht damit verbundene Kurse unterrichten würde. Parallel zu den Recherchen und Arbeiten an diesem Buch habe ich Seminare über Familienkommunikation für höhere Fachsemester an der Georgetown University gehalten. Ich danke den begabten und klugen Studierenden, die an diesen Seminaren teilgenommen haben: Francisco Alves, Najma Al Zidjaly, Cecilia Ayometzi, Anne Berry, Shu-Ching Susan Chen, Sylvia Chou, Mirjana N. Dedaic, Elisa Everts, Cynthia Gordon, Andrew Jocuns, Alexandra Johnston, Ki-tae Kim, Philip LeVine, Mindy McWilliams, Karen Murph, Amanda Neptune, Sigrid Norris, Ingrid de Saint-Georges, Pornpimon Supakorn, Maureen Taylor, Alla Yeliseyeva und Chiara Zucconi. Von jedem Einzelnen habe ich etwas gelernt, und alle haben mir geholfen, die relevante akademische Literatur zu durchforsten.

Zur selben Zeit, als ich die Arbeit an diesem Manuskript beendete, begann ich mit einem zweijährigen Forschungsprojekt, das von der Alfred P. Sloan Foundation an der Georgetown University unterstützt wird. Dieses Projekt untersucht die Wichtigkeit und Funktion des Gesprächs bei Männern und Frauen, die sich der Herausforderung stellen, Beruf und Familie unter einen Hut zu bringen. Obwohl das Projekt noch in einem frühen Stadium steckte, als ich dieses Buch beendete, habe ich Beispiele aus der Studie miteinfließen lassen. Ein großes Dankeschön geht an Kathleen Christensen und die Sloan Foundation. Dank auch an Shari Kendall, die diese Studie mit mir zusammen leitet und ohne die ich dieses Projekt nie in Angriff genommen hätte, und vor allem an die abenteuerlustigen Familien, die sich bereit erklärten, ihre Gespräche aufzeichnen zu lassen. Ich danke ihnen für ihre Teilnahme an dem Projekt und für die Erlaubnis, ihre Gespräche in diesem Buch zu zitieren. Dank auch an meine Forschungsassistentinnen Cynthia Gordon und Alexandra Johnston für ihre wertvolle Hilfe beim Aufzeichnen, Transkribieren und Analysieren der in diesem Buch verwendeten Beispiele aus diesem Projekt.

Ich danke auch meiner Agentin Suzanne Gluck, die mir wie immer klug und energisch zur Seite stand, und meiner Lektorin Kate Medina, deren nie erlahmende Begeisterung und Unterstützung für das Buch ich als ein großes Geschenk empfunden habe. Mein unschätzbarer und unerschütterlicher Assistent David Robinson hat mir geholfen, indem er Literatur und Leute aufspürte – und dafür sorgte, dass ich meine Ruhe hatte, wenn ich sie brauchte.

Ich danke der Georgetown University für die Bereitstellung der intellektuellen und sozialen Umwelt, aus der all meine Schriften erwachsen: Dazu gehören die Studenten, ohne die es keine Universität gäbe, der linguistische Fachbereich im Allgemeinen und das soziolinguistische Programm im Besonderen sowie die Hilfskräfte des Fachbereichs und nicht zu vergessen – das Verwaltungspersonal der Universität.

Aus tiefstem Herzen danke ich den Mitgliedern meiner Familie, die alle in diesem Buch auftreten: meinen Nichten und Neffen Micah, Rebekah, Ilana, Eben, Aaron, Josh und Gabe; meinen Schwiegereltern Addie und Al Macovski; meinen Schwestern Naomi Tannen und Miriam Tannen und ihren Ehemännern Joe Mahay und Bruce Phipps; meiner Schwägerin Nancy Marx und ihrem Mann Alan; meinen Eltern Dorothy und Eli Tannen, denen dieses Buch wie mein lang zurückliegendes erstes Buch gewidmet ist – dass ich sie am Anfang ihres zehnten Lebensjahrzehnts noch immer bei mir habe, ist ein großes Glück, das mich mit unendlicher Dankbarkeit erfüllt. Wie immer und jedes Mal entbiete ich auch Dank an (und für) meinen Mann und Lebenspartner, meine »Familienfestung« Michael Macovski. All diesen Mitgliedern meiner Familie möchte ich sagen: Ich hoffe, ihr fühlt euch von mir fair dargestellt. Ich weiß, dass ich voll Liebe über euch geschrieben habe.

Anmerkungen

1 Zum Begriff des Rahmens siehe Erving Goffman, *Rahmenanalyse,* und Gregory Bateson, »Eine Theorie des Spiels und der Fantasie«, in: *Ökologie des Geistes.* Ich habe mich in mehreren Aufsätzen und Büchern mit dem Konzept des Rahmens beschäftigt, siehe dazu die Beiträge in dem von mir herausgegebenen Buch *Framing in Discourse* und meinen Essay »Der geschlechtsklassenspezifische Rahmen des Gesprächs am Arbeitsplatz« in meinem Buch *Andere Worte, andere Welten.*

2 Phyllis Richman, *Who's Afraid of Virginia Ham?,* S. 36–38.

3 Die Begriffe *Mitteilung* und *Metamitteilung* stammen aus dem Aufsatz von Gregory Bateson, »Eine Theorie des Spiels und der Fantasie«, in: *Ökologie des Geistes.* Ich erörtere diese Begriffe und Konzepte ausführlicher in meinen früheren Büchern, insbesondere in *Das hab' ich nicht gesagt!* und *Du kannst mich einfach nicht verstehen.*

4 *Bindung und Kontrolle:* Diese Dualität hängt mit den Kräften von Status und Bindung zusammen, die ich in *Du kannst mich einfach nicht verstehen* bespreche, und mit dem Phänomen, das ich in meinem Buch *Job-Talk* als Macht und Bindung bezeichne. Eine mehr wissenschaftlich orientierte Behandlung des Themas findet sich in »Die Verhältnismäßigkeit sprachlicher Strategien: Neue Überlegungen zu Macht und Solidarität in Bezug auf Geschlecht und Dominanz« in meinem Buch *Andere Worte, andere Welten,* a.a.O.

5 Die Unterhaltung zwischen den Personen, die ich Evelyn und Joel nenne, wurde von ihnen selbst aufgezeichnet und war Teil des von der Sloan-Stiftung unterstützten Forschungsprojekts, das ich in »Anmerkung der Autorin« beschreibe. Beide Elternteile trugen eine Woche lang ein Tonbandgerät bei sich und zeichneten Gespräche ihrer Wahl auf.

6 Das Paar, das ich Molly und Kevin nenne, hat ebenfalls an dem Forschungsprojekt der Sloan-Stiftung teilgenommen.

7 Ich erörtere das Konzept der gemeinsamen Aufstellungen oder Allianzen in mehreren wissenschaftlichen Aufsätzen.

Siehe insbesondere die entsprechenden Kapitel in dem von mir herausgegebenen Buch *Framing in Discourse.*

8 Katherine Russell Rich, *Verflucht, ich will leben,* S. 43–44.

9 Margaret Salinger, *Dream Catcher,* S. 20.

10 Eudora Welty, *Eine Stimme finden,* S. 38.

11 John Osborne, *Blick zurück im Zorn,* S. 67–68.

12 Margaret Salinger, *Dream Catcher*, S. 18, 147 u. 115.

13 J. D. Dolan, *Phoenix*, S. 42.

14 Adeline Yen Mah, *Falling Leaves*, S. 56 f.

15 Das Schauspiel *Blue* von Charles Randolph-Wright wurde in der Spielzeit 1998/99 im Arena Stage Theater in Washington aufgeführt. Als dieses Buch in Druck ging, lag noch keine gedruckte Fassung des Stückes vor.

16 Jane Shapiro, *Der Göttergatte,* S. 51.

17 Mary Catherine Bateson, *Full Circles, Overlapping Lives*, S. 101.

18 Samuel Vuchinich, »The Sequential Organization of Closing in Verbal Family Conflict«, S. 128.

19 Shari Kendall, »The Interpenetration of (Gendered) Spheres«, S. 154–155.

20 Adelina Yen Mah, *Falling Leaves*, S. 34.

21 Diana Friedman, »My Not-So-Wicked Stepmother«, *Newsweek*, 19. Juni 2000, S. 11.

22 Joe DiPietro, *Over the River and Through the Woods*, S. 35 und 29.

23 Adelina Yen Mah, *Falling Leaves*, S. 144.

24 J. D. Dolan, *Phoenix*, S. 54.

25 Art Spiegelman, *Maus: Die Geschichte eines Überlebenden,* S. 159.

26 Jaber Gubrium und James Holstein, »Family Discourse, Organizational Embeddedness, and Local Enactment«, S. 76.

27 Für den Hinweis auf das Sprichwort bin ich Alla Yeliseyeva dankbar.

28 *Das Bedürfnis nach Bindung und Kontrolle:* In *Job-Talk* (siehe insbesondere Kapitel 7, »Sich nach oben reden: Status und Bindung«) gehe ich ausführlicher auf den Zusammenhang zwischen diesen Dimensionen ein.

29 Für eine theoretischere Erörterung des Koordinatensystems

siehe »Die Verhältnismäßigkeit sprachlicher Strategien: neue Überlegungen zu Macht und Solidarität in Bezug auf Geschlecht und Dominanz« in meinem Buch *Andere Worte, andere Welten.*

30 Danzy Senna, »The Color of Love«, *O: The Oprah Magazine,* May/June 2000, S. 117–120. Die Zitate stammen von S. 118 und 120.

31 Diane Rehm erzählte diese Anekdote am 31. März 2000 in ihrer Sendung *The Diane Rehm Show.* Der Kontext war ein Interview mit der Schriftstellerin Mary Catherine Bateson.

32 Samuel Vuchinich, »The Sequential Organization of Closing in Verbal Family Conflict«, S. 132. Ich habe die Schreibweise der Wörter vereinheitlicht, weil eine unübliche Schreibweise beim Lesen oft irritierend wirkt.

33 Frank E. Millar, L. Edna Rogers und Janet Beavin Bavelas: »Identifying Patterns of Verbal Conflict in Interpersonal Dynamics«, S. 236 f. Ich lege fast mehr Gewicht auf dieses Beispiel als die Autorinnen selbst. Sie stellen es vor, um zu veranschaulichen, wie Partner sich »umgehen« können – ein Begriff und Konzept, das sie von Neil Postman, *Crazy Talk, Stupid Talk,* S. 155, entlehnt haben. Außerdem ist es eines von mehreren Beispielen, das die Autorinnen anführen, um zu zeigen, dass »viele interpersonale Konflikte nicht gelöst und beigelegt werden« (S. 237).

34 Janice Moulton, »A Paradigm of Philosophy: The Adversary Method«, S. 156. Nach Moulton umfasst diese Auffassung der sokratischen Methode – des so genannten *Elenchus* – tatsächlich ein Missverständnis. Der Elenchus, so Moulton, »dient nicht dazu, anderen Fehler nachzuweisen, sondern soll sie überzeugen und aus ihren gewohnten Denkweisen herausreißen, damit sie sich mit größerer Offenheit auf philosophische Fragestellungen einlassen«. Ich erörtere diese Thematik ausführlicher in meinem Buch *Lass uns richtig streiten.*

35 Samuel Vuchinich, »Sequential Organization of Closing«, S. 133.

36 Winston Groom, »Being a Father«, S. 32.

37 Der Spot »The Apology Line« wurde von Tammy Van Don-

selaar für den Washingtoner Sender WAMU produziert und am 24. März 1995 gesendet.

38 Gregory Bateson führte den Begriff und das Konzept der *komplementären Schismogenese* in mehreren Aufsätzen der Essaysammlung *Ökologie des Geistes* ein. Siehe insbesondere: »Kulturberührung und Schismogenese« und »Bali: Das Wertsystem in einem Zustand«. Bateson ermittelte zwei Formen von Schismogenese, eine symmetrische und eine komplementäre, in allgemeinen kulturellen Verhaltensmustern wie »Herrschaft-Unterwerfung, Exhibitionismus-Voyeurismus und Unterstützung-Abhängigkeit« (S. 147). Soweit ich weiß, bin ich die Erste, die das Konzept auf Alltagsgespräche angewendet hat. Ich erörtere es ausführlicher in *Das hab' ich nicht gesagt!* (für ein breiteres Publikum) und in *Conversational Style* (für ein wissenschaftlich interessiertes Publikum).

39 Elinor Ochs, Carolyn Taylor, Dina Rudolph und Ruth Smith, »Story-telling as a Theory-Building Activity«, S. 52–54. Ich sehe fast mehr Bedeutungsschichten in diesem Beispiel als die Autorinnen selbst. Sie präsentieren den Gesprächsauszug, um zu illustrieren, wie ein Co-Erzähler (in diesem Fall Jon) die Version von Ereignissen, die ein anderer darbietet (in diese Fall Marie), angreifen kann.

40 Steven Levy, »I'm Stunned That This Judgment Was Entered«, *Newsweek,* 19. Juni 2000, S. 31. (Auszüge aus einem Telefoninterview mit Steve Ballmer von Microsoft.)

41 Jared Sandberg, »Microsoft's Six Fatal Errors«, *Newsweek,* 19. Juni 2000.

42 Nicholas Economides, Professor an der Stern School of Business der New York University, zitiert in David Streitfeld, »Courting Defeat: Did the Giant Slay Itself?«, *Washington Post*, 8. Juni 2000.

43 Jared Sandberg, »Microsoft's Six Fatal Errors«.

44 Faye und Kenny waren freiwillige Teilnehmer an meinem von der Sloan-Foundation geförderten Forschungsprojekt.

45 Sue Silverman, *Because I Remember Terror, Father, I Remember You*, S. 240 f.

46 Leonard J. Marcus und Barry C. Dorn, »Mediation Before Malpractice Suits?«, *Newsweek*, 27. März 2000.

47 Bei dieser Talkshow handelte es sich um Leonard Lopates'
New York & Company auf WNYC in New York City.

48 Robin Lakoff, »Nine Ways of Looking at Apologies«.

49 Celia und Lou sind Psyeudonyme für Sprecher, die an dem
von der Sloan-Foundation geförderten Forschungsprojekt
teilnahmen und ihre Gespräche auf Tonband aufzeichneten.

50 Gesprochene Dialoge in Gedichtzeilen anzuordnen ist eine
verbreitete Gepflogenheit unter Linguisten, die Unterhaltungen analysieren. Wie ich in meinem Buch *Talking Voices:
Repetition, Dialogue and Imagery in Conversational Discourse* erörtere, lassen sich durch diese Gepflogenheit die
rhythmischen Einheiten, die ein lebendiger Bestandteil der
gesprochenen Sprache sind, sichtbar machen. Maureen Taylor ermittelte diesen Auszug aus dem Gespräch von Bill
Loud und transkribierte ihn auf diese Weise in einer schriftlichen Arbeit für mein Seminar.

51 Unterstützt wurde ich dabei von Patricia O'Connor, deren
Kinder mit ihren Freunden an der Studie teilnahmen. Ich
danke ihr und allen anderen Teilnehmern und Eltern.

52 *Newsweek,* 19. Juni 2000.

53 Das Zitat von David Reimer stammt aus *Der Junge, der als
Mädchen aufwuchs* von John Colapinto, S. 192 f.

54 Der Videofilm *Talking from 9 to 5* wurde hergestellt von
ChartHouse International, Burnsville, MN (1-800-210-9TO5/
1-800-210-9865, www.charthouse.com).

55 Alyson Simpson, »›It's a Game!‹: The Construction of Gendered Subjecitivity.« Die Zitate finden sich auf S. 198, S. 220
und 221.

56 Joan Silber, »The Dollar in Italy«, in: *In My Other Life*,
S. 125–139; das Zitat stammt von S. 134.

57 Sandra Petronio wird zitiert in Mary Geraghty, »Strategic
Embarrassment: The Art and Science of Public Humilia-
tion«, *Chronicle of Higher Education*, 4. April 1997, S. A8.

58 Jean Berko Gleason, »Sex Differences in Parent-Child Interaction«. Gleason zitiert auch Louise Cherry und Michael
Lewis »Mothers and Two-Year-Olds: A Study of Sex Diffe-
rentiated Aspects of Verbal Interaction«.

59 James Matisoff, *Blessings, Curses, Hopes, and Fears Psy-*

cho-Ostensive Expressions in Yiddish, S. 58. Der jiddische Ausdruck lautet »Oy, vos far a mieskayt!« Obwohl ich als Kind hörte, dass meine russisch-jüdische Mutter immer etwas sagte, das für mich wie »kunnahurra« klang, wenn sie ein Kind lobte, wurde mir erst bei der Lektüre von Matisoff klar, dass der jüdische Ausdruck, den sie benutzte »kein eyn hora« lautet – wörtlich »kein Auge«, also »kein böses Auge bzw. kein böser Blick«.

60 J. D. Dolan, *Phoenix*, S. 53–54.

61 Elinor Ochs, Carolyn Taylor, »Family Narrative as Political Activity«. Die Zitate stammen von S. 310, 313, 326, 327, 329.

62 Die Studie, in der ich die starke Neigung von Griechen und griechisch-stämmigen Amerikanern (Männern und Frauen) zur Indirektheit bei Aufforderungen untersuche, trägt den Titel: »Ethnischer Stil im Gespräch zwischen Männern und Frauen«. Ein Nachdruck dieses erstmals 1982 erschienene Aufsatzes findet sich in einem Kapitel meines Buches *Andere Worte, andere Welten*.

63 Samuel Vuchinich: »The Sequential Organization of Closing in Verbal Family Conflict«, S. 129. Ich verwende Beispiele aus Unterhaltungen, in denen eine Schwester erfolglos versucht, sich Gehör zu verschaffen; siehe dazu *Du kannst mich einfach nicht verstehen.*

64 Shoshana Blum-Kulka unterscheidet in *Dinner Talk,* einer Studie über Gespräche beim Abendbrot in jüdisch-amerikanischen, amerikanisch-israelischen und israelischen Familien, zwischen *Sozialisieren* (die Gesellschaft der Kinder genießen) und *Sozialisation* (ihnen alles beibringen, was sie brauchen, um in der Gesellschaft der Erwachsenen zu funktionieren).

65 Das Beispiel von Denise, Jim und Anna wurde von einem meiner Studenten auf Tonband aufgezeichnet und analysiert.

66 Diese Erfahrung wurde mir von Linda Lehr und John Anning mitgeteilt.

67 Der Song »Different Tunes« ist nachzulesen in: *The Peggy Seeger Songbook*, S. 230–238.

68 Karin Aronsson und Ann-Christin Cederborg, »A Love Story Retold: Moral Order and Intergenerational Negotiations«. Zitate von S. 87, 94, 95, 100 und 98.

69 Laut David Lee (»Frame Conflicts and Competing Constru-
als in Family Argument«) war die Serie mit dem Titel *Sylvania Waters* eine Gemeinschaftsproduktion der Australian
Broadcasting Company und der BBC und wurde 1992 in
Australien und 1993 in Großbritannien ausgestrahlt. Die
Protagonisten Noeline Baker, eine Neuseeländerin, und
Laurie Donaher, ein Australier, hatten den Großteil der vergangenen 13 Jahre zusammengelebt und wollten in Kürze
heiraten. Der fünfzehnjährige Michael ist das einzige der
Kinder aus früheren Ehen, das zur Zeit der Filmaufnahmen
bei den beiden wohnte. Ich habe die Schreibweise des Män-
nernamens von Laurie in Larry geändert, um deutlicher zu
machen, dass es sich bei dem Sprecher um einen Mann
handelt.

70 Karen Wilson machte diese Äußerung in einem Telefongespräch. Ich danke ihr, dass sie sich die Zeit nahm, dieses
Beispiel mit mir zu besprechen, und dass sie und ihre Familie mir erlaubt haben, ihre Worte zu benutzen.

71 Zwei meiner Studentinnen, Shu-Ching Susan Chen und
Pornpimon Supakorn, haben diese Unterhaltung unabhängig
voneinander untersucht. Auch wenn sich meine Analyse von
den ihrigen unterscheidet, danke ich ihnen dafür, dass sie die
Gesprächssegmente ermittelt und transkribiert haben.

72 Das Gespräch zwischen Pat und Lance Loud wurde ebenfalls
von Pornpimon Supakorn für ihre schriftliche Semester-
arbeit analysiert. Ich komme zwar zu anderen Ergebnissen
als sie, aber ich danke ihr, dass sie die Gesprächssegmente
ermittelt und transkribiert hat.

73 Candice Carpenter erzählte diese Geschichte anlässlich einer
Konferenz, die vom Women's Center of Vienna, Virginia, am
11. März, 2000, organisiert wurde und unter dem Titel »The
Global Community of Women« lief.

74 Micah Perks, *Pagan Time*.

75 David Reimer trat am 9. Februar 2000 in der *Oprah Winfrey
Show* auf.

76 Donna Williams, *Wenn Du mich liebst, bleibst du mir fern*.

77 Sue Silverman, *Because I remember Terror, Father, I Remember You*, S. 93 f. und S. 196.

78 Sarah Vovell, »American Goth«, in: *Take the Cannoli,* S. 210–219; die Zitate finden sich auf S. 210, 211, 212, 213, 215–216, 216 und 217.

79 Amy Tan, *Töchter des Himmels,* S. 191, 194, 195–196

80 »Welcome to Kindergarten, Mrs Johnson«, Text von Marta Kauffman und David Crane, in: *A ... My Name Is Alice: A Musical Review* von Joan Micklin Silver und Julianne Boyd, S. 21–24.

81 Andrea DeCapua und Lisa Huber, »›If I were you ...‹: Advice in American English«, S. 127.

82 Das Paar, das ich Sheila und Dan nenne, gehörte zu den freiwilligen Teilnehmern meiner Studie, die ihre Gespräche selbst auf Tonband aufzeichneten.

83 Stephanie Coontz, *The Way We Never Were,* S. 210.

84 Nicole Wise, »Parents Shouldn't Be on Call All the Time«, *Newsweek,* 7. August 2000.

85 Stephen Fellner, »Epiphanies«, *Poet Lore* 94:4.16–17 (Winter 1999–2000).

86 Shari Kendall, »The Interpenetration of (Gendered) Spheres«, S. 138 und 148.

87 Jane Bernstein, »My Real Father«, S. 177-178.

88 Diese Zeilen aus *An American Love Story* wurden von Alla Yeliseyeva in einer schriftlichen Seminararbeit beschrieben.

89 Das Stück von Jeffrey Solomon *MotherSON* war noch unveröffentlicht, als dieses Buch in Druck ging.

90 Shari Kendall machte diese Beobachtung in einem persönlichen Gespräch.

91 Diane Rehm, *Finding My Voice,* S. 22–23.

92 Liz Lochhead, *Perfect Days,* S. 18, 19 und 20.

93 Brook Larner, »The Night Heaven Fell«, *Newsweek,* 4. Oktober 1999, S. 48–49. Der Name des Jugendlichen wird mit Xu Yan Wu angegeben.

94 Diane Rehm, *Finding My Voice,* S. 19.

95 Mark Mathabane war anläßlich der Veröffentlichung seines Buches *Kaffir Boy in America* am 28. August 1997 zu Gast in der *Diane Rehm Show.*

96 John Steinbeck, *Früchte des Zorns,* S. 77 f.. Elisa Everts machte mich auf diese Stelle aufmerksam.

97 Es handelte sich um die Diane Rehm Show vom 16. März 2000. Der Kontext war ein Interview mit der Autorin Jayne Anne Phillips.

98 Karen Henwood, »Women and Later Life«, S. 307.

99 Jacki Lyden, *Tochter der Königin von Saba,* S. 263 und S. 251–252.

100 Der Witz von Judy Carter wird zitiert in Murray S. Davis, *What's so Funny?,* S. 281.

101 Joan Silber, »What Lasts«, in: *In My Other Life,* S. 203–223. Die Zitate sind von S. 218 und 210.

102 Sarah Delany und A. Elizabeth Delany mit Amy Hill Hearth, *Having Our Say,* S. 9.

103 J. D. Dolan, *Phoenix,* S. 34 und 102.

104 Brendan Gill wird zitiert in »The Love Boat« von Russell Baker, *New York Review of Books,* 23. März 2000. Das Zitat stammt von S. 4.

105 Ana Veciana-Suarez, »Mi Papi«, S. 4.

106 Dieses Beispiel stammt von Samuel Vuchinich, »The Sequential Organization of Closing in Verbal Family Conflict«, S. 123 f.

107 Michael Ondaatje, *Es liegt in der Familie,* S. 61.

108 Dieses Beispiel stammt aus Samuel Vuchinich, »Starting and Stopping Spontaneous Family Conflicts«, S. 592 f.

109 Das Beispiel ist von Samuel Vuchinich, »Starting and Stopping Spontaneous Family Conflicts«, S. 592 f.

110 Alyson Simpson, »›It's a Game!‹: The Construction of Gendered Subjecitivity«. Die Dialogzitate sind von S. 198, 216–218 und 221.

111 J. D. Dolan, *Phoenix,* S. 45.

112 Shirley Strum, *Almost Human,* S. 133 f.

113 Bambi Schieffelin, *The Give and Take of Everyday Life,* S. 120, 124, 126, 127 und 113.

114 Susan U. Philips, »Constructing a Tongan Nation-State through Language Ideology in the Courtroom«, S. 238.

115 Sarah Delany und A. Elizabeth Delany mit Amy Hill Hearth, *Having Our Say,* S. 5.

116 Diesen Gedanken der Vergangenheitsänderung äußerte Ruth Wodak in einem Vortrag, den sie anlässlich einer Tagung der

American Anthropological Association im November 1999 in Chicago hielt. Sie beruft sich dabei auf den Historiker Peter Burke. In einem Essay mit dem Titel »History as Social Memory« (S. 90) führt Burke aus: »Es ist allgemein üblich geworden, darauf hinzuweisen, dass Historiker, die an unterschiedlichen Orten und zu unterschiedlichen Zeiten wirkten, unterschiedliche Aspekte der Vergangenheit für denkwürdig erachteten (Schlachten, Politik, Religion, die Wirtschaft etc.) und dass sie die Vergangenheit auf sehr unterschiedliche Weise dargestellt haben (sich auf Ereignisse oder Strukturen, auf berühmte Männer oder einfache Leute konzentrierten, je nach dem Standpunkt ihrer gesellschaftlichen Gruppe).«

117 Die interkulturellen Unterschiede im Gesprächsstil, die in diesem Kapitel behandelt werden, bilden seit vielen Jahren einer meiner Forschungsschwerpunkte. Besonders ausführlich erörtere ich diese Thematik in *Das hab ich nicht gesagt!* und *Conversational Style.*

118 Jakko Lehtonen und Kari Sajavaara, »The Silent Finn«, S. 198.

119 Siehe dazu meine Ausführungen in *Conversational Style.*

120 Amy Tan, *Töchter des Himmels,* S. 192.

121 A. R. Gurney, *The Dining Room,* S. 32.

122 A. L. Becker, *Beyond Translation,* S. 5.

Literaturhinweise

Aronsson, Karin und Ann-Christin Cederborg: »A Love Story Retold: Moral Order and Intergenerational Negotiations«, in: *Semiotica* 114:1/2, 1997, S. 83–110.

Bammer, Angelika: »Mother Tongues and Other Strangers: Writing ›Family‹ Across Cultural Dialects«, in: Angelika Bammer (Hrsg.), *Displacements: Cultural Identities in Question,* Bloomington 1994, S. 90–109.

Bateson, Gregory: *Ökologie des Geistes,* Frankfurt a. M. 1990. (Orig.: *Steps to an Ecology of Mind,* New York 1972.)

Bateson, Mary Catherine: *Full Circles, Overlapping Lives. Culture and Generation in Transition,* New York 2000.

Becker, A. L.: *Beyond Translation: Essays Toward a Modern Philology,* Ann Arbor 1995.

Bernstein, Jane: »My Real Father«, in: Claudia O'Keefe (Hrsg.), *Father: Famous Writers Celebrate the Bond Between Father and Child,* New York 2000, S. 172–183.

Blum-Kulka, Shoshana: *Dinner Talk: Cultural Patterns of Sociability and Socialization in Family Discourse,* Mahwah 1997.

Burke, Peter: »History as Social Memory«, in: Thomas Butler (Hrsg.), *Memory: History, Culture and the Mind,* Oxford 1989, S. 97–113.

Byrnes, Heidi: »Interactional Style in German and American Conversations«, in: *Text* 6:2., 1986, S. 189–206.

Cherry, Louise; Michael Lewis: »Mothers and Two-Year-Olds: A Study of Sex-Differentiated Aspects of Verbal Interaction«, in: *Developmental Psychology* 12:4, 1976, S. 278–282.

Colapinto, John: *Der Junge, der als Mädchen aufwuchs.* Düsseldorf 2000. (Orig: *As Nature Made Him: The Boy Who Was Raised as a Girl,* New York 2000.)

Cook-Gumperz, Jenny: »Gendered Contexts«, in: Peter Auer; Aldo Di Luzio (Hrsg.), *The Contextualization of Language,* Philadelphia 1992, S. 177–198.

Coontz, Stephanie: *The Way We Never Were: American Families and the Nostalgia Trap,* New York 1992.

Davis, Murray S.: *What's So Funny? The Comic Conception of Culture and Society,* Chicago 1993.

DeCapua, Andrea/Lisa Huber: »If I were you ...«: Advice in American English«, in: *Multilingua* 14:2, 1995, S. 117–132.

Delany, Sarah; A. Elizabeth Delany, mit Amy Hill Hearth: *Having Our Say: The Delany Sisters' First 100 Years,* New York 1993.

DiPietro, Joe: *Over the River and Through the Woods,* New York 1999.

Dolan, J. D.: *Phoenix: A Brother's Life,* New York 2000.

Edelman, Hope: *Motherless Daughters: The Legacy of Loss,* New York 1995.

Ervin-Tripp, Susan; Mary Catherine O'Connor; Jarrett Rosenberg: »Language and Power in the Family«, in: Cheris Kramarae, Muriel Schulz; William M. O'Barr (Hrsg.), *Language and Power,* Beverly Hills 1984, S. 116–135.

Gleason, Jean Berko: »Sex Differences in Parent-Child Interaction«, in: Susan U. Philips, Susan Steele, Christine Tanz (Hrsg.), *Language, Gender, and Sex in Comparative Perspective,* Cambridge 1987, S. 189–199.

Goffman, Erwing: *Rahmenanalyse,* Frankfurt a. M. 1989. (Orig.: *Frame Analysis,* New York 1974.)

Groom, Winston: »Being a Father«, in: Claudia O'Keefe (Hrsg.), *Father: Famous Writers Celebrate the Bond Between Father and Child,* New York 2000, S. 29–35.

Gubrium, Jaber F. und James A. Holstein: »Family Discourse, Organizational Embeddedness, and Local Enactment«, in: *Journal of Family Issues* 14:1, 1993, S. 66–81.

Gurney, A. R.: *The Dining Room,* New York 1982.

Henwood, Karen L.: »Women and Later Life: The Discursive Construction of Identities Within Family Relationships«, in: *Journal of Aging Studies* 7:3, 1993, S. 303–319.

Hochschild, Arlie Russell: *Der 48-Stunden-Tag,* Darmstadt 1990. (Orig.: *The Second Shift,* New York 1989.)

Hrdy, Sarah Blaffer: *Mutter Natur. Die weibliche Seite der Evolution,* Berlin 2000. (Orig.: *Mother Nature: A History of Mothers, Infants, and Natural Selection,* New York 1999.)

Kendall, Shari: »The Interpenetration of (Gendered) Spheres: An

Interactional Sociolinguistic Analysis of a Mother at Work and at Home«, Dissertation, Georgetown University 1999.

Kim, Elizabeth: *Weniger als nichts. Der Leidensweg einer koreanischen Kriegswaisen,* München, 2001. (Orig.: *Ten Thousand Sorrows: The Extraordinary Journey of a Korean War Orphan,* New York 2000.)

Lakoff, Robin: »Nine Ways of Looking at Apologies«, in: Deborah Schiffrin, Deborah Tannen, Heidi E. Hamilton (Hrsg.), *Handbook of Discourse Analysis,* Cambridge 2001.

Lee, David A.: »Frame Conflicts and Competing Construals in Family Argument«, in: *Journal of Pragmatics* 27, 1997, S. 339–360.

Lehtonen, Jaakko; Kari Sajavaara: »The Silent Finn«, in: Deborah Tannen, Muriel Saville-Troike (Hrsg.), *Perspectives on Silence,* Norwood, 1986, S. 193–201.

Lochhead, Liz.: *Perfect Days,* London 1998.

Lyden, Jacki: *Tochter der Königin von Saba,* Berlin 1999. (Orig.: *Daughter of the Queen of Sheba,* Boston 1997.)

Mah, Adeline Yen: *Falling Leaves: The Memoir of an Unwanted Chinese Daughter,* New York 1997.

Matisoff, James A.: *Blessings, Curses, Hopes, and Fears: Psycho-Ostensive Expressions in Yiddish,* Stanford 2000.

Millar, Frank E., L. Edna Rogers, Janet Beavin Bavelas: »Identifying Patterns of Verbal Conflict in Interpersonal Dynamics«, in: *Western Journal of Speech Communication* 48, 1984, S. 231–246.

Moulton, Janice: »A Paradigm of Philosophy: The Adversary Method«, in: Sandra Harding und Merrill B. Hintikka (Hrsg.), *Discovering Reality,* Dordrecht 1983, S. 149–164.

Ochs, Elinor und Carolyn Taylor: »Family Narrative as Political Activity«, in: *Discourse & Society* 3:3, 1992, S. 301–340.

Ochs, Elinor, Carolyn Taylor, Dina Rudolph, Ruth Smith: »Storytelling as a Theory-Building Activity«, in: *Discourse Processes* 15, 1992, S. 37–72.

Ondaatje, Michael: *Es liegt in der Familie,* München 1992. (Orig.: *Running in the Family,* New York 1982.)

Ortega y Gasset, José: *Der Mensch und die Leute,* Gesammelte Werke, Bd. VI., Stuttgart 1978. (Orig.: *El Hombre Y La Gente* 1957.)

Osborne, John: *Blick zurück im Zorn,* Frankfurt a. M. 1979. (Orig.: *Look Back in Anger,* London 1975.)

Perks, Micah: *Pagan Time: An American Childhood,* Washington, D. C. 2001.

Philips, Susan U.: »Constructing a Tongan Nation-State Through Language Ideology in the Courtroom«, in: V. Kroskrity (Hrsg.), *Regimes of Language: Ideologies, Polities, and Identities,* Santa Fe 2000, S. 229–257.

Postman, Neil: *Crazy Talk, Stupid Talk: How We Defeat Ourselves by the Way We Talk – and What to Do About It,* New York 1976.

Rehm, Diane: *Finding My Voice,* New York 1999.

Rich, Katherine Russell: *Verflucht, ich will leben!,* Frankfurt a. M. 2001. (Orig.: *The Red Devil,* New York 1999.)

Richman, Phyllis: *Who's Afraid of Virginia Ham?,* New York 2001.

Salinger, Margaret A.: *Dream Catcher,* New York 2000.

Schieffelin, Bambi B.: *The Give and Take of Everyday Life: Language Socialization of Kaluli Children,* Cambridge 1990.

Seeger, Peggy: *The Peggy Seeger Songbook: Warts and All: Forty Years of Songmaking,* New York 1998.

Shapiro, Jane: *Der Göttergatte,* München 2001. (Orig.: *The Dangerous Husband,* New York 1999.)

Silber, Joan: *In My Other Life: Stories,* Louisville 2000.

Silver, Joan Micklin; Julianne Boyd: A ... *My Name Is Alice: A Musical Review,* New York 1985.

Silverman, Sue William: *Because I Remember Terror, Father, I Remember You,* Athens 1999.

Simpson, Alyson: »»It's a Game!‹: The Construction of Gendered Subjectivity«, in: Ruth Wodak (Hrsg.), *Gender and Discourse,* London 1997, S. 197–224.

Spiegelman, Art: *Maus: Die Geschichte eines Überlebenden,* Reinbek 1989. (Orig.: *Maus: A Survivor's Tale,* New York 1986.)

Steinbeck, John: *Früchte des Zorns,* Zürich 1984. (Orig.: *The Grapes of Wrath,* New York 1939.)

Strum, Shirley C.: *Almost Human: A Journey into the World of Baboons,* New York 1987.

Tan, Amy: *Töchter des Himmels,* München 1990. (Orig.: *The Joy Luck Club,* New York 1989.)

Tannen, Deborah: *Conversational Style: Analyzing Talk Among Friends,* Norwood 1984.

Tannen, Deborah: *Das hab' ich nicht gesagt!* Kommunikationsprobleme im Alltag, Hamburg 1992. (Orig.: *That's Not What I Meant! How Conversational Style Makes or Breaks Relationships,* New York 1986.)

Tannen, Deborah: *Talking Voices: Repetition, Dialogue, and Imagery in Conversational Discourse,* Cambridge 1989.

Tannen, Deborah: *Du kannst mich einfach nicht verstehen. Warum Männer und Frauen aneinander vorbeireden,* Hamburg 1991. (Orig.: *You Just Don't Understand: Women and Men in Conversation,* New York 1990.)

Tannen, Deborah: *JOB-Talk. Wie Frauen und Männer am Arbeitsplatz miteinander reden,* Hamburg 1995. (Orig.: *Talking from 9 to 5; Women and Men in the Workplace: Language, Sex and Power,* New York 1994.)

Tannen, Deborah: *Andere Worte, andere Welten,* Frankfurt a. M. 1997. (Orig.: *Gender and Discourse,* New York 1996.)

Tannen, Deborah: *Lass uns richtig streiten. Vom kreativen Umgang mit nützlichen Widersprüchen,* München 1999. (Orig.: *The Argument Culture: Stopping America's War of Words,* New York 1998.)

Tannen, Deborah (Hrsg.): *Framing in Discourse,* New York 1993.

Veciana-Suarez, Ana: »Mi Papi«, in: Claudia O'Keefe (Hrsg.), *Father: Famous Writers Celebrate the Bond Between Father and Child,* New York 2000, S. 122–134.

Vowell, Sarah: *Take the Cannoli: Stories from the New World,* New York 2000.

Vuchinich, Samuel: »Starting and Stopping Spontaneous Family Conflicts«, in: *Journal of Marriage and the Family* 49, 1987, S. 591–601.

Vuchinich, Samuel: »The Sequential Organization of Closing in Verbal Family Conflict«, in: Allen Grimshaw (Hrsg.), *Conflict Talk,* Cambridge 1990, S. 118–138.

Welty, Eudora: *Eine Stimme finden,* Stuttgart 1990. (Orig.: *One Writer's Beginnings,* Cambridge 1984.)

Williams, Donna: *Ich könnte verschwinden, wenn du mich be-*

rührst, Hamburg 1992. (Orig.: *Nobody Nowhere: The Extraordinary Autobiography of an Autistic,* New York 1992.)

Williams, Donna: *Wenn du mich liebst, bleibst du mir fern,* Hamburg 1994. *(Orig.: Somebody Somewhere: Breaking Free from the World of Autism,* New York 1994.)

Williams, Donna: *Like Color to the Blind: Soul Searching and Soul Finding,* New York 1996.

Wodak, Ruth; Muriel Schulz: *The Language of Guilt: Mother-Daughter Relationships from a Cross-Cultural Perspective,* Amsterdam 1986.

Foto: Linda Farwell

Deborah Tannen ist Linguistikprofessorin an der renommierten Georgetown Universität in Washington, D. C. Ihr Buch *Du kannst mich einfach nicht verstehen* (1991) war ein internationaler Erfolg. Es wurde in 26 Sprachen übersetzt und stand in vielen Ländern wochenlang auf den Bestsellerlisten.